ローレル・サッチャー・ウルリッヒ［著］
梅谷俊一郎・宮崎聖子［共編訳］

ある助産婦の物語
マーサ・バラードの日記(1785–1812)から

Laurel Thatcher Ulrich

A MIDWIFE'S TALE
The Life of Martha Ballard,
Based on Her Diary,
1785–1812

九州大学出版会

A MIDWIFE'S TALE by Laurel Thatcher Ulrich

Copyright © 1990 by Laurel Thatcher Ulrich
Maps copyright © 1990 by Karen Hansen

All rights reserved including the right of reproduction in whole or in part
in any form.
No part of this book may be used or reproduced in any manner for the
purpose of training artificial intelligence technologies or systems.
This edition published by arrangement with Alfred A. Knopf, an imprint
of The Knopf Doubleday Group, a division of Penguin Random House
LLC through The English Agency (Japan) Ltd.

目　次

凡　例

訳者解説 ……………………………………………………… 梅谷俊一郎　ix

序　　「いざ　大海へ」……………………………………………………3

第 1 章　1787 年 8 月　「きわめて重篤」…………………………………41

第 2 章　1788 年 9 月　「布地を織る」……………………………………81

第 3 章　1789 年 10 月　「フォスター夫人が数人の男に
　　　　レイプされたと宣誓のうえ言った」………………………………115

第 4 章　1792 年 11 月　「結婚式」………………………………………151

第 5 章　1793 年 12 月　「50 番目の出産，51 番目の出産」……………183

第 6 章　1796 年 1 月　「家中の物がみな私に
　　　　刃向かってくるようだ」……………………………………………231

第7章　1801年2月　「解剖が行われた」……………………………265

第8章　1804年3月　「夕方，なんという騒ぎを
　　　　　　　　　　私は目にしなければならなかったことか」……………297

第9章　1806年4月　「ポリー・パリントンが来た」………………325

第10章　1809年5月　「私の畑で働く」……………………………351

結　　び………………………………………………………………393

注…………………………………………………………………………401

謝　辞…………………………………………………………………445

　訳者あとがき………………………………………宮崎聖子　451

　人名索引………………………………………………………455

図表目次

地図・イラスト

ケネベック川流域 ·· 2

ハロウェル，イーフレム・バラードによる 1795 年の調査に依拠 ·············· 6

ニューイングランド，1789 年，初期ハロウェル開拓者の出身地 ·············· 17

マーサ・バラードの日記の一部（メイン州立図書館提供）···················· 24

ハロウェル，1789 年 4 月 23–25 日のマーサの旅路 ························ 28

ハロウェル，1787 年 8 月 3–24 日にマーサが従事した医療と助産 ·········· 46

砦地区，1788 年頃 ·· 88

ハロウェルとピットンの一部，バラード農場を示す，1792 年 ·············· 145

ハロウェル，1793 年 11 月 15 日–12 月 8 日の出産 ······················ 188

イーフレム・バラードによるケネベック川流域の町の計画図，1789 年 ········ 241
　（メイン州立公文書館提供）

イーフレム・バラードによるハンプデンの計画図，1795 年 ················ 242
　（メイン州立公文書館提供）

マーサとイーフレム・バラードの家，1778–1812 年 ······················ 258

オーガスタ中心部，1804 年 ·· 304

バラード家近隣，1806 年 ·· 328

ウェスタン砦近隣，1809 年 ·· 365

ケネベック郡のオーガスタとマルタ ·· 375

vi

図　表

I　リンカーン郡裁判所一般の部，密通と父親の確認事件数，
　1761–1799 年 ……………………………………………………………… 167

II　マーサ・モーア・バラード日記，1785–1812 年，父親確認の記録 ………… 171

III　ナサニエル・スウィング「犯罪記録」，1773–1803 年における
　密通に関わる立件数 ……………………………………………………… 173

IV　2 つの資料に基づく出産データの概要 ……………………………………… 193

V　産婦死亡割合の比較 ……………………………………………………… 194

VI　死産の割合の比較 ………………………………………………………… 195

VII　マーサ・バラードの助産の実績，1785–1812 年 ……………………………… 262

凡　例

1. 主人公であるマーサ・バラードの日記に著者ウルリッヒが付している原注については，＊で示し，その日記の直後に示した。それ以外の原注は原書のとおり，本文中に1，2，3…と連番表記し，巻末に掲載した。
2. 原書では，マーサが日記の余白に後から書き込んだ部分がイタリクスで示されているが，本書ではゴシック体で示した。それ以外の意味強調などのイタリクスの箇所は，傍点・・を付して示した。
3. 訳注は本文中に小字の〔　〕で示した。
4. 序から第8章におけるマーサの日記の日付には，主の日文字（dominical letter）が用いられている。主の日文字では教会暦の日曜日に，A–Gまでの7文字中の1字を用いる。たとえば，その年の1月3日が日曜日にあたればC，5日が日曜日ならEとする。日記では，「7　E」は7日日曜日，「8　2」は8日月曜日を指す。

   第9章以降におけるマーサの日記の日付では，それまでとは異なり，日曜日は「1」で表記されている。
5. 著者ウルリッヒが書いたとおり，日記におけるマーサの綴りには揺れがあり，原書でもそのままの表記となっている。本書では，マーサの表記した人名についてはそのままカタカナ化し，初出で一般的な表記を小字の〔　〕で併記した。
6. 地名のカタカナ表記については，『世界大地図』（小学館，2009）に拠った。
7. 植物名の日本語訳では，マーサの時代の植物と現代日本の植物とを同定することが難しいため，原書の英語表記を小字の（　）で併記した。
8. 聖書の翻訳について，本書では『聖書 新改訳2017』（日本聖書刊行会訳，いのちのことば社，2017）に拠った。ただし，漢字・かな遣いは一部改めた。
9. 文中には，以下のような現在では不適切な表現があるが，歴史的表現としてそのまま訳した。例：黒ン坊，ニグロ，私生児。
10. 原書巻末にはマーサが日記で言及した薬剤や薬草についての附録（appendix）があるが，時代と地域が異なり同定が困難なため，本書では割愛した。
11. 索引は簡易版とし，人名についてのみ掲載した。その際，マーサと関係の深い人々や，出現頻度の高い人物の名に限定した。なお，結婚により姓に変更のあった女性については，原書にならい結婚後の姓の項目で集約して記載した。たとえばマーサの姪，「パルテニア・バートン」は結婚により「パルテニア・ピッツ」となったため，「バートン，パルテニア（マーサの姪）→ピッツ，パルテニア・バートン参照」としている。
12. マーサは日記において，夫のイーフレム・バラードのことを「バラード氏」と表記し，その他の自分の親族は，自分との関係と姓で示している。たとえば娘（ルーシー）の夫イーフレム・タウンは「息子タウン」，モーゼス・ポラードと結婚した自分の娘（ハンナ）は「娘ポラード」としている。

訳者解説

梅谷俊一郎

　これは 18 世紀から 19 世紀初頭にかけて，メイン州がいまだうっそうたる原生林におおわれていたフロンティアであった時代に，現在のオーガスタ，ケネベック河畔に生きたひとりの助産婦の生涯を再現した第一級の社会史である。マーサ・バラード（1735–1812）が残した日記（1785–1812）を骨格に，著者ウルリッヒがその時代，場所，日記に登場する人物たち，また初期アメリカにおける生活のいろいろの側面を，徹頭徹尾，文書資料（当時の新聞やセンサス，裁判記録，税務記録，他の人が残した日記や書簡）に基づいて再構成したものである。本書はアメリカ史の中でも多くの意味において激動の時代であった 18 世紀における社会変動についても述べているが，本書の大きな特色，強みはそうした時代の流れを背景に，マーサ・バラードという女性の日々の生活と，彼女の心をよぎる折々の情感をまざまざとよみがえらせてくれる点にある。

　18 世紀後半アメリカはいまだイギリスの植民地であり，行政・司法・立法のすべてについてイギリスの支配下にあった。アメリカ植民地とイギリス本国との関係は時をへるにつれて不安定化するが，そもそもその原因は北米の植民地をめぐってイギリスとフランスが抗争（7 年戦争，1756–1763）したことがひとつのきっかけになった。もともと財政不安を抱えていたイギリスは莫大な戦費の支出を余儀なくされ，事態は危機的状況に陥ったのである。そうした状況のもと，イギリスにとってアメリカ植民地は歳入増加のための恰好の金づると見えたのである。イギリス議会は歳入増加を目的に，砂糖条例（1764），印紙条例（1765），タウンゼント関税法（1767）などを矢継ぎ早に可決・施行する。当然のことながらアメリカ植民地では本国に対す

る不満が高まり，イギリス製品の不買運動など数々の抵抗運動が各地に拡散するが，そのひとつの盛り上がりがボストン茶会事件（1772）であった。本国の財政難に加えて植民地全体に拡がるイギリス本国に対する不満がイギリスの植民地統治を崩壊へと追いやることになる。その真空状態を埋めるかのように，植民地住民の自治への欲求は高まったのである。その間イギリス本国の軍隊と植民地住民が組織する民兵による小規模な武力衝突が続くのである。結局こうした不安定な状態は 1776 年 7 月 4 日の 13 州独立宣言という形でひとつの区切りを迎えることになるのである。

　本書がカバーする 1785 年以後の植民地はイギリスとの関係を完全に清算しきれていない混とんとした状態にあったと言えよう。

　マーサ・バラードの住んだハロウェルの町は当時フロンティアの最前線に位置していた。辺境の地とはいえ，ここは未開地の開墾に挑む人々の前進基地として，海港からの船の便があり，人々の出入りがあった。18 世紀後半，この土地は政治的にはいまだイギリスの影響が色濃く残っていた。たとえばマーサの夫イーフレム・バラードは自他ともに認める王党派であったために，この土地の多数派であった共和派との関係は緊張せざるをえなかった。またバラード一家が土地を借りたジョン・ジョーンズという人物はやはり王党派と見られていて，この土地を追われるのだが，一度は戻ってくるもののまたすぐに追い出され，二度とこの土地を踏むことはなかったのである。

　この地域には 18 世紀後半に貨幣経済はいまだに完全には浸透していなかったらしい。イギリスの通貨がそのまま使われており，マーサは仕事の謝金を往々にして農作物やちょっとした品物で受け取っている。測量士・地図製作者であるとともに水車小屋（製材所・製粉所）の経営者であったマーサの夫イーフレムは，いろいろの生活物資や資材を購入するのに雑貨屋からつけで購入し，のちに製材された木材や労働力の提供で清算している。そしてマーサは亜麻，木綿，羊毛などで自分の娘たちや隣近所の女性たちと布地を織り，しばしばその製品は，貨幣のように財やサービスとの交換に用いられている。男たちが農耕や木材の切り出しなどに従事し，一方，穀物，材木あるいは遠隔の地から運ばれて来た工業製品，食糧，資材，布地などを取引していたことを「男性経済」とするなら，布地を作り，家庭用菜園を営み，家

畜の世話をする傍ら，小規模で帳簿にも記録されず，しばしば物や労働力の交換という形で行われ，網の目のように地域社会に張りめぐらされた女性たちの取引関係は「女性経済」と言うことができよう。女性たちはそうした経済活動における性の分業を通じて自らの持ち場を確保したのである。マーサの日記と著者の注意深い観察によって，我々はなんの記録も残さずに歴史の彼方に消えていった「女性経済」の実態を垣間見ることができる。

　当時の助産婦は同時に医師であり，看護婦であり，薬剤師であった。彼女は診断し，妊産婦・患者や家族に付き添い，ハーブを使った薬を処方して治療し，また埋葬にも関わった。マーサが活躍したこの時代は正式の医学教育を受けた男性医師がこの辺境の地にも少しずつ増え始めた時期にあたる。そして出産の介助という仕事はそれまでは全面的に経験的訓練による助産婦の仕事であったのが，徐々に正式の医学教育を受けた男性医師に取って代わられようとしていた。しかし出産の介助に関する限り，この時点ではいまだ助産婦の方が男性医師よりはるかに好成績をあげている。この日記がカバーする 28 年間にマーサは 816 の出産を手がけている。著者は当時の記録と比較してマーサがいかにすぐれた助産婦であったかを明らかにしている。マーサが春早く雪解け水が荒れ狂っている川を不安定な丸木船に乗って渡り，命の危険を冒しながら出産の介助に向かう姿はまさにフロンティアに生きた女性の勇ましい姿を髣髴とさせてくれる。この時代は社会的医療の時代と言ってよいかもしれない。医師は診断や治療を行ったが，その数は限られていて謝金も高かった。多くの人々は助産婦に病気の診断・治療を頼んでいた。お産のときには助産婦は近所の女性たちを呼び集めて仕事を分担した。また，病人の看護，付き添い，介護なども近所の人々によって支えられていたのである。この地域社会の助け合いのシステムは自然発生的社会保険と言ってもよいだろう。

　この時代は多産であると同時に多死の時代であった。ジフテリアやしょう紅熱などの流行病によって人口が劇的に減少することがあった。1767 年から 1770 年の間に猛威を振るったニューイングランドの歴史上最悪のジフテリアの流行で，マーサ自身も 9 人の子どものうち 3 人を 2 日の間に喪っている。

初期のアメリカ植民地は清教徒の社会であり，本国イギリスにおけるいくつもの宗派の争いとは無縁であるかに考えられがちだが，現実はもっと複雑であったらしい。この時代にアメリカに渡った人々は非国教徒という点ではひとつの集団をなしていたが，プロテスタントとして見るとそこにはすでにいくつもの宗派が存在し，教理をめぐって深刻な対立があったことを本書はよく伝えている。この時代には町や村が公費で教会を建て，牧師を雇い入れた。地域社会の少数派の人々は，彼らが受け入れがたい説教を聞かされ，そうした教会を彼らの税負担で維持しなければならないことに異議を唱えた。組合派に代表される原理主義的宗派が地域社会に深い溝を作り，地域社会を揺るがす大事件を引き起こす素地となった様子が，ここには生々しく描かれている。

今日に比べればいまだ神様が健在であったこの時代に，男女の婚外交渉・婚前交渉が社会階層の上下を問わず，きわめて盛んだったという事実にも驚かされる。未婚の母の場合，子どもの養育義務を確定するために，父親の確認は当事者にとってのみならず，地域社会にとっても重要なことであった。父親が誰であるか判明しない場合には，子どもの養育は村の負担になったからである。そのための一般的方法は産婦が陣痛で苦しんでいる最中に父親が誰であったのかを助産婦が聞き出すという，イギリスの古くからのやり方であった。マーサもしばしばこの役割を果たしている。彼女はそうした出産のひとつで，産婦から自分の息子が父親であると聞くことになるのである。

マーサとイーフレムの子どもたちの結婚という出来事を通じて，我々は当時の婚礼や，子どもたちの親からの自立の過程をつぶさに見ることができる。結婚式は今日のように1日に集中して行われる，重大で華やかな一大行事ではなかったようだ。式は自宅でごく簡素に行われ，家族の中には式に参列しない者もいる。結婚式の後，花嫁は自分の実家にとどまって，婿殿が花嫁の実家に出入りし，ときどき泊まりにくる。こうして何ヶ月かをかけて若夫婦は新居を準備し，何よりも経済的自立のめどを立ててから「世帯を持つ」というのが一般的な形であった。著者はここでもそうした新所帯にどのような家財道具が準備されたのかなど，細やかな観察を行っている。

この時代に人々は経済的機会を求めて未開の土地へ分け入った。マーサの

夫イーフレムが新しい土地を求めて、それまで住んでいたマサチューセッツ州オックスフォードを発ってケネベック川を遡ったとき、彼は1世紀以上前に曾祖父がマサチューセッツ州リンを後にして新しい町アンドーヴァーに水車小屋を建てようとしたこと、また、イーフレムの父がアンドーヴァーを後にしてビレリカ、後にオックスフォードをめざしたのとまったく同じことをしようとしていたわけである。バラード家はニューイングランドで4代にわたって水車小屋を経営しており、4人のうち3人の人物は新しい町の建設に関わっている。

　マーサの暮らしたハロウェルの町が人跡まれな原生林に接した辺境の地であったことから、土地所有をめぐる争いが常にこの地域に影を落としていた。測量士でもあったマーサの夫イーフレムもその争いに巻き込まれて身の危険を感ずることさえあったのである。根拠のはっきりしない所有権を主張する何百万エーカーを所有するという大地主たちに対し、開拓者たちは土地を占拠し、所有権を主張したのである。

　さらに読者はマーサ・バラードの家庭内のもめごと、出来の悪い息子が引き起こす騒ぎと親としての苦悩、地域の人的つながりといった、最もパーソナルな地域社会像をここに見ることができる。そして次第に老いゆくマーサにとって知らず知らずのうちに疎遠になってゆく夫婦の関係、厳しい自然の中で徐々に失われてゆく健康と体力。ここにこの時代のフロンティアにおける老いの現実がある。

　これは200年以上もの時をへてかすかに残された人々の生活の痕跡を、現代の歴史学者がパズルを解くようにして事実を再構成したものであり、ここに復元された「生活」は、著者ウルリッヒが言うようにひとつの解釈にすぎないかもしれない。マーサ・バラードが残した日記は周囲の状況説明抜きの、一見ぶっきらぼうで、同じような退屈な日々の繰り返しのように見える手短な心覚えの記録である。著者ウルリッヒはその断片を徹底的に読み解いて、マーサの日常を再現してみせるだけでなく、マーサ・バラードという稀有な人物の心の動きや感情までも垣間見せてくれる。細かい日常的事実をうず高く積み重ねてそこから出てくる「解釈」には必然性がある。200年以上の時を超えて、客観的事実だけでなく、マーサの心と感情の動きを見事に捉

xiv

えてよみがえらせたことが本書の最大の成果なのではないか。

　本書のもうひとつの特徴は考察の範囲が助産婦であるひとりの女性の生活全般にわたることによって，関連領域が広範囲にわたることである。著者ウルリッヒはそうした多くの関連領域について徹底した文献的裏付け調査を行い，登場人物についてもそれぞれの家族記録を調べ上げるという細かさである。それは注のカバーする範囲と参考文献の驚くべき量によって裏付けされている。

　ちなみに，著者は全編を通して女性史的視点を堅持していることを付け加えておきたい。

　ひたすらつつましく，神と向かい合って，厳しい自然の中で幾多の困難や危険を乗り越えて天職をまっとうした，真摯で，強靭で心優しいひとりの女性の生涯の記録は我々に勇気と慰めを与えてくれる。

ある助産婦の物語

マーサ・バラードの日記（1785–1812）から

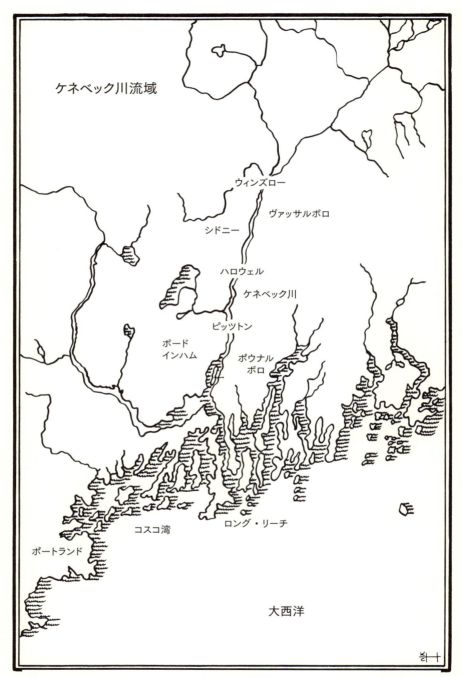

ケネベック川流域

序 「いざ　大海へ」

　メイン地区〔メイン州が州として誕生したのは 1820 年であり，それ以前はマサチューセッツ州のメイン地区であった〕のハロウェルの町は 1 年のうち 8 ヶ月は海港だった。4 月の初めから 11 月下旬までは，大西洋から 46 マイル川上にあるこの港に外航船がケネベック川を遡ってきた。これらの船はペンシルヴァニアの小麦粉，西インド諸島の砂糖，イギリスからの布地と金属製品・機械器具の類を運んできて，帰りにはボストンやブリストルやジャマイカ向けの屋根葺き用の薄板，外壁用板材，大きな酒樽，樽用材，キャプスタン〔船のもやい綱などを巻き取る，巻き胴が縦形の巻き揚げ機。絞盤〕を作るためのトネリコ材，松の板材などを積んでいった[1]。秋も深まる頃，川は氷に閉ざされる。時にはあまりにも突然凍結したので，人々は何週間も前から予期していながら不意をつかれることがあった。ある年最後の船がハロウェルを出航したあと，11 月 25 日にジョナサン・バラードは父の水車小屋からロング・リーチ向けの板材を筏にして押し出した。ケネベック川が凍結して身動きがとれなくなるまでに，彼はわずか 3 マイル下流のバンバーフック・ポイントまでしか進むことができなかった。翌年の 4 月 1 日まで川の氷が溶けることはなかった[2]。

　ハロウェルの人々は他の町の人々が地震や旱魃を記憶しているように，毎年川の氷解や凍結の日を記憶にとどめていた。1785 年は冬が長かった。4 月 22 日になってもまだ川の氷は硬く，この町の最初の定住者のひとりであったサミュエル・ハワードの亡骸を乗せた橇は，埋葬地のウェスタン砦ま

4

で凍結した川筋を行くことができた。その年は5月3日になってはじめて「西行き」の船が、食糧の乏しくなったこの町にトウモロコシや豚肉を運び込むことができたのであった[3]。人々は川開きを歓迎したが、同時に恐れもした。悪い年には、氷の堆積が険しい土手の間を流れる水車小屋の支流の水を堰きとめて、原野の池や垣根の流木をあふれ返らせた。よい年には、溶けた水によって水車小屋の労働者たちは4月の夜を徹して、原木の皮を剝いだり、雪解けでばらばらになった木材を固定したりできた。最大の危険は川そのものではなかった。川は増水すると筏から乗り手を放り出し、仲間が救い上げる間もなく水死させてしまうが、それよりも恐ろしいのは支流が岸まで氾濫することであった[4]。

　1789年4月7日には、豪雨のうちに川の氷が溶け、バラードの小川にかかっていた橋を押し流し、水車小屋のダムに亀裂を生じさせ、家の北側の土台を流失させた。「それでも私たちは元気で生きている。このことに私たちは感謝しなくてはならない」とマーサ・バラードは日記の中で言っている。時に彼女は54歳、助産婦をなりわいとしていた。彼女と一家は、町制がしかれて7年後の1778年以来、この水車小屋のある場所に住んでいた。海のことはほとんど知らなかったが、彼女はケネベック川を何度となく旅した。川が水や氷のときはカヌーや橇によって、そして川がどっちつかずの危険で油断のならない季節には、信仰によってそうしたのだった。

　コニー老夫人が脳溢血で倒れた年には、マーサ・バラードは12月2日にカヌーに乗って数ヶ所で氷を押しのけながら川を渡った。別の年の12月30日には陣痛の始まった女性に呼ばれて川を渡ったが、スウォールス・エディーのほとんど対岸というところで氷が割れて、腰まで水につかってしまうといったこともあった。そのときには彼女は自力で陸に這い上がり、近所の人の馬に乗せてもらって、びしょ濡れのまま出産に駆けつけた。それでも外出の必要性と気まぐれな川は、ハロウェルの人々にある種の勇敢さを植えつけた。「人々はぐらぐらする氷の塊に乗ってエディー・イースト側から川を渡り、ウェストン氏宅の下流地点まで行った」とマーサ・バラードはある年の12月15日の日記に記している。別の年の4月1日の日記には、朝食後徒歩で川を渡ったことを記録しているが、日記のページ余白には「川は午

後4時に全面氷解した」と何事もなかったかのように書いている[5]。

　マーサ・モーアは1735年，コネティカットとの州境に近いマサチューセッツ州ウスター郡のオックスフォードという小さな町に生まれた。しかし彼女の生涯の本当の物語は，ケネベック川沿いで彼女が書き綴った日記とともにメイン地区で始まったと言ってよいだろう。1735年誕生。1754年，イーフレム・バラードと結婚。それから9人の子どもたちの出産が1756年，1758年，1761年，1763年，1765年，1767年，1769年，1772年，1779年。さらにこれらの子どもたちのうち3人の死が1769年。彼女自身の死が1812年。『アメリカン・アドヴォケイト』の1812年6月9日号は，彼女の生涯を1行の文章で要約している。「マーサ夫人，イーフレム・バラード氏の配偶者，オーガスタにて死去，享年77歳」[6]。彼女が日記を残さなかったなら，我々は彼女が最後の子どもを出産したあとのことを何も知ることはなかったろうし，彼女が1785年から1812年までの間に手がけた816の出産についても知ることはなかったろう。そもそも彼女が助産婦をしていたことさえも，我々には定かではなかったに違いない。

　1789年の春，マーサは氾濫する川と出産ラッシュに見舞われていた。彼女は3月に7回，4月末までにさらに7回の出産に立ち会っている。これは彼女の月平均の2倍にあたる数である。4月23日，彼女はケネベック川を下り，川の西側，バンバーフックの対岸に住む数家族を訪ねている。そのときのことを彼女は次のように記している。

　　［4月23日］晴れ。とても気持ちのよい日。バリン氏宅に向けて出発。カヌーから下りたとたんに沼地に沈んでしまう。帰宅して着替える。再び出かけて今度は無事に目的地に着く。帰途，コックス船長宅，グッディン氏宅を訪ねる。ハッシー夫人宅に呼ばれた。一晩中付き添う。夜明け前に暴風雨。

　　［4月24日］激しい暴風雨。午後1時にエベネザー・ヘウィン〔ヘウィンズ〕がハッシー夫人宅に来るよう伝えに来る。迎えの船で川を渡る。大海を行くが如し。無事に渡河。それからヘウィンズ氏宅へ向かう。途

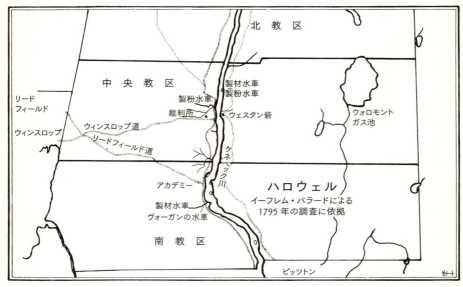

ハロウェル, イーフレム・バラードによる1795年の調査に依拠

　中矢のように流れる丸太に乗って支流を渡り無事到着。神の加護こそ善なるかな。さらに先へ進む。ハインズ氏宅を過ぎる。その辺りで大木が根こそぎ吹き飛ばされて目の前に倒れかかってくる。馬が驚いて後足で棒立ちになったお陰で私の命は救われた。神よ、あなたの恵みによる救いこそ偉大なるかな、驚くべきことかな。ハインズ氏に助けられて倒木を乗り越える。さらに先へと進む。まもなく川に行きあたる。橋は流失。ヘウィン氏は雨をものともせず馬を引いて突き進む。同じ全能の力に助けられて安全に旅を続け、無事に到着。ヘウィンズ夫人は夜10時に女の子を無事出産する。

　何度も危ないところを助けられ、出産を終えると小さな問題が待っていた。その日の記述の余白に彼女は書いている。「そこにいる間に私のマントは焼け焦げて着られなくなった」。出産の大騒ぎの中で誰かが助産婦のび

しょ濡れの荷物を火に近すぎるところに吊るしたに違いない。この話は続く。

　　［4月25日］雨。ヘウィンズ宅からポラード氏宅へ行く。馬が沼地に足
　　をとられて泥んこの中に落馬する。しかし，神に賛美あれ，私は無傷で
　　目的地に着いた。ヘウィンズ氏に付き添われてハッシー夫人宅へ行く。
　　午前11時着。ノークロス夫人の陣痛が始まっていた。手伝いの女性た
　　ちがすぐに呼び集められ，午後5時30分，無事に立派な男の子が生ま
　　れる。彼女の夫，デリーノ〔デラーノ〕夫人とその子どもたちは今朝早
　　くナンタケットへ向け船に乗る。

　　［4月26日］朝とても寒い。雪が降る。ハッシー夫人やその家族に別れ
　　を告げてハーシー氏宅へ向かう。彼とウィリアム・ハワードがウェスタ
　　ン砦から私を水路案内してくれる。私は妊婦が順調なのを確かめて帰途
　　につく。我が家は無事。今回の大水は，ここ何年もの間で最悪だった。

　こんな話を読むと，我々はマーサが開拓者の原型のような人物だったこと
を容易に想像することができる。たしかに彼女の語りのリズムは，ニューイ
ングランドに最初のフロンティア・ヒロインを生み出した17世紀の虜囚譚
〔開拓期にインディアンに捕らわれた白人女性の物語。捕虜となった女性たちは，つらく
困難な状況下で絶えず神へ祈りを捧げ，神を賛美している〕と響き合っている。人々
は1676年の春早く，間に合わせの筏に乗ってヴァーモント州のウェアー川
を渡ったメアリー・ローランソン，あるいは「あるときは険しく恐ろしい
山々を越えるかと思えば，あるときは沼地や倒木の茂みの中を」メイン地区
へと旅したハンナ・スウォートンを想う[7]。マーサ・バラードの日記に見ら
れる宗教的言い回しは，清教徒だった祖先たちとの強いつながりを感じさせ
る。彼女は旅の危険をドラマティックに記録しながら，神を称えると同時に
自分の生活に意義と深みを与えている。ヘウィンズ氏は彼女の馬の手綱をと
り，ハインズ氏は彼女に付き添って歩いた。しかし，神の恵みが春の大水か
らマーサを救ったのだった。
　「大海を行くが如し」──マーサはそのときの全情景，この場合は川景を

8

一言で描写する術を知っていた。彼女の渡河の叙述はなかば詩篇であり，なかば物語でもある[8]。彼女は反復や定型的表現の効果を，意図的ではなかったにせよ，本能的に理解していた。4月14日の項で彼女が，簡潔だが生き生きとした動きのある文章と宗教的定型句を交互に繰り出す様子に注目されたい。

　　　途中矢のように流れる丸太に乗って支流を渡り無事到着。神の加護こそ善なるかな。さらに先へ進む。ハインズ氏宅を過ぎる。その辺りで大木が根こそぎ吹き飛ばされて目の前に倒れかかってくる。馬が驚いて後足で棒立ちになったお陰で私の命は救われた。神よ，あなたの恵みによる救いこそ偉大なるかな，驚くべきことかな。ハインズ氏に助けられて倒木を乗り越える。さらに先へと進む。まもなく川に行きあたる。橋は流失。ヘウィン氏は雨をものともせず馬を引いて突き進む。同じ全能の力に助けられて安全に旅を続け，無事に到着。

　ここでは宗教的感情がある種の決まり文句になり，語りのおのおのの段階に区切りやアクセントを与えている。こういったところを読んでいると，著述家ではないにせよ，ひとりの語り部が立ち現れるようである。
　日記には他にも同質の文章を見ることができる。しかし，マーサの記述のほとんどはより日常的世俗的なものである。彼女の日記の構成は実用的な2つの記録様式，すなわち，いわゆる家計簿と綴じ込み式の暦の形式によっている。18世紀のニューイングランドでは農民，手工業職人，店主，船長，さらにはごく少数の主婦といった人々が毎日の収支記録，すなわち日々の収入や支出の記録をつけており，時にはお金の記録に混同した形で，家族についての重要な出来事や仕事の始まりや終わりについての覚書が加えられた。こうした早い時期に日記をつけた人々の中には，印刷された暦のページの間に白紙のページを綴じ込んで，自分自身による天気の記録，畑仕事の短い記述，近所の人々の行き来，また，公の出来事のうち重要な行事や驚くべき事件を書き加えたりした。マーサ・バラードはそうしたことをすべてやっている。

マーサ・バラードの現存する日記は 1785 年 1 月に始まっているが，これ
に先立ってなんらかの暦のような記録があったと思われる。というのは，彼
女は自作の小冊子の余白に罫線を入れて，月日，曜日を書き込んでいるのだ
が，その際に日曜日には暦の形式である「主の日文字」（dominical letter）〔教会
暦の日曜日を示す 7 文字 A より G までの中の 1 字。たとえば，その年の 1 月 3 日が日曜
日にあたれば C，5 日が日曜日なら E とする。主に復活祭の日を決めるのに用いる〕を
使用している。もとはなんであれ，この日記は日々の記録帳として機能して
いたものである。マーサは発生した債務，受け取った「報酬・謝金」を記入
し，時には機織り機から「紡ぎ出した」布地の長さや，まいたいろいろな豆
について記録している。彼女の助産婦としての記録はいっそう規則的に行わ
れている。彼女はひとつひとつの出産に記号と番号をつけ，謝金を受け取っ
たものには XX 印を余白に書き込んでいる。

　マーサ・バラードのこの日記のことを知っていた数少ない歴史家たちは，
これをどう扱ってよいか分からなかったらしい。ジェームス・W. ノースは
1870 年出版の『オーガスタの歴史』の中で，この日記から 1789 年 4 月 24
日の項を含めていくつかの文章を引用している。しかし，彼は日記のほと
んどの部分は「簡略で，若干の例外を除いては一般の興味の対象にはならな
い」と断定している。チャールス・エルヴェントン・ナッシュは 600 ペー
ジに及ぶ自著『オーガスタの歴史』〔ノースの著書と同名〕の中で実に 3 分の 1
以上のスペースをさいて，出生の記録や彼が不適切と考えた詳細な医学的記
述や少しでもセックスに関することは注意深く除外しながらこの日記を要約
しているが，日記の大部分は「瑣末で重要性に乏しい…前に何度も言われた
ことの繰り返しにすぎない」としている。不思議なことに 1970 年代にフェ
ミニストの立場から出版された助産婦の歴史書も，先人の否定的評価を繰り
返している。「農村女性による多くの日記と同様，これも日常生活と暇つぶ
しの瑣末な記述でいっぱいだ」と言うのだ[9]。

　しかしマーサ・バラードの日記の本当の力は，まさにこの日常性，徹底し
てくどいほどに反復される日常性の中にこそあるのだ。長靴下の「足の部分
を編み」ながら過ごした寒い日々について語ることなく，川を渡るときのこ
とを要約したり，糸車をひたすら回し，肉の保存処理をし，キャベツの選別

をしたことに費やされた長い秋の日々について記録せずして，出産に関する部分を要約したりすることは，この真摯でたゆまず，優しくかつ勇気あふれる記録が持つ力の源泉を打ち壊してしまうに等しい。マーサは時には日記帳を作るために使っていた半裁の紙を折りたたんでバッグにしのばせて川を渡ったり，雪を掻き分けて長く手持ち無沙汰なお産待ちに出かけていったりした。そして彼女は圧倒されるような感情の高まりを感じたり，歴史家たちが「瑣末なこと」と切り捨てたようなまさにそうした日常の出来事に気持ちを掻き立てられたりしたようなときには，その気持ちや感情を書き記した。それはひたすら自分の良心を確認しようとする清教徒のようでもなく，センチメンタリストの自意識でもなく，平易ですべて当たり前といった調子で記録されたが，結局，彼女は忘れがたい声で記録を残したのである。27年間，正確には9965日にわたって，彼女はたゆまず記録しつづけた。彼女は日記の書き手としては，内省的なタイプではなかった。しかしこの良心的な記録において，時折彼女が見せる感情の吐露と同様，マーサはありのままの姿を曝け出している。「そして今年も終わりになった」と彼女は1800年12月31日に書いている。「賢明に，よりよい方向に進歩してきたとすれば幸せなことだ」。彼女にとって生きるということは，何をしたかによって評価されるべきものであった。何ひとつ瑣末なことなどなかったのである。

　どのような形にせよ，同世代のニューイングランドの女性たちで，書いたものを残した人はほとんどいなかったのだから，マーサが日記を残した理由を知りたくなる。彼女の祖母ハンナ・ラーニドは，鮮明だが少しぎこちない，一生懸命書いたと思われる署名を，現存する書類に残している。マーサの母親，ドロシー・モーアは記号を署名代わりにしていた[10]。しかし，家族の男性の方には教育の記録がある。マーサのおじにあたるアビジャー・モーアは1726年エール大学卒で，オックスフォードの町でははじめての大学卒業者であった。マーサの弟，ジョナサン・モーアはこの町の2人目の大卒者であった。ジョナサンはハーヴァード・カレッジを1761年に卒業し，招かれてマサチューセッツ州ロチェスターの町の第一組合派教会の牧師を引き受けるまで，一時母校ハーヴァード・カレッジの図書館司書を務めたこともあった。マーサは生涯を通じて「弟ジョナサン」とは近しい関係を

保った[11]。

　彼女の筆跡は弟に比べると荒削りであり，測量士・地図制作者でもあり水車小屋の経営者でもあった夫に比べればあやふやなところがあったとはいえ，どのような形であれマーサが筆記体で字で書くことができたということは，1740年代のオックスフォードの町に少女たちの教育に関心を持つ人がいたということの証である[12]。

　この日記から判断すると，ここで行われていた教育はきわめて一般的で格別特徴のあるものとは思えない。マーサは時折新聞を「熟読した」が，日記の中で聖書以外には1冊の本の書名をあげているにすぎない。1786年6月25日の日曜日に彼女は記している，「私はマーシャル氏の『清めの福音的秘儀（gospel ~~mistry~~ Mystery of Sanctification）』を読んだ」。この本はウォルター・マーシャルの『清めの福音的秘儀（*Gospel Mystery of Sanctification*）』である。これは1692年にロンドンで初版が出版され，広く読まれた信仰の書であるが，その後何度も再版されている。この本の綴りに特別に注意を払っていることは，彼女が普段はそうしたことにほとんど無頓着だったことから，我々の興味をそそる。明らかに自分の手の中にその本を持っているということが意識を高めたのだろうが，この日記の他の部分では彼女は普段と変わらない。Read（読んだ）はやはり Red のままである。

　マーサの読み物の選択は少なくとも1786年のこの日曜日においては保守的である。しかし彼女は英文学にはもっと現代的な形式のものが存在することは知っていた。彼女の妹ドロシー・バートンにはサミュエル・リチャードソンの小説に出てくる人物にちなんで名づけられた2人の娘がいた。その2人，パメラとクラリッサ・ハーロー・バートンは，もうひとりの姉妹パルテニアとともにバラード家をしばしば訪れ，時には泊まり込んでいる。1760年代のニューイングランドでは古典的な，あるいはまがいものの古典的な名前が稀であった頃のことである。もっとも独立戦争後にはそうした名前は珍しくなくなった。バラード家の人々も同じ衝動にかられて，ちょっとばかりこの家族らしくない気まぐれを起こし，彼らの3番目の娘にトリフィーネという名前をつけている[13]。

　オックスフォードの基準で言えば，モーア家の人々は教育があり，野心的

であった。またこの一家は医療関係の仕事を好んで選んでいるようだ。マーサのおじアビジャー・モーアは，彼女の2人の義理の兄弟と同様医師であった。そのひとりはステファン・バートン，すなわちパメラ，パルテニア，クラリッサの父親である[14]。マーサがオックスフォードの町で病人の介護にあたっていたという事実を示すかすかな形跡は，バートン家でずっと後年に記録された家族の伝承の中に残っている。これには2つのヴァージョンがある。

　そのひとつによると，独立戦争以前，イギリス製品ボイコットが行われた頃，ステファン・バートンは町で茶が売買されないように監視する委員を務めていた。「同情心に富んだ彼の妻とその姉マーサ・モーア・バラードが地下室でお茶を入れ，愛国心や国への忠誠心では病の苦痛が癒されない近所の母親たちに飲ませていたが，その間彼は帽子をかぶって外出するのが慣わしであった」[15]。もうひとつのヴァージョンは，ドロシーとステファンの孫娘で，クラリッサ・ハーロー・バートンという洗礼名を与えられた女性によって伝えられている。この人は何百万人ものアメリカ人にクララという愛称でよく知られた人物である。クララ・バートンはアメリカ赤十字の創始者であるが，彼女の「おもしろい，何事にも几帳面で知的な祖母バートンは，祖父が外出しているとき，姉のバラード伯母と地下室でお茶会を開き，不忠で反逆的な家庭で何が行われているか彼は知らなかった，と話してくれて」とてもおもしろかったと後年回想している。はじめのヴァージョンでは近所の助け合いだったものが，後には「お茶会」になっているが，どちらもドロシー・バートンの自律性を強調するものである。クララによると，2人の姉妹は「お茶のよい香りが国に忠実で公職にある「家長」の嗅覚に達しないように，地下室の扉の内側に毛布を吊り下げた」[16]。マーサの反逆は，妹のそれに比べればいくらか罪は軽かったかもしれない。後に見るようにイーフレム・バラード自身は，独立戦争のせいぜい消極的な支援者といったところだったのである。

　マーサの教育が実務面でどのようなものであったかは，やはり日記が一番よく示してくれる。1785年に日記が書き始められた時点で，彼女は傷や炎症につける軟膏，シロップ状の飲み薬，丸薬，茶や塗り薬の作り方を知って

いた。また，赤ん坊を取り上げる以外に，油の乳剤（彼女は「乳化油（oil a mulge）」と呼んでいた）を作ったり，傷に湿布をしたり，火傷の手当てをしたり，下痢や喉の痛み，しもやけ，はしか（麻しん），腹痛，「百日咳」，「舞踏病」，「湿疹」，「かゆみ」などを治療したり，乳児の舌〔舌小体のことと思われる〕を切ったり，「浣腸」をしたり，化膿した乳房を切開したり，「発疱剤〔外用することによって水疱を引き起こし，皮膚や内科の病気を治療する薬〕」や「石膏のギプスをあて」たり，病人に吐かせたり，出血を鎮めたり，腫れをひかせたり，歯の痛みを和らげたりするやり方を知っていた[17]。

　彼女は後に，自分がはじめて赤ん坊を取り上げたのは 1778 年 7 月のことだったと書き記しているが，それは彼女がメイン地区に移り住んで 1 年たらずのことであった。この記述は額面通り受け取るべきではなかろう。彼女がはじめて助産婦として務めたのは間違いなく 1778 年のことであるが，それ以前にオックスフォードで 10 件以上の出産で助手の役割を果たしていたと思われる。いわば「社会的出産」の時代であって，出産には助産婦のほか親戚や近所の女性たちが立ち会ったのである。多くの助産婦の場合，はじめは見学者の立場で出産に参加し，次第にいっそう重要な役柄を引き受けるようになり，ある日，練達の助産婦が遅れたり，代役の許しを出したりしたときにはじめて彼女たちが独り立ちして「仕事をする」のである。マーサの場合には，メイン地区への移住はこの過程を早めたことであろう。オックスフォードではたとえ彼女が独り立ちする実力を備えていたとしても，その機会はほとんどなかったと思われる。というのはこの町には大勢の先輩助産婦がいたからである。彼女の祖母ラーニドは 1777 年まで生きていた[18]。ハロウェルでは対照的に，この育ち盛りの若い町において彼女は先輩助産婦のひとりであった。

　9 人の子どもの出産も，彼女が助産婦になる準備の一部だった。18 世紀の助産婦マニュアルは次のように言っている。「女性は互いに優しい気持ちを持ち，出産の苦しみを経験した者同士は自然の同情心を持つものです。このことから出産の苦しみにある人に対しては自然に他人事ではないという気持ちを持ちます。こうしたことについて男性は誰ひとり理解できません」[19]。マーサの「自然の」同情心は死によって呼び起こされることもあっ

た。1767 年から 1770 年の間にオックスフォードの町は，ニューイングラン
ドの歴史上最悪のジフテリアの流行によって，人口の 12% を失っている。
144 人が亡くなっているが，その大部分は 2 歳から 14 歳までの子どもで
あった。マーサのおじ・おば夫妻，リチャードとメアリー・モーアはこのと
き 11 人の子どものうち 8 人を埋葬した。マーサとイーフレムは 10 日の間
に，6 人の我が子のうち 3 人を亡くした[20]。オックスフォードの組合派教会
の裏手にある墓地では，小さな墓石の列がモーア家の死を物語っている。バ
ラード家の墓石はない。マーサは自分の小さな娘たちのことをケネベック河
畔で記されたこの日記の中に書くことによって記憶にとどめている。

　1786 年 6 月 17 日「この日は私の娘，トリフィーネの 17 回忌だ。享年 4
歳 3 ヶ月」。

　1788 年 7 月 1 日「今日は私の娘ドロシーの 19 回忌だ」（ドロシーは 2 歳
で亡くなっている）。

　1789 年 7 月 5 日「私の娘マーサが亡くなって 20 年になる」（マーサが亡
くなったのは「8 歳 2 ヶ月と 28 日」だった）。

　バラード家の息子たち，12 歳のサイラスと 6 歳のジョナサンはこの喉の
病気を生き延びた。4 人の娘のうち 10 歳のルーシーだけが残った。「あれは
本当に暑い日だった。その夏はずーっと暑かった」とマーサはトリフィーネ
の死を追憶して日記に書き残している[21]。彼女がその悲しみの夏がとても暑
かったことを思い出すにはわけがあったのだ。長女を亡くしたとき，彼女は
7 ヶ月半の身重だったのである。

　1769 年 8 月 6 日，死の只中で彼女は出産した。この子は母バラードの名
をもらって，ハンナと名づけられた。2 年後にもうひとり女の子が生まれ
た。彼女は祖母，叔母のドロシー・バートン，それにジフテリアで亡くなっ
た姉にちなんでドロシーあるいは「ドリー」となった。1773 年にイーフレ
ム・バラードが新しい家を求めてメイン地区に出かけるということがなかっ
たら，もうひとりのトリフィーネかマーサが生まれていたかもしれない。
しかしその年イーフレム・バラードはメイン地区で新しい住まいを探しつつ
あったのである。その結果バラード家最後の赤ん坊，父の名をとってイーフ
レムと名づけられた子は 1779 年，ハロウェルで誕生した[22]。

1775 年にイーフレム・バラードが新しい土地を求めてケネベック川を遡ったとき，彼は，1 世紀以上前に曾祖父がマサチューセッツ州リンを後にして新しい町アンドーヴァーに水車小屋を建てようとしたこと，またイーフレムの父がアンドーヴァーを後にしてビレリカの町，後にはオックスフォードの町をめざしたのとまったく同じことをしようとしていたわけである。バラード家はニューイングランドで 4 代にわたって水車小屋を経営しており，この 4 人のうち 3 人の人物は新しい町の建設に関わっている[23]。

　フランスやインディアンとの戦いは，オックスフォードの人々がメインへと移ってゆく最初のきっかけとなった。マーサの従兄弟にあたるネイサン・モーアはカナダへの侵攻作戦に参加した元兵士で，1768 年にはケネベック河畔のヴァッサルボロに住みついていた[24]。もうひとりの従兄弟，エベネザー・ラーニドも元兵士でアンドロスコッギン川沿いの新しい町リヴァモアに土地を持った。しかし，彼は引き続きオックスフォードに住み続けた。イーフレムがはじめてメインに行ったのは，測量士として，また従兄弟エベネザーの代理人としてであったが，彼の関心はすぐにアンドロスコッギン川からケネベック川へと移った[25]。1775 年までには彼の兄弟ジョナサン，義理の兄弟トマス・タウン，マーサの兄弟エベネザー・モーア，義理の兄弟ステファン・バートンらはすべて，ケネベック土地所有者組合が開発した土地に定住していた[26]。メイン地区への移動は，オックスフォードに残る以外のもうひとつの道になった。

　1775 年にはケネベック川のロング・リーチ上流にかけて 6 つの町があった。すなわち，ポウナルボロ，ガーディナースタウン，ハロウェル，ウィンスロップ，ヴァッサルボロ，ウィンズローである。これらの町の名は特定の家族との深いつながりや，ケネベック土地所有者組合の政治力を反映するものである。ケネベック土地所有者組合はプリマス会社として知られるが，それは彼らが土地所有権の源泉を 17 世紀のピルグリム・ファーザーズに与えられた特典になぞらえて主張するからである〔ピルグリム・ファーザーズとは，一般には 1620 年，メイフラワー号で北アメリカに移住し，最初の入植地となったプリマス植民地を築いた人々を指す。ケネベックの人々はそうではないが，「プリマス」の名称を会社名に使用したのである〕。マサチューセッツ州の初期の開拓者村とは違っ

て，これらメインの町々は投機的商人によって開かれたものであった。彼ら商人は自らそこに住む気はなく，将来の土地の売買や地代，水車小屋の建設，船の到来，また彼らの雇い人が経営する商店からの利益を見込んで，所有地の一部を初期の移住者に分かち与えた。これら雇われ商店経営者も自ら土地に投資していたのである。1775年時点でケネベック土地所有者組合は60万エーカー以上の原野を所有していたが，土地の正確な境界線については争いがあった。ここでは腕のよい測量士には仕事があり，またおそらく土地や水車小屋を獲得する機会があったのである[27]。

　1775年4月6日にイーフレムはケネベック土地所有者組合の中でも最も富裕なひとりであったボストンのシルヴェスター・ガーディナーから，「ハリファックス砦と隣接する土地すべて」に対する借地権を確保した。この砦はもともとマサチューセッツ政府によって築かれたものだが，ケネベックとセバスティクックの2つの川に挟まれた半島状に突き出した土地にあった。ここは400エーカーの森に囲まれていて，当時の人によると，「夏はサケ，冬はバス〔スズキの類〕の恰好の漁場」であった[28]。

　それはすばらしい土地だったが，タイミングが悪かった。1775年の4月，イーフレムがケネベック川を遡って砦に向かっていた頃，マーサはオックスフォードで，従兄弟のエベネザー・ラーニドがレキシントンとコンコード方面での非常事態警報に対処すべく兵士を集めるのを見守っていた。6月にイーフレムがリンカーン郡裁判所に酒場の免許を申請したとき，オックスフォードの義勇兵たちはバンカーヒルに集結していた[29]。ベネディクト・アーノルドの率いる先発隊がハリファックス砦に到着したとき，彼らは砦の宿泊設備のひどさに拒否反応を示した。砦の宿泊設備が「廃墟のような状態」だっただけでなく，そこの主（それは間違いなくイーフレム・バラードであった）が「鼻持ちならぬイギリス支持者」だったからである。それでも彼らはイーフレムが「公正な条件で塩豚1樽と燻製のサケ1樽」の交換に同意したことに満足した[30]。

　1年後にはイーフレムと愛国者たちとの関係はさらに険悪なものとなる。植民地議会への請願の中で，ウィンズロー安全委員会は次のように苦情を申し立てている。すなわち，「バラード氏は（偉大なアメリカに敵対している

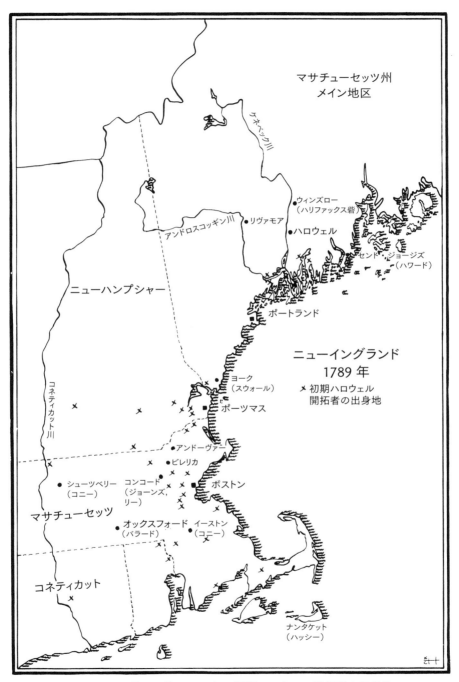

ニューイングランド，1789年，初期ハロウェル開拓者の出身地

と見られる）隣町からの大勢の人々とともに砦の土地で水車用材木を切り，搬出している」（ここでいう「隣町」とはヴァッサルボロで，イーフレムの兄弟やモーア一族が住んでいた）。植民地議会はこのガーディナーの所有地を委員会の「管理下」に置くことを認めた[31]。

　保守派の資産をひとつ失ってイーフレムは川下のハロウェルへと移動し，別の土地を手に入れる。彼はジョン・ジョーンズ所有の土地といくつかの水車小屋の管理を引き受けることになる。ジョン・ジョーンズはケネベック川の長年の住人で，プリマス会社の代理人をしていた。この人は王党派であり，ハロウェルの町役員会からはすでに「アメリカの自由と権利にとって有害な人物」との烙印を押されていたが，カナダに亡命する前に自分の財産の所有権を妻の親戚筋に正当な手続きによって移転しておくだけの先見の明を持ち合わせた人物だった[32]。イーフレムの借地権は法的にも確固としたものであった。彼自身は彼の地主に共感していたのかもしれないが，一方では革命の動きと折り合いをつける術をも心得ていた。イーフレム自身も「反逆的かつアメリカにとって敵対的行為」を理由に非難されたとき，その告発をどうにか取り下げさせただけでなく，その後すぐにハロウェルの町役員会の議長に選出された。時の財務官の記録によると，彼はハリファックス砦の兵士1人分の費用として200ポンド（このインフレの時期では標準的な負担金）の寄付を行っている[33]。

　マーサは1777年10月にハロウェルにいた夫と合流する。「私はフックの下手にあるジョン・ジョーンズ氏の船着場に…ケネベック河岸へ第一歩を踏み入れた」とマーサは後に記している。さらに「1年と17日を過ごしたあと，ボウマンズ川にあるジョーンズの水車小屋に移った」[34]と付け加えている。ボウマンズ川沿いのジョーンズの船着場といくつかの水車とは町の反対側に位置していた。船着場は居住地の南半分を占める地域にあり，川の東側に位置していた。この地域は付近で最も目立った地理的特徴であったバンバーフック・ポイントにちなんで通常「フック」と呼ばれていた〔「フック」は「かぎ」を意味する。28頁の地図参照〕。一方，水車は町の北半分で川の西側にあった（これは1797年に分離してオーガスタの町になった部分である）。この地域はケネベック川の防衛線の一部としてプリマス会社が1754年に構

築した古いウェスタン砦にちなんで「砦」と呼ばれていた。1769年以降この砦はジョン・ジョーンズの所有となり，彼はここを住居兼店舗として使っていた（この砦は現在修復されてオーガスタ市の所有・管理する博物館になっている）。

　1777年当時，ハロウェルには川沿いの10マイルに100家族が散らばって住みついていた。ほとんどが入植して最初に建てた丸太小屋に住んでいたが，なかには，たぶんジョン・ジョーンズもそのひとりと思われるが，なんとか本格的な骨組みを持つ家や納屋を建てて住んでいた人々も少数ながらいた。ここに入植した人々は30ものあちこちの町からやってきたのであった。ロードアイランドやナンタケットから，また，ニューハンプシャーから来た人々もおり，イギリスから来た人々も幾人か混じっていたが，近親者の小グループを作って移住してきた。ハワード兄弟2人とその親族，スウォール家の3人の従兄弟たち，コニー家は2世代にわたって，サヴェージ家やクラーク家の係累など，といった具合であった。バラード，モーア両家の親戚のほとんどはケネベック河畔の他の町に住んでいたが，イーフレムの甥で同名のイーフレム・タウンは，ハロウェルでやはりジョン・ジョーンズから土地を借りていた。1778年にタウンは従姉妹のルーシー・バラード，すなわちマーサとイーフレムの長女と結婚している[35]。

　ジョン・ジョーンズがタウンに宛てた手紙がこの頃の様子を伝える唯一の手がかりである。「君の身に起こったこと，つまり私のせいで君の家が家宅捜索されたということを知りました」と1778年にジョーンズは手紙に書いている。「私のことでいろいろ君に迷惑をかけてまことにすまない。私は彼らに何も悪いことはしていない。皆それぞれが自分のことだけを考えて，人のことには構わないでほしいと切に望んでいる」。ケネベック河畔の愛国者たちがジョーンズの仕事に何かと干渉していたこの時期に，彼はジョージ砦に拠点を置くイギリスのレジスタンスに参加する。この地域への奇襲攻撃で，彼の古くからのあだ名「ブラック・ジョーンズ」にはもうひとつ新しい意味が加わることになる。こうした作戦のひとつで彼はポウナルボロのチャールズ・クッシング大佐を拉致した。彼は夜陰に乗じて大佐を自宅から素足のまま引きずって行ったのだった。しかしジョーンズがタウンに宛てた

手紙には，政治のことよりも，両人にとって共通の関心であった農場のことの方が多く書かれている。「戦いがこのまま続けば食糧不足が起こるのではないかと気がかりだ」と彼は 1779 年 2 月に書いている。彼は今のうちに「雄牛か農耕用の雌牛」を買い込み，納屋の裏手の丘にリンゴの木を植え，「食料品はいずれ手が出せないほど値上がりするから，サケ用の網を作らせるように」と自分の借地人たちにすすめている。さらに彼は羊毛の刈り取りの時期が来たら，タウンが羊毛の刈り取りや保管の面倒をみてほしいと頼んでいる。そして「私が帰ってくるまでに羊毛が必要になったら，君あるいは君の父上が私の羊毛をいるだけ使ってくれてもよい」と書き送っている[36]。

　10 年たってもジョーンズは帰ってはこなかった。彼は 1785 年，つまりマーサが日記をつけ始めた年に帰郷しようと試みたが，すぐさま町から追放されてしまった。「一団の男たちがサミュエル・ダッタン〔ダットン〕の家へ行き，ジョン・ジョーンズを捕まえて，ポラードの家に朝まで監視つきで閉じ込めて，ウィスカセットに連れていった」とマーサは日記に記している[37]。マーサは彼女らしく，ジョーンズや彼を責める男たちの行動についてもなんの判断も下していない。また，自警団が彼女の家族に加えたおそらく最後の攻撃的行為は，現存する彼女の日記が始まる以前の出来事であった。1784 年，ルーシーとイーフレム・タウンはハロウェルから，イーフレム・バラードがはじめて革命騒ぎに遭遇したウィンズローに移った。タウン家の口伝によると，この若い夫婦は家財道具を平底船に乗せて川上に運んだのだが，そのとき家具を一晩船着場に置いておいた。彼らの曾孫娘は「誰かが椅子のひとつをカバの木のてっぺんにくくりつけたのよ」と回想している。「朝になって 2 人が家具を取りに戻ったら，樹のてっぺんに椅子があったのよ」[38]。彼女にとっては，事件は説明のつかないおもしろい出来事であったのである。椅子を木に吊るすのは開拓地の何かのユーモアだったのだろうか。あるいは歓迎の意味をこめた土地の風習だったのだろうか。当時の政治情勢からすれば，おそらく反対の意味を持つものだったのだろう。明らかにウィンズローの誰かが，イーフレム・タウンがジョン・ジョーンズやかつてハリファックス砦の木を切ってしまった「鼻持ちならぬ保守派連中」と関わりがあることを嫌ってやったことだったのだろう。

この日記が書き始められた時点で，ボウマンズ川のジョン・ジョーンズ所有の家にはバラード姓を名乗る7人の人間が住んでいた。すなわち，マーサ，イーフレムとその5人の未婚の子どもたち——サイラス，ジョナサン，ハンナ，ドリー，それにイーフレムである。普段はさらに雇われた手伝いが1人か2人いた。全員が1階に2つの部屋のある未完成の家屋にすし詰めになって暮らしていた（マーサはこの2つの部屋を単に「東の部屋」，「西の部屋」と呼んでいた）。家の2階には未完成の部屋が2つあったが，冬の間は使えなかった。さらに「地下室」，納屋，それに家の周囲には「空き地」があった。囲いがしてある空き地もあったが，周りの建造物や自然の障害物でなんとなく区切られているようなものもあった。「私は納屋の脇の空き地にパースニップ（parsnip）〔根部は蔬菜〕とニンジンの種をまいた」とか，「私は小川のそばの空き地で豆やキュウリのさややへたをとって処理した」，あるいは「戸口の前で植物を処理した」，さらには「ハシバミの木を切って水車の池のそばの空き地を一部丸く囲って垣根のようにした」[39] といった具合に，これらの空き地はマーサの日記に出てくる。

　家事は西の部屋からはみ出して，空き地まで繰り広げられた。マーサ・バラードと娘たちは新しく紡いだ糸を草の上で漂白し，洗濯物をたまたまそこにあった垣根にかけて乾かした。もっともこのやり方にはリスクもあった。「ハンナはダニエルの毛布を洗ったが，我が家の豚がそれをずたずたに破ってしまった」とマーサはこの日の災難を日記に記している（そんなことをものともせず娘たちは豚に食いちぎられた毛布の切れ端を細かく切って，ルーシーの子どもたちに暖かいペチコートを作ってやった）。この頃バラード家では羊は飼っていなかったが，イーフレムは馬を1頭と牛2頭を飼っており，マーサは赤茶色の牛からも「斑点」のある牛からもミルクを搾った。鶏たちは木切れや動物の糞などをそこらに散らかし，干草やトウモロコシのための開墾地の向こうの荒れ野にも，居心地のよい家庭的な雰囲気を与えていた。「今日の午後我が家の畑にムース〔アメリカヘラジカ〕がやってきた」とマーサは4月のある日，日記の余白に記している。1787年11月には「我が家とサヴェージ宅との間に熊が出て，ハンナとドリーは怖がった」と書いている。このような状況の中では群れからはぐれた子牛が——あるいは近所の

子どもが——「川の方」に迷い込んでいなくなってしまうということも十分ありうることだった[40]。

辺境の地ではあったが，ハロウェルにはオックスフォードにはない活気，つまり人の生活の営みがあった。川には船がやってきた。そしてこの町を通って未開の大自然へと進出してゆく開拓者の絶え間ない出入りがあったのである。イーフレムの水車は人跡稀な大自然に対する杭打ち機の槌のようなものであり，森を町に変える原動力だった。よい日には鋸が安定したリズムを保ち，縦鋸の刃が1分間に120回上下して（「ファーシー，ファーシー」と）速い調子の強弱を刻んだ。丸太が1本また1本と木のレールに沿って少しずつ進むとき，木々にこだまするのだった。原木の供給状況と同様，天候と四季の変化が作業を決定づけた。水が多すぎるのも少なすぎるのと同じくらい問題だった。「我が家の水車は元気に回っている」とマーサは大雨のあとのある日の日記に記している。しかし別の日には「水車は大水のために止まってしまった」[41]。

イーフレムと息子たちは製材用の水車の他に，トウモロコシを挽くための製粉用の水車を動かしていた。たぶんこの2つの設備は，ひとつの建物内におさまっていたであろう。ひとつないし複数の製材用鋸が上階に，製粉用設備が階下にあったと思われる。それぞれどのような仕事を分担していたかは，2人の息子のことを象徴的に示している。サイラスは物静かな年長の息子で，40歳になるというのに父の家を出たり入ったりして，結婚もせず，完全に自立することもなかった。彼は，粉挽きの仕事を分担した。ジョナサンは派手好みで，少し反抗的な弟であり，材木を筏に組んだりばらしたりする仕事を分担した。サイラスには何か障がいがあったのではないかと人は思うかもしれない。しかし，母親は日記の中でそれについては何も書いていない。少なくとも彼の肩は頑健だったはずだ。というのは，「水車をつつく」のは彼の仕事だったからである。つまり，木槌とのみを使い花崗岩の石臼に刻まれた溝を修復し，維持することが彼の仕事だった。「息子タウン〔イーフレム・タウン，マーサの長女ルーシーの夫。マーサは自分の親族を，このように自分との関係と姓で示した〕」も家族経営において役割を持っていた。長女をウィンズローに連れ去った責任上，彼はほとんど毎週帰ってきては丸太を筏に組んで

製材工場へ送る仕事をした[42]。

　状況がよければ水車は昼夜なく稼動したが，天気はもとより，機械の故障や人間の失敗で止まってしまうこともあった。「トウモロコシ用の水車は故障修理が終わるまで停止」とか，「水車のうちひとつはクランクから連結棒がはずれてしまったが，今夜はどちらも修理しなかった」などとマーサは書いている。それでも水車が木を挽く音は小鳥の声と同じくらいボウマンズ川の春の一部をなしていた。このような音はマーサの世界にいつもあって，なくならない限り普段は意識していない。5 月のある夕方，手伝い人が病気で早く床についたあと，ジョナサンは流された材木を 2 日がかりで探しに行き，夜遅く帰ってきた。マーサはその日の項に，「水車は静かに止まっている」とそっと書いた[43]。

　マーサが日記をつけるようになったそもそもの動機は歴史感覚であったかもしれないし，心の安定を求めてのことだったかもしれない。出産の記録をつけるためのもっぱら実務的必要性によるものだったのかもしれない。「ケネベックに来てから私が取り上げた子どもの数は，記録とその他の勘定によって 405 人である」と彼女は 1791 年 12 月 31 日に記している。日記開始前でさえ，年間約 40 回も出産に呼ばれれば，「書かれた記録」は必要不可欠になろう。日記は 1785 年 1 月 1 日に，19 項目もの短い断片的な記述で始められている。記録は次第に整った，かつ規則的なものになってゆく（日記全体で見ると 1 ページ平均の項目数は 6 つである）。彼女は当初からページの左側に線を引いて余白を作り，ここに月日を記入した。まもなくもうひとつの欄を作ってそこには曜日を記した。1787 年末までには彼女はページの右側にも欄をもうけ，そこにその日にあったことを要約するようになる。その後 1–2 年のうちには彼女は各ページの冒頭にタイトルを書くようになった。このような変化は，彼女もまた日々の時の流れに迷い込みえたことを示している。ある出産，あるいは 4 月のある日では，容易に他と混同してしまう。

　1785 年 4 月 24 日「私は明け方 2 時に呼ばれて陣痛の始まったブレイク夫

マーサ・バラードの日記の一部

	April 82	(13)
3	at mrs Husseys & mr Goodins I pinis at Cybeys Stalking	at mrs Husseys & mr Goodin
4	at mrs Husseys	at mrs Husseys
5	at Fitos	at Fitos
6	at Fitos	at Fitos
7	Call'd at ye 3d h morn to George Brown from mrs Husseys my Brown tape held of a fine Son at 12 oClok the Child wd 18 lb I returnd at 5 pm mrs Hussey gone to see her Husband	at mrs Husseys George Browns
1	at mrs Husseys I wrote Book gone	at mrs Hussey
2	at Fitos the returned all well	Fitos
3	I came from Fitos find that mr Learned has been here we receiv'd Letters from Hannah & sister Waters	come from mrs Husseys
4	Clear I went to see mrs Hamton her infant is much better mr Learned Sleep here	I was at mr Hamtons
5	Clear & very Pleast I sett out to go to mr Bullins stept out of ye Canoe & sunk in ye mire came back & Changd my Cloaths mad a nother attempt & got sape there sett out for ... Call'd at Capt Cokes & mr Goodins was Call'd in at mrs Husseys tarried all night a severol ... before morn	I tarried at mrs Husseys the new milk at Lobe ... was in patt tynd turned by five

人を診にフックへ行った」。

1786年4月18日「雨。フックのギルマン氏のところに陣痛の始まった奥さんのために呼ばれた」。

1787年4月22日「朝9時にウェルマン氏宅に呼ばれる。午後7時，奥さんは無事男の子を出産。夕方雨」。

1788年4月28日「雨，雪，雹。寒い［だがこの日には出産はなし！］」。

そして1789年4月24日には春の大洪水との劇的な遭遇。「激しい暴風雨。午後1時にエベネザー・ヘウィンがハッシー夫人宅に来るよう伝えに来る…」。

この日記の難解なところも価値も，日記が驚くほど倦まずたゆまず書き続けられた点にある。1789年4月23日から26日の記述の順序について，もう1度考えてみよう。中心的話題——すなわちマーサがケネベック川を渡り，また渡河して戻ってきたこと——は十分明らかである。しかし最初にこれを読んだときに，マーサが春の嵐をついてヘウィンズ宅での出産をめざして旅をしている間に，ハッシー家で演じられた副次的な筋書きに気づいた読者は少ないだろう。実はマーサがひとりの妊婦を残して，もうひとりの妊婦を診に行くという事実は，初めの段階では明らかではないのである。彼女が4月23日にまず「バリン氏宅に向けて」川を渡ったことを思い出してほしい。また，その数時間後に「コックス船長宅，グッディン氏宅」に立ち寄ったあと，まさに帰途につこうとしていた矢先，彼女は「ハッシー夫人宅に呼ばれた」のである。彼女がハッシー宅で「一晩中付き添」って，翌日午後1時頃帰ろうとしていたそのときに，エベネザー・ヘウィンズが嵐をついて自分の妻の出産のためにマーサを呼びに来たのである。しかし彼女はヘウィンズ宅を後にしたのち，すぐ帰途についたわけではなかった。ヘウィンズ宅はケネベック川のマーサの家と同じ側にあったのだが，彼女はそこからまた川を渡ってハッシー宅へ向かっている。

11月〔原書ママ。4月？〕25日の項にその理由を見る。すなわち，「ヘウィンズ氏に付き添われてハッシー夫人宅へ行く。午前11時到着。ノークロス夫人の陣痛が始まっていた。手伝いの女性たちがすぐに呼び集められ，午後5時30分，無事に立派な男の子が生まれる」。その後マーサはたまたま思い

ついたかのように，「彼女の夫，デリーノ夫人とその子どもたちは今朝早く
ナンタケットへ向け船に乗る」と記している。前後の関係に若干注意すると
（さらに家族の記録に急いで目を通すと），この小さなドラマに登場する人物
のそれぞれの関係がはっきりする——すなわち，ノークロス夫人，デラーノ
夫人はハッシー夫人の実の娘たちなのである[44]。

　日記に何気なく記されている事柄の順序をよく考えてみよう。ナンタケッ
ト行きの船は朝「早く」出帆した。助産婦は午前11時に到着した。赤ん坊
はこの日の午後5時30分に生まれた。我々に不明なことは，ノークロス夫
人の夫や姉妹が朝早く起きて，ロング・リーチへの帆走を容易にしてくれる
北西の風を捉えるために川を下っていったとき，彼女はすでに陣痛が始まっ
ていたかどうかという点である[45]。たぶんそうではなかったのであろう。4
月のそれ以前の日記からすると，ノークロス氏は子どもの誕生を期待しな
がらほとんど2週間もの間，港で待っていたのである。マーサはまず4月
9日にハッシー宅を訪れ，さらにその2日後，「ノークロス船長が帰宅した」
ときそこにいた。彼の船はその年のシーズン最初に川を遡ってきた船のうち
の1艘だったのである。マーサは11日にそこを発ち，13日にまた来訪し，
18日に再び帰途につき，翌日またやってきて4月20日まで滞在している。
4月23日に彼女がついにハッシー宅に「呼ばれた」時点で，マーサはなか
なか生まれ出ようとしない赤ん坊のために合計9日間も費やしていたので
ある。もし陣痛の兆しが少しでもあれば，マーサがヘウィンズ家の出産のた
めにノークロス夫人を置いて再び出かけていったとは考えにくい。「彼女の
夫，デリーノ夫人とその子どもたちは今朝早くナンタケットへ向け船に乗
る」という平板なこの1行は，1ヶ月に及ぶいらいらに対する皮肉なコメン
トだったわけである。皆が集まって今か今かと眺めている鍋は一向に煮たっ
てはこなかったのだ。

　ここでさらに興味深い点は，海の男であった父親が出発していったことで
はなく（男にとって仕事と家族の間の葛藤は古くからの，今も続く問題で
ある），遠くに住む姉妹がここに来ていることではないだろうか。夫がやは
り船乗りだったベッツィ・デラーノはナンタケットに住んでいた。彼女は4
月11日，姉妹の出産を手伝おうとフィリップ・ノークロスとともに船で川

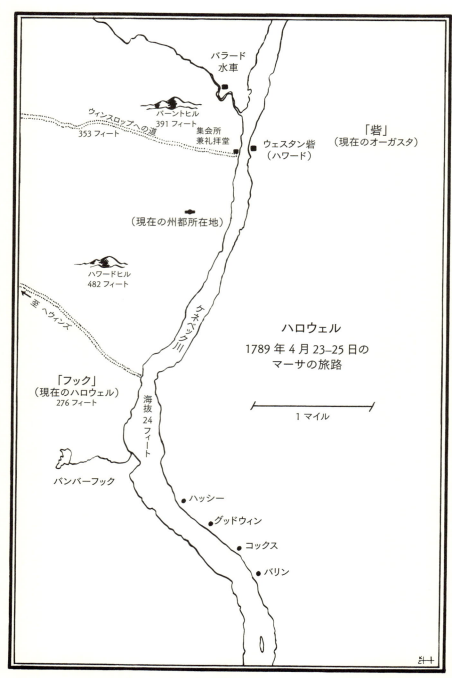

ハロウェル，1789年4月23–25日のマーサの旅路

を遡ってきたのだろうか。あるいは彼女は夫が海に出ている間，ハロウェルで自分の母親と冬を過ごしていたのだろうか。

　この第2の可能性がかすかなヒントから示唆されている。ヒントはきわめてかすかで，マーサ・バラードのいつもの慎ましいやり方を長らく熟知していないと，容易に見過ごしてしまうようなものである。彼女はハッシー氏宅へ行くとは書かずにハッシー夫人宅へ行くと記している。一方この前後に彼女はバリン氏宅，コックス船長宅，グッディン氏宅などと書いている。マーサ・バラードの世界では家は男性のものだった。1789年4月の時点でハッシー宅が妻のものだという事実には特別の意味があるように見える。オービド・ハッシーはそのときウィスカセット監獄に借金のために収監されていた。彼女はこの事情を，4月18日に何回かのノークロス夫人訪問に関連して間接的に記している。「ハッシー夫人は夫に会いに出かけていった」と彼女は書いているが，マーサらしくそれ以上のことにふれるのは控えている。オービド・ハッシーはその年80歳を迎えていた。彼は自分の納屋やケネベック川沿いの漁網を再び見ることはなかった。「ハッシー殿，監獄で死去」と1790年6月17日にマーサは記している[46]。

　水かさの増した流れや狭く深い谷を越えてヘウィンズ家の出産に向かうマーサの劇的な旅は，もうひとつの少し違った暗い事情を示唆している。エベネザー・ヘウィンズが入植地の2マイル目のところに農地を作り出そうとしていたことは，彼の社会的地位を示唆する。ハッシー家やバラード家のような早くからの入植者たちは川に近いところに住みついていた。エベネザー・ヘウィンズがせっかちに助産婦を呼びに来たことは，大いなる興奮とともに，何か不穏なものを感じさせる。この感じは後にマーサの日記に出てくるコートが燃えた出来事や，マーサ・バラードがヘウィンズの第1子を1787年にこの夫婦の結婚後わずか2ヶ月で取り上げたという事実によって，次第にひとつの筋書きとして浮かび上がってくるのである[47]。

　問題は日記が瑣末なことではなくて，むしろ，容易に復元できたり理解できたりするものよりも多くの物語を教えてくれる点にある。マーサがケネベック川を渡るのを記述することと，ナンシー・ノークロスの長引くお産，オービド・ハッシーの服役，あるいはジルファとエベネザー・ヘウィン

ズのあわただしい結婚について歴史的重要性を評価することは，また別物である。ひとつだけを取り上げると，これらの話はあまりにも多くのことを教えてくれる一方で，十分ではない。物語は，我々に生活の詳細を見るよう強いながら，読み解けない沈黙へ追いやるのだ。しかしより広い文脈で，また18世紀の歴史のより大きなテーマとの関連で日記を読むと，それらは驚くほど多くのことを示してくれる。

1789年4月の副次的筋書きのひとつひとつは，社会史のより大きな問題とつながっている。イギリスにおいてもアメリカにおいても，伝統的な出産が男性医師による「科学的」産科学によって挑戦を受けていた時代に，ナンシー・ノークロスは長引くお産に悩まされていた。まさに債務者の請願が急増し，反乱さえ起こって社会を震撼させていた時代において，自分の資産を保全するために家を捨てて浮浪者になったり森に逃げ込んだりする人がいたなかで，オービド・ハッシーは債務者の監獄で命尽きようとしていた。アメリカで婚前妊娠率が高く，小説家とともに政治評論家たちも誘惑というテーマにとりつかれていたときに，エベネザーとジルファ・ヘウィンズは結婚した。18世紀末は政治的革命の時代であっただけではなく，医学，経済，そして性をめぐる問題の変革期でもあったのだ[48]。驚くにはあたらないが，女性をめぐる新しいイデオロギーが，家庭的美徳と国家の存続を意識的に結びつけた時代だったのである[49]。こうした社会現象の本質は，今なお学術上で論議されている。しかし，1785–1812年というマーサ・バラードの日記の時期が重大な変化の時代だったということ，または漠然としか分かってはいないものの，それに伴う国の政治的革命と社会革命が関連していることを認めない学者はいないだろう。かつてのように，家庭内の出来事を簡単に「瑣末なこと」と片付けることはできないのだ。

マーサ・バラードの日記は，初期の共和国における社会史のいくつかの重要なテーマとつながっており，その時代を反映する以上のものである。失われた18世紀の生活の下部構造を復元すると，この時代の歴史が書かれた際に依拠していた事実や資料の意味は変わってくる。このことは彼女の日記と，ハロウェルの3人の名士，ダニエル・コニー，ウィリアム・ハワードそしてヘンリー・スウォールが残した3つの資料とを比べることで示される。

ダニエル・コニーはケネベックでは最もよく知られた医師だった。彼はレキシントン警報〔アメリカ独立戦争が始まる契機となったイギリス本国軍とアメリカ植民地軍の間の戦闘，レキシントン・コンコードの戦いの始まりを告げる警報のこと。1775 年 4 月 19 日〕当時，義理の兄弟にあたるマサチューセッツ・マルボロのサミュエル・カーティス博士とともに医学の修行中であった。彼は独立義勇軍とともに行進し，サラトガではホレイシオ・ゲイツ将軍の副官として働いた。町の歴史によると，「バーゴイン〔イギリス軍の中将〕が降伏したときその現場にいたが，彼はそれに先立つ戦いのどれにも参加していない」。彼は 1778 年にハロウェルにやってきた。マーサと同じ年である。そして，同時代の人の言葉によると，「医療の分野で献身的な働き手」となった。そして医療体制作りの熱心な推進者であったと付け加えてよいだろう。彼が診療活動を行ったのは 150 マイルも内陸に入ったところであったが，ボストンに本拠を置くマサチューセッツ医学協会の初期からの会員であり，1797 年設立の新しいケネベック医学協会の会長になってからもその会員であり続けた[50]。

コニーは 1828 年にボストンで出版されたジェームス・サッチャーの『アメリカ医学記』に取り上げられた，メイン地区で一握りしかいない医師のひとりであった[51]。彼はどこから見てもこの分野の指導者であり，新しい科学的産科術を推進していたニューイングランドの最も進歩的な医師たちの仲間とは言えないまでも，彼らと近い立場にあった。注目すべきことにマサチューセッツ医学協会の学術誌への彼の唯一の貢献は，産科領域のものである。1787 年夏に彼が執り行った出産についての「それまで私が経験したことのなかった状況」に関する 1 ページの論文である[52]。この短い論文は妊婦以外，助産婦や他の女性にはまったくふれていないため，ハロウェルにおける産科革命，すなわち，医師が助産婦に取って代わることがこの頃までに完了したのかもしれない。

マーサの日記はコニーが 1787 年 8 月に少なくともひとりの女性――すなわち彼自身の妻――を出産させたことを確認している。しかしそれは，彼の産科医としてのキャリアを町の医療史において妥当な位置に引き下げるものである。ハロウェルにおいては近隣の町から来た者も含めて幾人かの医師が

時に出産を担当しているが，彼らの役割は助産婦の仕事を補完するもので
あったにすぎない。コニーがマサチューセッツ医学協会に論文を提出した年
に，マーサ自身はハロウェルの町で行われたすべてのお産の60%を手がけ
ている。しかもこの当時現役だった助産婦は彼女ひとりではなかったのであ
る。マーサと同業の女性たちは出産の大部分を扱っただけではなく，医療ケ
アの多くを担っていた。マーサの日記の中でいてもいなくてもよいように見
えるのは助産婦ではなく，実は医師の方なのである。

　4月26日にハッシー家からの帰途，マーサ・バラードが川を渡るのを手
伝ったウィリアム・ハワードは町で最も裕福な男であった。ハロウェルに最
初に入植した人々の息子あるいは義理の息子であるといった立場にあって，
ウェスタン砦に住み，そこで実の兄弟である船乗りのサミュエルと共同で商
売を営んでいた[53]。ウィリアムとサミュエル・ハワードの名前で今日残る帳
簿は，18世紀最後の10年間におけるケネベックの対外的な経済を検討する
のに豊かな資料を提供している。これは商人が使う標準的な帳簿で，顧客ご
とに借方と貸方が，見開きのそれぞれのページに記されている。現存するも
のは，今は失われて存在しない「別の帳簿から」の繰越が見られるものの，
1788年に始まっている[54]。多くの記載は1788年から1792年にかけてのも
のであるが，なかには1800年，さらにはその後のものもある。バラード家
のものも含め，ほとんどの記録は世帯の長である男性名で記載されている。
男の商品——つまり，木材，魚，そして毛皮——が帳簿の貸方の多くを占め
ている。

　このような記録から，ケネベックの女性たちは自分の世帯を超えた経済生
活では，なんの役割も持たなかったと結論づけられるかもしれない。帳簿の
最後は興味をそそる1ページではある。ここにはケネベック農業協会が亜麻
の種を売ったことが記されている。しかし，帳簿そのものにはこの町での織
物生産を示唆するものは何もない。マーサの日記はこの種がその後どうなっ
たかを教えてくれる。日記はイーフレム・バラードがいつ亜麻の種をまいた
かを記録しているだけでなく，いつマーサや娘たちが草取りをしたり，収穫
したりしたかを記している。日記はまたその畑を鋤き返したり，耕したりし
たときの男性の手伝いが誰だったかを記録しているだけでなく，近所の多

くの女性たちの誰が手伝いに来てくれたか，そしてどのようにして繊維を梳き，糸に紡ぎ，リールに糸を巻き取り，煮立て，糸枠に巻きつけ，よりをかけ，糸巻きに巻き，織り，叩き，漂白することによって，成熟した植物を布地として完成させたかを記している[55]。マーサの日記は，女性たちの見えない仕事——そして取引——の空白を埋めてくれるのである。

　マーサの日記は男性経済の日々の動きをいっそう細かく示してくれる。ほとんどの商人と同様，ハワードは第三者の債務を店の商品や現金で決済して，一種の金融業者としても活動していた。イーフレム・バラードの勘定はそうした商業活動を示すよい例だ。借方の側には塩，ラム酒，糖蜜，釘などが記載されており，一方貸方の方には何千フィート分もの「製材された」あるいは「そのまますぐ売れる」板がその他のものとともに並んで載っている。さらに帳簿のどちらの側にも，他人の「手形」や「売掛金証書」などが記入されていた。たとえば，1790 年 5 月 3 日にハワードはイーフレムの借方勘定に「1786 年 6 月 9 日付ウィリアム・スポールディングの売掛金証書」，「1786 年 7 月 1 日付ジョン・スポールディングの売掛金証書」を記入している。マーサの日記はこれらの支払いの由来を示している。1786 年 4 月初旬，マーサは「バラード氏は原木を買いつけに出かけた」と記している。その後数週間のうちに「スポールディングの人々」が「川」に原木を運んできたと 2 度書いている。彼女はスポールディングのことについて 6 月 9 日あるいは 7 月 1 日，つまりウィリアム・ハワードのところに持ち込まれた売掛金証書に記された日付の項では何も言っていない。しかし，イーフレムがポウナルボロの裁判所にそのうちのどちらかの日に出かけ，また別の日にはヴァッサルボロへ「〔義理の〕兄弟モーアの家の棟上げを手伝いに」行ったとしっかり記している[56]。帳簿と日記を総合すると，イーフレム・バラードがどのように自分の水車で製材する原木を「買い入れ」たかが分かる。スポールディングのような人々と契約を結び，彼は近所の商店ではつけで支払い，裁判所の開廷日や家の棟上げのときに，最終的には製材した材木で帳尻を合わせることで借金を清算したのである。

　マーサが 4 月 25 日に書いているように，こうしたことすべてに関係していた。すなわち，「スポールディングの人々は原木を運んできた。我々家族

の傍らで9人の男たちに食事をさせた」。しかし，彼女はイーフレムの努力を支援するだけでなく，もっと様々な経済活動に従事していたのである。同じ週に雇い人のひとりがフックの店のひとつへ使いに行ってくれたことが記されている。彼は「ラム酒6ガロン，コーヒー2ポンド，砂糖5ポンド，タバコ少々，塩1 1/4ブッシェルをジョセフ・ウィリアムズの店から運んでくれた。これは最近彼の子どもが生まれたとき，奥さんの出産を手伝ったことへの謝礼である」とマーサは記している。数日後，彼女は21巻の糸を織ってもらうためにチェンバレン夫人に届けたと記録している[57]。ハワードの帳簿は18世紀のハロウェルにおける男性経済について多くを物語っている。マーサの日記は男と女がこの18世紀の町を支えるためにどのように協力して働いていたかを教えてくれる。

　ヘンリー・スウォールとの比較はより直截的である。というのは彼も日記をつけていたからである。コニーと同様，スウォールも大陸軍〔独立戦争当初の1775年，ジョージ・ワシントンが組織し，指揮したアメリカ植民地の軍隊〕の元兵士であった。彼は1784年，重大な改宗の経験をしたすぐあとに，メイン地区ヨークからハロウェルへやってきた。1789年に連邦地裁の事務官に任命され，さらにハロウェルとオーガスタの事務職員として32年間勤め上げ，ついで17年間ケネベック郡の書記をした人物である[58]。彼の明瞭かつほとんど機械的といってもよいほどの整った筆跡が，町や郡の記録のページを埋めている。彼が残した1776年から1842年までの日記は，マーサの日記と同様それなりに注目に値する（彼女のほど絶えず書かれてはいないが）。

　1789年4月に彼女がハロウェルで春の大洪水と戦っていた頃，彼は遠くニューヨーク市にあってビジネスで道を拓こうと懸命になっていた。彼女がカヌーから降りるや泥沼に沈んだあの日，4月23日の彼の日記は彼女の世界との距離を際立たせている。彼は記している。

　　午後2時，ワシントン将軍，偉大なアメリカ大統領がこの市に到着された。当地で特別に彼のために作られた儀式用の船で到着した。砲台を通過するとき，連邦の儀礼砲が打ち出された。それを合図に港のすべての船が国旗を掲げた。彼が上陸すると儀礼砲が再び繰り返されて，町中

の鐘という鐘がこの喜ばしき出来事に打ち鳴らされた。

　スウォールにとってもこれは特に喜びの瞬間であった。というのは，彼はワシントンのもとで従軍したからである。「私はロバート・ハンター氏宅の屋根の上に陣取った」と彼は続ける。「そこで私はかつての我が将軍に再びまみえる満足感を満喫した。今や将軍は我が国の最高位の職にあり，その職務は非常に困難な状況下で，彼の勇気と高貴さによって（神の加護のもとで）守られ，また確立されたのである」[59]。

　スウォールの「元将軍」の英雄的行為と，同じ週にケネベック川を何度も渡っていたマーサ・バラードの英雄的行動を結びつけるのは容易ではない。革命（独立），憲法の制定，そしてワシントンの当選は，たしかに彼女の生活にも影響を与えた（と言ってもそれはたかだか孫にジョージ，サミュエル・アダムス，デラフィエットなどの名前を提供した程度だった）。しかしスウォールの日記の前景を埋め尽くしている多くの政治的事件は，彼女の日記にあっては，霞のかかった後景にすぎなかった[60]。その逆もまた真である。事実，戦いや政治の世界についてマーサ・バラードの日記から得ることのできる情報量の方が，ヘンリーの日記から家庭生活について知りうることよりはるかに多いのである。タビサ・スウォールの出産に際して，マーサ・バラードは通算 8 回も川を渡っている。ヘンリーは，4 回目の出産に際してはじめてマーサのことを日記に記しているにすぎない。さらに彼はマーサにいくら支払ったかを 1 度も記録していない。スウォールはハロウェルの女性たちについては，自分の妻も含めてほとんど何も書き残していない。タビサがボンネット作りを仕事にしていたことを教えてくれるのは，彼のではなく，マーサの日記である[61]。

　しかし，新しい共和国における女性の重要性を象徴的に述べているのは，マーサのよりヘンリーの日記であると言える。彼は 1800 年 2 月 22 日に，かつての司令官であったワシントン将軍の死を記念するパレードを企画することに関わった。行進の先頭には護衛兵の 1 隊に続いて，「白い服を着て黒い帽子と黒い上着に白いスカーフを身につけた 16 人の若い女性たち」，すなわち当時のアメリカを構成する 16 州の代表が行進した（口伝に基づく後

の記録によると，白いスカーフは「右肩に白黒のバラ結びでとめられ，左腕の下で結ばれていて，長い端はドレスの下にまで垂れ下がっていた」）。若い女性たちの先導で，民兵の一団，続いて判事，法律家，医師，芸術家などのグループ，その他のお偉方の面々からなる記念パレードの行列は町の集会所兼礼拝堂へと入っていった。「音楽は葬送行進曲を奏で，ボウマン大尉の砲兵分隊はパレードの間中1分おきに礼砲を撃ち続けた」[62]。新しい国家が数々の苦難を乗り越えたことと自らの生命を重ね合わす儀式は，コロンビア〔アメリカ大陸を指す詩的表現〕の若い娘たちにとって印象深い出来事であったに違いない。

　マーサは集会所兼礼拝堂での「ジョージ・ワシントン将軍の死を追悼する」礼拝に参加している。彼女は「ハロウェル支部，民兵のカスツ大尉の1隊や集まった大群衆」のことにはふれているが，明らかに若い女性のパレードにまったくふれていない。彼女の生活が独立によって影響を受けたことは確かだが，彼女の本質は共和主義の儀式とは無縁だったのである。1800年には，隣人の娘ナビー・アンドロスの死の方が，ワシントン将軍の死よりはるかに気がかりな問題だった。彼女の価値体系は古い世界で形作られていた。その世界では女性の価値は，漠然として遠い存在である国家に対する献身よりは，神と隣人への献身によって測られた。マーサにとって政治は男たちが町の集会で繰り広げるもの——たぶん必要ではあったが，同時にしばしば世間を分裂させる厄介な代物でもあったのである。革命の成就を見届けたものの，彼女は共和主義の母であるよりは，植民地のよき妻であった。18世紀末から19世紀初頭にかけての政治的・経済的・社会的変化の時期において，何が失われ，何が得られたかをマーサの物語は示してくれるのである。

　マーサの世界を理解するには，世帯における生産性の黄金期や，後のフェミニスト意識が生まれた政治的空白の期間としてアプローチするのではなく，それ独自の観点からアプローチしなくてはならない。マーサの日記は18世紀の生活の真髄に達する。日記の初期の読者を悩ませた瑣末なことは，女性が管理する経済運営の，たゆまぬ毎日の記録を提供するのである。地方史家たちが削除したスキャンダルは，混乱と激動の時代における人々の婚

内・婚外性行動について洞察を与えてくれる。814件に及ぶ出産のすぐれた記録は，初期アメリカの町における出産のやり方やお産による死亡率についての最初の完璧な記録なのである。日記の初期の読者（や要約者）が性的な話題と同じくらい当惑した家庭内のいざこざについての記述は，マーサの職業がいかに彼女自身の家庭のライフサイクルと密接に関連したものであったかを示している。また，負債による投獄といった公の争点の裏にある個人間の政治過程を明らかにしてくれる。彼女の晩年の暗い記録は，工業化以前の世界における老いとはどういうものだったかを示す稀な資料であり，社会経済的混乱の時代における伝統的価値体系の優位を示している。

　英雄的行為も，ここに見ることができる。生涯の最後の10年間，世界は彼女のまわりで音を立てて崩壊しつつあるかに見えた——武装した入植者が森の中で測量士を襲い，夫や父親たる男たちが自ら命を絶ち，彼女の隣人のパリントン大尉の場合は，妻や子どもたちまで殺した——マーサはそれでも自らの仕事を続ける勇気を持ち合わせていたのである。1812年4月4日，彼女は「鞍なしの馬に乗って」出産に向かった。1812年4月26日，彼女自身の死のちょうど1ヶ月前には，彼女にとって最後となる出産に立ち会っている。

　日記の構造は，助産婦という職業を可能な限り広い文脈で考えさせる。つまり，より大きな近所経済（neighborhood economy）におけるひとつの専門職として，また包括的だがあまり知られていない初期のヘルスケアシステムの最も目に見える姿として，また社会統制のメカニズム，家族支援の手立て，さらには真にひとりの人間にとっての天職として，助産婦という仕事を見ることを迫るのである。人はもっと詳しいことを知りたいと思うかもしれないし，マーサのもっと率直な意見を聞きたいと思うかもしれない。治療の詳細やお産によって引き起こされるいろいろな障害の詳細について知りたいと考えるかもしれない。医師や判事についてもっと感じたままに書いてほしかった，あるいはスキャンダルの類も歯に衣を着せずに記録してほしかったと思うかもしれない。しかし，マーサがこうした点で控えめであったにしても，この日記はアメリカ黎明期の歴史にあって比類なき記録なのである。日記がある意味大きな力に満ちているのは，それを研究に用いることがきわめて難

しいこと，そして日常的出来事の記録という点で徹底しているからである。

　この日記はいつの日にかそのままの形で上梓されるであろう〔原書が 1990年に出版されたのち，日記は以下の形で出版されている。*The diary of Martha Ballard, 1785–1812*, edited by Robert R. McCausland and Cynthia MacAlman McCausland. Picton Press, 1992〕。本書はいかなる意味においても，マーサの日記そのものに代わるものではない。あくまでひとつの解釈であり，日記原文に対するひとつの注釈なのである。日記と関連資料を細かく読むことによって本書がめざすのは，マーサの残した本を 20 世紀の読者の前に開いてみせることである。この日記は単独で存在するものではない。真剣に読むにはスウォールの日記からイーフレム・バラード制作の地図まで，広汎な資料を研究することが求められる。遺言状，納税者リスト，権利書，裁判所の記録，さらには町の役員会の議事録といったものが，医学の専門論文，小説，宗教的パンフレットやメインの医師たちが残した断片的な記録などとともに背景的資料となる。しかし中心はなんと言っても日記そのものである。日記の原本を目にする読者はまずいないと思われるので，私は各章ごとに 10 の長い原文を日記から引用した。これらの削除なしの引用文は，ナッシュの要約による『オーガスタの歴史』より，原文をより真正に反映している。どの場合も，私が後に取り上げる出来事や議論の焦点にした「重要な」事柄は，完全な引用文の濃い日常性の中に埋もれている。このように日記の原文とそれを解釈したものを並べることによって，歴史を再構成することの複雑さと主観性を読者に思い出してもらい，歴史とその原資料との間に存在する親近性と距離の両方を意識してほしかったのである。

　マーサ・バラードは句読点をほとんど用いていない。18 世紀に日記を残した他の人々と同様に，彼女の大文字の使い方はその時々で異なっている。言葉を勝手に略号化し，固有名詞は気の向くままに綴り，時には日記のひとつの項目の中においてさえ，自身の家族も含めてひとつの名前を 2 通り以上の綴りで記している。本書の引用文においては，以下の原則を設定して読者に過度の負担をかけない範囲で日記の元の味を残すように努めた。

　1.　綴りを統一することはしなかったが，略号の類は完全な綴りに書き改めることにした。これには「Will^{ms}」を「Williams」に，あるいは「aft^{n}」を

「afternoon」に改めるということも含まれる。また，「ye」には「the」を，「ys」には「this」，「yr」には「their」を機械的にあてた。

2.　文章あるいは少なくとも私にとって文章と思われるものの始まりは大文字とし，終わりにはピリオドを打った。

3.　日記の項には彼女がしたと同じやり方で番号をつけた。ページの左余白には日付と曜日を記した（1799 年までは彼女は古い暦の形式によっていたことを思い出してほしい。すなわち，日曜日には数字ではなく主の日文字をあて，その他の曜日にはそれぞれ 2 から 7 までの数字をあてている）。

4.　余白の書き込みはすべてイタリクスにした〔本書では，ゴシック体で表記している〕。そして右余白にあった書き込みは，その日の本文の前に，また左余白の書き込みは，本文の後に置いた。

日記をはじめて開くということは，見知らぬ人々が大勢いる部屋に入ってゆくようなものだ。読者は出てくる名前をすべて覚えようとしないでそれぞれの人物との出会いを楽しむのがよいと思う。しかし，第 1 章の冒頭の引用には 3 人のすでにおなじみの人物がいることを知っておくと役に立つだろう。「コニー医師」には我々はすでに会っている。彼はショー夫人宅に 8 月 22 日にやってきている。8 月 4 日にマーサ・バラードに白ラム酒と砂糖を贈った「ハワード大佐」とは，ウィリアム・ハワード，すなわちウェスタン砦の主である。8 月 10 日にジェームス・ハワードを朝の 4 時半まで看護していたのは「スウォール船長と奥さん」つまり，日記を残したヘンリーとその妻タビサである。小さなジェームスは，彼の病気がこの章の重要なテーマとなるのだが，ウィリアム・ハワードの息子ではなく腹違いの弟で，彼の父親が晩年にもうけた子である。ジェームスと寡婦であった彼の母，つまりマーサ・バラードを呼んだ「ハワード夫人」はウェスタン砦の一角に住んでおり，ウィリアムとその家族は別の一角に住んでいた[63]。

これだけのことを知っていれば，読者はマーサ・バラードの日記を開く準備ができたことになる。時は 1787 年 8 月，ケネベック川は青く澄んで静かに海へと流れている。

第1章

1787年8月　「きわめて重篤」

3　6*　晴れ。とても暑い。ずっと亜麻の採り入れをして働く。バラード氏は干草のことでサヴェージ宅へ行く。

　*最初の数字は日，2番目の数字は曜日を表す。文字になっているのは日曜日。

4　7　朝，晴れ。昼まで亜麻の採り入れ作業。午後1時30分頃から電混じりのひどい豪雨。雷鳴とどろき，約1時間続く。この嵐でウェスタン砦の窓ガラス130枚が割れたとのこと。ハワード大佐は家族の病気を介護したことに対し，私に1ガロンの白ラム酒と2ポンドの砂糖を贈った。ピーター・ケニーは脚に怪我をして出血多量。

5　g　朝方晴れ。ハムリン氏が家で朝食をともにする。丸薬をいくつか飲む。午後7時にハワード夫人に呼ばれてジェームスを診に行く。ジェームスはしょう紅熱で重症。一晩中付き添う。

6　2　ハワード夫人宅で彼女の息子を看病する。明るくなって帰途につく。我が家の製材水車小屋が炎に包まれているのを発見。砦にいた男たちが駆けつける。この火事で幅広の板材やその他の板類とともに水車小屋は焼け落ちた。私は夜まで看病した。きわめて重篤な状態にあるジェームスを残して帰る。我が娘ハンナは今日18歳。私が帰宅するとウィリアムズ夫人が来訪。ハンナ・クールはノース夫人に機で布地を織ってあげた。今夜バラード

42

氏は喉が痛いと訴える。今日，彼はガーデナー氏の馬を連れて帰るために出かけていた。

7　3　晴れ。今朝ハワード夫人に呼ばれて彼女の息子を診に行く。ハワード夫人宅からウィリアムズ夫人を訪ねる。ウィリアムズ夫人はひどく具合が悪い。ハンナ・クールも来ていた。その後ジョセフ・フォスター宅へ子どもたちの病気を診に行く。サレイとダニエルがひどい。帰宅して畑に行く。コールドウォータールート（cold water root）をいくらか採る。そのあとケニーデイ〔ケネディー〕氏宅に呼ばれてポリーを診る。しょう紅熱で重症。ルートの根を若干処方する。私は彼女にうがいをさせた。非常に効果があった。暗くなって帰宅。バラード氏はキャベシー宅へ行っていた。彼の喉はとても痛む。私の薬でうがいをする。症状改善に役立った。気分よく就寝。

8　4　晴れ。私はメアリー・ケニーダ〔ケネディー〕を診に行く。昨日と変わらず。マクマスター氏宅へ行く。彼らの子どもたちのうち2人は病気が重い。あとの2人は回復しつつある。ウィリアムズ氏宅にも寄る。彼女はいくらか快方に向かいつつあり。ジェームス・ハワードは回復しつつあると聞く。ハンナ・クール帰宅。

9　5　晴れ。午前中家の周りで働く。ハワード夫人に呼ばれてジェームス・ハワードを診に行く。ジェームスは死にかけているように見える。ポラード夫人もいた。手当てをして介護する。彼は持ち直した。

10　6　ハワード夫人宅。彼女の息子の病は重い。スウォール船長と奥さんが4時半過ぎまで看護。そのあと私が起きる。病気の子は持ち直したようだ。

11　7　呼ばれてハワード夫人宅からマクマスター氏宅に，とても弱っている彼らの息子ウィリアムを診に行く。今晩はここで一晩中看護。

第1章　1787年8月

12　g　暗雲たれこめ今にも降り出しそうな天気。マクマスター氏宅。彼らの息子はとても重病だ。私は一晩中付き添う。パティン〔パッテン〕夫人も一緒。子どもは本当に重病だ。

13　2　ウィリアム・マクマスターは今朝3時に死去。パティン夫人と私はこの子の亡骸を〔埋葬のために〕安置した。かわいそうな母親よ。彼女のなんと悲惨なことか。陣痛もまもなく始まるというのに他の3人の子どもたちも重病とは。私は帰途につく。ハワード夫人に呼ばれる。彼女の息子はとても衰弱している。ウィリアムズ氏宅へ。彼女は本当に重い病だ。帰宅。午前9時。私には少し休息が必要だと思う。バラード氏は用事でピッツトンへ出かける。ドリーはハンカチーフを織り始める。イーフレムと私は夕方ウィリアムズ夫人を訪ねる。彼女は少しよい。
ウィリアム・マクマスター死去[*]。

　[*]ゴシック体は本書では日記の余白への書き込みを示す。

14　3　晴れ，暑い。サフランを採る。パッテン夫人来訪。バラード氏，私および娘全員はウィリアム・マクマスターの葬儀に参列する。彼らの他の子どもたちは快方に向かいつつあり。ジェームス・ハワードはとても弱っている。ポラード氏宅でお茶を飲む。ポーター氏宅へ呼ばれる。

15　4　朝，晴れ。午前中は亜麻を採り入れる。午後雨。私はとても疲れている。ベッドに横になって休息。2人のハンナは洗濯。ドリーは織り物。クラトン〔クレイトン〕夫人の分娩に呼ばれて夜11時に出かける。

16　5　コーウェン氏宅で。午後3時クラトン夫人を息子とともに寝かせる。ケナデイ〔ケネディー〕氏宅を訪ねて奥さんを診る。彼女は脇の下に腫れ物ができている。ポリーは回復中。ポラード氏宅までは船で帰る。そこから呼ばれてウィンスロップへ行き，ジェレミー・リチャード〔リチャーズ〕の奥さんのお産に立ち会う。午後9時頃帰宅。
クラトン夫人の息子誕生。

17　6　リチャード氏宅。午前10時，彼の奥さんは娘を出産。12時にポラード氏宅まで帰り着く。そこから歩く。コイ夫人は娘を昨日埋葬した。スタンレー氏の娘は危険な状態だ。ウィリアム・ウィッチャーの2人の子どもも同じ。
ジェレミー・リチャードの娘誕生。

18　7　靴紐を少し繕ってからウィリアムズ夫人を訪ねる。彼女の母親がひどい病気だという。ジェニー・ハストンは一昨日の夜出産した。奥さんを診るよう夜11時30分にジェームス・ヒンクリー〔ヒンクレー〕に呼ばれる。ウェストン氏宅までは陸を行って，そこから船に乗る。行ってみるとヒンクリー夫人の容態はよくない。

19　g　ヒンクリー氏宅。彼女は午後まで容態が思わしくない。その後治療その他でやや持ち直す。一晩中看護。

20　2　晴れ。ヒンクリー氏がウェストン氏宅まで送ってくれる。そこでクラトン夫人の子どもが昨日亡くなったこと，また彼女も危篤と聞く。ヒンクリー氏と一緒にクラトン宅まで戻る。夫人は午後1時頃亡くなる。彼女の亡骸を安置するのを手伝う。赤ん坊は彼女の腕に抱かせる。こんなことを目にするのははじめてだ。それに私が手がけた出産で産褥で亡くなった最初の女性だ。夕方帰宅。私の家族は全員無事で元気。先週の土曜日の夜にはウィンスロップで3人の子どもが亡くなった。ダニエルはコーウェン氏宅に泊まる。

21　3　雨天。終日家で編物をする。

22　4　クラトン夫人と赤ん坊の葬儀に参列。ショー夫人にはコニー医師がついていると知らされる。ジェームス・ハワードの様子を見に行く。衰弱している。ノース夫人もよくない。夕方雷雨。

23　5　ジョセフ・フォスターの子どもたちの様子を見に行く。ブルックの納屋のそばでイーフレム・コーウェンに会う。発疹で具合が悪い彼の娘ポリーとナビーを診るよう頼まれる。2人とも容態は重い。指示を与える。そのあとショー夫人に呼ばれる。彼女はこのところ病気だ。夜10時，娘と一緒に安静にして寝かせる。様子はよいようだ。
ショー氏の娘誕生。

24　6　ショー宅からジェームス・ヒンクリーの奥さんの出産が近づいたので呼ばれる。今朝7時，誕生した男の子と奥さんを安静に寝かせる。いつもと変わらぬくらい元気な彼女を残して帰途につく。ショー氏宅へ来て6/8を受け取る。ヒンクリー氏からも6/8の支払いを受ける。そのあとコーウェン氏宅へ行く。彼の娘たちとジェディーはとても悪い。クラトンとディヴィッドがサンディー川からやってくる。みな元気とのこと。午後5時帰宅。コニー医師の奥さんは昨夜10時に娘を出産した。
ジェームス・ヒンクリーの息子誕生。

マーサ・バラードは助産婦であったが，それ以上の存在でもあった。1787年8月3日から24日の間に彼女は出産に4回立ち会い，思い違いのお産に1度呼び出され，医療ケアのため16回の往診をこなし，3人の死者の埋葬準備をし，ひとりの隣人に錠剤を処方し，もうひとりの隣人のために薬草を採取・調剤し，自分の夫の痛む喉を治療している。20世紀的に言えば，彼女は同時に助産婦，看護婦，医師，葬儀屋，薬剤師，そして気のつく妻であった。さらに，自分の仕事の記録をつけることによって，彼女は住んでいた町の人口動態と医療史の記録者でもあったのである。

「コニー医師来訪。私の記録から昨年の出生および死亡件数を算出」とマーサは1791年1月4日に記している。驚くべきことに今日まで残ったのはその公式記録ではなく，彼女の記録の方であった。彼女の記録は18世紀の同類の記録とは大きく異なっている。最も明白な相違点は，もちろん，女

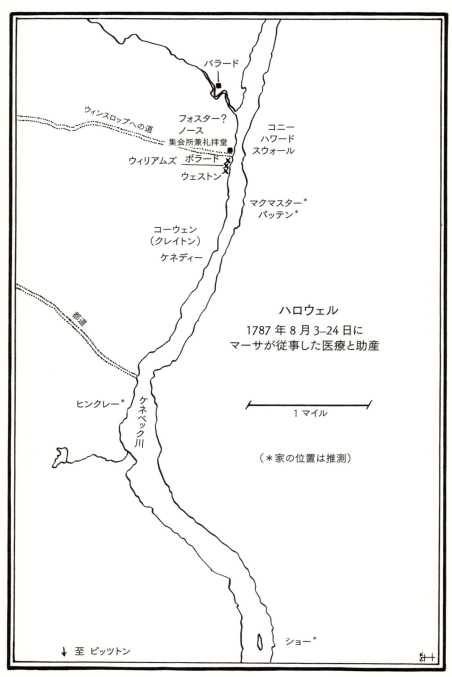

ハロウェル，1787年8月3–24日にマーサが従事した医療と助産

第 1 章　1787 年 8 月　　　　　　　　　　　　　　　　　　*47*

性による記録であるという点だ。同様に重要な点は，この記録において出生
と死亡が日常生活と結びついた形で記されていることである。医療史におい
て，今日でもそれはきわめて稀なことである[1]。

　1787 年 6 月，マーサの亜麻が水車の貯水池の向こうで花盛りの頃，ハロ
ウェルではしょう紅熱の流行期を迎えた。彼女はこの病気を「潰瘍発疹」と
呼んでいるが，これは 18 世紀の俗称で，この病気は非常にひりひりする鮮
やかな皮膚の発疹と，しばしば喉に潰瘍ができる症状が組み合わさってい
る。あるニューハンプシャーの医師はこれを「化膿性の悪性咽頭痛」と呼ん
でいる。しょう紅熱は特定の連鎖球菌によって引き起こされる感染症のひと
つで，今では連鎖球菌感染症として知られている。18 世紀初期にオックス
フォードのような町で猛威を振るったジフテリアほどではないにせよ，しょ
う紅熱は危険な病気だった。マーサは 1787 年夏に，自身が扱ったケースの
15% にあたる 5 人の死亡を報告している[2]。

　生後 6 ヶ月のビリー・スウォール，すなわちヘンリーとタビサのひとりっ
子が最初の犠牲者であった。「神の思し召しを受け入れることの恵みはなん
とすばらしいことか」と赤ん坊の葬儀の日に若い父親は書き残している。彼
が自身の救いについて確信がなかったなら，身内の病気を町の組合派教会の
牧師，アイザック・フォスター氏との長引く争いに対する神の審判だと考え
たかもしれない。しかしヘンリー・スウォールはそうした自省には無縁な男
だった。彼は「聖なる神のなせる怒りのわざを感じることはなんと幸せなこ
とか」，さらに「主は愛する者に懲らしめを与えたもう」[3]と書いている。

　主は牧師をも愛したもうた。7 月 28 日にスウォールがバラード水車に板
材の筏を取りに来たとき，マーサはまさに「皮膚のできものでひどく具合の
悪かった」牧師を治療するために隣人の畑でコールドウォータールートを
採っていたのである。その頃までには 1 ダースに及ぶ家で，家族の誰かが
この病気にかかっていた。マーサは熱っぽい子どもたちのために治療薬をた
ずさえて川を行ったり来たりしつつ，同時に自分の家族にこの病気の兆候が
出ないか気を配っていた。訪ねてきた甥の具合が「よくなさそう」だとみた
マーサは温めた亜麻の繊維を首に巻いて，ヒソップ（hyssop）のお茶を飲ませ
ている。バラード氏とドリーが体調の不良を訴えたときには，彼らの足を薬

湯にひたし，さらにヒソップのお茶をたくさん入れている。そしてその日の日記に次のように書き加えている。「私自身もとても疲れた」[4]。

　この病気の流行が頂点に達したとき，ケネベック河畔をおおっていた暑気は爆発し，激しい雹を降らせた。8月4日の日記で彼女は「ウェスタン砦の窓ガラス130枚が割れたとのこと」とこのときのことを語っている。嵐は「風が真正面からあたる家の窓をすべて壊したが，私の家は窓枠をはずすことで難を逃れた」とスウォールは自己満足の体で記している。彼は雹の重さを調査して半オンス〔約14g〕以上もあることを確認している[5]。その2日後，バラード水車を火災が襲った。マーサはこの火事を川の対岸から眺めていた。彼女は前夜一晩中4歳のジェームス・ハワードを看病していたが，そのとき姉のイサベラはしょう紅熱ですでに亡くなっていた。「砦にいた男たちが駆けつける。この火事で幅広の板材やその他の板類とともに水車小屋は焼け落ちた」と彼女は記している。

　水車が失われたことをゆっくり考えている暇はなかった。8月中，彼女は病人を看病しつづけ，彼らの症状を追跡し，定型的用語で日記をつけていた。病状の表現は「具合が悪い」から「とても悪い」，「重症」，そして「きわめて重篤」，さらに「死にかけている」など，そしてよい方に向かっては「危険な状態」から「持ち直した」へ，あるいは「彼女は昨日と変わらない」から「快方に向かう」，そして「すっかり落ち着いた」といった具合である。彼女は夏の出来事をすべて記録している。神の懲罰の印と並んで，毎日の仕事のことを同じような簡潔な文体で記している。彼女は「亜麻を採り入れる」，それからしょう紅熱にかかった子どもの喉を洗浄する，「家の周りで働く」，そして小さな男の子が「死にかけている」と判断し，サフランを採り，別の子どもの葬儀に参列し，お茶を飲み，そして赤ん坊を母の腕に抱かせる。

　8月11日，彼女はマクマスター家に来て幼いウィリアムが「とても弱っている」のに気づいた。彼女は彼のそばに座り，日曜の一日中，そして夜まで看病した。月曜日の午前3時頃にこの子は死亡した。パッテン夫人の手伝いを得て，彼女は埋葬のために亡骸を整えた。そして近所の人々が子どもの死を知ってやってくる頃に彼女は帰途についた。途中ハワード家に立ち寄

る。ここではジェームスがまだ「とても衰弱」していた。その後ウィリアムズ家にも立ち寄るが，ここでは「彼女」（母親と思われる女性）は「本当に重い病」である。マーサは家に帰り着く頃までには疲れきっていたが，帰宅すると座って日記に次のように記す。「ウィリアム・マクマスターは今朝3時に死去。パティン夫人と私はこの子の亡骸を安置した。かわいそうな母親よ。彼女のなんと悲惨なことか。陣痛もまもなく始まるというのに他の3人の子どもたちも重病とは」。

　「かわいそうな母親よ」。この記述から，この夏の日記における感情のほとばしりが見える。ハロウェルでは，マクマスター夫人は子どもを失った唯一の母親ではないし，子どもの2人や3人がしょう紅熱を患っている唯一の母親でもなかった。彼女の状況をめぐる何かが，マーサの控えめな文体を貫いたのである。3日に及ぶ徹夜の看護はたぶん，1769年の夏を思い出させたのであろう。マーサ自身が「お産が近いとき」にあり，一方，ジフテリアはシバムギ（witch grass）〔成長が早い雑草で，薬草としても用いられる〕のようにオックスフォードの町を席捲していた。伝染病が蔓延するなかで生まれた娘ハンナは，8月6日，つまり水車小屋が焼失した日に18歳になった。マーサはこの子の誕生日は覚えていたが，どういうわけかこの年に限っていつものようにオックスフォードでの我が子たちの死を追想することをしていない。彼女の毎日の活動が，十分な追悼行事であったのだ。

　1787年夏のハロウェルにおいて，すべての病気がしょう紅熱だったわけではない。いつもと同じように畑や森での事故があった。マーサは治療を依頼されたわけではなかったが，フォスター家の息子のひとりの腫れた脚に6月と8月に湿布をしている。「ピーター・ケニーは脚に怪我をして出血多量」と記している。さらに20世紀の医師なら循環器に起因するとしたであろう「突然の発作」があった。1787年7月12日，マーサは「ポウナルボロの裁判所の建物で1人の男が倒れて死亡した」と報告している。これはその数ヶ月前にジェームス・ハワードを見舞ったと同じ運命だった[6]。

　そしてスザンナ・クレイトンと生まれたばかりの赤ん坊が死亡するという，マーサにとっては衝撃的な出来事があった。マーサは8月16日にクレイトンの赤ん坊を取り上げた。出産には変わったところはなかった。4日後

に町の南部バンバーフックの反対側に住んでいたヒンクレー夫人を看護しての帰途，彼女は悲劇的な知らせを聞いたが，それを予知させるような兆候はまったくなかった。ジェームス・ヒンクレーは川を遡ってマーサをウェストンの船着場まで送ってきた。彼女はそこで「クラトン夫人の子どもが昨日亡くなったこと，また彼女も危篤」と聞く。マーサは船に戻り，川を下ってスザンナ・クレイトンが出産し，そのあと床についていたコーウェン農場まで行く。

　彼女はかろうじてこの女性の最後の看護をし，赤ん坊の亡骸を母の腕に抱かせるのに間に合った。これらの死に彼女は叫び声をあげることはなく，「かわいそうな母親よ」（あるいは「かわいそうな夫よ」）と言うこともない。稀有なこと（「こんなことを目にするのははじめてだ」），記録すべきこと（「私が手がけた出産で産褥で亡くなった最初の女性だ」）とするには，事実のみで十分だったのだ。マーサはこれまでにも生まれたばかりの赤ん坊が死亡するのを見てきた。しかし，ケネベックに来て以来，彼女が関わった250以上の出産において，母親が亡くなるということは後にも先にも1度もなかったことである[7]。この日記に示されたスザンナ・クレイトンの死は，説明のつかない神の摂理であり，火事や雹と同じくらい，しょう紅熱とは関係のないように見える。産褥熱としょう紅熱とが目には見えない同じ種——A群溶血性レンサ球菌〔A群溶連菌〕によって引き起こされるとは，マーサは知る由もなかったのである。

　18世紀にはこの2つの現象を結びつけることのできる人はいなかった。科学者がしょう紅熱の謎に満ちた病理を解明したのはようやく1930年代になってからのことである。過去にこの細菌に感染したことがあるかどうかによって，ある人には喉の痛みや皮膚の発疹を生じさせる同じ毒素が，他の人には喉の痛み，傷の感染，および，すぐに治ってしまう軽い症状を現し，また他の人の場合にはまったくなんの症状も現さない。それでもこれらの人々はみなこの病気の感染源となりうる。しょう紅熱はこの細菌に感染した牛のミルクによっても伝染する[8]。そうであれば，マーサがアイザック・ハーディンの息子の発疹だけでなく膿瘍をも治療したり，ケネディー夫人の「脇の下に腫れ物」ができて彼女の子どもたちが熱を出していたり，産褥熱の

第1章　1787年8月

感染としょう紅熱がひとつの家に同時発生したりしても不思議ではない[9]。スザンナ・クレイトンはイーフレム・コーウェンの娘であった。彼は，8月23日に「発疹で具合が悪い」として，彼の幼い娘たちを治療するようマーサに往診を依頼した人物である。スザンナはケネディー家より少し上流にあった父の農場で出産したのだった。マーサはそこで水溶薬を処方した[10]。マーサが介助した他の産婦たちや新生児の中にはこの病気に感染した者がいたかもしれないが，彼女が手がけた産婦の中で死亡したのはスザンナ・クレイトンただひとりだった。マクマスター夫人，つまり8月13日の項に出てくる「かわいそうな母親」は9月8日に出産している。マーサが「とても弱々しく生気がない」とした彼女の新生児は，2日間しか生きられなかった。そして，9月23日まで母親の病状もあまりにも重かったので，ついにはコニー医師が呼ばれた。彼は明らかに何か下剤を処方したと見られる。「コーウェン夫人と私とでコニー医師が処方した薬を与えた」とマーサは記している。さらに彼女は，「医師が仕事を受け継いでくれた」ので，彼女は他の患者を診るためにそこを離れたと書き加えている。幸いマクマスター夫人は生き延びた。

　これまでこの流行病の進展に焦点を合わせて見てきたために，感染者のほとんどが最終的には回復したことが霞んでいる。ビリー・マクマスターと彼の生まれたばかりの弟は死亡した。しかし，母親はよくなった。サレイとダニエル・フォスター，ポリー・ケネディーと幼い方のコーウェン姉妹はまもなく元気になった。8月に「きわめて重篤」とされたあの幼いジェームス・ハワードは9月には再び「快方に向かいつつある」とされた。日記帳の1冊目が終わったところでマーサは1785年から1790年までの6年間の出生と死亡の数を計算して整理している。18世紀の言葉で言えばハロウェルは健康的な土地であった。ここでの死亡率は平均15/1000，今日南アジアの一部で一般に期待される比率である。しかし，これは18世紀のセーラムやボストンなどの海港都市の死亡率の半分にすぎない。同じように重要な事実は，この期間の各年について，出生数が死亡数の4倍もあったことである[11]。病気の流行の最中にあっても，人々には悲しみと同時に希望を持つことのできる十分な根拠があったのである。

西欧の伝統において，助産婦は人に恐れ，畏敬の念，冷やかし，あるいは蔑みの念を起こさせるものと見られていた。彼女たちは魔術を使うといって非難されたり，キリスト教的な親切と助力の主と賞賛されたり，はたまた下品でいやらしい老女として戯画化されたりしてきた。17世紀の著名なイギリスの医師，ウィリアム・ハーヴェーは助産婦たちの口うるさい無知さ加減をばっさり切り捨てて，「とくに若くてお節介なのがよくない。彼女らは産婦が痛がって泣き叫んだり助けを求めたりしようものなら，それこそ大騒ぎを演ずるのだ」としている。しかし，同じ17世紀に出版されて広く流布した産科マニュアルは，ソクラテスの母親も助産婦であったし，また「昔の裁判官は医術をよくした女性には給与を与えた」として助産婦の働きを称揚した[12]。

アメリカ植民地の初期には，入植地によっては助産婦に給与は出なかったが，土地を無償で与えたところもあった[13]。しかし，初期のアメリカで最も著名な助産婦は，その産科的腕前よりも宗教的受難によって記憶された。ボストンの牧師たちは「出産の過程にある」女性たちに「よい教え」を説いたことでアン・ハッチンソンを賞賛した。ところが彼女の説く教えが彼らの権威を脅かすようになると，一転して彼女を攻撃し，追放している。清教徒は彼らの矛盾を直接聖書から受け継いでいたのだ。出エジプト記は，生まれてくるイスラエルの男の子をすべて抹殺してしまえと命令されたとき，「神を畏れ，エジプト王の命令に従わなかった」としてヘブライの助産婦たちの勇気を褒め称えている。しかし，弟子パウロは，「苦しみにある者を癒した」女性たちの立派な仕事を認めてはいる一方，家を一軒一軒訪ね歩いて「彼女らが口にすべきでないことを話して」回ったと非難している[14]。

イギリスの助産婦ガイドも，神に対する不敬とゴシップに警告を発している。外科医気取りのある著者は，「私は次のことを言っておかねばならない。すなわち，助産婦が恥知らずで，卑猥で下卑た話に夢中になると言って，ちゃんとした女性たちが苦情を言うのはよくあることだ」と警告している。もうひとりの著者は，弟子パウロの言うことをオウム返しにして次のように言っている。すなわち，よき助産婦は「忠実かつ寡黙でなければならない。そして常に口にしてはいけないことを表に現さないよう気を配っていな

第1章　1787年8月　　　53

ければならない」[15]。

　サミュエル・リチャードソンは，ジュークス夫人の人物像を創作する際
に，助産婦についての伝説を利用した。小説の中の彼女は，マーサの姪の
名前の由来となった，無辜のパメラを監禁する恐ろしい女である[16]。チャー
ルズ・ディケンズは，同じ伝説的人物を利用して，『マーチン・チャズル
ウィット』におけるサイレイ・ガンプの滑稽な肖像を描くという別の効果を
あげている。

　　彼女は太った老女であった。このガンプ夫人は声はハスキーで目はしょ
　　ぼしょぼと涙っぽかった…彼女はひどくくたびれた黒いガウンを着てい
　　たが，嗅ぎタバコでよけい汚れていた。それにこうした風体にちょうど
　　似合った肩掛けとボンネットを身につけていた…職業の面で大成功した
　　人々に共通することだが，彼女も自らの仕事に打ち込んでいた。女性と
　　しての自然のあり方を捨てて，お産の介助にも，埋葬のための遺体の処
　　理にも，同じ熱心さで喜んで出かけていったほどだった[17]。

　マーサ・バラードは少なくともひとつだけサイレイ・ガンプと共通したと
ころがあった——彼女は嗅ぎタバコが大好きだったのだ。しかし，18世紀
のメインでは，マーサがかつて「友情の最後の任務」と呼んだことを行うの
に，「女性としての自然のあり方を捨て」る必要はなかった。彼女の日記は
助産婦のステレオタイプをやわらげ，同時にステレオタイプのもとになって
いる現実を想像させてくれる。助産婦や看護婦は出産，生殖，病気，そして
死といった数々の神秘を仲立ちしたのであった。彼女たちはさわってはなら
ないものをさわり，ミルクと同じように排泄物や吐瀉物を取り扱い，そ
して，新生児を布に包むのと同じように死体を包むこともしてのけた。
彼女たちは植物やその根から薬を煮出し，近所の女性たちの集会を取り仕
切った。

　19世紀ニューイングランドの女性による，村の治療師を題材にした2つ
のミステリー小説は，イギリスの文学作品よりマーサの日記に近い。1827
年に出版されたサラ・ジョセファ・ヘイル〔1788–1879, 詩人，小説家，編集者で

あり，女子教育を推進した〕の『ノースウッド』は，18 世紀末のニューイング
ランドの町における彼女自身の記憶に基づくものと言われている。噂好きの
治療師ワトソン夫人は占い師でもあったが，魔女でも怪しい人物でもないと
ヘイルはわざわざ断っている。いや，彼女は「村で一番清潔な女性であり，
最も有能なまとめ役として名が通っていた」のだった。彼女は外国にしょっ
ちゅう出かけていたのに，どうして季節に合わせてそつなく，かつ近所の
人々に遅れないように必要な仕事を片付けることができるのだろうと多くの
人がいぶかった[18]。

　サラ・オーネ・ジュウェットの『とがった樅の国（*Country of Pointed Firs*)』の
中心的人物も立派な主婦であった。本の初めの部分でジュウェットは「一風
変わった小さな畑」を描いている。それはハーブの一種であるバームやオキ
ナヨモギ（southernwood）の緑でいろどられており，トッド夫人が面倒をみて
いた。これらの植物の一部は「何か神聖な，あるいは神秘的な儀式のための
ものだったかもしれない…しかし，今では時々糖蜜や酢，あるいは強い酒と
調合するありふれた材料でしかなかった」。トッド夫人を訪ねるために彼女
の畑の垣根のところに立ち止まり，町の医師は「甘い香りのする花の 1 輪を
指先でくるくる回しながら，彼女がサラワート（thoroughwort）〔北米産ヒヨドリ
バナ属の草本。解熱，鎮咳，発汗，糖尿による浮腫，口渇などに煎服する〕の薬に執心
しすぎることについて，よく思わせぶりな冗談を言ったりした」[19]。

　ヘイルもジュウェットも彼らのニューイングランドの村を理想化してい
る——どちらの本にもジフテリアやしょう紅熱は出てこない——それでも話
の背景となったのはマーサにもなじみのある世界だったのではないだろう
か。彼女にとって，中心的問題のひとつはワトソン夫人同様，近隣の人たち
と多くの時間を過ごしながら，自分の仕事を家でいかに片付けるかというこ
とだった。彼女の畑はトッド夫人ほどロマンティックではなかったが，やは
り何世紀もの間受け継がれた薬草園としての意味を持つものであった。そし
てマーサの日記はジュウェットの小説と同じように「村の医師」と「学のあ
るハーバリスト」との間の友好的な距離を示している。

　マーサ・バラードの家計は後の章で見ることにする。この章の残りの部
分では，1787 年 8 月の伝染病という物語のもと，マーサの薬草学や男性・

第 1 章　1787 年 8 月

女性両方を含む町の他の治療師たちとの関係を手がかりに，ジュウェットのテーマを追究してみよう。ハロウェルには男性の医師が数人いて，18 世紀末の時点でダニエル・コニーに加え，1780 年代にウェスタン砦にやってきたサミュエル・コールマン，1791 年に「フック」で開業したベンジャミン・ページ，そしてベンジャミン・ヴォーガンがいた。このヴォーガンという人物はエディンバラで教育を受けた医師で，プリマス会社の利権の相続者であり，1796 年にケネベック川沿いに定住した。彼は地元の医師の競争相手としてではなく，紳士的な指導者として振る舞った。以上の人々に加えて近隣の町からの数人の医師——オバディア・ウィリアムズ，ジェームス・パーカー，それにジョン・ハバード——が時々ハロウェルの患者を診ていた（マーサの義理の兄弟，ステファン・バートンは 1775–1787 年の間，ヴァッサルボロで開業していたが，その後の 10 年間はオックスフォードで開業し，メインに戻ってまもなく亡くなっている）。

　マーサは男性の仕事には敬意というよりも畏敬の念をもって接していた。しかし，彼女が描いた世界は実は女性たちによって支えられていたのである——ウッドワード夫人，サヴェージ夫人，ヴォース夫人，イングラハム老夫人，サリー・フレッチャー，コックス夫人，ハンナ・クール，メリアム・ポラード，さらにハロウェルの何十人かの人々，助産婦，看護婦，付き添い看護婦，召使，付き添い婦，主婦，姉妹たち，母親たち。日記は旅回りの「黒人女医」のことにもふれている。彼女は 1793 年，町に短期間だけ姿を見せている。女性で医療に携わる人々は産科を専門としたが，女性や子どものヘルスケア全般，すなわち，軽い病気の治療，発疹や火傷の手当てや看護にも従事した[20]。ハロウェルの人口の 2/3 以上は女性か 10 歳以下の子どもであり，病気の大半は少なくとも初期には「軽い」ものであったし，医師が診療するにしても看護婦は必要であったし，マーサおよび同業の女性たちは常に動きまわっていた。

　1787 年 8 月 7 日にコールドウォータールートを採りに畑に出かけたとき，マーサは自分の職業の最初の儀礼，つまり，大地から治療薬を集めることを

執り行っていた。彼女は輸入された緩下剤やいくらかの稀少な材料（ミルラ（myrrh）〔没薬。香気のある樹脂，香料・薬剤用〕，「麒麟血（dragon's blood）〔リュウケツジュから採った樹脂〕」，ガルバナム（galbanum）〔セリ科オオウイキョウ属の一種から採れるゴム状樹脂，医薬・香料用〕，スペルマセティ（spermaceta）〔鯨の頭腔から採取されるワックス状の物質，鯨の頭部にある精嚢器官で作られ，「鯨の精子」が語源〕，そしてカンファー（camphor）〔強心剤，皮膚刺激剤〕）をコールマン医師から購入してはいたが，基本的には薬草使いだったのである。「サフラン（saffron）を採る」，「セージ（sage）を採取する」とか「種を集め，カモミール，ミント，ヒソップを採る」といった日記のいたるところに見られる記述は，イギリスの植物医療と彼女を結びつけるものである[21]。日記に登場するハーブの4分の3は，1649年にロンドンで出版されたニコラス・カルペパーの『ハーブ大全（*The Complete Herbal*）』に出てくる（この本はその後アメリカで何回も版を重ねた）。彼女の日記に出てくるハーブのほとんどすべてのものが，E. スミス『完全な主婦——つまり完成された淑女の友』に記載されている。この本は18世紀初頭のイギリス版の要約本である[22]。マーサはハーブを茶，せんじ薬，シロップ，錠剤，浣腸薬，蒸気や煙の吸入薬などの形で内服薬として用い，外用薬としては湿布，硬膏，発疱剤，パップ，入浴剤，軟膏，塗り薬などとして使った。「ドリーが脚に怪我をした。炒ったソレル（sorrel）〔酸味のある植物，スイバ，カタバミなど〕で湿布する」と彼女は1787年10月11日に記している。そしてテオフィラス・ハムリンが具合が悪くてやってきたときには，彼女は「暖炉のそばにベッドを用意してキャットニップ（cat nip）〔イヌハッカともいう〕茶を飲ませて」いる。たぶん彼の冷たい身体を，それと反対の温かい飲み物と暖炉の火で癒したのであろう。身体の状態と同じものを処方するという治療法も効果があった。サフランを使って新生児の黄疸を治療するとき，マーサは古来伝えられた「薬効の印」の原則に従っていた。つまり，黄色の植物は黄色い皮膚に対する確かな薬というわけである[23]。

　日記には本から直接学んだという証拠はないが——医学書を読んだとはどこにも記していない——マーサの治療法は明らかにイギリスでの古くからの経験によっている。ギシギシ（dock）〔タデ科の植物〕の根を「痒み」につけた

り，ゴボウの葉を痛む肩にあてたりするとき，意識していたにせよしていなかったにせよ，彼女はカルペパーの治療法に従っていた。カルペパーのハーブ療法を貫く占星術の思想に対する彼女の態度を知ることは，よけいに難しい。出産直後の女性にナツシロキク（feverfew）のお茶を飲ませるとき，「ヴィーナスは彼女の姉妹を助けるためにこのハーブを推奨した」[24] ことを知らなかったかもしれない。しかし，1788 年 7 月 26 日に「犬の日が今日から始まる」と何気なく記している事実は，彼女を古くからの伝統に結びつけるものである。古来，夏の終わり，天狼星〔シリウス〕が見える時期は，病と関連づけられた。日記の形式のもととなった暦から，たしかにそう思えるのである。実際彼女には，犬の日々は病をもたらすと信ずる十分な理由があったのである。彼女はいつも，晩夏の頃に 1 年中のどの時期よりも多くの往診を行った。彼女の隣人たちが 8 月と 9 月に実際に病を多発したのか，ただこの時期に治療を受けやすい状況にあったのか，それは分からない[25]。

　彼女の治療法はスミスの著書にあるものにいっそう近いものであった。彼女はイギリスの女性と同様，普通に畑で採れる緑豆，タマネギ，スグリの実などの植物や，酢，石鹸，小麦粉など家庭で使う主要な日用品について，台所や料理における有用性だけでなく医学的価値をも認めていた。1790 年 10 月 14 日，「発作を起こしたハムリン夫人を緊急に往診するよう依頼があった。私は徒歩で出かけた。彼女の唇とこめかみと手に酢を塗り，足にはタマネギをはりつけると，彼女は正気づいた」。さらに別の日には，「バラード氏の具合が悪い。彼は石鹸の錠剤をいくつか飲んだ」[26]。マーサの日記に出てくる材料でスミスの要約本に出てこないものはほとんどない。この 2 人の女性はカモミール，セージ，それにヨモギギク（tansy）を常用している。2 人ともカンタリス〔ハンミョウを乾燥して作る。発疱などのために使用する〕と特許売薬のエリキシル〔薬を飲みやすくする甘味のあるアルコール溶液〕を使っている。2 人とも薬として最もよく知られたもの——チキンスープを作っている。しかしスミスの処方に比べると，マーサの薬は「簡単なもの」ではある。彼女の日記に出てくる最も手の込んだ薬はせいぜい 3–4 種類の植物を用いるものにすぎない。対してスミスの「ヒューウェット夫人の水薬」は 75 種類の異なる植物，種子，根，粉末を用いている。マーサの日記には動物を用いて薬

を作るといった創造性をうかがわせるものもない。スミスはこの面でも創造
力を発揮して，新しく作った強心剤の瓶を「蟻塚に1ヶ月」入れておくよう
すすめたり，ガチョウの糞，カタツムリ，ミミズをサフランと混ぜたり，カ
エルの卵で包帯を湿らせたりすることを処方している[27]。

　一部のニューイングランドの治療師たちのように，マーサが牛や羊の糞を
湿布に用いたことを示すものは何もない。しかし，1786年9月23日の日記
が示すように，彼女は尿に薬効があるということは信じていた。すなわち，
「今朝早く，ひどく具合の悪かったリンダ・サヴェージを診るように呼ばれ
た。尿と蜂蜜とリコリス〔カンゾウの根から製したエキス〕を若干処方し，腹部
に湿布をする。午後もう1度訪ねたら，よくなっていた」[28]。広く信じられ
ていた，猫の血に治療効果があるとする考えも，彼女は受け入れていた。デ
イヴィス氏という人が帯状疱疹をわずらってマーサの家を訪ねてきたとき，
彼女が「猫の血を採ってつける。症状軽減す」と記している[29]。その猫が田
舎の療法士の一部が強調するような，白い毛が1本もない黒猫だったかど
うかについて，彼女は何も書き残していない。しかし彼女は，民俗学研究者
が魔法と関連づけそうな細かな手順を含む，ある治療法について記録してい
る。彼女の姪が次第に体力が消耗していく症状に見舞われ，どの治療法も効
果がなかったとき，彼女は「エイモス・ページ氏が顕著な効果があると推奨
する」方法を試みている。その若い女性は病床から「日の出1時間後に起
き上がって出かけてゆき，牛の最後のミルクを口の中に向かって搾り，それ
を飲み込んだ」[30]。

　しかし，そうした治療法はマーサの用いた様々な療法の中でも，毛色の変
わったものであった。野生のもの，栽培されたものを問わず，彼女の治療の
真の拠り所はハーブだったと言える。彼女は生のゴボウの葉をアルコール漬
けにして筋肉痛に用い，コンフリー（comfrey）〔ムラサキ科の植物〕を砕いて湿
布にし，メリロート（melilot）〔スイートクローバーの一種〕を豚脂に加えて軟膏
にしたり，セイヨウキンミズヒキ（agrimony），オオバコ（plantain），ナルコユ
リ（Solomon's-seal）〔アマドコロ属の草本〕を煮てシロップにしたりした。おそら
く次のような，液量が半分になるまで煮つめる昔の方法によったのだろう。
煎じ汁を羊毛の布で漉し，さらに砂糖を加えて新しい蜂蜜の濃度になるまで

弱火で煮つめたのである[31]。マーサが用いた植物のほとんどは，畑から逃げ出して野生化したものであれ，古い世界のハーブが新世界で変化したものであれ，よく知られたイギリス名がついていた。日記にはアメリカ独特の植物の名前が何種類か見える[32]。彼女はシナノキ（basswood）で傷に湿布をしたことを記しているが，この植物はイギリスのハーブ書には出ていない。しかし，彼女と孫が「野に出てセナクルルートを採った」というとき，実際にはそれはセネガ（Seneca snakeroot）〔スネイクルート，senega root, rattlesnake root，北米原産ヒメハギ科の多年草でインディアンの民間薬に用いられた〕というアメリカ原産の植物ではなく，サニクル（sanicle）〔薬効を持つとされる数種の植物，特にウマノミツバ，民間で根を鎮痛，収斂剤とするセリ科の多年草〕の，この地方での変種だったのではないだろうか。サニクルは，カルペパーが「月のものを規則的にする」効能があるとした植物である（しかし日記のあとの部分では「スネイクルート（snake root）とサフランの煎じ汁」と出てくる）[33]。

　しょう紅熱の大流行のときにマーサが掘った植物の根は，その土地固有の種であった[34]。マサチューセッツ州ロチェスター（マーサの弟ジョナサン・モーアが牧師をしていた町）で記録されている言い伝えによると，1754年のジフテリア大流行のときに，地元のある人が「ネーサン・ホープという名のインディアン」からコールドウォータールートをもらったとされている。結局それは「すべての土地に普通に見られる野生のハーブになった」[35]。マーサはこの植物の根と用法をジョナサンから聞いたのかもしれない。または，インディアンが最初の入植者に使い方を教えたかもしれないが，この植物はロチェスター同様，オックスフォードにおいても「どの地域にも一般的だった」のかもしれない。この植物とジフテリアとの関連は示唆に富んでいる。仮にマーサがコールドウォータールートをオックスフォードにいた頃に知ったとすれば，1787年にハロウェルで喉の痛みにつける「チンキ」を作りながら，彼女が1769年の伝染病や自分の子どもたちのことを思わなかったとは到底想像できない。

　いろいろなものを方々から借り集めることを特徴とするイギリスの医学は，インド，アフリカの民間療法を取り入れることを奨励している。魔力ではないにせよ，神秘的な霊力は，その他の点で植民地社会でまともとはみな

されなかった人々と結びつけられた。スミスの調剤書には『カロライナ・ガゼット』から転載された「ニグロ・シーザーの解毒法」が載っていたし，ハロウェルの病人たちは「ニグロの女医」が旅の途中に短期間町に滞在したときには競って治療を求めた（パーカー夫人は「ニグロの女医に診てもらいに行くために」マーサから馬を借りたほどだった）[36]。しかし，マーサがインディアンやアメリカ黒人の民間療法に関心を持ったことを示すものは何も残っていない。彼女は黒人の治療師の存在を記録にとどめてはいるものの，その名前を記すこと――あるいはその名前を知ろうとすることさえ――していない。マーサのこのような態度は，なぜ彼女の療法が19世紀初頭の調剤書でインディアンの療法を取り入れたジェームス・サッチャーの『アメリカの新調剤書』よりも，カルペパーによる17世紀のハーブ書の方に近いかを説明してくれる[37]。

18世紀的に言えば，マーサは「経験主義者」であり，理論にはこだわらなかった。最も主要な関心は病人の苦痛や不快を和らげることにあったことを，マーサの記録そのものが示している。「私は彼女にうがいをさせた。非常に効果があった」と，ポリー・ケネディーにコールドウォーターチンキを処方したあと彼女は記している。同じ処方は彼女自身の夫の「症状改善に役立った」。2つの表現が日記には繰り返し見られる。ある患者が下痢に悩まされていたとき，マーサは「彼女に浣腸をした。患者はとても具合がよくなった」。ハンナが病気になったとき，マーサは彼女にカモミールとカンファーを処方し，「暖かいベッドに寝かせた。これで気分がよくなると思う」。熱いお茶やすーっとするシロップがもたらす物理的な癒し以上に，自然はそれ自体の問題に解決を与えるという癒しの考え方があった。病気に対する治療法は，大地に，動物の世界に，そして人体そのものの中にあった。幼いギデオン・バートンの首に温めた繊維の束を巻いたとき，マーサ・バラードは単に喉の痛みをとるだけでなく，宇宙の本質的秩序を確認していたのである[38]。

しかし，専門的医学に道を譲ったイギリス古来の医術を守ろうとする周縁的療法士としてマーサを描くのは間違っている。今日我々が「民間」療法とみなすような医術のほとんどすべてが，彼女の時代には学問的医学の一部と

されていた。ケネベックで最も高い教育を受けた医師のひとりであった，メイン地区ウォーターヴィルのモーゼス・アップルトン医師は処方集の原稿を残しているが，それには高度に学術的なラテン起源の処方に加えて，水腫症に薬効があるパセリの根，ホースラディッシュ，カラシの実を混ぜた薬，「悪性の喉の痛み」に効く治療法として梳いた黒い羊毛を酢と塩で濡らしたもので耳から耳までおおうといった治療法が含まれている[39]。ハロウェルにおいて占星術（より正確には物事を月に関連させる考え方）とのつながりを最もはっきりと示す例は，ダニエル・コニーの家族記録に見られる。この医師は，コニー家の子どものひとりが「週の第1日目，その日の最初の1時間，そして月の第1日目」に生まれたこと，またもうひとりの子どもは「週の第5日目，月の第11日目」に生まれたと記録している[40]。

　初期の医療が技術的に単純だったということは，男性医師にできることはわずかだったし，女性の療法士にとっても同様だったということだ。聴診器はまだ発明されていなかった。秒針つきの時計はきわめて珍しく，誰も脈拍を数える人はいなかった（もっとも，ほとんどの療法士は脈拍を調べてはいた）。また，体温計もなかった。簡単な打診の技術（胸部や腹部をたたいて体内にたまった水や，塊を見つけること）さえも，いまだ行われていなかった[41]。オバディア・ウィリアムズ医師の死後，遺言に基づいて行われた遺産調べでは「若干の薬剤や薬の入った瓶，手足の切断手術用機器」が含まれていた。この短い一文は，18世紀の医師が持っていた医療手段をよく表している——薬剤，それに外科手術用の基本的道具一式である。たしかにウィリアムズ医師はこの道具を用いている。1789年3月5日，マーサは次のように書いている。「若い男性がスターリングでウィリアムズ医師によって脚を切断された。彼はその脚をコニー医師のところに持ってきて解剖した」。マーサはこのときの解剖には立ち会っていないが，職業生活の中で4件の死後解剖に立ち会っており，日記に観察結果を注意深く記している（第7章参照）。このことだけから見ても，ハロウェルの医師たちは，助産婦を広い意味で医療従事者の仲間とみなしていたことがうかがえる。疑いなく従属的立場ではあったが（医師が解剖し，助産婦が観察する），それでも仲間には違いなかったのである[42]。

助産婦と医師は，マーサが「嘔吐（pukes）」と「清め（purges）」と呼んだであろう医療行為を共通の仕事としていた。初期の医療は「*physic*」の持つ2つの意味，すなわち，「人体に関する知識」と「浄化あるいは清め」を融合したものである。なぜなら人体のすべての部分は相互に関連しており，下剤は単に消化器官のみに効くのではなく，身体全体に効果をもたらしたからだ。「私はリンダ・ホワイトを診るよう呼ばれた。この日彼女は発作に襲われたのだが，私が到着する前に発作はおさまっていた。彼女は腹部の圧迫感と頭痛を訴えた。私はセンナとマンナを少量置いてきた」。センナもマンナも緩下剤である。マーサの娘のドリーが病気になったとき，「センナとマンナをアニスの実とルバーブに（混ぜたもの）が…よく効いた」と記している。彼女はマンナを幼児にさえも処方している[43]。

　体液の排出を重視する考え方は，古代の体液に関する理論に起源を持つ。健康は4つの体液——すなわち，血液，痰，胆汁（黄胆汁），そして黒胆汁の適正な均衡によって成立するという考え方である。リディア・ビスビーが「胆汁の不調によって具合が悪い」，あるいは，サヴェージの娘が「相当量の痰を吐いた」とマーサが書くとき，そのような世界観を表現しているのである。モーゼス・アップルトンが「4つの体液の亢進を抑えるために」黒い羊毛をすすめたと同様である[44]。この4つの体液理論は，18世紀末までには大きく拡大した。ある博学の人が説明しているように，「体液という言葉は医学においてはすべての分泌液あるいは体液を指す。すなわち，乳糜〔小腸に分布するリンパ管中の乳白色のリンパ液〕，血液，乳，脂肪，リンパ液など」と拡大された。「頭と足に悪い体液がたまっている子ども」とマーサが書くとき，まさにこのような考え方に特徴的な用語を使っているのである[45]。この時代，体液，その状態，量，排出方法などは主要問題であり続けた。

　マーサが膿のたまったところを切開して「多量の液体が出た」というとき，感染の激しさを否定的に述べているのではなく，治療法の有効性を肯定的に述べているのかもしれない。化膿することも，身体がよくない体液を排出するひとつの方法であった。発疱剤の使用，すなわち，刺激物をあて水のような液体を分泌させることは，自然的治療を真似たもうひとつの方法だっ

第1章 1787年8月

た。1786年11月14日の項に「ウェストン夫人を診るために呼ばれる。彼女はとても具合が悪かったので，発疱剤をあて，足浴をし，膏薬をはった」とマーサは記している[46]。入浴や膏薬をはることも，火ぶくれを作るのと同じように，内的問題を外的方法で治そうとするものである。こうした方法では，温度や成分に応じて，冷やしたり温めたり，鎮静したり刺激したりする。

　理論的には人体の水分を過度に減らしてしまう可能性もあったわけだが，こうした治療法のほとんどは体液の排出を促すものであった。便秘も胆汁の不健康な蓄積と同じように危険であった。月経も，流れが「阻害される」と危険であった。マーサ・バラードがジェニー・クールという若い女性に「特定のハーブを処方した」のもそのためであった。これらのハーブが何であったか，また堕胎を促す目的で用いられたのかどうか，分からない。マーサの日記にはイギリスで最もよく知られた堕胎剤であるサビーナ（savine）〔ヨーロッパ，アジア産のビャクシンの一種〕については何も記されていない。しかしマーサは一部のハーブ書では堕胎効果があるとされているヨモギギクを採っている。しかし彼女の仕事の中ではヨモギギクは駆虫剤，すなわち身体の虫を駆除するための薬として用いられたようだ（第7章で見るように当時腸内の寄生虫はごく当たり前の存在であった）[47]。

　体液療法のうち最もドラマティックなものは瀉血であろう。マーサはこの療法についてはほとんどふれていないし，1度も実施したことはない。ケネベック地方にあっては，外科用のメスは明らかに男性の道具であった。「ストダード氏はますます熱が高くなったようだ」とマーサは1795年2月16日に書いている。「ページ医師は今朝，彼の脚から瀉血を行った。彼は以前病気をしたときに瀉血され，薬をもらい，発疱剤療法を受けた」。コールマン医師が，彼女の患者のひとりに妊娠の最終段階で，患者が求めたわけではないのに瀉血を行った，と彼女は日記に記している。ある家庭医学書は瀉血を「妊娠6ヶ月，7ヶ月，8ヶ月で，血の多すぎる人に」すすめているが，「子どもには瀉血より下剤の方がよい」としている。マーサは下剤の使用をこれらどちらの患者グループにも好んで用いたようである。日記に出てくる数少ない瀉血のひとつは馬に関するものである。「バラード氏はブラウン氏

のところに雌馬を取りに行った」と書いている。「馬の口の中を切って瀉血した。帰宅の途中も出血は続き，帰宅後も 1–2 時間出血は続いた。とうとう私たちは傷口に毛皮をつめてようやく出血は止まった」[48]。

　男性医師がドラマティックな療法を身につけたのは，期待されてのことだった。彼らの社会的地位——そして治療費の高さ——はそうしたものを期待させたのである。コニー医師はマーサと同じようにルバーブやセンナを用いたが，カロメル〔甘汞〕をも処方している。これはベンジャミン・ラッシュが「薬のサムソン〔サムソンは古代イスラエルの怪力の士師。ペリシテ人と戦った〕」と呼んだ水銀化合物である。ある歴史家はカロメルの大量投与は「たしかにペリシテ人を大勢殺した」と結論づけている。激しい下痢のあとの異常な唾液の分泌は，実は水銀中毒の症状だったのである[49]。ハロウェルの医師たちはアヘンチンキ（液体のアヘン），キツネノテブクロ（purple fox-glove）（ジギタリス），樹皮（キニーネ）などを用いている。これらは体液療法に取って代わる，新しい「固体的」なアプローチだったのである。

　体液にこだわる体液療法と異なり，固体療法は間接的にはニュートン物理学に基礎を置き，一般に血管や神経によって代表される身体の「固体」部分の機械的特性をコントロールしようとするものである。医師たちは身体の活力を刺激するのに強壮剤を用い，緊張を緩めるのに鎮静剤を用いた。実際的には体液療法と固体療法とは相互に重なるところがあった。というのは，両方とも呼吸，発汗，分泌といった作用をコントロールしようとしたからである[50]。医師は下剤を使って「バランスの崩れた体液を排出」しようとし，また「患者の消化管の筋肉を抑制している異常な緊張をときほぐそう」としたのである。患者にとって結果は同じことである[51]。

　固体療法の理論を理解していたにせよ，理解していなかったにせよ，マーサは固体療法の治療法のいくつかを拒否した（アヘンチンキを咳止めに加えたり，マラリアや熱に「キナ皮」をすすめたりしたスミスとは，ここで決別する）。マーサはページ医師が出産にアヘンチンキを使おうとしたことに当惑する（第 5 章参照）。彼女は，別のしょう紅熱の流行時に「キニーネ」を用いたことがピルズベリー夫人の死を招いたと考えた。マーサが夫人を診ていたとき（「この人は夜中よく汗をかいた」），他の家族からの緊急の呼び

出しに応じて現場を離れた。2日後に彼女が戻ってみると，ピルズベリー夫人は「一種の錯乱状態にあり，発疹の進行は止まり，口はとても乾いていた。その前夜，状況はほとんど同じだったと報告を受けた。キニーネを飲んだことが，幾分なりともその原因だと私は考える」。マーサは「発疹の進行」——つまり発疹が出ること——は有益な現象だと考えていたようだ。また，発汗は悪い体液を排出しつつある印だと考えたのである。キニーネを処方したのはハロウェルの医師の誰かであったろうが，彼女は誰とも特定していない。「悪性化膿性の喉の痛み」に関するパンフレットは，「キニーネの強壮効果と滅菌作用は，この病気に適当であるだけでなく必須の治療薬である」と述べている[52]。マーサはこれに反対だった。「ケニー老夫人が来て，ピルズベリー夫人に酢とタマネギのシロップ，およびミツバオウレン（Gold thread）とヌルデ（Sumac）の実の煎じ薬を投与するように言った。そのとおりにしたところ，彼女は元気を取り戻した」。このときマーサは嬉しく思った。しかし，彼女が元気を取り戻したのも束の間，ピルズベリー夫人は亡くなったのである[53]。

　マーサ・バラードが新しい治療法を嫌うのは，医師に対する一般的不信によるものではなく——自分の家族に重症の病人が出たときには，彼女はすすんで医師を呼んだ——生来の保守主義から出たものであった。医師の考えが古くからの治療法を強化するものであり，また，長年かかって築かれた社会的枠組みに符合するものであるとき，彼女は最も安らぎを感じていた。彼女自身の娘のひとりが病気になったとき，彼女はコールマン医師のもとにセンナとマンナをもらいに徒歩で出かけた。そして「その後まもなく彼女に錯乱の兆候が見えたとき，私たちはコニー医師を呼んだ。彼は私がしていた治療を是認し——効果が表れるまで私の薬を続けるよう言った。まもなく彼女はひどく嘔吐した」[54]。18世紀の医学界では助産婦と医師はともに努力し——そしてほぼ同じ結果を——達成していたのである。

　20世紀風に言えば，薬を処方し，投与することができたという意味で，マーサは医師であった。一方，うがいをさせ，包帯や湿布をし，浣腸をする

といった実践的知識は，十分に患者の面倒をみる姿勢と同様に，彼女を看護婦として特徴づけた。彼女の世界にあっては，そうした区別はほとんど意味がない。彼女は時として医師の指示のもとで行動しているが，ほとんどの場合，独自の判断で行動し，また他の女性の助力を得ている。読者がすでに見た8月の日記において，ダニエル・コニーの名前が最後にしか現れないというのも偶然ではない。ハロウェルで6月にしょう紅熱の流行が始まったとき，彼はボストンで一般法廷に出席していた。7月19日に彼は帰ってきて，彼の姉妹スザンナ・チャーチが息子を出産するのに立ち会っている。しかし，またすぐ所用で内陸部の入植地に向かっている[55]。7月26日，マーサは発疹を患っていた召使のペギー・クールを診るように彼の家に呼ばれた。

　皮肉なことにこの医師が日記に再登場するのは出産に関してである。1787年8月22日のマーサの何気ない記述――「ショー夫人にはコニー医師がついている」――はこの医師の所在について彼女が通りいっぺんでない関心を抱いていたことを示す。ショー夫人はそのとき妊娠9ヶ月，たぶん陣痛が始まっていたか，少なくともすぐにも出産しそうな兆候を示していたのであろう。彼女がどうしてコニー医師を呼んだのか，我々には分からない。彼女は出産が急迫したものになるかもしれないと考えたか，最近のスザンナ・クレイトンの死に恐れをなしたのかもしれない。結局，赤ん坊はマーサが取り上げた。8月23日に，彼女は「［ショー夫人を］夜10時，娘と一緒に安静にして寝かせる」と書いている。その翌日，マーサは何事もなかったかのように「コニー医師の奥さんは昨夜10時に娘を出産した」と書き加えている。――つまり，それはショー夫人とまったく同時刻なのである。ということは，もし彼自身の子どもが生まれるということがなければ，コニーはショー夫人の赤ん坊を取り上げたと思われるのである。ショー夫人がもともとどう考えていたにせよ，このとき介助してくれた助産婦に満足したことは明らかで，2年1ヶ月後のお産に再びマーサを呼んだ。

　ショー夫人の産室にダニエル・コニーがいたという事実は，新しい科学的産科学がケネベック地方に到来したことを示す。これ以前の時代，差し迫った危機的状況になってはじめて外科医が呼ばれ，通常，回復の見込みのない胎児の手足を切断し，取り出したりした。18世紀の終わりになると，医師

たちは普通の出産に関わることも当然のことと考えるようになっていた。しかし，当時の医師のほとんどは出産の仕事を他の診療との関係で可能な範囲に，つまり年に8ないし10ケースに限っていた。注目すべきは，マーサはコニーの姉妹，スザンナ・チャーチの出産を少なくとも1回，さらに彼の義理の姉妹，スザンナ・ブルックスの出産を介助している点である[56]。

　ケネベック地方の医師たちはパートタイムの助産師であったのみならず，パートタイムの医師だった。ダニエル・コニーは医師であるとともに大土地所有者であり，また政治家であった——たぶんこのうち主な仕事は政治家であったと思われる。彼が帰ったあと，ポートランドの同僚は次のように不満をぶちまけている。「彼がこの家に30分もいない間に，私の頭は政治でコマのようにぐるぐる回ってしまった。年に1000ポンドくれると言われても，僕は…ダニエル・コニーとひとつ屋根の下に暮らすのは真っ平だ」[57]。それでもコニーはひとつの専門領域で別の領域の仕事を補強する術を心得ていた。マサチューセッツの議員への手紙の中で，彼は自分の政敵に関して「化学的」分析を披露することでばっさり切り捨てた。そのような男たちは「「王水」を一定量含んだ「硫酸」に富んでいる」と彼は書いている[58]。彼はマサチューセッツ医学協会の会員になったが，それは当時の基準では並程度であった彼の医学の学識によるというよりも，議員に選出され，こうした団体を動かしていた紳士たちと頻繁に交流することになったからである。彼はまた，同僚のウォーターヴィルのモーゼス・アップルトンやヴァッサルボロのオバディア・ウィリアムズと同じく治安判事でもあった[59]。

　ハロウェルで2番目に医師になった，サミュエル・コールマンの政治への関与はもっと控えめだったが，それでも同じくらい医療以外のことに気をとられていた。マーサの日記が始められたときには彼はまだ独身で，一時期ウェスタン砦に住んでいたこともある。その後店を開き薬品類とともに大鎌，鍬，タバコなどを売った[60]。ウォーターヴィルのハーヴァード出の医師，モーゼス・アップルトンも同じような関心を持っていた。彼の取引日記簿の借方には，暦，キャラコ半ヤード，酢1ガロン，センナ，カンファー，軟膏の処方箋，それに，傷口を縫って包帯をした治療費の記載がある[61]。ページ医師は他の医師に比べると，医療により集中しているが（そしていずれ第

5章で見るように，最もマーサの領分に割り込んでくることになるが），彼もまた商人としての一面を持っていた。1796年に彼は次のような広告を出している。すなわち，「多くの特許品を含むお得な薬品のセット」，それには「アンダーソン，フーパー，ロッキャーの錠剤，ベーツマンのドロップ，ターリントンの生命の軟膏，ダッフィーの万能薬」が含まれていた。彼はまた気つけ薬の瓶，ナツメグ，ブリティッシュ・オイル，頭の病気用の嗅ぎ薬などを売っている[62]。この地方で輸入薬を最も熱心に処方する人が，そうした薬の主要な供給者でもあったというのは，利益相反関係なのだが，問題に誰も気づかなかったようだ——あるいは少なくともそれを問題にしなかった。

　ケネベック地方の最も成功した医師たちは連邦主義者の紳士であり，農業団体の創設者であり，橋の建設者であり，銀行の設立者であった。医学関係の団体に彼らが関与するのは，こうしたボランティア精神と地域発展への全面的コミットメントの一部なのであった（コールマン，アップルトン，そしてページはコニーと同様，マサチューセッツ医学協会の会員であり，同時に地域の諸団体の推進者であった）[63]。彼らは医師としても成功者であったが，それは彼らが学問のある紳士だと広く認められた社会的地位にあったからだけではなく，町の他の治療者たちが難しいケースを彼らに譲ったからでもあった。マーサや彼女の仲間たちがカロメルを投与したり，瀉血したりしてはならぬという法は存在しなかったが，それでもマーサたちはそうした治療を行わなかった。慣習や訓練によって，整骨，抜歯，瀉血，また強力な薬の投与は，医師を自認する男性医師たちの仕事だったのである。マーサは「右足の親指の骨がずれたとき」，ページ医師の助力に感謝している。しかし，たいていの場合，彼女も家族も彼なしにうまくやっていた[64]。ヨモギギクが効かなかったときにだけ，化学的薬品を処方したり瀉血したりして地域の療法士たちを支援したのは，たしかに男性医師たちの力だった。近づきにくさえ，彼らにとっては有利に作用した。彼らがより大きな世界で重要な存在だという印なのだから。

　男性医師たちは町の記録においても，マーサの日記においてさえも，「医師」という肩書きによって容易に識別できる。地域の一般の女性の場合，こ

のようなことはない。ハロウェルの女性の治療師たちは，そこにいることは
この世で最も当たり前であるかのように，黙って病室を出入りする——そし
て，事実そうなのであった。歴史家たちはこのような裾野の広い仕事にう
すうす気づいてはいたが，こうした仕事を定義するのは困難であった。医学
的組織に参加し，職業的肩書きを持った医療者は専門職と認められる。だ
が，医療に従事する女性たちをどのように呼べばいいのだろうか。近隣の地
域を歩き回る普通の人が家庭療法を行ったとは言われないだろう。かといっ
て，民間療法という捉え方も，彼女たちと男性医師たちとの相違を正確に表
現しているとは言えない。その他の一般的なカテゴリーも同じように誤解さ
れやすい。大衆療法という言い方は，互いに競合するハーバリスト，ホメオ
パシー〔同種療法〕治療者，水療法〔水を内服または外用する治療法〕者などの19
世紀における健康への関心の熱狂的状況を伝えてくれるが，18世紀におい
て階層的ではあるが協調的な組み合わせが実践されていたことを不明瞭なも
のにしてしまう。素人療法という表現は，女性療法士の仕事に正式な組織が
欠如していたことを示唆するが，その複雑さを見逃している。よりよい表現
は社会的医療という言い方であり，これは社会的出産という，今では一般化
した概念からの借用による[65]。

　専門家としての医師たちは地域社会の一般人とは区別されたがった（した
がって「医師」の肩書きが必要とされた）。他方，社会的治療師たちは地域
住民ときわめて近い関係にあったので，存在がほとんど目につかない。専門
家としての医師は地域組織，さらに広域の組織を構築して，そうした職業的
アソシエーションに加入した。社会的治療師は個人的つながりを広げ，地域
での評価を積み重ねた。専門家養成はたとえ単なる徒弟的訓練にすぎない場
合でも，制度化されており，場所と期間に定めがあった。一方，社会的学
習は徐々に蓄積される過程であり，一見すると偶然的経験の積み重ねで
あった。

　「すべての女性は看護婦である」[66]というフローレンス・ナイチンゲールの
言葉は——日常生活に根ざしているという意味で——社会的医療の一側面を
うまく捉えているが，女性の治療師にも起きていた専門化という側面を伝え
きれていない。病人の世話をすることは女性一般の役割であったが，どこの

地域社会にあっても，何人かの女性たちはその仕事に対する思い入れの広さと深さにおいて，他をはるかに凌いでいた。彼女たちは人より遠方に出かけ，より長く病床に付き添い，より多く世話をした。マーサ・バラードを，家事の範囲を超えて地域社会で広く認められる専門家になった非凡な存在とだけ捉えるのは大きな誤りである。彼女は治療師として重要な存在であった。そして間違いなく，活発に活動していた現役時代はハロウェルで最も多忙な助産婦であった。しかし彼女は，定評のある医療技術を身につけた多くの女性のうちのひとりだった。さらに言えば，彼女の強さはその時々に手伝ってくれる助け手の，より大きなグループによって支えられていた。

　1787 年 8 月の日記でマーサは，しょう紅熱の流行の折になんらかの形で病人の世話をともにした 5 人の女性の名前をあげている。8 月 7 日にはハンナ・クールはウィリアムズ家にいた。8 月 9 日にはポラード夫人がハワード夫人宅にいた。「スウォール船長と奥さん」は 8 月 10 日に来ている。さらに，8 月 12 日にはパッテン夫人はマクマスター宅に来ていた。日記の中には同じように現れるのだが，これらの人たちの間には重要な違いがあった。

　ハンナ・クールは 1787 年の夏，マーサ・バラードのところに同居していた。彼女は 8 月の日記に 2 度現れる。8 月 6 日には彼女は「ノース夫人に機で布地を織ってあげた」。また，8 月 7–8 日には，ウィリアムズ夫人宅にいた。そこには病人がいたのである。ウィリアムズ宅で彼女が看護をしていたのか，家事を手伝っていたのか，我々には分からないが，どちらでもよいことだ。この時代には看護婦の仕事と女中の仕事とは重複していた。ハンナはたぶんウィリアムズ夫人の姉妹であったのだろう。クールはウィリアムズ夫人の旧姓である。多くの独身女性と同様，ハンナはそこで必要な仕事はなんでもしながら親戚や近所の家々を渡り歩いていたのである（彼女の姉妹ペギーは，女中をしていたコニー医師宅でしょう紅熱で亡くなっている）。しかし，ハンナは年かさで仕事の面ではたいていの家事手伝いより熟練しており，病人の看護も機を扱うこともできた。マーサ・バラードと暮らすことで彼女は医療技術も少しは身につけたかもしれない。1788 年の春，ジョセフ・ウィリアズが重態で，「ウィリアムズ医師に診てもらいに行った」とき，マーサは「ハンナ・クールが彼の看護のために出かけていった」と記して

いる[67]。

「パティン夫人」と「スウォール船長と奥さん」は近所付き合いの基本的義務を果たす既婚者たちである。サリー・パッテンは鍛冶屋であるトマス・パッテンの妻であった。マーサ・バラードは彼らの第1子をその1年前に取り上げている。「スウォール船長と奥さん」はもちろんヘンリーとタビサであり、この人たちには我々はすでに会っている。幼いジェームス・ハワードの面倒をみることで、その月の少し前に彼ら自身の子どもがしょう紅熱で死にかけていたときに受けた助力を返していたのである。彼らの義理は特にハワード夫人に対してというわけではない——彼女はイサベラの看病で忙しく、ビリーの看病を手伝えなかった——彼らがお返しをしたのは、病気の家族を支える近所付き合いの共同基金に対してである。貧しかろうと、豊かであろうと、最近不幸があったとしても、どこかに助けを必要とする家族がいれば、それを見過ごすことは誰にも許されなかった。それにしても、ヘンリーがハワード宅にいるのは少し異例のことではある。通常、男性は男性の看病にあたり、女性は女性か子どもの看病にあたるものである。ヘンリーの日記を見ると、8月14日の項には「マクマスター氏は息子を葬った。享年4歳。しょう紅熱で亡くなる」[68]と記しているが、8月10日にはなんの記載もない。

メリアム・ポラードは社会的治療のもうひとつの形を代表している。酒場の経営者であり、渡船の管理者であったエイモス・ポラードの妻であり、少なくとも7人の子どもがいたが、ほとんどはすでに成人していた。彼女は町の介護者と言うべき10人ほどの女性を代表する存在であった。しばしば病人に付き添い、出産の介護をし、特に亡くなった人の埋葬に熟達していた。彼女は助産婦ではなく、少なくともまだそうではなかったが、マーサの到着が遅れたときには1度だけ子どもを取り上げたことがあった。

経験豊かな観察者なら、ハンナ・クール、サリー・パッテンそれにメリアム・ポラードといったこれらの人物たちの違いを一見して見て取ったであろう。ひとりは単なる手伝いであり、もうひとりは役に立つ隣人であり、さらにもうひとりは広く認められた治療師であった。彼女たちが行った仕事もそれぞれ明白に異なっていた。重要な治療そのものは施されていたので、ハン

ナ・クールはお茶を入れたり，お粥を食べさせたり，便器をあけたりすることに時間を使っていたに違いない。サリー・パッテンは最も受動的な役割を担っていた。付き添い人としての彼女の仕事は病人のそばに座り，病人を楽にしたり，話しかけたり，さらに呼吸や顔色や様子に変化がないか注意して，必要なら助けを呼ぶことであった。メリアム・ポラードはより専門的な仕事を受け持った。マーサ・バラードと同様，彼女は腫れた扁桃腺を洗浄する仕方，包帯の替え方，湿布の仕方，浣腸の仕方などを心得ていた。また，時が来れば，死者を清拭し，衣服を整え，瞼や手足をあたかも寝ているかのような威厳ある様子にする用意もあったのである。

　しかしながら，彼女たちは一生の間にこれらすべての役割をこなし──そして，さらにそれ以上の役割をも果たした。すなわち，治療の社会的構築によって，ひとつのレベルからもうひとつのレベルへと，情報の自由な流れを可能にしたのである。医師や助産婦の処方に従ってシロップをぐつぐつ煮ている炉に薪をくべたり，病人の姉妹の身体をベッドの中で動かしたり，向きを変えてやったり，亡くなった子どもの葬衣を縫うのを手伝ったりして，注意深く観察し，音を確かめ手や目の動きに全神経を集中することで，素質のある人は自らの天職を見つけた。マーサ・バラードもハンナ・クールと同じように，親戚や隣人の看病とともに家事もしながらこの職業を始めたことであろう。いったん結婚すると，彼女が看病をするゆとりは少なくなったであろう。しかし畑仕事や料理の腕を磨く可能性が増えたのではなかったか。これらはいずれもハーブ医療ときわめて密接な関係を持つ技術だった。若い既婚婦人として彼女は病気の隣人を看病し，出産の手伝いをしたであろうし，中年になる頃には，自分自身の子育ての責任が軽減し，より頻繁に人の手伝いに赴くようになり，最終的には治療師，さらには助産婦になったに違いない。助産婦は女性治療師の中では最も高い報酬を支払われていた。出産を取り仕切る立場にあったからというだけでなく，より多くの技能を持ち，豊かな経験と長期にわたる記憶を備えていたからである。「パティン夫人も一緒」。女性医療の社会的基盤は，日記のほんのちょっとした記述にも明白に示されている。助産婦は地域の治療師仲間の中では最も目立つ，そして経験豊かな人であり，人々は彼女の考え方，義務，技術そして労働を分かち合っ

たのである。

　誕生，病，死がハロウェルの女性社会を作り上げていることを理解するのに，キャロル・スミス゠ローゼンバーグの有名な言葉で言うところの「愛と儀礼の女性の世界」を感傷的に考える必要はない[69]。8月14日の項にあるさりげない記述を考えてみよう。これはウィリアム・マクマスターの葬儀の日である。「パッテン夫人来訪」，そしてその後に「ポラード氏宅でお茶を飲む」。この2つの訪問——つまりパッテン夫人がマーサ・バラードを訪ねてきたことと，マーサ・バラードがメリアム・ポラードを訪ねたこと——は重症の子どもたちのベッドサイドでの会合の延長上にあるのだ。ここで，2日前にメリアム・ポラードがハワード宅でマーサと「一晩中付き添」っていたこと，そしてマクマスター宅にビリーの様子を見に来ていたサリー・パッテンが彼の亡骸を葬儀のために整えたことを思い出してほしい。メリアムとマーサは古くからの友人だったから，一緒にお茶会を開くことは容易に説明がつく。しかしサリー・パッテンがマーサを訪れたのはどういうことだろう。何が彼女を水車小屋へ向かわせたのだろう。彼女はその前にビリー・マクマスターの葬儀に参列するために川を渡っている。しかし，マーサの家は集会所兼礼拝堂から4分の3マイルも先にある。彼女の訪問はちょっとした思いつきの結果ではないはずである。彼女をそこに向かわせたのはなんらかの実務的な用事だったのだろうか，それともマーサとともに数時間前に経験したことを確認しなくてはならない，何かもっと重大な用件だったのだろうか。マーサにとってさえ夜の看病はきわめて負担だった。既婚婦人の仲間内ではまだ新人の若い母親にとって，それは何を意味したのだろうか。

　18世紀の医師は20世紀の歴史家同様，ひとりの社会的治療師をもうひとりの治療師と区別するのに困難を感じていた。しかし，それでも医師たちは彼女たちの存在の力を理解していた。イギリスの産科学において重要な論文を著したウィリアム・スメリーは，どのような医療行為にも女性の目があることを強く意識していたことを示している。若い医師たちに対し，「変な噂」のタネをまくことのないよう警告しつつ，患者と彼女の「友人たち」にも安心感を与えることが重要だと彼は説いている[70]。18世紀半ばから19世紀半ばまでに医師が書き残したものには「友人たち」という言葉が繰り返し現れ

る。この用語は多くのことを物語っている。女性の治療師は男性の医師がな
しえなかったような仕方で患者との一体感を保っていたのである。

　一部の医師が彼女たちの関与にはっきりと怒りをあらわにしたのも驚くに
あたらない。1769 年にロンドンで刊行され，アメリカでも少なくとも 15 版
を重ねた『家庭医学』の著者ウィリアム・ビューチャンは，伝統的な出産の
社会的側面について次のように慨嘆している。

　　そういった場合に大勢の女性たちを呼び集めるという，我が国の一部に
　　今も広く見られる馬鹿げた慣習に気づかざるをえない。これらの女性た
　　ちは役に立つ代わりに，その家を混雑させるだけであり，さらに必要な
　　処置をする邪魔になる。そのうえ彼女たちはその騒音で産婦に有害とな
　　る。そしてしばしば場違いでかつ不適切な忠告で害を及ぼす[71]。

　他のところでもそうだが，ここでもビューチャンは「必要なこと」と単
に慣習的なこととを区別しようとしている。他の 18 世紀の改革者たちと同
様，彼はその当時のやり方を改善するとともに単純化しようと考えた[72]。つ
めかけた女性たちで部屋はすし詰めになっただけではなく，部屋は彼女たち
のてんでばらばらの思いつきであふれ返ったのである。

　しかし，ビューチャンの考えはアメリカの田舎では有力な俗論のひとつに
すぎなかった[73]。医師たちはどこにでも現れる友人たちを不信の目で見てい
たかもしれないが，かといって彼女たち抜きに仕事をするのは容易ではな
かった。女性治療師たちは汚くて時間のかかる仕事を引き受けたが，それと
同時に男性医師の仕事を確かめていたのである。医療関係者の 2 つのグルー
プが同じ基本的前提を共有し，医師たちがパートタイム診療で得られる収入
で満足している限り，両者の間に競合関係はほとんどなかった。

　この章では，1787 年の日記（そして日記の各項目）のくだりにいくつか
の視点から接近した——すなわち，伝染病のケーススタディ，マーサの診療
活動のパターン，さらには社会的医療という，より大きな問題への窓口とし

てである。また同じ日記のくだりは，マーサの仕事と，ケネベックで最も目立つ史跡——すなわち，ウェスタン砦とそこに住む著名なハワード一族とを結びつける。

ウィリアム・ハワードは8月4日，つまり雹の降った日の項にちょっと顔を出している。マーサは「嵐でウェスタン砦の窓ガラス130枚が割れた」と書き，それに続く文章で「ハワード大佐は家族の病気を介護したことに対し，私に1ガロンの白ラム酒と2ポンドの砂糖を贈った」。ガラスが破損したことを伝えたのはハワードだったに違いない。嵐は尋常なものではなく，砦もまた同様だった。130枚のガラスが割れることは十分ありえた。というのは，建物の川側だけでも20もの窓があったようで，それぞれに16枚から20枚のガラスがはめ込まれていたからだ。この古い砦はその規模の大きさの故に，戦争が終わってまもなく2つの住居に分割された。間口100フィートの正面は2つのジョージア朝風の家が2軒，軒を接しているような外観を呈していた。マーサの日記が始められた当時，ウィリアム・ハワード大佐が妻，2人の間にできた5人の子どもたち，妻の母親，未婚の妹とともに北側の半分に住んでいた（マーサの日記では，この2人の女性はそれぞれ「老夫人」，「ベッツィ夫人」と記されている）。大佐の父親，ジェームス・ハワード氏は建物の南側に彼の2度目の妻，スザンナ・コニー，彼らの2人の幼い子どもたち，それに彼女の最初の結婚による1人かそれ以上の子どもたちと住んでいた。判事の長男，ジョン・ハワードもこの砦に住んでいたのかもしれない。しかし，マーサの日記はこのことについては何も述べていない。町の歴史によると，ジョンは1759年，カナダへの遠征の途上，熊と間違えて味方の兵隊を撃ってしまった。彼を非難した者はいなかったが，彼は「希望のない狂気に沈んでしまい」，この砦で一生を終えた。「優しく，人に脅威を与えるようなところのない，そして限りない想像力の持ち主」[74]。あのサミュエル・コールマン医師も1780年代にはこの砦に住んでいたので，ジョンの病状となんらかの関係があったのかもしれないが，我々には確かめられない。

精神の病という問題がなくとも，古い砦は緊張でざわめいていた。ジェームス・ハワードは79歳で自分の末子より若い未亡人と結婚し，町中の人を

驚かせ，子どもたちを当惑させた。さらに悪いことに，新しいハワード夫人は娘イサベラを生み，さらに2年後には息子も生んで，一族の相続問題をややこしいものにした。老人は，ウィリアムの子どもで同じ名前を持つ孫がすでにいたにもかかわらず，この息子にもジェームスと命名し，自分の最初の家族を侮辱した。1785年8月にはこの3人のジェームス・ハワードが砦に住んでいた——すなわち，判事，彼の14歳の孫，そして2歳の息子である[75]。2年後にはこのうち一番若いジェームスしか生存しておらず，しかも彼は「きわめて重篤」という容態で病床にあった。

　8月4日に大佐がマーサ・バラードに対して行った支払いは，1787年のしょう紅熱の大流行とこの砦における以前からの病気にまつわるいくつかのエピソードをつなぐものである。皮肉なことに，フランス軍にもインディアンにも1度も攻撃されたことのなかったこの砦は，1780年代には2つの目に見えない敵，すなわちしょう紅熱と胆汁熱に屈した。1785年9月11日から1787年9月2日の間に21人の砦の住人が病にかかり，うち8人が亡くなっている。

　胆汁熱は激しい胃腸の感染症である。昔のある医学ガイドによると，「継続的または断続的な発熱に，嘔吐や排泄による胆汁の頻繁ないし大量の排出が伴うとき，それは胆汁熱と命名される」。胆汁熱は夏の終わりに最もよく発症すると考えられており，「赤痢」を伴うこともある[76]。病は最初砦の南側に発生した。マーサは「ハワード殿のところで熱のある2人の雇い人の治療をした」。うち1人は死亡したが，家族の他の人々は，マーサのおかげでなんとか健康を回復したのであった。

　1ヶ月後に熱病（ヘンリー・スウォールがこれは「胆汁に関係あり」と認定した）は砦の北半分に移動した。10月11日，マーサは「ハワード大佐宅に大至急で呼ばれる。彼の妻と5人の子どもたちが重症」。サミュエルは出血しつつあった。

　10月11日夜，そして13日にもマーサは「一晩中看護」し，一旦，数時間の間帰宅したが，すぐまた戻る。「夜の前半は睡眠をとる」と彼女は記している。「午前2時以降，ハワード夫人の寝室で付き添う」。10月15日は自宅で寝たが，翌日にはハワード家に戻っている。「一晩中起きて見守る。ハ

ワード夫人は熱で激しい震えがある」。「病人を動かし，発疹を乾かす」のを
手伝ってから，彼女は「正午，帰宅する」。これで砦における彼女の集中的
看護の第1期が終わった。彼女は3昼夜をハワード殿の家族のために，7昼
夜を大佐の家族のために費やした。

　次の数週間，マーサは他のことで多忙だった。10月22日の出産から戻っ
たあと，ひどい嵐で川を渡ることができなかった際，彼女は「ハワード大
佐宅に滞在した。とても手厚くもてなされる。彼の家族の病気はいまだ重
い」。マーサを手厚くもてなしたのが誰だったのかは分からない――ベッ
ツィ夫人ではなかったのか。マーサが砦にとどまる必要はなかった。という
のは，ハロウェルの他の看護婦たちが一家の看護をしたからである。10月
26日の日記にマーサは「ウッドワード夫人はハワード大佐宅から，ポラー
ド氏に付き添われて帰宅した」と記している。2日後に彼女は「たった今息
を引き取った彼の妻の亡骸を安置するのに，ポラード夫人とビスビー夫人を
手伝うために大佐宅に呼び戻された。子どもたちの病気はいまだ重い」。11
月6日に子どものひとりが亡くなったが，その頃までには家族の他の人々
は「快方に向かいつつ」あった。胆汁熱はようやく下火になったのだ。

　それからちょうど1年後にしょう紅熱が砦を襲った。病はあまりにも突
然やってきたので，そのことを示す最初のものはマーサの1786年12月14
日の日記である。「私は会合に行ったところ，ハワード大佐宅に呼ばれた。
ポラード夫人を手伝って彼の息子ジェームスを葬るためである。ベッツィ夫
人，ポリーそれにジャックは重症だ。看護する。コールマン医師は体調を崩
している」。帰宅する頃にはマーサ自身が発病していた。「激しく締めつける
ような腹痛」に襲われながらも，彼女は時間をさいて日記を書いている。
「ポリーに後を頼んで帰る。ベッツィ夫人とジャックは重症，今夜はフェア
ウェル〔ファーウェル〕夫人が泊まる」。ファーウェル夫人はベッツィ夫人同
様，この子のおばにあたる。亡くなった子の母親の姉妹である。マーサは
自身の発病でその後数日間砦から遠ざかっていたものの，隣人から情報を
得ていた。「ハワード殿は昨晩具合が悪くなったとのことだ」。さらにその
後続いて，「今晩ジョージ・ブラウンが来訪し，ハワード大佐宅ではみなき
わめて病が重いと知らせてくれる。この町はまさに病の時だ」。12月17日，

ジャック・ハワードが亡くなる。マーサは葬儀に参列するために出かけるが，「ハワード殿が発病したとのことで，そちらに呼ばれて9時頃まで彼らの看護をする」。

1年と少しの間に，ウィリアム・ハワードは妻，娘1人，息子2人を亡くした。次は彼の父親の番かもしれなかった。この老人は12月の病気からは回復し，マーサが5月13日に砦の南館に彼の妻を診るために呼ばれたときには元気そうに見えた。その翌日に彼が亡くなったことはあまりにも大きな驚きだったので，彼女は日記帳を横にしてその項を縦に書き始めている。「突然の急変。元気だった人が3時間のうちに死去す」。砦に対する執拗な攻撃がまた始まったのである。マーサは一晩中ハワード夫人の看護にあたる。ハワード夫人は「喉の痛みを訴える」，すなわちしょう紅熱の再来を示す兆候であった。マーサは6月10日にヘンリー・スウォール宅に「発疹が出て病床にある彼の子どもを診に」行ったとき，イビー・ハワードを診るために砦に立ち寄っている。彼女はその子が「快方に向かいつつある」と認めたが，10日後には彼女は「発疹の再発」に見舞われていた。6月23日，午前4時頃彼女は逝く。「ウッドワード夫人，サヴェージ夫人と私で彼女の亡骸を安置してから帰宅」と彼女は記している。ハワード一族の6人が亡くなったのである。幼いジェームスもが発疹の兆候を見せたとき，隣人たちが大騒ぎをしたのも無理はない。

以上のようなことすべてが，8月4日の不思議な記述，すなわち，ウェスタン砦で嵐のために窓ガラスが割れたこと，それから，ハワード大佐の白ラム酒と砂糖による支払いの背景をなしている。大佐の家族が胆汁熱を患ったときにマーサが看護してから2年，さらに，しょう紅熱の犠牲者の面倒をみてから10ヶ月がたっていた。病がすでに父親の若い相続人のひとりの命を奪い，もうひとりの生命も脅かしていた最中，そして，家族を守る砦が嵐に襲われたというそんな日に，ウィリアム・ハワードはマーサ・バラードへのつけを精算しようと思い立ったのだ。

この取引に関する彼女の記述は曖昧だ。大佐のプレゼントは贈り物でもあり，支払いでもあった。請求されて行われたものではなく，過去のサービスに対する謝金だったのだ。別の状況のもとでは，マーサはぶっきらぼうなほ

どの正確さで医療上の記録を記すことができた。たとえば，「アイザック・ハーディンには火傷薬１オンス，価格1/処方。この支払いはなされていない」[77]。しかし，状況によっては自らすすんでつけを「免除」することもあった。妻と３人の子どもたちを喪うということは，そうした状況に該当したのであろう[78]。大佐の贈り物は，彼女の贈り物に対する感謝の印だったのかもしれない。双方とも相手に惜しみなく与えている。１ガロンのラム酒と砂糖２ポンドは1787年には10–12シリングで売られていたものであり，（医師の往診６回分に相当する），しかもこれは支払いの一部にすぎなかった。９月２日日曜日，マーサは大佐宅に立ち寄っている。「老夫人が風邪で具合が悪い」とマーサは書いている。さらに「ベッツィ夫人が帽子２個とリボンの贈り物をしてくれた」と付け加えている。

　同じ日にマーサは砦の南館にも寄って「ハワード夫人の息子の様子を見る。快方に向かいつつある」。ウェスタン砦を襲った病の記述はこれを最後に終わっている。ジェームス・ハワードはしょう紅熱を生き延びたのだった。彼は24歳のとき，娘のイサベラを残して海で死んだ。彼女の相続人たちは，40年後においてもなおウィリアムの相続人たちを訴えていた。

　ウェスタン砦は今も建っている。今ではオーガスタ市博物館として，プリマス会社の軍事的野心とハワード一族の商業的成功との記念碑として。マーサの日記のおかげで，それはまた人の命のはかなさとケネベックの女性たちの忘れられた働きのよすがとしても残っている。

　1787年11月にイーフレム・バラードと息子ジョナサンはジョン・ジョーンズの代理人と会って，８月６日に焼失した水車を再建することに同意した。実際の作業は翌年の６月まで着工されなかった。土台を築くために職人たちが来たとき，マーサはまた亜麻を収穫していた。７月７日，「我々は製材用水車の骨組みを建てた。マーシュ氏とトーマス氏は怪我をした。それ以外，仕事は安全に終了した」。「大勢の人や子どもたちがやってきたが，お酒で酔っ払った人は多くはなかった。夜，若い人たちはダンスをした。夜半には散会」と彼女は安堵の胸をなでおろしている。バラード家の若い人たち

にはマーサの姪，パルテニア・バートンが含まれていた。ハンナ・クールは
すでに去っていた。

　男たちは夏，秋を通して水車の建設作業を続けた。8 月 30 日には「骨組
み」を建て，10 月 25 日には「歯車」を，11 月には「スリップ」を取りつ
けた。その間，マーサは乳房炎にかかった牧師の妻，フォスター夫人の看
護をし，ハーブを収穫し，赤ん坊を取り上げ，糸紡ぎでハンナやドリーを手
伝った。火災の 1 周年が近づいた頃，彼女はまた亜麻を収穫していた。昨年
の収穫は伝染病の中でなされ，冬から春にかけて梳かれて紡がれ糸となり，
陽にさらされていた。

第 2 章

1788 年 9 月 「布地を織る」

3　4　私は家にいた。
晴れ。私は家にいた。老スマイリー氏が来訪。サヴェージ夫人がうちで布を
1 枚織る。

4　5　私は家にいた。スプリンガー夫人死亡。オニールの死刑執行。
晴れ。バラード氏は公用でジェームス・ページ氏宅へ行く。ジョナサンとテ
イラーはオニールの処刑を見に行く。私は家にいた。娘たちは洗濯。ギルブ
レスはうちで寝る。老スプリンガー氏の奥さんは今朝この世を去る。

5　6　コールマン医師の新生児死亡。私もその場に居合わせた。ドリーは
44 1/2 ヤードの布地を完成させる。ベリアー・インガハム〔イングラハム〕に
息子誕生。
晴れ。コールマン医師宅に午後 1 時に行く。彼の子どもは 4 時に死去。私
は葬衣を着せかけ，7 時まで付き添う。ノース大佐と夫人が来る。家に帰っ
てみるとウィリアムズ夫人とハリス夫人が来ていた。私はハンナの長靴下を
完成させるのに夜遅くまで起きていた。

6　7　スプリンガー夫人とコールマン医師の新生児の葬儀。私は後者に参列。
晴れ。コールマン医師の新生児の葬儀に参列。ウィリアムズ夫人を訪ねる。
行ってみると病気はとても重い。医師は嘔吐剤を処方する。一晩中介護

82

する。

7　E　ハンナはシェレビアと息子タウンのところへ行く。
晴れ。私は帰宅した。重症のウィリアムズ夫人を残して帰る。睡眠を少しとって夕刻また行く。ポラード夫人や他の人たちもいた。シャーロッテとポリー・クールも来た。パルテーナ〔パルテニア〕が付き添う。モーア牧師が説教する。

8　2　ウィリアムズ未亡人のところへ行く。
曇り，涼しい。ウィリアムズ夫人を診に行く。午後はそこで過ごす。少し気分のよくなった彼女を残して帰る。我が家の娘たちは洗濯。フィルブルック氏が夕刻来訪。ギル氏がウィンスロップから戻る。

9　3　町役員会。私は家にいた。サヴェージ氏来訪。
晴れ。フォスター牧師の提案を審議するために町役員会が開かれたが，提案は受け入れられなかった。ドリーとパルテーナはハムリン夫人に会いに行く。サヴェージ夫人来訪。彼女は4月15日以来，私に倍かせの40巻の糸を紡いでくれ，2ブッシェルの灰とジェームスのための薬を得た。ドリーは彼女に7ヤードのダイパー地〔ひし形の幾何学模様のある亜麻織物〕を織った。私は1巻の縦糸用亜麻糸を彼女に渡した。全体で6/X。

10　4　ウィリアムズ未亡人を訪ねる。ヴォース来る。クラリッサ・バートン，今日で18歳。
晴れ。ヴォース氏とパーマー氏，我が家の屋根板を葺く。ビールを作る。ウィリアムズ未亡人を診に行く。よくなりつつある。ドリーはチェック柄の布地を織るために縦糸を巻いている。

11　5　私は家にいる。サイラスは32歳。
一時曇り。サイラスはガードナー水車へ出かける。彼は今日32歳になる。私は家にいる。ドリーはポラード夫人のために39ヤードの布地を織った。

第 2 章　1788 年 9 月　　　　　　　　　　　　　83

12　6　家にいる。

晴れ。ドリーはチェック地のために縦糸を整え，ピンとはった。45 ヤード作る。私は家で編物をする。夕刻ハリス夫人来る。

13　7　ヴォース氏と息子が屋根板をはりにくる。ウィリアムズ未亡人宅へ行く。

晴れ。気持ちのよい天気。ダイパー地を広げて漂白する。ウィリアムズ未亡人宅へ行く。彼女はさらによくなった。ドリーが一緒に泊まる。

14　E　礼拝に出て，ウィリアムズ未亡人を訪ねる。

晴れ。気持ちのよい天気。礼拝に出る。ナサニエル・ノークロスは発熱して患っていたので祈禱してくれるよう頼む。フォスター牧師は詩篇 90 節と120 節から 2 つのすばらしい説教をした。

15　2　家にいる。弟バートンとコリンズ・モーアから 9 月 7 日，5 日付の手紙を受け取る。

晴れ。バラード氏は公用でカー氏のところへ行く。私は家にいる。娘たちは洗濯。弟コリンズから手紙をもらう。手紙によると妹ナビー〔マーサの妹のアビゲイル〕は死にかけていると思われた。その他の友人たちは元気。ジョナサンは息子タウンのところへ行く。

16　3　家にいる。夜エリアブ・ショー宅に呼ばれる。

曇り。家にいた。思うように元気が出ない。夜サヴェージ夫人，ウィリアムズ未亡人，ハリス夫人が来訪。娘たちはクラッグ〔クレイグ〕氏宅へ行く。ジョナサン戻る。

17　4　ショー宅。ラーニド氏来る。今月 12 日付姉妹ウォーターズからの手紙を持ってきてくれる。デイヴィッド・フレッチャーに娘誕生。

早朝 0 時から 1 時の間にエリアブ・ショーの奥さんの陣痛で呼ばれる。11時，立派な娘を無事出産。元気な母子を残して午後 4 時帰宅。ハインズ・

ラーニド氏が来訪。彼は先週水曜日に家を出発したとのこと。ボストンでの日付のある姉妹ウォーターズからの手紙を彼から受け取る。バラード氏はフックへ出かける。テイラーは今日来る。

エリアブ・ショーの娘誕生。1792年10月22日，イーフレムを通じて勘定を受け取る。

　地域社会における人間関係の構造のことを歴史家は時折「社会的織物（web）」と呼ぶことがある。18世紀のハロウェルにあってこの隠喩はまさにぴったりあてはまる。マーサの用語では「布（web）」は1枚の布地に織り込まれた糸の量——あるいは織る前の糸の量——を表している。たとえば1788年9月5日に「ドリーは44 1/2ヤードの布地を完成させる」[1]という具合である。日記に出てくる織物の記述は，ほとんどが以下のように，織物の過程について述べていると同時に，人間関係について述べている。

　「ポリー［・サヴェージ］が糸を巻きとり，織り上げ，私がまっすぐに伸ばして，ウィリアムズ夫人の布地を作った」
　「ハンナはサイラスの布地を織り始めた」
　「ドリーはポーター夫人の布地を完成させた」
　「ウェルチ夫人［あるいはハムリン夫人，チャイルド夫人，ポラード夫人，デンスモア夫人，サヴェージ夫人］が今日やってきて布地を織った」[2]

　家庭内生産と特徴づけることのできるこのような経済システムにおいて，マーサはハンナやドリーといった自分の娘たち，あるいはパメラやパルテニアといった姪たちだけでなく，ハンナ・クールやポリー・サヴェージのような協力者を継続的に雇っている。彼女はジェーン・ウェルチやハンナ・ハムリンのような既婚の隣人たちにも，経験不足の娘たちが織機を操作するのを手伝ってもらった。そして娘たちは町の知人たちのために織物を作ったのである。マーサは自分で亜麻を栽培していたが，糸にするための木綿すべてと，1790年までは羊毛もすべて，隣人との取引で入手した。布地の生産は文字通り，社会的織物を織りなしていたのである。

第 2 章　1788 年 9 月

このようなイメージはさらに拡大することができる。ドリーが 1788 年 9
月 12 日に「縦糸を整え，ピンとはった」ようなチェック柄の布地を想像し
てほしい。用いられた糸の半分は漂白した木綿，残りの半分は「青く染め
た」糸であった。もし，ドリーが染めた糸と染めていない糸をある幅で交互
に一定のパターンで縦糸にすると，青い縞に続いて白い縞ができる。さらに
同じようにして漂白した糸と青い糸とを交互に横糸にすると，結果は 3 つ
のはっきり違った色調を持つチェック柄に仕上がったであろう。白糸が白糸
と交差するところではその四角の部分には色はつかない。青糸が青糸と交差
するところではその四角の部分は濃い青色になる。そして白糸が青糸と，あ
るいは青糸が白糸と交差するところでは水色となり，全体では今日でもよく
知られる単純な「チェック」のパターンが作られる。白糸を女性の活動，青
糸を男性の活動と考えてみよう。そうすると結果として社会的織物が出来上
がると言えよう。明らかに 18 世紀の町にあっては，社会活動のある部分は
男女を結びつけた。そして別の部分では彼らの距離を明確にした。

　1787 年 9 月 4 日「バラード氏は公用でジェームス・ページ氏宅へ行
く。…私は家にいた。娘たちは洗濯」。開拓期のアメリカにおける男女の定
義の説明は，このような対照で始めねばならなかった。公の用事は男性のも
のであり，家事は女性のものだった。この 20 年間で，「2 つの世界」という
概念は女性の歴史を形作ってきた。多くの人々にとって基本的な問題は，い
つ，いかにして女性は家事中心の窮屈な世界からより広い世界へと進出した
のかということだった。ある人々は，アメリカの独立戦争時に女性が家庭で
の生産活動で大きな貢献をしたと喧伝することで，女性たちの妻として，母
としての重要性を改めて社会に認識させ，ひいては女性たちの活動を公的な
世界につなげたのだと主張する。またある人々は，19 世紀初期の任意団体
における女性の活躍が，はじめて女性たちに世帯の内と外における主体性を
確立させたのだと主張する[3]。

　マーサの日記は，この 2 つの議論が基盤とする証拠に異議申し立てはせ
ず，それらを複雑なものにしている。18 世紀末にはハロウェルにはそれと
分かる女性団体は存在しなかった。また，マーサのアイデンティティが共和
党的イデオロギーによって影響を受けた痕跡もない。日記は，男性が公的役

割を独占していたこと，また世帯が形の上では父権的なものであったこと，さらに家や赤ん坊さえもが男性に属するものであり，たとえば「老スプリンガー氏の奥さんは今朝この世を去る」といった具合に，既婚女性は夫との関連で特定されるのが適当だと女性たちが無批判に考えていたことを明示している。しかし日記は同時に，女性を家庭の外に関連づけていた複雑な社会・経済上の交換関係をも示している。18世紀のハロウェルの女性たちは，政治生活は持たず政治には関わらなかったが，社会生活は有していた。こうした社会生活の基盤は，人々が特定の仕事，製品，取引形態に責任を持っていた，性別分業にあった。

「晴れ。…町役員会が開かれた」とマーサは1788年9月9日の日記を書き始めている。そして「私は家にいた」と余白に書き加えている。この2つの文章を並べたことにあてこすりの意味はない。政治的用語としての「町」とは，濃い青色の四角の部分であった。イーフレム・バラード（彼は1788年には町の行政委員と書記を務めていた）が「ハロウェルの町の土地自由保有権者および投票権を持つその他の住民」に対し町の集会所兼礼拝堂に集まるように布告を出すとき，成人男性に向かって呼びかけていた[4]。9月9日には男たちには，討議すべきことがたくさんあった。イーフレムが公式の記録に記したように「アイザック・フォスター牧師が審議を求めて署名入りの書類として提出したいくつかの要求は，何回かの第2読会で検討された」[5]。この案件をマーサが関心を持って見ていたことは確かである（「フォスター牧師の提案を審議するために町役員会が開かれたが，提案は受け入れられなかった」と彼女は書いている）。しかし，彼女はイーフレムがその結果を持って帰ってくるのを家でじっと待っていたわけではない。9月9日付の日記の全記述は，それがなければ漂白されて無名になったであろう女性たちの生活を歴史に刻んでいる。

　　ドリーとパルテーナはハムリン夫人に会いに行く。サヴェージ夫人来訪。彼女は4月15日以来，私に倍かせの40巻の糸を紡いでくれ，2ブッシェルの灰とジェームスのための薬を得た。ドリーは彼女に7ヤードのダイパー地を織った。私は1巻の縦糸用亜麻糸を彼女に渡した。全

体で 6/X。

　ハロウェルの男たちが町の集会所兼礼拝堂で公の仕事をしていた頃，マーサと隣人たちは私的な仕事を完成しつつあったのである。

　こういった行動パターンに何も珍しいところはない。ニューイングランドの女性たちは物々交換や取引に長らく関わってきていた。9月9日にマーサがサヴェージ夫人に渡した1巻の亜麻糸は，産業化以前の生活を特徴づける家庭内生産を象徴するものである。近隣での取引関係がこうした生活を可能にし，性による分業体制が経済生活の中に女性の持ち場を確立させた[6]。ハロウェルにおける織物経済と，第1章で見た社会的医療システムの間には，驚くべき類似性がある。糸紡ぎは看護と同じように広く認められた女性の仕事だった。それは近隣で行われる複雑な交換システムに組み込まれた「家庭的」務めだったのである。2つの世界では，訓練はともに共同体の中で，経験の累積により行われた。私的な世帯でなされ，生産物は地方経済圏から出ることはなかったものの，仕事は協働的なものであった。最も経験豊かな織り手はすべて女性で，彼女たちはまさに助産婦が看護婦や付き添い婦の経験・知識を伝え広げたように，近隣の女性たちに技能を伝えていったのである。男たちは亜麻を打ち，羊の毛を刈り，他にもいろいろと支援的作業を行ったが（ちょうど，男たちが助産婦の送り迎えをしたり，男性患者に付き添ったりしたように），女性たちは布の生産に関しては全責任を持っていた。医療におけると同様に，エリート男性は，イギリスや西インド諸島から出来上がった布や未加工の木綿を輸入し，ケネベック地方を大西洋とつなぐ役割を果たした。女性はそれらの産物を，使用に適した製品に変えた[7]。

　バラード家における布地生産をさらに詳しく調べると，システムの複雑さを理解する一助になる。日記が始められた1785年の時点で，ハンナとドリーは家にあった羊毛を紡ぐ大きな糸車と亜麻を紡ぐ小さな糸車の操作方法を習得していた。その後の2年間に彼女たちは木綿，羊毛，亜麻や粗麻の糸を何百かせも生産した。そのほとんどは母親が布地に織ってもらうためによそへ持っていった[8]。1787年5月にこの一家は織物を作るための道具を集め始める。1787年5月19日，サイラスは「織物作りのための棹や他の道具」

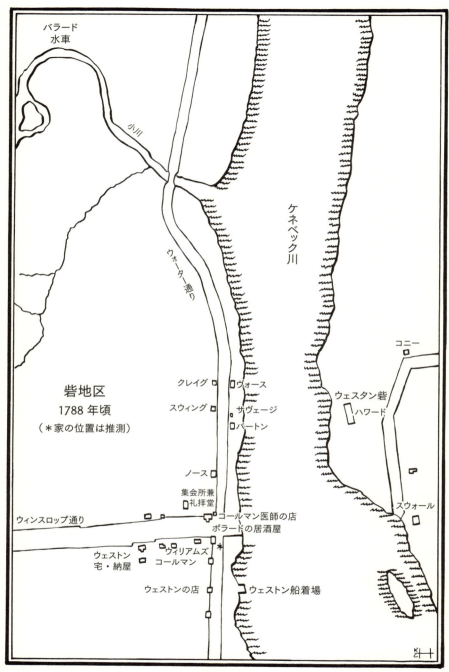

砦地区，1788年頃

を家へ持ち帰ってきた。その数日後には父親が1日のうち何時間かを費やして「織機を組み立てた」。マーサは亜麻を梳き，「ハーネスのために糸を二重にし」，「糸を糸巻きに巻き取り」，自分の務めを果たした。その間に夫はサヴェージ宅から「麻糸」を煮沸するためのやかんを借りてきた[9]。5月25日にドーカス・ポラードがはじめて織機に縦糸をはり，ハンナ・クールが「糸をセットして使えるようにした」。この2人の若い女性がハンナ・バラードに織り方を教えた。彼女は40ヤードの布地を織ることになっており，それは7月4日に織り上がった。7月5日には次の一連の仕事の準備のために，マーサはサヴェージ夫人のところへ「スレイ〔織りのパターンを調整するための道具〕」を借りに出かけた。残念ながらマーサが借りたいと思っていた道具はウィリアムズ夫人がすでに借りてしまっていたが，2週間後にメリアム・ポラードから借りることができた[10]。

ハンナとドリーは「普通の布」のほか，チェック，ダイパー，ハッカバック〔綿製，麻製のタオル地〕，毛織物，浮き島綿布，毛の「シャツ地」，タオル，毛布，「はぎれで作ったベッドカバー」，紗織りのハンカチなどを織る技術を習得していたが，隣人との交換はなお続けられた。メリアム・ポラードはその後も「織り方についてドリーに教え」続け，ついに娘たちはそのお返しに布地を贈ることができるまでになった。すなわち，1788年9月11日，「ドリーはポラード夫人のために39ヤードの布地を織った」。繊維や糸を売買したり，やかんや道具を借りたりしながら，バラード一家は自給自足の体制を築き，隣人とのつながりを強めていった。布地生産ネットワークの複雑な関係は，1790年4月20日の日記によく示されている。「サイラスは，ドリーがベンジャミン・ポーターに布地を1枚織るために，40番のスレイをコバーン未亡人から借りてきた」[11]。

母，父，娘たち，それに少なくとも息子のひとりが織物作りの設備を整えるのに関わっていたということは，初期のアメリカにおいて「生命を維持してゆく日常的活動を行うには，男と女が一致協力して働かなければならなかった」というルース・シュワルツ・コーワンの指摘を支持するものである[12]。しかしさらに詳しく調べてみると，バラード経済で最も印象的なのは，生産のみならず経営や資源利用における，男の労働と女の労働の独立

性である。「サヴェージ氏が織機の足踏みを作ってくれた」とマーサは 1787 年 5 月 21 日に記している。「私は彼に現金で 4 シリング支払った」。なんといっても，イーフレムの測量旅行のために，マーサはすすんでパンを焼いたり，身の回りのものを荷造りしたりしたのだから，イーフレムがマーサのためにすすんで亜麻の種をまいたり，織機を設置したりしたのは驚くにあたらない。まさに家族から期待できる協力関係というものであろう。それぞれの活動を，完全に統合された家族経済の一部であるとするのは，無理があるようだ。むしろバラードの世帯には 2 つの家族経済が内包されていたと言うべきである。ひとつはマーサが，もうひとつはイーフレムが処理していたのである。

　自分の娘たちが織物を始めるのとまったく同時に，マーサの助産婦活動が盛んになるのは偶然ではない。子育てからの解放は，助産婦としての仕事に必要な前提条件のひとつであった。もうひとつの必要条件は，確実に家事の手伝いが見込めることであった。1789 年 10 月 26 日の日記はそのことを簡潔に述べている。すなわち，「娘たちは先週 23 巻の倍かせの糸を紡ぎ，27 1/2 ヤードの布を織り，そのうえ家事をしてくれた」。マーサは布地生産を拡大することで，自分自身に対しては家事の手伝いを，そして娘たちには職業を作り出したのである。彼女は，たとえ経済的には娘たちを働かせる必要がなかったとしても，自分の娘たちに家事という単純反復労働をやらせておくような女性ではなかった。ハンナとドリーには，この時点で自分の生活費を稼ぎ出す道とともに，将来自分たちの家族を支える技能が必要だったのである。織物はうってつけの仕事だった。自宅でできる仕事だったし，他の日常的家事と組み合わせてできる仕事でもあった。しかも，娘たちが自分たちの家庭で将来必要となるいろいろなもの——ベッドシーツ，マットレスや枕カバー，タオルやベッドカバー——を作り出したのである。

　もうひとつの選択は，母親が家にいて娘たちが外で働くことであったろう。これはマーサの妹であるドロシー・バートンが余儀なくされたやり方である。「余儀なくされた」というのは強すぎる表現かもしれない。家族から離れてしばらく暮らすというのは，当時の若い娘にとっては一種の教育であった——たとえば，ハンナ・バラードは 1789 年にオックスフォードの

「ウォーターズ叔母」やその他の親戚の家で 8 ヶ月生活している。しかし，バートンの場合には，経済的事情がある程度は関係していたと思われる。ドロシーは，元気で生き延びた息子に恵まれるまでに 6 人の娘を生んだ。これが彼女の夫がメイン地区に農場を持つのに苦労した理由かもしれない[13]。1788 年にステファンとドロシー・バートンは，年長の娘たちを残してオックスフォードに戻っている。クラリッサとパメラはともに一時期をマーサ・バラードのところで暮らしている。これはパメラにはちっとも愉しくなかった。「パメラは今週 5 巻の亜麻糸を紡いで，ウィンスロップに行ってしまった」とマーサは 1787 年 5 月の日記にそっけなく書き残している。パメラの妹パルテニアはよりよい働き手であった。彼女は 1788 年 5 月 26 日に来て，1792 年 11 月に結婚するまで，時折他の家庭に働きに行った間を除いて，マーサのところで暮らした。ハンナがオックスフォードに行くことができたのは，彼女がいたおかげだと思われる[14]。

　家庭内生産方式が，いかに広範囲の隣人との交換関係を形成したかを見てきた。ハロウェルの女性たちはやかんやスレイを貸し借りするように，自分の娘たちをもやりとりしていたのだ。もっとも娘たちは成人するにつれて責任を持って自分の働く条件を交渉し，給金をちゃんともらうようになる。状況が思わしくないと女性たちは手伝いの女性に暇を出し，必要になると呼び戻した。マーサは娘や姪たちの長期安定的手伝いと，よそから雇い入れる短期の手伝いを組み合わせてやっていた。結婚した娘たちもこの交換のネットワークに組み込まれていた。ルーシー・タウンが 5 人目の子どもの出産後に「乳腺炎」を患ったとき，マーサはドリーをウィンズローへ派遣している。その後，ルーシーが出産後に危機に見舞われたときには，パルテニアが 1 ヶ月以上にわたってルーシーの看護に行っている。ハンナのはじめてのお産のときには，今度はルーシーがそのときに手伝いに来ていた女性（彼女の義理の姉妹ベッツィ・バートン）を看護に差し向けている[15]。

　　マーサは家族に加えて，近所の人々の手を短期間借りている。1785 年から 1800 年までの間に，39 人の若い女性がある期間バラード家に住み込み，働いている。そのほとんどすべてが，近隣の町の課税台帳で中間に位置する人々の娘である。アメリカの他の地域との対比で言えば，18 世紀後半にハ

ロウェルには奴隷はいなかった。また年季奉公人もほとんどいなかった[16]。ハロウェルの家族手伝いの大多数は 15 歳から 25 歳の独身の「女の子」で，これらの若い女性たちもいずれは自分の世帯を持ち，主婦の座におさまることがほとんど確実視されている人たちであった。マーサの手伝いのうちの 2 人，ポリー・サヴェージとサラ・ニールは未婚の母であり，さらに別の 2 人，ベッツィ・バートンとジェーン・ウェルチは未亡人であったが，彼女たちは例外であった。マーサの家で雇われていた唯一の既婚女性は，自由黒人のビューラー・プリンスであった。ハロウェルの家事手伝いの大多数は独身女性で，自分の家での仕事と「よそ」の家での仕事を交互にしながら，1 週間か 2 週間は近所の家で糸を紡ぎ，家へ帰って採り入れを手伝い，次には病人のいる姉妹の家へ行き，また最初の家かあるいはまた別の家へ行って糸紡ぎか洗濯をする，といった具合であった。

　働き手を入れ替え，さらにまた入れ替えするやり方は，当時は男性経済とともにより大きな女性経済を支える近隣の交換経済の一部をなしていた。サイラスは 1788 年 9 月 11 日に「ガードナー水車」に働きに行った。自分の家の水車がいまだ動いていなかったからである。水車が復旧すると家へ戻って働くことになろう。しかし火災は一時的に家族経済システムの男性側に支障をもたらしたが，女性経済には影響はなかった。これを理解すれば，次の不可解な出来事にも説明がつく。すなわち，水車小屋が火災にあった次の月にバラード家では家を改修している。イーフレムは測量技師としてまとまった所得があり，マーサの助産婦業が発展しつつあったのは確かだが，それにしても，バラード一家が水車を再建するという大きな課題を抱えている最中に，家の改修という資本充実を行うことはいささか理解に苦しむ。この家があらゆる点で製材所であると同時に作業場であったこと，また，2 階の部屋をしっくいで仕上げ，隙間をふさげば，機織りのためのスペースを増やせることを理解しない限り，不可解なことである。改修以前には，娘たちは春になると自分たちのベッドを未完成の 2 階に運び上げ，秋にはまたそれを階下に運び下ろしていた。家の改修によって彼らは年中寝室を持つことができ，また働くための余分のスペースを持つことになったであろう[17]。

　テオフィラス・ハムリンが，10 月には西の部屋，11 月には東の部屋の

第2章　1788年9月　　93

「床をはった」。彼はさらに階下の2つの部屋を改装し，12月22日には彼の大工仕事は終わった。このとき，彼は「本箱を作って東の部屋に置いた」。ハムリンの仕事はたぶん支払いのすんでいなかった下宿代の清算だったのだろう。3年前，彼はモーア方の親戚からの手紙と旧知の人々の消息を持って，オックスフォードからバラード家へ到着したのだった。彼はここに少なくとも1ヶ月は滞在した。その間彼は，4月の一夜には，サイラスを手伝って水車を運転し，別の日にはベッドから起き出して流失しそうになった原木を固定した。しかし，彼は水車の雇い人ではなく，この町で懸命に独立の場を求めていた一人前の職人だった。バラード家に居候になったのは，自分自身の世帯を持つ予備的ステップだったのである。1788年7月16日，彼はオックスフォードから花嫁ハンナ・ロックウッドを連れてきて，町の集会所兼礼拝堂の近くで世帯を持つことで目的を達した[18]。

　1788年9月9日，町役員会の日，マーサとサヴェージ夫人が勘定を精算している頃，ドリー・バラードと彼女の従姉妹パルテニアは「ハムリン夫人に会いに行く」。娘たちは7月27日に最初の訪問をしているが，9月のこの訪問も社交的なものだったのだろう。ハンナ・ハムリンも夫と同様，すぐに近所経済に参加することになる。「ハムリン夫人は糸紡ぎをし，布を1枚仕上げた」とマーサは11月4日に記している。そして12月8日，12月15日にも同じように日記に書き残している。こうした交換の正確な内容は明白ではない。ハンナはバラード家の娘たちのために織機を設置したのかもしれないし，バラード家の設備を借りて自分の仕事をしていたのかもしれない。たぶん両方の要素が混在していたのであろう。若い主婦として，彼女は織機をフルに動かすだけの十分なスペースも元手も持ち合わせていなかったのだ。バラードのために布を1枚織ることで，自分のためにもう1枚織ることができたのである。

　医療と織物は，女性たちが動かしていた，広汎で大部分は目につかない地域経済のほんの2つの要素である。主婦たちは品物や労働力を交換し，自分自身の娘だけでなく隣人の娘たちをも使って仕事をし，夫とは独立して勘定を計算した。男たちは家を所有してはいたが（「デンスモア氏宅に洋服の試着に行く」），女性たちは自らの仕事の成果は自分のものとした（「私はデ

ンスモア夫人に洋服の仕立て代として 1/6 を払った」) [19]。時には日記は男性経済と女性経済が交錯する様子を記録している。たとえば，マーサは 1789 年 9 月 30 日，ハッシー宅に行き，「老夫人から羊毛 6 ポンドを受け取る。これは彼らがバラード氏に借りていたものに相当する」[20]。しかし，この種の記述は稀である。ほとんどの場合，マーサとイーフレムの財布は平和裡に分かたれていたのだ。イーフレムは地主や商人を相手に木材を取引し，マーサはキャベツと布地を彼らの妻たちと交換したり，店の勘定を支払ったり，お産の介助料を男たちから受け取ったりした。1789 年 11 月 10 日，彼女は書いている。「アンドリュー氏から羊肉 6 ポンド 13 オンスを借りる。彼に貸してあったろうそくを受け取る。その後借りた羊肉はパン焼きで返す」。また，1787 年 1 月 16 日には，「ウェストン夫人と私は貸借をすべて清算した。私の借りは今月 9 日に受け取ったブランデー 3 クォート〔1 クォートは約1 リットル〕，生姜，スパイス，コショウとバター。彼女の方の借りはドリーの 2 日分の労働 2/，私の 2 組 pr〔判読不能〕，それと彼女に今月 9 日に渡したキャベツ 12 個，1 個 4/ であった」（ナサニエル・ウェストンは町の商人で，沿岸貿易にスループ型の帆船を運行していた。彼はしばしば家をあけていたから，たぶん彼の妻が店と家計の帳簿をつけていたと思われる）。

　ブランデー，生姜，スパイス，コショウはもちろん商取引の一部であった。しかし，マーサがウェストン夫人にあげたキャベツやアンドリュー氏に「貸した」ろうそくは，やはりケネベック経済の一部をなすものであった。女性の取引は商品経済とも，また特定の世帯の「家族経済」とも絡み合っていたが，そのどちらにも呑み込まれてしまうということはなかった。ウッドワード夫人が 1789 年 9 月 24 日にマーサの家に持ってきたカボチャ 2 個と半分は，経済的相互依存関係を示すと同時に，友情の印でもあったのである。そして，その 1 ヶ月後にはウッドワード夫人はマーサのために 7 ポンドの羊毛を梳くことになる。羊毛はカミングス夫人から受け取ったものだったか，9 月にハッシー老夫人からもらったものだったか，あるいはサイラスからのものだったかもしれない。サイラスは 9 月 29 日に「デンマーク人の船」で 14.5 ポンドの羊毛を購入している [21]。この発展途上の若い町では，活用されない資源はほとんどなかった。マーサのオーブンはそのよい例であ

る。ジョン・ジョーンズからバラード一家が借りた家は窮屈で十分仕上げも
できていないような状態だったかもしれない。しかし，その家にはオーブン
があった。近所の家は煙突はあってもオーブンがない家が多かった。フォー
ブス夫人，サヴェージ夫人，ウィリアムズ夫人，それにヴォース夫人たちは
みな時折マーサのオーブンを使っている。

　女性の交換システムはほとんど気づかれないくらいに日記に見え隠れ
する。

　「エプロン用のチェックのはぎれ」をフレッチャー夫人から，「亜麻 3 ポ
ンド」をデンスモア夫人へ。

　「豚肉 5 ポンド」をポラード夫人から，「1 1/2 ブッシェルの灰」をブラウ
ン夫人へ。

　「16 巻の麻糸」紡ぎをサヴェージ夫人から，「膏薬」をウェストン夫人へ。

　「バター 7 ポンド」をカミングス夫人から，「豚脂 1 ポンド」をボルトン
夫人へ。

　「1/2 ペック〔体積の単位。イギリス約 9 リットル，アメリカ 8.8 リットル〕の種イ
モ」をウッドワード夫人から，「石鹸の錠剤」をハムリン夫人へ。

　「青系」をポーター夫人から，「軟膏 1 オンス」をエドソン夫人へ。

　「苗 400 本」をボルトン夫人から，「2 ポンドの糸」をウェルチ夫人へ[22]。

　このような日記の記述は，マーサと隣人との経済的交換の最小限の記録で
ある。ほとんどの取引は日記に記されることがなかった。たとえば，1787
年 6 月 21 日にメリアム・ポラードが「豚肉を 5 ポンド届けてきた。それは
彼女が 1786 年 4 月 12 日に借りていったものだ」と述べている。しかし，4
月 12 日の項には簡単に「ウィリアムズ氏宅へ行く。ポラード夫人が私と一
緒にうちへ来た」とだけしか書かれていない。日記の相当部分はこのような
行く，来るといった単純な言い方ですまされている。

　「ウェストン氏宅へ行く」（あるいは「ポラード氏宅」，「ハワード氏宅」，
「ハッシー氏宅」，「フォスター氏宅」）。

　「サヴェージ夫人〔あるいはデンスモア夫人，バートン夫人，ハムリン夫
人，ウッドワード夫人〕来訪」という具合である。

　このような書き方は，どこでとか誰とといったことを記述する一種の要約

のようなものだが，マーサが何をしたかを常に記述しているとは限らない。たとえば，9月9日，サヴェージ夫人とつけの清算をするにあたって，彼女は明らかに過去6ヶ月間に交換された5種類の品物とサービスを列挙しているが，そのうちひとつの品物，つまり5月9日にいくらか「持ち帰った」糸以外は，この期間サヴェージ一家に関する記述に現れない。典型的な記入例は，「サヴェージ夫人来る」あるいは「サヴェージ氏夫妻，ポリーとお茶を飲む」といった具合である。いつ，どのように灰や薬品やダイパー生地や麻糸が手から手へと受け渡されたか，我々には分からない。その夏サヴェージ家と取引されたものが，このときつけの清算にあげられた5つの品物だけだったかどうかも分からない。日記の他の記述は，その他にも取引された財やサービスがあったことを示唆している[23]。

　不明の取引の一部は失われた紙切れに，あるいは壁にチョークで記録されていたのかもしれない。取引の多くはおそらくそもそも記録されることがなかったであろう。地方において，ことに女性の間では，ニューイングランドは主に記憶の経済だった。ハワード一家のような教養のある商人の間でさえも，書面の取引明細は時には不完全なものであった。たとえば1799年以後のある時点で，ウィリアム・ハワードとその義理の姉妹マーガレットは，ケネベックの権利証書の欄外に注を書き加え，1779年に裏の土地1号地の所有者が変わったとき，購入者はトウモロコシで支払うことのできる約束手形を提供したが，書面に代金は記されなかったと思う，とした[24]。

　女性の商取引を示すものは，公式記録にはめったに現れない。たまたま記録に現れると，法律用語と現実の出来事との間のずれの大きさはほとんど滑稽と言ってよいほどである。たとえば，1781年9月に，当時巡査をも務めていたイーフレム・バラードは，スザンナ・ハワード（ジェームスとイビーの母親）がリンカーン郡裁判所に出頭するよう，彼女の「物ないし人」を差し押さえるため派遣された。彼女の隣人ナサニエル・ハーシーが彼女を訴えたのである。その主張によれば「様々な日と時に」彼女は「力と武器によって先のナサニエルの財産である牛から（40シリングの価値のある）150クォートの牛乳を搾り取った」[25]のであった。この召喚状を読んだ人は，ハワードの妻が夜陰に乗じて短剣かピストルで武装して垣根を乗り越えて牛乳

を盗みに行ったと想像するのではなかろうか。ここで問題になっているのは，長期間にわたってたまってしまった未払いの負債だった。ハーシー氏（あるいは夫人）は牛乳そのものを供給していたか，牛から搾ることを認めていた（これは当時珍しくないやり方であった）のである。明らかに負債はハワード夫人側に過大となっていたのであろう。あるいはなんらかのいさかいが信頼の絆を壊してしまったのかもしれない。しかし，こうしたことは稀な出来事であった。たいていの場合，カボチャや木灰，亜麻，何クォートかの牛乳といった品物は，何事もなく人の手から手へと売り買いされていたのである。なぜマーサ・バラードがサヴェージ夫人との取引の清算を1年に2つも記録しているのか，そしてウッドワード夫人との取引は，同じくらい日常的で規模も変わらなかったのに，なぜひとつも清算記録に表れないのだろうか。我々には分からない。たぶん一部の隣人は他の人たちより記憶の持続時間——あるいは，気が——短かったのであろう。

　マーサは隣人たちの他に家事手伝いの人々とも清算をした。しかし，内容の詳細が残っているのはごく少数にすぎない。そのひとつ，1791年3月31日付のものは，1790年1月中旬の白紙のページに書き残されている。明らかにマーサの筆跡だが，「イーフレム・バラードとパルテニア・バートンとの協議の結果を受けて」と彼女は書き始めている。また，マーサは1787年7月21日付のパメラ・バートンとの最後の清算についても記録している。それは穏やかならぬ調子で始まっている。「彼女はここに来て以来，1ヶ月の時間を無駄にした。というより自分自身のために時間を使った。そして1ヤード2/8で，10ヤードの布地を織った」。エプロンのためのローン地や皮，あるいは靴を作ったりしたことを差し引いて，パメラは叔母に1シリング7ペンスの負債を負ったのだった。

　パメラはマーサの家で，彼女の持つ様々な技能のうち最も有用なもののいくつかを身につけたであろう。19世紀の終わり頃，彼女の娘は母親のことを次のように回想している。母は「学校へは，父がオックスフォードから移住してきたときに，6週間通っただけだったが」，彼女は「数字にはとても強かった——布を織るときの計算を，私は石板を使って計算しなければならなかったが，彼女は全部頭の中でできたのです」[26]。18世紀に生まれたほと

んどの女性と同じように，パメラにとって，糸を紡ぐこと，布を織ること，あるいは売買は，手近な最もすぐれた教育だったのである。マーサは明細を記録することにおいて，おおかたの人々よりずっと先を行っていたのである。

1795 年の日記の後には細長い紙が 2 枚綴じ込まれており，1795 年と 1796 年の「支払い済み」の金額が記されている。他の年についても彼女が同じようなリストを作っていたかどうかは分からない。それにしても 1795–1796 年の支払い明細は，あまり完全とは言えない日記を超えるものではない。両者を併せてもこれら 2 つの記録には足りないところが多い。たとえば，1795 年 11 月の明細には次のようにある。「スピリッツ，砂糖に 8［シリング］，ディックマン氏に」。同じ日の日記には，「ディックマン夫人に会いに行く。彼女と赤ん坊は元気。12/ 受け取る」。初めの明細にあった 8 シリングの負債は，日記で受け取りになっている 12 シリングの一部なのか，あるいはまた別口なのか。マーサはディックマン氏との間で清算したのか，それともディックマン夫人との間で清算したのか。

1795–1796 年のリストには，店でのマーサの買い物が記録されているが，全部ではない。1795 年 9 月 7 日の明細としては，リボン，モスリン，ピン，レース，テープ，そして絹をティモシー・ページとモーゼス・スウォールから買ったと，細かい買い物の記録がその日の日記に書き記されている（「私はフックの店に行った」）。しかし，1795 年 4 月 22 日に関して記録はない。日記によるとこの日，彼女はフックの「ほとんどの店を訪れ」，「フィルブラウン船長から 28 ポンドの米，1 オンスのカブの種を購入，8/3」であった。

日記のあちこちに記載が散らばっているということは，こうした買い物リストの記録は現金の支出を管理するための努力の現れのひとつであることを示唆している。たとえば，1795 年 6 月 19 日の項には，マーサは次のように書いている。「スーキー・ケナディー〔ケネディー〕に現金，2/8」。日記の中で彼女は説明する。「スーシー・ケネダ〔スーキー・ケネディー〕が麻糸 8 巻を持ってきてくれた。支払いは亜麻の種 1 ペック 1/6 相当および現金 2/8」。11 月 14 日の項にはもうひとりの雇い人，サラ・ニールに対して 6 シリングを支払ったことが記されている。これもたぶん現金で支払われたのであろう。その日の日記にはニールのことは何も出てこないが，その 6 シリングが

第 2 章　1788 年 9 月

どこからやってきたかについては手がかりがある。すなわち，「夜，グリー
リー氏が雄牛とともに来訪。彼は自分と牛の分として現金 9/ を払ってくれ
て，さらに糖蜜 1 ガロンとコーヒー 1 ポンドをくれた」。マーサがどうして
ある取引を日記に記し，別の取引を違う紙に書いたのかは分からない。
　彼女にとってもこのような収支のバランスをとることは容易ではなかっ
たであろう。それでも彼女は努力を続ける。1795–1796 年の記録に続いて，
1794 年，1795 年，1796 年および 1797 年の「収入」と「支出」の金額の要
約がある。しかしこれらの総計は彼女の取引のすべてを捉えたものではな
く，別会計のものだけである。平均して彼女は年間 20 ポンド受け取って，
18 ポンド支出している。年々の変動は支出の方が収入より大きい。少ない
方では 1795 年の 14 ポンドを若干上回る程度の支出から，多い方では 1797
年の支出 20 ポンド強まで変動している。この 1797 年は，まとまった黒字
を残せなかった年である。この数年に彼女が支出の合理性を確かめようとし
たことは，異常なストレスのもと（第 6 章参照）での新しい努力だったの
かもしれない。あるいは当時の一般的やり方だったのかもしれないが，それ
については他に残された資料はない。
　マーサの帳簿は整頓されていないし，整合性に欠けているようにも見え
る。それは彼女の経済生活がきわめて広い範囲で多種多様な行動と関連し
ているからである。彼女は品物を「買い」，「借り」そして「交換し」，「贈
り物」や「プレゼント」，「報酬」，「支払い」，「謝礼」などを受け取った。
また，現金の他に亜麻，パン，糖蜜で取引した。彼女の隣人たちと「貸借
を清算し」，「つけを払い」，時には相手方の負債を「免除」し（あるいは忘
れ）たのであった。こうしてジャカード織りのように複雑に織りなされた生
活の中で，助産婦業についての記述は，その一貫性と完全さにおいて際立っ
ている。もっともいつ，どれだけマーサが謝礼を受け取ったかは必ずしも明
白ではないが，謝礼を受け取ったという事実ははっきりと記録の中に見るこ
とができる。これは，助産婦業の収入が彼女自身の経済に持つ重要性のみ
ならず，助産婦業の文化的特性の表れだったのかもしれない。1782 年，ケ
ネベックの王党派のヤコブ・ベイリーは古典的なアメリカ農民を次のような
人物として描いている。すなわち，「自分の仕事に精を出して，豊かな暮ら

しを維持し，税金を納めるほかに助産婦にきちんと支払いをし，感謝祭には100人の耕作人にも十分なごちそうを用意する人」[27] である。助産婦への支払いと税金とは同じではないが，迅速でなくとも完全な支払いを求める名誉の規範があったことをマーサの日記は示唆している。

　本章の冒頭にある1788年9月17日の日記の記述を考えてみよう。その日マーサはエリアブ・ショーの妻の娘を取り上げた。その4年後，「1792年10月22日，イーフレムを通じて謝礼を受け取る」と彼女は日記の余白に記している。取引が完了するまでに4年もかかっているが，記述は直裁である。それは義務が果たされた明白な記録であり，支払いは受領された。このような明快さは助産婦の仕事に関しては典型的なものであり，彼女が支払いの形態や期日を記載していない場合でも，勘定の決済が完了したことはしっかりしたXXの印で記録されている（このやり方については第5章参照）。

　それに比べて他の取引のほとんどは，もつれを解きほぐすのが難しい。再び9月17日の日記を見てみよう。ショー夫人出産の記載の裏にはもうひとつの経済関係が隠されているのだ。「ハインズ・ラーニド氏が来訪」。ラーニドはマーサの従兄弟である。5月に彼は移住しようとしていたメイン地区リヴァモアへの途上，バラード家に数日滞在している。9月のこのときには，彼は来たり行ったりしつつ，1ヶ月以上も滞在することになる。およそ3年後の1791年7月29日，マーサは書いている。「バータン〔バートン〕氏を訪ねる。4ドルと，ボストンのコグシル氏が振り出した屋根板3000枚分の手形を置いてくる。この屋根板は1788年10月にハインズ・ラーニドが置いていったもので，彼がこれで私のためにボストンで買い物をしてくれることになっていたのだ」。このコメントは1788年10月22日のややこしい記述につながるものだ。「ウェストン氏を訪ねる。彼の奥さんが6/貸してくれる。コールマン医師を訪ねる。屋根板1000枚を受け取った。夜は若い女性たちが大勢うちへ来る。ラーニド氏が泊まる」。形の上から言えば日記の記述は，この屋根板はウェストン夫人かコールマン医師から来たことを示唆しているが，明らかにラーニドからのものである。彼は9月17日とその他の日に食べた食事，そしてたぶん洗濯，縫い物あるいは弁当の代金をマーサに支払っていたのであろう。10月22日にマーサが「受け取った」ものは屋根

板そのものではなく，ボストンのコグシル氏振り出しの手形であった。彼は
その年ラーニドの材木の一部を受け取っていたのである。

ウェストン夫人——そして，ドリー・バラードとリディア・デンスモ
ア——の助力を得て，ラーニドの屋根板は新しいドレスになった。すでに見
たように，マーサはラーニドの手形を1791年7月29日にウェストンに預
けた。9月14日に「ドリーはバータン氏宅へ馬で出かけた。バータン氏が
私のためにボストンで買ってくれたチンツ〔つやを出した厚地の更紗〕8ヤード
を持ち帰る。値段はヤード3/10だ」。9月16日，リディア・デンスモアと
彼女の子どものうち3人がマーサの家へやってきた。「彼女は私のガウンを
裁った」と彼女は書いている。その6日後，マーサは仕立て屋への借りを
彼女の出産を介助することで清算している。

材木はケネベック川を流れ下り，イギリス製のチンツは遡上してきた。し
かし，ひとつの品物ともうひとつの品物との交換は往々にして驚くべき多く
の取引をへているのだ——男性対男性，女性対男性，そして女性対女性の取
引を。

マーサの日記においては，取引の記述は仕事の場合と同様，決まったパ
ターンなしに記されている。実際，彼女の日記で完全に決まったパターンを
持って記されているのは，3つの事項に限られる。すなわち，誕生，天候，
それに彼女の動静に関する記述である。これに規則正しく記された第4の
項目を加えるとすると，それは来訪した人々あるいは彼女が訪ねた人々の名
前である。往時この日記を見た人々を非常に苛立たせたこれらの「瑣末な」
事項には，去る人，来る人の名前以上のことはほとんど書かれていない。た
とえば，1788年9月3日には，「私は家にいた。老スマイリー氏が来訪。サ
ヴェージ夫人がうちで布を1枚織る」。あるいは，1788年9月16日，「思う
ように元気が出ない。夜サヴェージ夫人，ウィリアムズ未亡人，ハリス夫
人が来訪。娘たちはクラッグ氏宅へ行く。ジョナサン戻る」。人の名前と場
所——人とのつながり——がマーサの日記の生地を織りなしている。

この章は15日分の日記に43の人名がひしめき合って始まっている。

マーサは自分の家族のうち6人の名前にふれ，西方の4組の親戚からの
ニュースが届けられたことを記し，11人の人々についての噂を書きとめ，
彼女の子どもたちや夫が6つの家族を訪ねたこと，彼女の家に12人の来訪
者があったこと，別の3つの家族を彼女がたびたび訪れたこと，そしてそ
こで会った5人の人々のことを記している。気楽にこの日記に目を通して
いる読者にとっては，これほど多くの名前がごちゃごちゃに出てくるだけで
辟易とさせられるに十分である。しかし，マーサはいくつかの名前を書きと
めていない。たとえば，9月6日のコールマンの葬儀で彼女は何人かの隣人
と顔を合わせているはずだ。ところが彼らの名前を記していない。9月7日
のウィリアムズ家の場合には，「ポラード夫人や他の人たちもいた」（強調は
著者）と省略の形で記録している。

　9月の日記は，マーサが他の人々の動静を自身の行動と同じくらい重要視
していたことを示している。彼女は15日のうち，7日は「家にいた」が，
それでも日記は外の世界とのつながりを記している。9月の日記全体を通じ
て，彼女が人を訪ねもせず，人が訪ねてきもしなかった日は2日間にすぎな
い。こうした日にも彼女の家族は家をあけている。19世紀の著述家は，当
時のこうした人々の動静の激しさを訝っている。あるメインの歴史家は，自
分の母親の度重なる馬上の旅を回想して次のように結論づけている。すなわ
ち，「前世紀の人々は男も女も現在の我々とは異なる人種だったのだ」。同
じテーマは，ハロウェルの隣町であるメイン地区ウィンスロップにおける，
19世紀半ばの歴史にも顔を出す。「この新しい国に最初に入植した人々は社
会的思いやりを培った」と著者は書いている。著者はある女性のことを語っ
ている。この女性はパンを焼く日に隣人に招かれると，パン生地を持って出
かけたという。「紳士や淑女が男性用，女性用の鞍を置いて馬に相乗り，紳
士は前にパン生地を入れた箱を抱えている。もし現在こんな光景を目にした
らどうだろう！」著者はこのように人々が行動するのは「社会的思いやり」
だけでなく生活の必要からであったことに気づいていないようだ。また，彼
は女性と彼女のパン生地をこねる箱は，夫の助けがなくても隣人宅へ出かけ
てゆくことが可能だったという点にも気づいていないようだ[28]。

　サラ・ジョセファ・ヘイルは自著『ノースウッド』の中で，18世紀の治

療師ワトソン夫人を思いやりの深い女性として描いている。彼女はいつでも喜んで病人を看護し，死にゆく人々を看取った。もっとも彼女は「仕事に有能でない人，疲労に耐えることのできない人は，大変な部分——つまり，出歩くこと——を真似てはならない」[29] と警告している。マーサ・バラードは「出歩く人」だったのだ。隣人たちもおおかたそうだった。事実，自分の世帯に注意を傾けすぎると，いくぶんか怪しまれたであろう。ヘンリーがニューヨークにいた年，タビサ・スウォールと彼女の赤ん坊は従兄弟のところに寄宿していた。「私はクリスマス以来外出していない」と彼女は 3 月初めに書いている。「ブルックス家へ行ったほんの数分間を除くと。橇に乗らないかとの招きは数々あったけれど応じなかった。私はアビーを連れてはいけないし，家に残していったのでは自分が楽しめないから」[30]。タビー〔タビサのこと〕の行動は，若い母親としても普通ではなかった。彼女の隠遁生活は，後に心の病を患うことの前兆だったのかもしれない。

1790 年にマーサは自宅あるいは外で 642 回，人に会ったと記録している。そのうち 299 回は家族以外の人々である。興味深いことに，リストにある男女の比率（157 人の男性と 142 人の女性）はこの年の連邦センサス〔人口調査〕の男女比率と正確に一致している。センサスによると，ハロウェルの白人男性は 622 人，白人女性は 565 人（12 人の自由黒人は性の区別がなされていない）[31] であった。マーサのネットワークは青と白の両方の種類の糸を含んでいた。これに対してヘンリー・スウォールの場合は 115 人の人々と 184 回会っているが，うち女性はわずか 13 人だけであった。ウィリアム・ハワードの 1790 年の日記にある出会いはすべて男性の名前で記されている[32]。驚くべきことに，記録が個人単位ではなく世帯単位であっても，マーサの日記は男性の日記に比べて包括的である。センサスによると 1790 年にハロウェルには 184 戸の世帯があった。マーサはそのうちの 89 戸となんらかの接触があったことを記録しているが，ハワード夫妻は 59 戸，スウォールの日記は 35 戸との接触を記録している。

ここで問題にしているのは，少数の人々との濃密な思い入れのある関係ではなく，数多くの人々との間欠的で一見偶発的な出会いである。1790 年の日記に最も頻繁に現れる 5 つの名前，すなわち，サヴェージ夫人，ウッ

ドワード夫人，ハムリン夫人，ポラード夫人，バートン夫人の場合でさえ，12回以上現れることはない。もちろん近くの隣人がちょっと訪ねてくるといったケースは，日記に取り上げられることなく終わってしまったかもしれない。それにしても人名が着実にリストにあがっていったことは，マーサがきわめて徹底して訪問記録をつけていたこと，また，狭い範囲よりも広範な人間関係を規範としていたことを示唆している。

ウィリアム・ハワードとサミュエル・ハワードの帳簿はまったく違った目的でつけられたものではあるが，このパターンを確認できる。1790年のハロウェルにおける彼らの帳簿で，借方が1ないし2ポンドを超えるものはほとんどない。その例外は興味を引く――すなわち，それはコールマン医師（かつて砦の住人であった人物），ナサニエル・ハーシー（ウィリアムの若い継母スザンナ・ハワードを訴えた人物），そしてピーター・パーカー（鍛冶職人であり，別の訴訟事件でハワード家とは深く関わりのあった人物）である。つまりはハワード一家の地位の高さにもかかわらず，ハロウェルで全面的にハワード家に依存しようという家はほとんどなかった。マーサと同じように，ほとんどの人は町の1ダースほどの商人にまんべんなく債務があり，砦へ行っては清算し，別の機会にフックへ行っては清算し，その間近所の人々と取引するといった具合である。マーサの日記が示唆するのは，これは単なる経済的戦略としてではなく，社会的慣習に深く根ざしていたということである。

外出のパターンは仕事の場合と同じく性別と関係していることを，マーサの日記は示している。夫婦揃って人を訪ねることはめったになかった。1790年にマーサは夫婦での訪問を13回記録している。たとえば，9月5日には「ハムリン氏とバータン氏が奥さんたちと訪ねてきた」と記しているが，女性がひとりで来たり，他の女性や少女とともに訪ねてきたりするケースは何百回となく記録されている。1788年9月16日の日記には，「夜サヴェージ夫人，ウィリアムズ未亡人，ハリス夫人が来訪」と記しているが，1790年の日記でも典型的なパターンである。同様に男性たちも通常，たとえ行楽のための外出であっても，男性と出かけた。たとえば，1788年9月4日，ジョナサン・バラードは雇い人のテイラーと一緒に，川下のポウナル

ボロの町へ処刑を見物に行っている。ハロウェルにおける人の行き来はビジネスの場合と同様，男女別に行われることが多かったのである。

　女性たちも時には町を出て遠出した。たとえば，ハンナ・バラードは1788年9月7日，姉ルーシーを訪ねるためにシェレビア・タウンとともにウィンズローへ出かけた。しかし，遠方へ旅をするのは一般に女性よりも男性であった。ハワード家の帳簿は町に限定された資料というよりも，地方一帯の資料と言える。この一族のビジネスがヴァッサルボロやウィンズローなどの川上の町々にまで及んでいたことを，この帳簿が反映しているからである。スウォールの日記は，彼がウィスカセットやポートランドの連邦地方裁判所に出廷していた関係で，ハワードとは反対方向への旅について記している。イーフレム・バラードのような小規模の事業家にとっては，川の上下にわたるつながりも重要であった。製材用水車が，1790年にマーサが68人の人々を泊め，家族以外の人々に95食分の食事を出した一因となった。女性は泊まり客のうちわずかに6人，食事の客のうち29人にすぎなかった。タビサ・スウォールもマーサと似た経験をしたに相違ない。「家に泊まれるだけの客を泊める。残りの人々の中にメドフィールドからの若い牧師候補者ワイト氏という人がいた」と，ヘンリーは1790年1月，ハロウェルで年1回の裁判所が開かれる週に記している。

　もちろん女性たちも，出産や重い病気で手助けが必要とされれば，近所の家で1泊することもあった。マーサは町の全成人女性の17%にあたる人々の名前を1790年の出産と介護の記録の中であげている。この種の出来事を記述するなかで，多くの場合，ただ「女性たちを呼び集めた」とか「近所の人々がやってきた」と書いていることを考えると，この数字は驚異的である。1790年にマーサが手がけた出産のひとつは，ヘンリー・スウォール宅でのお産であった。ヘンリーが記録するところによると，「スウォール夫人はマーサ・バラードを早朝に呼びにやった。そして明け方3時に彼女の〔手伝いの〕女性たちを呼んだ——そして午後3時に男の子誕生。爽快な気分だ。牛を1頭おとす」[33]。マーサの記録には手伝いの女性たちの名簿が含まれている。この記録はまた，出産の場で会うことが，町の女性たちの医療——そして助け合いの——ネットワークを活発化するのに役立っていたこ

とを示している。すなわち,

> スウォール夫人は午後3時まで陣痛がひどかったが,その後神の助けにより男子出産,彼女の第3子。ブルックス夫人,ベルチャー夫人,コールマン夫人,ポラード夫人そしてヴォース夫人といった人々が手伝ってくれる。夕方ハワード大佐を訪ね,ポリー・テイラーのための助力を依頼する。スウォール大佐は謝礼として6/8をくれる。彼の先導で川を渡る。私はクラッグ氏を訪ねた。ハンナ・ノースが今朝死にかけたが,その後回復したと聞く。コールマン夫人は夫である医師が,ハンナに虫下しのカロメルを投薬し,それでよくなったと話してくれる。彼女は翌日グッディン夫人を訪ね,風邪をひき,そのため今の状態になった…[34]。

　1人の女性の出産に立ち会いつつ,マーサは別の2人の女性の面倒をみていたのである。マーサがお産のために到着したとき,彼女はポリー・テイラーのことが気がかりだった。その前日,隣人から馬を借りて彼女の様子を見に行ったが,「とても元気がなかった」。明らかに,彼女はその出産の場でポリーの状態を他の女性たちに話している。帰宅途中,彼女は「ハワード大佐を訪ね」,助力を依頼する。しかし助けを求めたのは大佐自身ではなく,「ベッツィ・ハワード夫人とコールマン夫人」であった。2人は翌日「ポリー・テイラーのためにワイン,砂糖,リンゴ,パン,やわらかな麻の布きれなどをここに届けてくれた」。マーサはまたハンナ・ノースのことも気にかけていた。11月11日に彼女が「重い病」と知らされていたからである。出産の場でコールマン医師の妻がある程度詳細を知らせてくれる。ここからの帰途,マーサはハンナの従姉妹クレイグ夫人を訪ねてさらに詳しいことを聞く。
　ポリー・テイラーについての記述はとくに興味深い。なぜなら1790年代のハロウェルの町の貧民救済記録には,たびたび「貧民エベネザー・テイラー」[35]への支払いについての記述があるからである。この人物はたぶんポリーの父親だったのだろう。しかしながら,公式の記録にはマーサや彼女の隣人たちの助力についてはなんの記述もない。明らかに自発的なものだった

からである。1790 年 11 月 22 日，マーサはウェストンの店へ行く。「ジャクソン氏がポリー・テイラーのためにくれたお金で彼女のために 1 ポンドのレーズン，1 クォートの糖蜜，2S のビスケットを買う」。

　11 月 13 日のマーサの日記は，町で最も裕福な 4 家族のうち 3 家族について，さらに中産階級の 5 家族，そして最貧層のうちの 1 家族についてふれている。1790 年の課税台帳によると，ハロウェルで最も裕福な 4 人の男はウィリアム・ハワード，チャールズ・ヴォーガン，ウィリアム・ブルックス，そしてジョセフ・ノースであった[36]。マーサはハワード宅を訪ね，ノースの娘の病気について聞き，スザンナ・コニー・ハワード・ブルックス（第 1 章のハワード夫人）の出産に立ち会ったことを認めている。ヴォーガン一族だけが彼女の日記から欠落している。事実この一家は，日記にほとんど現れない。イーフレム・バラードは「ヴァーン〔ヴォーガン〕氏」のために測量を行っているが，マーサは明らかにこの一家とは接触がない。彼女はベンジャミン・ヴォーガン医師，つまりチャールズの兄弟あるいは一族の女性の誰についてもまったくふれていない。彼らと 1 度も会ったことがなかったのかもしれない。この地方へ遅れてやってきたため，ヴォーガン家の人々はケネベックの隣人たちとは若干隔たりがあった。もっともこの医師は（第 7 章で見るように）少なくとも自分では町の守護者だと思っていたのだが[37]。

　ハワード，ブルックス，ノース，ヴォーガンという飛び抜けて富裕な 4 家族を除くと，ハロウェルの富の分布は驚くほど差がなかった。ニューイングランドの多くの町々と同様，富は階級というより年齢と関係していたのである。課税リストに載っている男性の 65% の納税額は 3 シリング以下であった。多くはきわめて若かった。スウォール夫人の出産を手伝った女性たちのうち 2 人の夫であるサプライ・ベルチャーとジェス・ヴォースは，ヘンリー・スウォールと同様このグループにいた。イーフレム・バラードは納税額 4 シリング 2 ペンスと査定されたが，これはエイモス・ポラードとサミュエル・コールマン，およびタビサ・スウォールの出産を手伝ったその他の女性の夫たちと同様，納税者リストのトップ 20% に入っていた。町で最も貧しかった（つまり最も若かった）男たちは全員均一の人頭税〔定

額〕のみを課されていた。たぶんポリーの親戚と思われるアンダーソン・テイラーもこのグループにいる[38]（アンダーソンは 1788 年 9 月 4 日にジョナサン・バラードと一緒に処刑を見物に行った「テイラー」だったのかもしれない）。かくて，1 日分の日記の中に，マーサは町の資産分布の全範囲をカバーしているのである。

　このような叙述は，社会的織物のメタファーにいっそう深い意味を与えている。経済的・社会的差異は地域社会を分断するかもしれないが，女性の人目につかない行為がひとつに織りまとめる。箴言（「彼女は貧しい者たちへ手を差しのべた」）から，17-19 世紀のニューイングランドの教会における数え切れないほどの説教にいたるまで，女性たちは，富や社会的地位にかかわりなく，助けを必要とする人々に手を差しのべる力を褒め称えられてきた。マーサが生まれて 4 年後に，コネティカット地区キリングスワースのジャレッド・エリオット牧師は，地域の助産婦を次のような言葉で賞賛した。「彼女の耳は病める者の苦痛の訴えに対して開かれ，彼女の手は貧しき者を助けるために差しのべられた」。彼女はまた意見の相違から来るいさかいをも超越していた。「人々が党派に分裂してしまうほどの不満を持ち，争いのために焼き討ちをかけるようなことがあっても，彼女はすべての人々の友であり続けた」[39]。

　マーサの日記も同じ倫理的立場を示している。助産婦として彼女は社会的地位のいかんにかかわらず，自分を必要とする人に誰彼となく奉仕した。彼女は民主党員ではなかったが，博愛の人であった。「ヴァージニア州の黒人エドモンド・フォーテスが妻と子どもたちを抱えて」町を出るように勧告された月に，彼女は「黒人エドモンドの」妻「リディア」の男の子を取り上げた[40]。彼女の思いやりの深さ，寛容さは，肉体の介護だけでなく，隣人の行為に対して軽はずみな判断を下すことに慎重であることにも表れていた。「マックナイト夫人が泊まる。彼女の言うには夫に追い出されたとのこと」とマーサは 1787 年 12 月 14 日に記しているが，夫婦のいさかいについてはそれ以上のことは何も書いていない。マーサはこの女性を追い返しはしない。かといって乱暴な夫について不確かなことをあれこれ書くということもしていない。たぶん彼女は自分の深甚なるクリスチャンとしての価値観に

第 2 章　1788 年 9 月

こだわったと同じくらい，ゴシップ好きの助産婦というステレオタイプに陥らないよう，自制していたのであろう。マーサの日記にはおよそゴシップと言えるようなことはほとんど記されていない。しかし，カルヴィン・エドソンが酔って道に寝ているところを目撃したマーサは，彼の生まれたばかりの娘のために特別に祈りを捧げている。「全能の神よ，彼女に祝福を与えたまえ。彼女が父の轍を踏むことを避けしめたまえ」。

　ハロウェルの住人たちが互いに訴訟を起こすことで忙しくしていたときに，マーサは意識的に争いやいさかいについて日記に書くことを避けている。問題を認めた稀な場合にも，彼女は次のように書いている。「午後，ウェストン夫人を訪ねる。ブルックス氏も来る。学校で起きたある出来事についてウェストン夫人に知らせたが，彼女は気に入らなかった」[41]。このような場合でさえ，彼女は不始末の詳細を「ある出来事」といった曖昧なラベルでおおい隠している。隣人との衝突，あるいは潜在的な衝突を，この程度に表現することさえめったになかった。

　18 世紀初頭に出版された多くの説教と同様，エリオットの説教は，女性の働きの価値とその不可視性とのズレの上に成り立っていた。「世のため人のために際立った働きをした人を顕彰するのに，教会や国家の体制の中で最高位の地位を授ける必要はない」と彼は書いている。その 10 年前にコットン・マザーはニューイングランドの信心深い女性たちを「人目につかぬ者たち」と呼び，同じテーマをより巧みに取り扱っている[42]。現実の生活では，女性たちはもちろん隠れていたわけではない。彼女たちは旅人に食事を供し，隣人たちと取引し，町中を意のままに馬で，カヌーで，さらには足で動き回っていたのである。しかし，ある意味では，彼女たちはマーサの日記においてさえも，表面には表れなかった。聖書のメタファーを借用するなら，女性たちは自らせっかくともした灯を升の下に隠してしまったが，男性たちの灯火は丘の頂上で光を放っていたのである。

　マーサは日記の中で隣人の女性たちに言及するときには，決まった言い方をしている。その結果彼女たちの社会的地位ははっきりしなくなっている。それは男性についてするときの普通の言い方と明らかな対照をなしている。マーサは女性についてふれる際，時折「夫人（Lady）」やその変形である

「老夫人（old Lady）」といった言い方をしている。また，時々は独身で身分の
ある女性を昔風の尊称としての意味をこめて「奥様（Mistress）」と言ってい
る。しかし，彼女はほとんどの場合，独身女性はファーストネームで，既婚
女性は，黒人でない場合には，単に「夫人（Mrs）」，そして未亡人も「夫人
（Mrs）」あるいは「未亡人（wido）」と呼んでいる。他方，男性は「氏（Mr.）」，
「医師（Doctor）」，「大尉・船長（Captain）」，「殿（Esquire）」，「師（Reverend）」，
「中尉（Lieutenant）」，「大佐（Colonel）」あるいは「判事（Judge）」などと呼ばれ
ている。町で最も著名な男性たちの場合には，一般に2つ以上の肩書きから
選んで使うことができた。たとえば，コニー「殿」あるいはコニー「医師」，
ノース「判事」あるいはノース「大佐」といった具合である。そして，もち
ろん，キャプテン（Captain）には2つの意味があった。たとえば，キャプテ
ン・ブラウン（ブラウン大尉）は義勇軍を統率したし，キャプテン・ハワー
ド（ハワード船長）は家族所有の帆船の船長であった。

　肩書きは，公的な事柄における，階層的でフォーマルな社会構造を反映し
ていた。なかでも重要なのは，義勇軍組織における肩書きであった。革命が
他に何を残したにせよ，あの旧い階層構造を再構築したのである。1786 年
に発布されたマサチューセッツの法律は，各町や郡の男性を中隊，連隊，旅
団，師団に組織し，それぞれに適切な指揮官グループを任命した。ブラウン
大尉には1年に4日間，部隊を召集して「隊員の武器や装備を点検し，軍
事訓練をする」義務があった。ノース大佐は毎年1回彼の連隊の兵を集め
て点検する義務を負っていた。いずれハロウェルの町はヘンリー・スウォー
ルという人物を少将として迎えることになっていた。彼はメイン地区のリン
カーン，ケネベックおよびサマセット各郡からなるマサチューセッツ義勇軍
の第8師団を30年間にわたって指揮してきたのである[43]。

　裁判所が開かれる日には，ノース大佐はノース判事に早変わりした。マサ
チューセッツ州の司法システムは3つの階層からなっていた。下級法廷は安
息日違反，神の冒瀆，密通〔婚外性交〕および少額の訴訟事件を担当してお
り，1人の治安判事で運営されていた。次のレベルは民訴裁判所〔アメリカに
おいて，1州で一般的民事および刑事管轄権を有する中間の州裁判所〕および治安判事
裁判所で，これには各郡のすべての治安判事が参加していた。1786 年以降，

第 2 章　1788 年 9 月　　　　　　　　　　　　　　*111*

リンカーン郡の場合，法廷は年 2 回，ポウナルボロとハロウェルで交互に開かれた。ポウナルボロは立派な裁判所の建物と監獄を持っていたが，ハロウェルの法廷は 1790 年まではポラードの居酒屋兼宿屋で開かれていた。請願法廷および治安裁判所からの重大事件および控訴審は高等裁判所で審理され，郡から郡へと移動する巡回判事が担当した[44]。司法の職業に権威と威厳とを与えるために，これらの人々は法廷に出るときにはローブとかつらを着用した。夏は絹で黒の，冬は緋色のローブである。1788 年 9 月 4 日，ジョナサン・バラードがポウナルボロへ出かけて，ジョン・オニールというアイルランド人がペマクイッド・フォールスのマイケル・クリアリーを殺害したかどで処刑されるのを見物したとき，彼はまさに法廷が行った審理の結果を目のあたりにしたのであった。義勇軍の召集と同じように，法廷は大陪審や小陪審の陪審員，警察官，事務職員，仲裁人といった判事以外の普通の人々にも威厳を与えた。女性たちは法廷には立会人としてのみ参加した[45]。

　地域レベルでは町の行政において，ほとんどの男性は少なくとも生涯のある時期に，肩書きとまではいかないものの，なんらかの官職を務めた。1788 年 9 月 3–17 日の日記に現れる 12 人の成人男性のうち 7 名は，その年の町の役職者リストに名を連ねている。ジェームス・ページとジェームス・カーはイーフレム・バラードとともに行政委員であった。ベリアー・インガハム（あるいはイングラハム）は漁業監督委員会の委員であり，パーマー（あるいはパルマー）氏は漁獲梱包官と樽材・たが選別官を務めた。ノース大佐は町の度量衡封印官であった。コールマン医師は野生動物駆逐官であり，エリアス・クレイグ（「クラッグ氏」）は木材検査官であった[46]。町の官職はこの町の主な産物に対応しており，これらの品物は，川を下って国際的取引の本流へと出荷されていったのである。官職の体系はまた，男性たちの土地，建物，牛の所有に対応していた。一部の官職は公共の建物や道路の維持管理に責任を持つものもあり，また良好な隣人関係の基本と考えられた，垣根の適切な管理監督やいるべきところにいない迷い家畜の捕獲を指揮する職務もあった。

　ハロウェルには，台所や菜園を検査する委員会はなかった。ろうそくの梱包官，麻糸の選別官，糸車とスレイの封印官などもいなかった。町の記録に

女性の姿が見えないのは，社会の家父長的構造だけでなく，彼女たちの仕事が形をとどめず見えない性質であったことを反映している。土地はひとつの世代から次の世代へと受け継がれ，境界線は綿密に作られた書類で定められ，ヘンリー・スウォールのような誠実な事務官によって革表紙の登記簿に書き込まれた。これに対してバター，灰，「やわらかな麻の布きれ」などは簡単に消えてしまうのである。ここでメリアム・ポラードとその夫エイモスの役割がまったく違うことについて考えてみよう。メリアム・ポラードは，日記の中でたびたび埋葬のために死者を横たえた人物である。夫エイモスは町の教会堂管理官であると同時に居酒屋兼宿屋の経営者であった。1788 年時点ではハロウェルには教会堂はなかったのだが，昔のニューイングランドの教会堂管理官は，町の集会所兼礼拝堂の鐘を鳴らす責任者であっただけでなく，埋葬の監督，つまり，死者に墓地を割り当てる役割をも担っていた。これに比べるとメリアム・ポラードが関係する仕事は，朽ち果てようとする肉体そのものを扱うことだったのである。衣服はおおっている肉体とともにいずれ朽ち果てる。もっとも亡骸を丁寧に洗い清め，死者に衣を着せる儀式としての意味は霧散するものではなかったろう。女性たちは日々，家族を束ねるのに通常必要となるはかない糸を作り出していたのである。

　女性たちが女性としての意識を持ったとするなら，まさにこうした仕事を通じて形成されたものであったろう。1789 年 9 月 20–21 日の日記の中に，男女の対照を浮き彫りにする記述がある。「クラーク夫人，メドカーフ夫人，ネイ夫人，ホロウェル夫人そしてスウォール夫人たちが」マーサ・バラードとともにシャーバーン夫人の出産を見守っていたとき，「ブラウン大尉は中隊を召集した」。ハロウェルにおける出産は，軍隊の点呼のようなものだった。マーサ・バラードは指揮官であり，書記でもあった。しかし彼女は男性社会の政治をめぐる騒動や争い好きには苦々しい思いを持っていた。「バラード氏，サイラスとシルヴァは町役員会に出席する」と彼女は 3 月のある日に書いている。「大論争（大いなる悪なり）のほか見るべき成果なし」[47]。また，何度も行われる軍事演習に疑問を呈する理由があった。あるときの召集では彼女は次のように書いている。「ほとんど夜どおし，野砲が発射され続けた。私の患者にはとてもよくない」。翌日「立派な男の子」が生まれた

あと，「万事がうまくいっているように見えた」とき，彼女は3人の兵隊の手当てをするよう，家からの急ぎの使いによって呼び戻された。「ああ，なんという変化だろう」と彼女は書いている。「夜8時に召集がかかり，こんな言い方が許されるなら，彼らはみんなで気晴らしに野砲を発射していたのだ。清掃が不十分なために砲が暴発して3人の兵隊が負傷。うち2人は致命傷との知らせ。私は行って傷口を洗った」[48]。こんなときには女性は町の統治者や保護者たちの知恵を疑ってみるのであった。

第3章

1789年10月 「フォスター夫人が数人の男に
レイプされたと宣誓のうえ言った」

9月

30　4　ハッシー夫人宅。

晴れ，午後少しにわか雨。ハーシー大尉宅，ホワイト氏宅，ハッシー殿宅へ
行く。老夫人から羊毛6ポンドを受け取る。バラード氏への借りに対する
返済だ。フォスター氏の家に呼ばれていくつかの質問を受ける。

ノース大佐が，フォスター夫人と私が彼の行動についてどんな話をしたか，
問い質す*。

　　*この最後の文章は右余白から始まり，書ききれずに日記の通常のスペースの下の部分
　　にまではみ出している。そして日記の本文とは線で区切られている。この一文は後に
　　書き加えられたもののように見える。

10月

1　5　家にいた。

一時にわか雨以外は晴れ。午後来客あり。ハンナ・ノース夫人，チーヴァー
夫人，コホースのウェストン夫人という人。サヴェージ氏来訪。フォスター
夫人がノース判事を含む数人の男にレイプされたと宣誓のうえ言ったと知ら
せてくれる。本当に衝撃的だ。

2　6　ゴッフ氏宅へ行く。

朝，雨模様。朝4時陣痛の始まったゴッフ夫人に呼ばれる。デイヴィスの
店まで徒歩，川を渡り，そのあとも馬で陸上を行く。6時に到着。ゴッフ老

夫人，午後 1 時にボストンより戻る。一晩中付き添う。

3　7　ゴフ氏宅。彼の初孫誕生。
晴れ。ジャクソン夫人とスティックニー夫人は帰宅。私は今朝 1 時間ほど寝る。ゴフ夫人の痛みは増す。午前 11 時 30 分，無事娘誕生。彼女の母親，バリン夫人，ネイ夫人が手伝ってくれる。ジャクソン夫人，午後 1 時に戻ってくる。私は午後 6 時に帰宅。バラード氏は昨日測量塔から帰宅していた。西から来たバリン氏が，ビルリックのトンプソン大佐がひとりっ子を埋葬したと知らせてくれる。バータン〔バートン〕氏と奥さんが来訪。
ジョン・ゴフの娘誕生。第 1 子。XX

4　D　家にいた。
曇り，南東の風。今日は家にいた。畑でグリーンピースを採る。ジョッシュ〔ジョシュア〕・シンクレアが燻製ニシンを 1 樽持ってきてくれる。夕方，娘たちはハムリン氏宅へ行く。ハンナはそこで介護する。夜は雨模様。

5　2　家にいた。ハーシー大尉から奥さんの介護の謝礼にライ麦 1/2 ブッシェルをもらう。
終日雨模様。7 ポンドの亜麻を自分のために，4 ポンドをサイラスのために梳く。バラード氏はコックス船長を訪ねる。ハンナはハムリン氏宅。ポリー・サヴェージは我が家にいる。お茶を飲む。サヴェージ氏がグリーンへ行くとき乗っていった馬をジョナサンに返す。ジョーンズ・エディーで溺れた男の人がいたと知らされる。ハワード大佐と一緒にボストンから来た人だ。

6　3　家にいた。
終日雨。亜麻を梳く。バラード氏はコニー殿宅に行き，それから町役員会に出席。水車のひとつでスイープがクランクからはずれる。今夜はどれも役に立たない。

第3章　1789年10月　　　　*117*

7　4　家にいた。オックスフォードを後にして今日で12年目。
晴れ。ミッティー・デヴンポートが食事をする。ジョシュア・シンクレアと
リチャードソン氏はお茶を飲む。亜麻を全部梳き終える。10ポンドの塊を
得る。娘たちは洗濯。

8　5　ダウ氏宅。中隊と連隊の召集あり。
晴れ，爽快。朝8時にフックのダウ氏宅に，陣痛の始まった奥さんのため
に呼ばれる。連隊と中隊はフックのシューボール・ヒンクレー氏の土地に集
合していた。夕刻手伝いの女性たちが来るまでダウ夫人に付き添う。彼女は
一晩中痛みが続く。

9　6　同前。彼の妻は2月5日以来私が出産の介護をした32番目の人だ。
午前中晴れ。午後曇り。今朝6時，ダウ夫人は無事立派な息子を生む。体重
11ポンド。彼女に午後4時まで付き添う。それからデンスモア氏宅へ行く。
そこで一晩中介護。
ダウ氏の息子誕生，第4子，XX

10　7　デンスモア氏宅およびツゥルース氏宅にいた。ハッチ氏はここか
ら出かける。
晴れ，すこぶる爽快。ツゥルース氏宅にジェニー・コイを診に行く。彼女は
ずっとよくなっている。それから帰宅。ハッチ氏と奥さん，それにルーフ
ス・バラード来訪。息子タウン来訪。彼の家族は全員元気で，またバートン
夫人は8番目の息子を出産したとのこと。アイザック・フォスター牧師は
今日ヴァッサルボロへ転居。バラード氏，フックへ行く。

11　D　家にいた。
晴れ。私たちは夕食にチキンを食べる。今日はこの町で3年間教会と信者
の面倒をみてきたアイザック・フォスター牧師の聖職授任の周年記念日だ。

町の歴史家たちには，アイザック・フォスター牧師について，彼の天職と
町の教会への赴任，ヘンリー・スウォールとの出会い，そして町が結局彼を
解雇したことなど，記録すべきことが多々あった。しかし，彼の妻レベッ
カについては，記録すべきことがまったくなかった。最高法廷の記録の中に
あるいくつかの謎めいた書類とマーサの日記の中にある，読んでいてじれっ
たくなる一連の記載を除くと，彼女の話は完全に失われてしまっている。
「フォスター夫人がノース判事を含む数人の男にレイプされたと宣誓のうえ
言った」と，マーサはそれ以上の詳細を書きとめることなしに，1789年10
月1日の日記に記している。アイザックの物語を占める論争——つまり，カ
ルヴィニストと穏健派との神学上の争い，あるいは宗教的に二分されている
町で教会を税金で維持することの問題——をレベッカの物語に重ね合わせて
みたくなるが，このアプローチでは彼女の問題は何ひとつ説明されない。関
連のある情報があるとすれば，ジョセフ・ノースは彼女の夫の支持者であ
り，味方であったという事実である。彼女の告発は町の歴史の醜い破れ目で
あり，社会的ネットワークにおける説明のつかない不和である。
　それでもアイザックの物語は，レベッカの物語に必要な前奏曲なのだ。こ
の問題をマーサの日記と，さらにヘンリー・スウォールの日記でも追ってみ
ると，町の宗教的複雑さ，マーサ自身の宗教的気質，ひいてはこのレイプ事
件の裁判に対する彼女の反応に，いくらかの洞察が得られる。

　アイザック・フォスターは1786年4月にハロウェルへやってきて，数週
間の間は仮採用という身分で説教をし，8月に町からの正式の招聘を受諾
し，10月に聖職者として任命され，ほとんどその直後から離反した福音主
義者たちと軋轢を起こした。以上がヘンリー・スウォールの日記に大いなる
説得力をもって書かれた話の筋書きである。そして町の歴史家たちが記録
したのもこの筋書きであった。これは18世紀のニューイングランドにおけ

第 3 章　1789 年 10 月　　　　　*119*

る教会史を知っている人にはおなじみの話である。マーサの実弟，ジョナサン・モーアもマサチューセッツ州ロチェスターで，その 4 年後にまったく同じ過程を，ほとんど同じ理由で経験することになるのだ——彼は神学理論において寛容すぎ，隣人との関係においてあまりにも偏狭だったのである[1]。

　ヘンリー・スウォールは 1783 年ケネベックに来てまもなく深甚なる信仰上の回心を経験した。ポウナルボロとハロウェルとの間にある切れ目のない森林地帯のどこかで「突如，光と平和の感覚が彼の心を支配した」のであった。

　彼は後に，このときのことを詩篇 132 篇に託して述べている。「今や私たちはエフラテでそれを聞きヤアルの野でそれを見出した」[2]。ヘンリーはハロウェルで新たに組織された組合派教会への加入を申請してもよかったのだが，そうはせず，代わりにもっと小さく，同じ考えの人々が集まるいっそう親密な集まりを探し，それに加わった。「ペッティンギル殿宅で集まり，聖書を読み，祈り，讃美歌を歌う——朝，力が湧いてくる」とある安息日に彼は書いている。また別の安息日には「私の魂の内面で恵み深く，驚くべき神の力が顕れた」[3]と書き記している。

　この当時，ハロウェルの新しい教会には牧師がいなかった。牧師として教会を預かるということは，往時のニューイングランドにあっては，教会に関することだけでなく，教会とは無関係な世俗的な責任をも併せ持つということであった。牧師候補者は町全体，少なくとも成人男性グループにとって満足すべき人物でなければならなかっただけでなく，固く信仰で結ばれた少数の信者グループにも受け入れられねばならなかった。牧師が正式に決まるまで，礼拝は俗人によって代行されるか，客員の牧師によって行われた。教会の会員であったイーフレム・バラードと，会員でなかったジョセフ・ノース大佐はともに「福音を伝える牧師を探す」よう町が任命した委員会の委員になっていた。ヘンリー・スウォールとその仲間たちは，内輪のグループの基準に照らしてすべての候補者を審査した。「彼はアルミニアン〔カルヴィン派の絶対予定説を否定し，自由意志を強調して神の救いは全人類に及ぶとするアルミニウス（1560–1609）の主張を奉ずる人々〕だ。しかし私はアーリアン〔キリストの神性を否定するアリウス（250 頃_336）に従う立場〕を信ずる」，とスウォールは牧師

候補者のひとりが行った説教を聴いたあとで書いている。さらに加えて彼は「このような教義から私は遠ざかって——何人かの兄弟たちとペッティンギル殿宅で集会を開く。集会では主の存在が知覚できるという経験をする」[4]と書いている。

アイザック・フォスターが 1786 年にやってくるまでに，町役員会はすでに 2 人の候補者を退けていた。マーサは「コネティカット州スタッフォードから来たフォスター氏という若い紳士が説教した」と 4 月 16 日に書いている。5 月 8 日に町は彼を正式に招聘することを投票で決めた[5]。投票の結果は賛成 57，反対 4 であった。ヘンリー・スウォールがこのとき反対票を投じたということを示す証拠は何もない。しかし，7 月半ばまでには，彼はこの若い紳士の説教について明らかに懸念を表明している。7 月 28 日，マーサが「フォスター氏はマタイの福音書 25 章 41 節に基づく説教をした」と書き記したとき，彼の方は「フォスター氏が説教する——お粗末な教義だ」と不満を述べている。次の週に彼はその説教に「アルミニア的教義」，さらにその次の週には「下司のアルミニア主義」というレッテルをはっている（これに対してジョージタウンのエマーソン氏の説教には「真の糧！」と賞賛している）[6]。

牧師にスウォールが感じていた不快感はなんとも気まずいものであった。それというのも，レベッカとアイザック・フォスターは，彼の従兄弟トーマス・スウォールの所有する家に住んでいたからである。ヘンリー・スウォールは，「西へ」旅をするというフォスターに馬を貸し，その代わりにフォスターはヨークにいるヘンリーの家族宛の手紙を持っていくという具合に，隣人らしい振る舞いを一応見せてはいる。しかし，一方で両者の間の緊張を高める出来事もあった。1786 年 8 月 8 日「フォスター氏と話し合いを持つ——彼の教義の過ちを正すことはできなかった」。8 月 12 日「フォスター氏と体験ということについて話し合う」。8 月 15 日「フォスター氏と彼の（私に言わせれば）異教的な教義についてじっくりと，率直かつ真剣な話し合いをした」といった具合である。

スウォールがフォスターという人物の背景についてもっと知っていたら，いっそう不安になっていたであろう。この若い牧師の父親，すなわちコネ

第3章　1789年10月　　　*121*

ティカット州スタッフォードのアイザック・フォスター牧師は，1783年「異端的教義」のかどで教会から解雇されていた。しかし，彼はどうにか別の教会に自分を支持する一握りの信徒を維持したのであった。やはり牧師であったアイザックの兄弟，ジョンは最終的には普遍救済教会で牧師の免許を与えられたが，10月8日にこの人がハロウェルで行った説教を聴いたあとなら，ヘンリー・スウォールはこの結末を予見しえたかもしれない。マーサは，「午後，聖なる礼拝に出席。パクストンのジョン・フォスター牧師の説教を聴いて愉しかった」と報告している。一方スウォールは「ジョン・フォスター氏（アイザックの兄弟）が説教をした──露骨な自由意志派の教義だ」と怒りをぶちまけている。

　ヘンリーが大いに異議ありとしたまさにその説教をマーサが愉しく聴いたという事実は，教義の問題であると同じくらい，人の気質に関係する問題であった。彼女の家系には意識的にリベラルな立場を維持した人たちがいた。彼女の兄弟コリンズ・モーアはオックスフォードの町で普遍救済教会の設立に参画することになる。そしてジョナサン・モーアが教会から解雇されたのは，ロチェスターの町の熱烈なカルヴィニストとの論争に関係があったことは確かである。しかしこの時期のニューイングランドを分裂させた宗教上の論争を，純粋に抽象的な教義の観点からのみ読むことは誤りであろう。マーサ・バラードやヘンリー・スウォールの日記は，「福音主義」や「自由意志」といった抽象的な論争の底流にしばしば存在した，網の目のような人と人とのつながりや個人的思い入れを読み解く助けになる。

　マーサの日記が彼女の人間性の投影だとするなら，彼女が尊重したのは観念よりは行為そのものだったに違いない。人生を「どれだけ他人のために尽くしているか」という尺度によってはかっていた女性は，マタイの福音書25章に基づく説教を楽しんだであろう。この章で，イエスは飢えた者に食物を与えたかどうか，裸の者に衣服を与えたかどうか，また，悩み苦しむ者に慰めを与えたかどうかで，すべての民を彼の右と左に分けた。つまり，右の羊と左のヤギの群れである。彼女は最後の審判の性格についての神学的考察よりも，おそらくは日常生活の中で誰がよい「行いをした」か，また，誰が「これら最も小さきもの」に助けの手を差しのべたかをキリストが覚えて

いることを重視したであろう。

　マーサにとって教会へ行くことは愉しい義務であった。よい説教がなされたときには特にそうであった。礼拝，彼女の言い方で言えば「公の礼拝」は日常生活から抜け出すことではなく，それを確認することだった。集会所兼礼拝堂に整然と並んでいる友人や隣人を見ることは，彼女にこの宇宙と町における自分の居場所を確認させてくれる。彼女は「若い紳士」が説教壇に立っているのを見て満足した。他方，ヘンリー・スウォールが教会へ行くのは目覚めさせられるためであり，「愉しい」思いをするためでは断じてなかった。彼にとっては礼拝と日常生活とはまったく別の世界だった。彼は天国が開かれることを期待したのであった。

　聖職授与式の日が近づくにつれて，スウォールはペッティンギル殿宅に集う兄弟たちとともに断食し，祈った。そしてこの人事に対する7ヶ条の反対理由を書き出して，10月11日にハロウェルで開かれた聖職授与委員会の席上で彼自身が読み上げた。彼は任命の阻止には成功しなかった。しかし，彼の意見表明は「午前中いっぱいかかり」，委員たちはこの件を「日没まで」討議した。それから彼らは「集会所兼礼拝堂に場を移して，按手をもって候補者を正式に任命した」。しかし，スウォールの主張が参会者に強い印象を与えた結果，翌日，聖職授与委員会の2人のメンバーが彼を訪れて「フォスター氏を任命した理由を説明した——すなわち，彼は委員会の場でカルヴィニストの神格理論体系の主要な点について，完璧な形で信仰を告白したこと——そして彼自身の魂に神の恩寵が働きかけた様子をつぶさに述べたことなどを説明した !!!!! 彼が真実を述べたとすれば」，とスウォールは明らかに皮肉をこめて「彼は真のクリスチャンだ」と結んでいる。

　以後フォスターの在任期間を通じて，スウォールは私的な集会の純粋さ——そしておそらく会員相互の親密さ——の方を優先し，フォスターの主宰する公的礼拝をボイコットしたのであった。彼は「ペッティンギル殿宅で何人かの兄弟たちと集会を持つ」，とこうした小さな集会の後に記している。「我々は世間の知らない肉を食べているわけだ」[7]。マーサの方はもっと普通の肉に関心を示している。「フォスター氏来訪」と彼女は1787年2月7日に書き記している。「バラード氏はサイラスからの肉を彼に持っていっ

た。ソースは我が家のものを使う」。

その頃フォスター一家は，トーマス・スウォールの家から，バラード家の近所に越してきていた。イーフレムは薪を一山運び込み，さらに牧師館の井戸の「縁石」を積むための手伝い人を見つけてきた。2月21日，マーサは「フォスター夫人のための麻の靴下を作り始める」。3月3日，彼女は「フォスター夫人の長靴下を完成し」，3月6日にウェストン夫人，ポラード夫人と連れ立って午後の訪問に付き合っている。その翌日，「フォスター氏と奥さん」がバラード家で食事をともにしている。ちょっとした好意，小さな贈り物のやりとり，気楽に訪ねたり訪ねられたりすることを通じて，牧師の妻は近所の女性社会に仲間入りしていったのである。

レベッカ・フォスターはハロウェルに来た時点で27歳，つまり，マーサの長女ルーシー・タウンと同じ年齢だった。フォスター夫人の方が結婚して日が浅かったので，たぶん彼女の方がルーシーより若く見えたであろう。彼女の第1子は父，祖父の名をとってアイザックと名づけられたのだが，この頃はまだ乳児だった[8]。彼女はコネティカット州レバノンの町に生まれた。この町は一風変わった歴史を持つ町である。ここはニューイングランドで詩集を出版した数少ない女性であるハンナ・ブリュースターの出身地であるだけではなく，後にダートマス大学を創立したエリザー・ウィーロックがインディアン慈善学校を設立したところでもある（レベッカの父親ジェームス・ニューコムはこの大学に財政的貢献をしている）[9]。ハンナ・ブリュースターや，思ったことを遠慮なく発言するレバノンの町の組合派教会の女性たちの例が，彼女に影響を与えたかどうかは分からない。しかし，マーサ・バラードの日記にはレバノンの伝統の一部がハロウェルまでついてきたことを示唆する，簡潔ではあるが確かな記述を見ることができる。「フォスター夫人宅を訪ねる」とマーサは1787年8月22日に書いている。「そこで何人かのインディアンに会った」。

彼らはこの地方のインディアンであったのかもしれない。キリスト教に改宗したインディアンか，あるいはウィーロックの運動に関係のあった宣教師たちだったのだろう。このグループの中で最も名が知られていたのはサムソン・オッカムである。1760年代のイギリスでオッカムの宣教師仲間であっ

たナサニエル・ウィッテイカーは，1784 年以来メイン地区カナーン（現在
のスカウヒーガン）の牧師であった。医師であり，牧師であったウィッテイ
カーはバラード家を時折訪ねてきた。「ウィッテイカー医師と息子がうちに
泊まった。彼の馬が堤から滑り落ちる。うちの男たちが馬を引き上げるのを
手伝う」[10]（ウィッテイカーもほどなくレイプをめぐるフォスター事件の奇
妙な逆転の中で，追放の憂き目を見たことだろう）。

　マーサは「フォスター夫人」に敬意をもって接しているが，同時に母親の
ような気の使いようも見せている。1787 年 9 月に彼女の第 2 子が生まれた
ときには，普通より 3 日もよけいに彼女の世話に費やしている。それはマー
サがめったにしないことで，ルーシーにさえそうはしていない。出産の 1 週
間後，マーサは記している，「フォスター氏が絹のハンカチをプレゼントし
てくれた」[11]。フォスター夫妻に対する特別の応対は，ある程度は彼らに対
する一部の町民の接し方に彼女が納得しかねたことによるものと思われる。
その年の早い時期，つまり 1787 年 1 月 25 日にイーフレムは「トーマス・
スウォールを訪ねて，フォスター牧師が撒き散らしていると彼が非難してい
る害悪について話し合い」を持ったが，「ちっとも納得しないまま」戻って
来ている。もしアイザック・フォスターが一方の頰を打たれたら，もう片方
の頰を向けるといった人物であったなら，ハロウェルにおける彼の在職期
間はもっと長かったかもしれない。ところが，彼はノース判事に対し，ヘン
リーとトーマス・スウォールが自分を中傷したと宣誓のうえ，苦情を申し立
てたのである。

　その数日後，1 月 29 日にマーサは「ブラウン夫人とともに，スウォール
船長とトーマス・スウォールがアイザック・フォスター牧師を中傷したとの
申し立てに対する審理を傍聴に出かけた」。法廷は 1 人の治安判事による簡
略なものであった。つまり，マサチューセッツの司法制度では最も下位に位
置づけられる法廷である。通常はこの種の出来事は無視してしまうマーサに
とって，それは気が重いと同時に，満足するものであったに違いない。「彼
らは有罪と認められ，罰金を科せられ，保釈金を積まされた」と彼女は報告
している。さらに「法廷のあとフォスター夫人に会いに行く」と付け加えて
いる。ヘンリー・スウォールは同じ出来事に違った見方をしていた。「私は

第 3 章　1789 年 10 月　　　*125*

フォスター氏が嘘つきだと指摘したこと，それを証明できるとしたことで有罪とされた──私はそのことに確信を持っていたのだ」と彼は書き残している。「私は自分の主張を証明する証拠を提出し，十分そのことは証明されたと考えた──しかし，ノース氏の見方は違っていた」。

　いずれの日記にもその日，法廷にどのような「証拠」が提出されたかの記述はない。しかし，後に事件の展開の過程で，証人のひとりがレベッカの召使マーガレット・フォックスであったことが示されることになる。フォスターに対する非難のひとつは安息日違反であったことは明白である。召使はこの法廷では主人と女主人を弁護した。しかし，後になって教会の評議員会では「マーガレット・フォックスは，安息日に自分が働かされたことに関して，スウォール船長がフォスター牧師を中傷したかどで召喚されたときとは正反対の証言を行った」。

　スウォールはこの判決には納得しなかった。しかし，6 月に事件がポウナルボロの一般法廷に付託されたとき，訴訟手続きの延期を依頼し，彼の弁護士は「当方の重要証人のひとりが出廷できないことと，さらに別の何人かの女性の証人の出廷がきわめて困難である」と申し立てた。審理の延期は拒絶され，スウォールは「ジレンマに追い込まれた──自分の側の証拠なしに法廷に臨むか，裁判費用を支払うことで決着をつけるか」ということになって，支払うことを選んだのであった。その結果法廷での審理は永久に行われることはなく，女性たちが証言することもなく，この件は終わってしまったのである。証人の女性たちが誰だったのかは知る由もない。仮にマーサがこの 2 回目の審理が行われるかもしれないと気づいていたとしても，彼女の日記には記述はない。ノース判事の自宅で証言することと，ポウナルボロまで出かけてゆくこととはまったく別のことだったのだ。ほとんどの女性にとって，法廷に出廷することは「都合がよくない」どころか論外だった。まさに未知の世界へ冒険に乗り出すに等しかったのである。

　ヘンリー・スウォールという人物は極端な対照の世界に住んでいた──訴訟と神の恩寵，法廷と祈りのサークル，几帳面な筆跡と信仰による歓喜。しかし，彼の脳裡を支配していた 2 つの社会的枠組み，すなわち，法廷と教会はひとつの共通点を持っていた。それはいずれも日常生活からかけ離れて

おり，儀式ばった構造を有していた点である。そして，どちらにおいても彼は特権階級に属していた。ヘンリーの世界は明らかにマーサに比べて大きな世界である。彼はより遠くへ旅し，より多く読書し，より多く文章を書き，どう見ても州や町にマーサより大きな足跡を残した。しかし，彼女の日記を尺度として見ると，彼の人生は小さく見える。彼は濃青の四角模様から濃青の四角模様へ，法廷から町役員会へ，さらに聖人の集まりへと飛び歩きながら，それらの間にある細い織糸には気がつかない。葛藤を経験し，失うものもあったが，彼の世界はきわめて安全な世界であった。そこではほとんどの問題には解答があり，事柄には初めと終わりがあった。問題は解決されなくとも型にはめることはできたのである。

　マーサの世界は織端のない未完の織物であり，機の杼〔横糸を左右に通す器具〕は常に動いていた。彼女は1787年7月にはアイザック・フォスターのしょう紅熱の看護をし，レベッカの出産の面倒をみた。10月20日にはペギー・フォックスが，女主人が「風邪をひき」，乳房が痛んでいると知らせに来た。マーサは手当てのために急ぎ家を出る。乳房の感染症が完治する頃には，牧師が再び病床に臥すことになる。マーサは11月4日の夜，一晩中病床に付き添う。11月18日には彼は教会の説教壇に復帰したものの，「病み上がりのためたった1回…説教するのがやっとという状態であった。翌年の春には今度は幼少のアイザックが病気になった。マーサは「湿疹」と診断した[12]。

　1788年4月20日，ヘンリーの日記には何も記載がないのだが，マーサはタビサの出産のために凍結した川を徒歩で渡った。ヘンリーはまだ町の礼拝を拒否していて，その頃には，ほとんどの日曜日に私的な集会を自宅で行っていた。3月9日，彼は折から町を訪れていた牧師を夕食に招いている。「スミス氏は自ら望んでフォスター氏の集会に出席し，大いに満足した」[13]と彼は記している。5月1日にはヘンリー・スウォールとイーフレム・バラードはともに法廷に出ていた。そこでトーマス・スウォールは「家賃として」[14]アイザック・フォスターから3シリングに経費を加えた額を勝ち取った。6月までには両者の争いはポウナルボロへ戻った。フォスターは名誉毀損でヘンリーを再び訴えたのだ。事件は次の開廷期まで持ち越された。しか

し別の訴訟事件で，牧師はボストンの債権者たちから身を守ることに成功した。問題の金額はシリングからポンドへと格上げになった。「我が家で集会を持つ」と翌日ヘンリーは記している。「午後には拡大集会を持つ。フォスター氏はいまだ戻っていない」[15]。その次の日曜日にはアイザック・フォスターはミカ書6章8節に基づく説教を行っている。「主はあなたに告げられた。人よ，何がよいことなのか，主があなたに何を求めておられるのかを。それは，ただ公正を行い，誠実を愛し，へりくだって，あなたの神とともに歩むことではないか」[16]。

　ヘンリーは1788年，ニューヨーク市で18ヶ月を過ごすべく，ハロウェルを旅立った。争いは彼なしに続けられた。アイザック・フォスターの債権者たちが控訴するなか，レベッカは再び病と闘っていた。彼女はそれまではコールマン医師にかかっていたが，8月1日の早朝，彼女はマーサを呼んだ。彼女が行ってみるとレベッカの状態は「非常によくない。彼女の乳房は今にもはちきれんばかりだった」。マーサは「ソレル〔酸味のある植物。スイバ，カタバミなど〕の湿布をして帰宅」した。しかし，その2日後に患者は依然「激しい痛みに」苦しんでいた。8月4日，マーサはほとんど一日中看護を続けたのち，結局荒療治を余儀なくされる。「彼女の乳房を切開する。大量の膿が出る。私が帰るときには彼女はずっとよい状態にあった」。このときレベッカの一番小さい子は11ヶ月であった。

　9月14日にマーサは「町の礼拝に出席」して，アイザック・フォスターが「詩篇90篇12節に基づく2つのすばらしい説教をするのを聞いた。聖書のテキストには「どうか教えてください。私たちに自分の日を数えることを。そうして私たちに，知恵の心を得させてください」とある。これは偶然にしてはあまりにも辛辣ではないか。フォスターの残された日はたしかに秒読みの段階にあった。その5日前には彼の解雇について審議するために，町では会議が開かれていたのである。10月30日，町は彼の契約を解消した。11月初めには教会の役員会が開かれ，12月18日には正式に解雇が決まった。たぶん不満は双方にあったのだろう。1788年12月18日付の町への書簡で，牧師は述べている。「私は長らく任が解かれることを望んでいました」。牧師をめぐるトラブルはもちろん教義に関することに関係している

が，気に入らない相手をすぐに訴える彼の習性がより大きく影響していたと思われる。彼の財政的窮状は双方にとって気がかりなことだった。彼の解雇をめぐる交渉での中心問題は当然，町が解雇にあたっていくら金を支払うかという点であった。フォスターは 200 ポンドを要求し，最終的には 100 ポンドを受け取った。2 年間の勤めにしては悪くない額である。

ハロウェルのポラードの居酒屋兼宿屋で 11 月 20–21 日に開かれた教会の理事会に，マーサは出席している。もしこの理事会が他の多くの教会におけると同じようなものであったとすると，会合では教義のことから個人的なことまで，あらゆることが議題になったであろう。たとえばジョナサン・モーアの場合には，少なくとも 9 つの問題が議論された。嘘をついたことへの非難から，牧師が妻に対し季節の必需品を支給せずに彼女を「虐待した」との当てこすりまで，様々であった。ハロウェルでスウォール大佐がアイザック・フォスターを追いつめたとまったく同じように，ロチェスターでは，義勇軍で少佐の位にあったある執念深い教会区民がジョナサン・モーアをつけまわしたのであった[17]。しかし，フォスターのトラブルは，彼ないし相手方が行ったこと，あるいは行わなかったことと同じように，ニューイングランドの宗教界の一般的構造問題に根ざしていた。町によって支えられた教会という旧いシステムは，今日のような信仰の多様性を許容することができなかったのである。事実，フォスターの聖職授与式に参列した 5 人の牧師のうち，2 人はその後の 5 年間に自身も職を解かれている。1790 年にリンカーン郡で教会の協議会が設立された時点で，参加した 12 教会のうち 8 つの教会では牧師が不在であった[18]。

ロチェスターの教会理事会は町で起こったこの事件で「嘆き悲しみ」，「争いと苦い敵対行為」を「やめるように」，そして教会のために，また「次世代」のために，ジョナサン・モーアと相手方に「すべての怒り，復讐，悪意，報復などを捨てて，互いに思いやりの気持ちを持つように」と勧告した。国家が一方では租税で賄われる単一の教会という考え方に固執しつつ，他方で少数派の存在を許容する限り，このような問題はロチェスターでもハロウェルにおけると同様に起こりえた。遡ること 100 年前ならば，ヘンリー・スウォールらのようなグループには，礼拝を繰り返し欠席したという

ことで罰金が科されたであろう。対抗的グループが教会の外で盛んになるという事実は，宗教的な多元化がこの時点でどこまで進んでいたかを示す。次の段階は，もちろん，少数派が税の減免を求めることである。そして，まさにこうした異議を唱える兄弟たちは，アイザック・フォスターの解職を審議する町役員会にそのことを願い出たのであった。

この請願が拒否されると，この一派と彼らに近い立場にある一部の牧師たちは，きわめて巧妙な解決策を思いついた。アイザック・フォスターが解職された今，彼らは別の教会を設立しようとしたのである。町にはすでに正当に設立された組合派教会が存在したので，これは法的には不可能なことであった。教会の役員会はこの件を検討し，次のような結論を出した。すなわち，ヘンリー・スウォールの兄弟ジョナサンを含むスウォール・グループの数人が現に 30 マイルほど離れたチェスターの集落に住んでいるので，彼らはチェスター教会を設立すればよい——そして集会はハロウェルでこれまでどおり開くというものであった。かくて，1790 年にハロウェルの町は教義に沿って 2 つの組合派教会を持つことになったのである。

町は 1788 年 12 月 18 日に公式にアイザック・フォスターを解職したが，彼はその後の 1 年をほとんどハロウェルで過ごした。その間彼は町と解雇の条件を交渉したり，どんどんかさんでゆく負債を清算したりしようと試みた。マーサは「バラード氏と私は，フォスター牧師にハワード判事があげた牛肉について，ハワード判事とその未亡人がどのようなことを言っていたか，我々が聞いていたことを供述するために座っていた」と 1789 年 6 月 24 日に記している。10 月半ばまでには，チャールス・ウェッバーが「フォスター氏の負債のかただと言って人々の資産を差し押さえている」と彼女は記している。町では何年にもわたって負債や債権が誰も清算しようとしないまま膨らんでゆくことがあるが，いったん社会的ネットワークにほころびができると，誰もが自分の取り分を回収しようと奔走する。フォスター夫妻が町に受け入れられていたわけでも，はじき出されていたわけでもないという，この難しい時期に，レイプの申し立ては発生したのであった。

「サヴェージ氏来訪。フォスター夫人がノース判事を含む数人の男にレ

イプされたと宣誓のうえ言ったと知らせてくれる。本当に衝撃的だ」。サ
ヴェージ氏が持ってきたニュースは衝撃的ではあったが，実生活の上では，
日記に述べられているほど突然起こったわけではなかった。マーサは6週
間以上も前から，レベッカ・フォスターの訴えについて何かを知っていた。
しかし，そのことを日記に書くことを慎重に避けていたのである。レベッ
カが彼女のトラブルをはじめて明らかにした1789年8月19日の日記は普
段と変わらない平板なものである。すなわち，「ウェストン氏，ポラード夫
妻，フォスター夫人，サヴェージ氏の家を訪ねる。私は午後1時に帰宅，
疲れた」。それ以上のことは何も書かれていない。8月25日もまた「フォス
ター夫人に会いに行く。バータンとその妻，クースキン夫人来訪」と簡略
そのものの報告しかなされていない。マーサとイーフレムとが12月23日，
ヴァッサルボロに召喚されて，「ジョセフ・ノース殿対コモンウェルス〔マ
サチューセッツ州のこと〕の事件」で証言しなかったら，我々はこれ以上のこ
とを知ることはできなかったであろう。おそらく，後に上級の法廷で自分の
証言を繰り返さなければならなくなると考えたのであろう，彼女は8月に
何回か訪ねた折にレベッカが彼女に話したことを，思い出せる限り書きとめ
たのであった。フォスター事件についてこれが唯一現存する証言である。公
式の法廷記録にあるものは正式の告訴状，裁判経費の明細，陪審の評決結果
などがすべてである。

　　私の証言は次のとおりであった。フォスター夫人が，見知らぬ人々から
　　家に石を投げられたり，彼らが家に押し入って彼女に同衾することを強
　　要したり，ひどい仕打ちを数々受けていると，私に対して8月19日に
　　訴えた。これらのひどい出来事を話したあと，それはフォスター氏が留
　　守にして以来彼女が経験したことの中で最悪の出来事ではない，また，
　　彼らが自分を本当に殺してしまわなければよいと願っている，彼らは自
　　分を殺さない限り，これ以上ひどいことはできなかっただろう，と［彼
　　女は］言った。また，先にもふれたノースは，誰よりも自分を虐待した
　　と彼女は言った。しかし，夫がもうすぐ戻ってくると思うので，それま
　　ではできるだけこれらのトラブルを自分だけのことにしておくのが最善

の策だと思うと述べた。

日記の記載は続く。ページ1枚全部をこのことで埋め尽くし，さらに他の2ページの一部がこの件で占められている。すなわち，

> 彼女はさらに25日に（日付についての私の記憶が正しければ）先のノースが他の誰よりもひどい仕打ちをしたと述べ，また彼は自分の妻以外の女性たちを追い回し，妻は嫉妬していると言った。彼女は裁判のことで非常に悩んでいたが，私が質問もしなかったので，このとき彼女が行っていた告発の内容の詳しいことは伝わらなかった。彼女の夫が留守の間に私が彼女と話したのは，これが最後であった。

黙って聞くのみ。質問はなし。マーサには一方的に聞かされた以上のことを聞き出そうという気はない。ゴシップとは無縁。誰も彼女から最小限の事実以上のことを聞き出すことはできないのである。そこには憶測とか判断とかは，法廷が開かれる前にも，日記の中にも一切存在しない。「私はまた次のように証言した。ノースは先週私に（これは私の日記からこの月の18日だと思う），フォスター夫人は訴えているような扱いを受けていると思うが，自分に向けられている容疑は否定する，と言った。彼はまた，彼女の道徳的美点やしとやかさを疑う理由はまったくないと私に言った」。「この月の18日」の日記——つまり1790年12月18日——には次のように書かれている。「ノース大佐が来訪。昨年8月に彼女に対し彼がとった行動について，フォスター夫人と私がどういう話をしたか，私を問い質した。カー氏来訪。ニコラス大尉，レヴィー，ルービン・モーアが我が家で夕食をする…」。ここでも法廷での聴聞が彼女をして，自分の記憶の中だけにとどめていたことを細かく書き記させることになったのである。

ヴァッサルボロでの出廷の3日後にマーサは日記帳を横にして，余白に証言の追加を書いている。

> 今月26日，フォスター夫人が，ノース大佐が積極的に妻以外の女性と

道ならぬ関係を持ったと言っていたことを思い出した。そこで私は彼女に，このことを絶対他人に話してはいけないと言った。もし話したら，たぶん彼女自身の身の破滅になると言った。また，私は彼女に，このことを知らせたのは彼を敵視する者であり，その人物はジャック〔ジェームス・ノースのこと〕についての誤った話を聞いたのかもしれないと思う，と言った。ところが彼女は，いや，それは彼の父親だと答えた。私は彼はクロだと思う。

　余白の言葉の方がもとの証言よりはるかに激しい。ノースが「妻以外の女性を追い回している」という漠然とした言い方は，ここでは直接的な非難になっている。判事は「積極的に妻以外の女性と道ならぬ関係を持った」のである。これに対してマーサが述べる彼女自身の受け答えは，「質問もしなかったので」という消極的なものから，「私は彼女に，このことを絶対他人に話してはいけないと言った」と積極的なものへと変化している。この余白の言葉は，意図したものではないにせよ，レベッカが最初に言っていたことをさらに強調する効果を持ったのであった。レベッカの言ったことは初めに述べたときより存在感が一段と増し，マーサ自身の介入はより重大な意味を持つようになっている。ここにおいて，証言の内容を変更しようとする意識的な努力がなされたと考える根拠はない。しかし，事情聴取が早い時期の会話についてのマーサの記憶に影響を与えたことは，明白だと思われる。「彼はクロだと思う」という強い言い方も，この頃進行しつつあった正式の司法手続きに照らしてみるとき，さらに重い響きを持つ。
　この余白の言葉と事情聴取についての彼女の叙述とを並べてみると，マーサがレベッカの証言に強いショックを受けていたことがうかがわれる。「ノースが夜間，アイザック・フォスターの家に押し入ったと告訴状は述べている」と彼女は記している。さらに「そして，前記のフォスターの妻を凌辱した。裁判では彼女の人格を傷つけようとする激しい試みがいろいろなされたにもかかわらず，フォスター夫人はきわめて冷静で，動じていないようだった。彼女は宣誓のうえ，前述のノースが彼女の家のドアをこじあけて家に侵入し，彼女が力の限り抵抗したにもかかわらず凌辱した」。彼女

ははじめ「レイプ（rape）」と書き，線を引いてそれを消して，余白に「凌辱（ravishment）」と書いている。彼女の心の中にこの 2 つの言葉の区別があったのだろうか。それともただ法廷で用いられた言葉を思い出そうと努力していたのだろうか。法律は次のようにこの犯罪を定義している。すなわち，「女性を凌辱し，性交すること。すなわち，彼女の意思に反し力をもって彼女と性交すること」。この犯罪の刑罰は死であった[19]。

　マーサは難しい立場に立たされた。ノースはリンカーン郡では最も有力な人物のひとりであったのみならず，彼女にとっては近くの隣人であり，ケネベック土地所有者組合の代理人として，夫の雇い主でもあった。10 月 1 日にマーサを訪ねてきたハンナ・ノース夫人は彼の娘である。イーフレムが 10 月 3 日に「測量塔」から戻ってきたとき，彼の請求書明細を承認するのはジョセフ・ノースであったのだ。「私は彼女に，このことを絶対他人に話してはいけないと言った」とマーサは先に書いている。また，「もし話したら，たぶん彼女自身の身の破滅になる」。もし彼女がこのことについてすべてを知っていたとしたら，もし 8 月 19 日の時点ですべての事実を明らかにするような質問をしてレベッカに迫って詳細を聞き出していたとしたら，彼女の助言は違ったものになっていただろうか。沈黙は両方にあった。レベッカは「ひどい仕打ち」といった漠然とした表現を用いてこの問題について率直に話さなかった。我々に分かっている限りで言えば，彼女が「彼らは自分を殺さない限り，これ以上ひどいことはできなかっただろう」と言うとき，たしかに遠まわしにそう言っているのだが，「レイプ」という言葉を用いてはいない。

　ジョセフ・ノースが裁判に出席した際，実際の起訴状は「凌辱し，性交する意図をもって」襲いかかったと告発している。レイプは死罪であったから，当時の判事や大陪審はしばしば，有罪を勝ち取るために罪状のレベルを切り下げた。18 世紀中にマサチューセッツ州においてレイプで裁判にかけられたのはわずか 10 人であった。しかも，1780 年以降ではゼロである。1780 年から 1797 年までの間にレイプ未遂事件で 16 件が告訴され，10 件の有罪判決が出されている。この州の人口が 40 万人に達しようという当時，この数はきわめて少ない[20]。この種の事件が表沙汰になることが稀であり，

かつ，量刑の重さを考えると，女性の沈黙は驚くにはあたらない。レベッカは言うべきであったことを言えなかった。マーサは彼女の言い分を聞けなかった。マーサは幼いジャック・ノースについてなら，喜んで受けとめたが，彼の父親はそうはいかなかった。ある女性が地位の高い男性を告発することで「もし話したら，たぶん彼女自身の身の破滅になる」という彼女の懸念は，この種の犯罪を告発することの難しさを示している。

「フォスター氏が留守にして以来」レベッカが経験した「ひどい仕打ち」に対する彼女の苦痛に満ちた遠まわしな訴えは，彼女がした告発に照らしてみると，ほとんど怪奇小説に見える。告訴状によると，イライジャ・デイヴィスは8月3日に「凌辱の意図をもって」彼女に襲いかかった。ジョシュア・バージェスは8月6日，そしてジョセフ・ノースは8月9日に同様に彼女に迫った。人々が彼女の家に投石するとか，彼女と同衾しようと家に押し入ろうとするといった，マーサに対する彼女の謎めいた言い方は，公式の告発状においては，恐怖の1週間に形を変えた。彼女の夫が1度は尽くした地域社会からは切り離されてしまって，家にひとりぼっちで，彼女は完全に無防備だったのである。12月4日に「イライジャ・デイヴィスがヴァッサルボロに送られた」こと，また「ビージェス〔バージェス〕大尉が逮捕された」こと以外，マーサは他の男たちについては何も言ってはいない。

ヘンリー・スウォールは，レベッカ・フォスターの告発が公になって約1ヶ月後の1789年11月にハロウェルへ戻ってきた。彼は日記の中ではこの事件について何も言っていない。しかし，1790年1月27日付のジョージ・サッチャー宛の書簡の中でほのめかした「事件」は，まさにこの事件のことだったのだ。彼らしく，告発されたということよりも法的手続きの方に関心があったのである。

　この辺りではノース大佐の事件を除けば重大事件はありませんでした。ノース大佐事件はかなりの騒ぎを巻き起こしました。彼の裁判は，あなたもきっとご存知と思いますが，12月22日，ヴァッサルボロのウッド殿のもとで行われました。そのあとこの事件は，ハロウェルでの巡回法廷に意見を求めるために送付されました。ハロウェルの法廷はこの事件

は法的には管轄外だとの意見でありましたが，ウッド殿に提出された証言を聴くことに同意しました。そのうえで，彼らは個々の判事個人として（法廷としてではなく）意見を述べました。結果は6対2でノース大佐の無罪ということでした。しかしながら，このような結果であったにもかかわらず，ウッド殿はその日の夕刻，ノース大佐は罪を犯したとの結論を下しました。法廷は翌日このことでウッド殿に抗議しました。しかし，ノース大佐が逃亡してしまったので，彼は警察官を職務怠慢のかどで逮捕しました。しかし，さらなる検討の結果，彼はこの警察官を釈放するのが妥当だと考えました。この警察官はその後，誤認による投獄という理由でウッド殿を告訴しました。判事と警察官との間の紛争がいかように決着しようとも，この出来事が事件そのものに実質的影響を与えることはありえないということは明白です。ノース大佐は，彼を逮捕するための試みがなされた夜以来，姿をくらませてしまいました。彼はボストンに所用で出かけたとのことです[21]。

この聴聞会に出席していた治安判事のひとりが，ヴァッサルボロのオバディア・ウィリアムズ医師であった可能性がある。彼が亡くなったときに残された蔵書の中に『ボウ判事の法廷で裁かれたアティカスによるレイプ事件（*The Trial of Atticus Before Justice Beau for a Rape*)』という小冊子があった。この小品は風刺的戯曲であって，英米法の法改革という，より大きな背景の中に「ノース大佐事件」についての議論をはめ込んだ形のものであった。これが1771年にボストンで出版されたのではなく，1791年にハロウェルで出版されていたら，人はこれをフォスター‒ノース事件に対するコメントと受け取ったであろう。このドラマの主人公アティカスは真面目で学のある人物だが，エゼキエル・チャックルなる田舎者とその愚かな妻サラによって悪意に満ちた攻撃を受ける。ボウ判事，ラッツゥル弁護士，その他ディーコン・スキャント，ウィリアム・フロス，プリム夫人といった名前を持つ一連の証人は，おのおの期待された役割を演ずるというわけである。プリムがアティカスは若い女性に関していつもだらしないと非難すると，判事は「それは真実ですか？」と質問する。

プリム夫人　はい，さようでございます。私が生きていることと同じくらい確かなことです。

判事　あなたはその現場を見たのですか？

プリム夫人　いえ，見てはおりません。しかし，弟サムの妻が，サリー・ファドゥル嬢とその妹がそこにいたのを従姉妹のユーニスが見た，と言ったのです。こんな話ならその気になればいくらでもできると思いますが，今はやめておきます。ですからこれでおしまいです。

　アティカスは辛くも法の追及からは逃げ切ったものの，田舎の人々は世評という非公式の力を重視した。彼らに厳密さを求めたり，事実と噂とを区別したり，ゴシップに対するより理性的なコメントの方に重きを置かせようといった努力はすべて無益である。あるシーンでは出産最中の未婚の母に証言させて，それを採用するという伝統的なやり方をパロディーにしている。第4章で見るように，それは当時ケネベックでも行われていたことである。興味深いことに，産婦から証言を聞き取るのは助産婦ではなく，ピップ医師という偽医者である。『アティカスの裁判』は，裁判を行う際の地域社会の基準が果たす役割に関するより大きな議論においては，短命な文書ではある。『アティカスの裁判』は，抽象的な法は専門家によって解釈され，遵守されることによって最も確かな正義の保護者になる，という法律中心主義を示している。その基盤は，もともとは商人，土地投機人，医師であったりする未熟な治安判事に強大な権力を与えていた法制度そのものであった。著者を苛立たせていたのは，ニューイングランドの法制が素人によって支えられており，ゴシップ好きの証人や粗野な陪審員に依存していたことであった。証言の基準に関して厳密に法的であることと素人的であることをめぐる対立は，もちろん古くからの問題であった。17世紀の魔女裁判においても，判事は告発の先頭に立った村人の証言の基準を受け入れることはめったになかった[22]。しかし，18世紀において法律の専門家が増加したことで，こうした問題はいっそう切実なものになった。

　『アティカスの裁判』は法律を風刺するものである。しかし，同時にレイプについての話でもある。作品が明らかにする人々の態度から，女性が性

第 3 章　1789 年 10 月　　　　　　　　　　　　　　*137*

的暴行を告発することがどんなに難しいかを見て取ることができる。容疑者がたまたま札付きの部類でない限り，証拠に関する決まりが厳密であればあるほど，男性が言うことではなく女性の言うことを陪審員に信じさせて裁判に勝つのは，いっそう難しかったのである。女性は愚かな生き物であって，彼女らのまわりにいる男たち相互の競争心に煽られて悪意に満ちた行動をとる，というのがアティカスの前提である。そうなると，レイプ事件の裁判は，実は事件についての判断というより，関わりのある男たち――夫，父親，容疑者，判事それに陪審員たち――の間の争いなのであった。これはもちろん，まさにヘンリー・スウォールがジョージ・サッチャーに宛てた書簡の中でとった立場であった。つまり彼は，レベッカ・フォスターと告発された男たちとの間に何があったのかということよりも，ジョセフ・ノースとオバディア・ウッドとの軋轢にはるかに強い関心を示している。スウォールが人の行為の道徳性一般に関心を持っていた人物であったことを考えれば，これは驚くべきことである。しかし，彼はフォスター一家に対してはすでに偏見を抱いており，さらにアメリカの地方裁判所での書記としての経験から判事たちと交際する機会が多く，彼は判事たちの視点に立っていたのである。戯曲と同様，彼の書簡は基本的には喜劇であり，法に見せかけた取るに足らない田舎の出来事を風刺で切り捨てようとするものであった[23]。

　マーサは法律的問題や判事同士の軋轢には気づいていなかった。ウッド殿がジョセフ・ノースを逮捕しようとしたことについての彼女のコメントは，1790 年 1 月 18 日の項にある 1 行の文章，すなわち，「ノース大佐は裁判から逃げてしまった」のみである。

　ノースは自分の部下に逮捕されるという不名誉から逃げたのだが，裁判からは逃げることはなかった。1790 年 7 月 10 日，彼はポウナルボロ法廷で，フランシス・デイナ，ロバート・トリート・ペイン，インクリース・サムナー，ネイサン・クッシングといった高等裁判所の錚々たる判事たちの前で「被告席に引き出された」。判事たちは年 2 回の定例の巡回で，白いかつらと黒い絹のローブを持って，ボストンから川を遡ってやってきた。マーサはリディア・デンスモアが自分のために作ってくれたドレスを着て，ハロウェルから川を下ってやってきた。彼女にとってピッツトンより下流に下るのは，

12年前にはじめてケネベックに来たとき以来のことだった。

1790年7月6日「朝早くポウナルボロへ向けて家を出る。バラード氏も同行する。私たちはポラード中尉の船に乗る。ピッツタウンに立ち寄る。ハッチ氏宅に着く。法廷の期間中ここに泊まる。午後，法廷に行く」。いつものように，マーサは目的地到着後何があったかということよりも，旅そのもののことを多く書いている。その後数日間の彼女の日記は，たぶん後になって記憶によって書かれたものだろうが，簡略にすぎ，ついには単なる寄せ集めになってしまっている。幸い高裁の記録が法廷の全般的進行について，ある程度詳細を伝えてくれている。もっともそれもフォスター事件そのものについてはほとんど記述がない。そのときの訴訟事件リストには39件の事件が載っている。実際に審理されたのはその半分以下であった。そのほとんどは定型的事件——つまり土地の入植についての訴訟，負債，契約不履行，侵害事件，道路整備を求めて町を訴えた事件など，下級法廷からの上告である。その中には2件の離婚訴訟と1件の市民権を求める請願が含まれている。39件のうち，ノース判事の事件のほか，性に関する事件が3件含まれていた。この3件はセンセーショナルな中傷事件，近親相姦と乳児殺害事件，それにナサニエル・ウィッテイカーに対する暴行事件の有罪判決の控訴である[24]。

1790年7月7日「ポウナルボロ。法廷に出る」。2日目の法廷はハンナ・ベイカーの事件を審理した。彼女はニューカッスルの治安判事の娘であるポリー・ノーブルを中傷したかどで有罪判決を受け，控訴したのである。ベイカーはある隣人に明らかに次のように言った。「まぁ驚いた。あなたノーブル一家がどうなったと思う？ ポリーはボストンへ行って黒ン坊と寝たのよ」。そしてまた別の隣人には「ポル〔ポリー〕」は何回も密通したし，彼女の父親は「彼女がカウンターの下でやっているところを捕まえたのよ」と言ったのである。法廷は下級審の判決を支持し，被告に対し75ポンドという目の玉の飛び出るほどの罰金を科したのである。マーサの言うとおり，治安判事やその家族について何か言うと，「もし話したら，たぶん身の破滅」がその人にやってくる。

1790年7月8日「同じく。出廷などなど」。トーマス・メロニーが妹ジョ

第 3 章　1789 年 10 月　　　　　　　　　　　　　　　　　*139*

アンナと同棲し，彼女が生んだ嬰子を殺害したという事件について陪審員が告発の内容を聞いたとき，マーサは詳細を何も書いていないが，彼女は法廷にいた。彼らの父親は，この 2 人はたしかに兄妹であること，「彼らはジョアンナが第 1 子を産んで以来ひとつ屋根の下で暮らし」，彼女は今では 3 人の子持ちであるが，「子どもたちの父親は誰なのか自分は知らない」と証言したのである。この老人は証言の書類に記号でサインしている。

　1790 年 7 月 9 日「同じく。出廷などなど」。法廷は 4 日目にミリー・ランバードに対するレイプ未遂事件でナサニエル・ウィッテイカーに対する下級審の判決を逆転させた。これは奇妙な事件であり，ある意味ではレベッカ・フォスター事件とちょうど逆だった。ウィッテイカーは 1784 年カナーンの町の牧師に任命され，1789 年に解任された。解任の直前か直後に，ミリー・ランバードが激しい攻撃を始めた。犯罪は 4 年前に「カナーンの荒野で」起こったとされていた[25]。ウィッテイカーはマーサの家を数回訪れているから，彼女がこの事件について何も言っていないのは驚くべきことである。たぶん無罪判決が出たことで，この件は彼女の心の中では決着したのであろう。そして，彼女としてはこの人物について，これ以上詮索したくなかったのであろう。

　1790 年 7 月 10 日「同じく。出廷。コモンウェルス対ジョセフ・ノース殿の事件は審理され，陪審に回された」。マーサ・バラードがポウナルボロ裁判所の建物の 2 階において口頭で証言したのか，あるいは彼女の書面による証言を確認しただけだったのか，我々には分からない。今日まで残っているこの裁判に関する書類は起訴状，陪審員の評決結果，裁判費用の明細がすべてである。しかし，イライジャ・デイヴィスが宣誓して行った短い証言は，被告側が展開したと思われる弁護の方向を示唆している。デイヴィスは，ここで起こったとされる暴行が行われたときには，18 マイル離れたウィンズローの町にいた。また，「プリマス郡プリマスのヘンリー・ウォレン少佐」は，もし召喚されたなら，同じことを証言できる，とデイヴィスは述べている。彼はまた「コネティカット州レバノンのルーマス，ハント，それにマーチンの各氏は，レベッカという人物は真実に関しては悪評が高いことを証言できる」と主張した。残念ながら彼はこれらの証人のいずれをも出廷させな

かった――「上記の証人から証言を得ることができなかった理由は，彼に十分な時間がなかったからである」（事件は次の法廷まで持ち越され，その間にフォスター一家がこの土地を離れたので却下された）。

おそらくジョセフ・ノースは，レベッカ・フォスターの世評が芳しくないという点をついて攻撃したであろう。ヴァッサルボロでの最初の事情聴取で，マーサが観察したように，「彼女の人格を傷つけようとする激しい試みがいろいろなされた」が，一方マーサはノース判事が彼女に次のように言ったとも書いている。すなわち，「フォスター夫人は訴えているような扱いを受けていると思うが，自分に向けられている容疑は否定する」。

これは不可解な発言である。彼女が彼を誰かと人違いしたとノースは言っていたのだろうか？　もし，犯罪が非常に暗い夜に起こったのだとしたら，自己弁護は可能だったかもしれない。おそらく彼は，彼女が訴えている仕打ちと，彼が告発されている罪状とを区別して，起こったことはたしかに起こったのであろう，しかしそれは暴行とは程遠いものだと言っていたのであろう。しかし，彼はまたマーサに対し「彼女の道徳的美点やしとやかさを疑う理由はまったくない」と述べているのであるから，言いなりになることを弁護しているはずはない。この犯罪には目撃証人はいないのであるから，彼はそのときどこか別の場所にいたと主張しただけなのかもしれない。

ハロウェルにおいて起こったとされるこのレイプ事件は，18世紀のニューイングランドにおける類似の事件のほとんどがそうであったように，20世紀の専門家が「知人によるレイプ」と呼ぶ種類のものであった。これまでに見てきたように，隣人の間では訪ねたり，訪ねられたりする人の行き来が頻繁にあった。事件で名のあがった男たちの誰かがアイザック・フォスター宅にちょっと立ち寄って，品物やニュースを届けたり，フォスター一家の様子を見に来たり，お茶を飲んだり，牧師の仕事のことを話題にしたり，場合によっては一夜の宿を求めてやってきたりするということはありそうなことだ。ジョセフ・ノースのように特別の関心を持って強引に近づいてくる友人が，ある晩遅すぎる時間にやってきて，たぶん酒に酔って，窓に石を投げつけて家に入れろとしつこく迫ったとしたら？　それは「彼女の家のドアを」こじあけて侵入したことになるだろうか？　そしてもし彼がキスを求め

たとしたら，美人の女性にはありがちなことではなかったか？

　ノース大佐の裁判で判事のひとりであったインクリース・サムナーは2年後，別の郡で行われた暴行事件の裁判について短い覚書を残していた。証言のパターンから，裁判で証言や人物の評価についての食い違いがどうしても埋まらなかった様子がうかがわれる。裁判を起こした若い女性は，彼女を襲った男は彼女が畑に水を運んでいたときに，いいことをしようと言って彼女を藪に連れ込んで，「横になるように私に言った」。彼女が拒否すると「男は私を押し倒し，私と関係を持とうとした」。被告側の証人は甘言をもって誘惑したのは女性の方であったこと，彼女は「じゃれまわり」水を運んだあと家へは帰らないと言ったこと，「滑りやすいエルムの樹皮」を彼女自身が藪に入って探しに行ったが，男は一緒に行くことを拒否したことなどを述べた。1人の証人は彼女が「近所では嘘つきで通っている」と証言した。

　しかし，レベッカ・フォスターの事件では，謎はいっそう深刻な性格を帯びることになる。4月20日，裁判の3ヶ月前，そして，起こったとされる一連の暴行の最初の事件があった8ヶ月17日後に，彼女は娘を出産した。フォスター一家はハロウェルからヴァッサルボロへ転居していたために，マーサは出産のとき近くにはいなかった。彼女は日記に，「アイザック・フォスター牧師の奥さんが昨晩娘を無事出産，経過は良好と隣人サヴェージが知らせてくれる」と記している。残念ながら我々はアイザック・フォスターが正確にはいつ旅に出たか知らない。出発の日がこの暴行事件があったとされるよりわずか数日前であったとしても，このタイミングは問題を投げかけるに十分なほど微妙である。レベッカが事件のことをついにしゃべらざるをえなくなったのは，たぶんこの妊娠のせいだろう。隣人たち——あるいは彼女自身の夫——が彼女には答えられない質問をしたのかもしれない。

　以上のようないきさつだとすると，マーサの証言はきわめて重大なものとなる。この申し立ての事件が起こったとされるちょうど10日後，そして妊娠がまったく確認できないこの時期に，ジョセフ・ノースによる「虐待」について，フォスター夫人が話したとマーサは確言できたのである。そしてレベッカ・フォスターは，マーサが助言したように話さざるをえなくなるまで，この事件について沈黙を守っていたのかもしれない。彼女の妊娠が時を

得ないものであったら，彼女の告発は自分の無実を主張するためになされたのかもしれない（あるいは，婚外関係の罪を隠ぺいするためのものだったかもしれない）。フォスター夫人は訴えているような扱いを受けていると思うが，彼女のしとやかさを疑う理由はまったくない，というノースの奇妙な発言は，このような状況のもとでは新しい意味を帯びてくる。

　謎を解こうとするほど，謎は深まるばかりだ。他の文書の発見は考えられないので，事件の解明は全面的にマーサ・バラードに依存することになる。7月11日，法廷が安息日のために一時休廷となると，彼女とイーフレムは宿を出て，友人を訪ねるためにイースターン川へ向かった。翌日，イーフレムは法廷に戻ったが，そこにマーサの姿はなかった。

　1790年7月12日「カイダー氏宅。バラード氏は法廷へ行く。ノースは無罪となった。これはすべての人々を大いに驚かせた，と人づてに聞く」。彼女が「大いに驚かせた」と言っていることから，ノースに対する証拠は誰もに有罪を思わせるものであったことを示している。彼女が「人づてに聞く」と言うとき，その多くは他の女性たちであったが，彼女たちはもちろん陪審員であったわけではない。この短い記述は，彼女が判事の有罪を信じていたことを示す最も踏み込んだ記述である。彼女のいつもの習慣を考えると，彼の名前の前に敬称が省かれていることが多くを語っている。

　1790年7月13日「晴れ，暑い。我々は裁判所の建物へやってきた——法廷がメローナに言い渡した罰を朝8時に執行しているところを見た。それからハッチ氏宅へ戻り，勘定を支払って帰途につく。私はポラード氏の馬に乗る。スミス少佐のところで食事をして，ポウリン夫人とジャクソン氏を訪ねる。夕暮れ近くに家に着く。アリス・バラードが来ていた。ギルブレスがサイラスを手伝っていた」。

　マーサは後にも先にもたった1回のポウナルボロへの旅をしたのだった。旅から帰宅した翌日，彼女は簡単に次のように書いている。「晴れ。フォスター氏来訪。朝食をとる」。この月の残りの日々を，彼女はキャベツを掘り起こし，隣人たちを訪ねて過ごしている。アイザックとレベッカ・フォスターがこの町に短期間住んだという事実は，今や過去のことになってしまった。ウィリアム・ハワードは牧師の負債に対する訴訟を取り下げた。ウォー

カーとの件は和解が成立した。ポウナルボロで上級法廷が再び開かれたとき
に，イライジャ・デイヴィスとジョシュア・バージェスに対する告発は取り
下げられ，その頃にはアイザック，レベッカ，そして彼らの子どもたちはケ
ネベックから遠く離れた土地へ行ってしまっていた。彼らはニューヨーク州
へ移住していたレベッカの両親のところに身を寄せた。

1792 年 9 月，ニューヨーク州ウィンチェスター郡を旅したエズラ・スタ
イルス牧師は次のように書き残している。「アイザック・フォスターはベッ
ドフォードの牧師館にいるが，説教はしていない——毎日ラム酒を 1 クォー
ト飲んでいる。奥さんは美人だが，精神は正常ではない。貧乏。サケット大
佐のために働いている。悪魔の化身——見捨てられた牧師！」[26]。スタイル
スは悪意に満ちた噂を流していたのかもしれないし，そうではなかったのか
もしれない。もしレベッカが本当に精神的に不安定だったとすれば，レイ
プ事件の裁判における彼女の信憑性は揺らぐことになる。しかし，スタイル
スの情報が正しかったとしても，アイザックの深酒やレベッカの無能力状態
は，彼らが経験したハロウェルにおける悪夢の原因ではなく，むしろ結果で
はなかったのか。ベッドフォードの 19 世紀の歴史は，アイザック・フォス
ターはベッドフォードで 2 年間説教し，「伝えられるところによれば，彼自
身と妻についての悪評のうちに」[27]去ったと記している。

フォスター一家は，次にメリーランド州の，アイザックの井戸という古代
遺跡から名づけられたレホベスという町へ移った。ここで彼らは長老ととも
に「主は私たちのために場所を与えてくださった」（創世記 26 章 22 節）と
言うことができた〔創世記 26 章 22 節では，忍耐の人，アイザック，つまりイサクは，
父の遺産である井戸を次々に他人に譲り，最後にたどり着いたレホボテでついに井戸を得
ることができた〕。アイザックは 1795 年から 1800 年に亡くなるまで，コヴェ
ントリー教区エピスコパル教会の牧師を務めた。その後一族の言い伝えによ
ると，レベッカと末息子とは金を求めてペルーに出かけた。彼らの消息はそ
の後杳として分からない[28]。

アイザック・フォスターが解雇されて 4 年近く，マーサが「公の礼拝」に
出なかったことを除けば，事件について付け加えることはほとんどない。
フォスターが解雇された翌年の 1789 年には 3 回，1790 年と 1791 年にはそ

れぞれ8回しか教会へ行っていない。フックの集会所兼礼拝堂とヘンリー・スウォールの事務所では毎週集会が持たれていた。彼女はそれらをほとんど無視した。彼女が規則的に「公の礼拝」に参加するようになるのは1794年であるが、この年には町は正式に2つの教区に分かれ、もとのチェスター教会が南教区を、またハロウェル教会の中庸派は中教区を担当することになったのである[29]。

　1791年の春は、バラード一家にとって重要な変化のあったときである。マーサは「バラード氏とサイラスは土地の占有権をピーター・ジョーンズに譲った」と4月12日に書いている。ピーター・ジョーンズは亡命中のジョン・ジョーンズの兄弟である。そして、ジョン・ジョーンズもその数ヶ月後にはケネベックに帰ってくることになる。ジョーンズの借地人としての12年と4ヶ月のあと、バラード一家は借地権を放棄——あるいは失ったのであった。4月21日、マーサはそのことについて書く。「我々は水車小屋から老ハワード中尉の家へ移転する。そして、ピーター・ジョーンズが家族とともに水車に転居した」。翌日の日記の余白に彼女は何事もなかったかのように、「家にいる。畑を始める」と書いている。ひとつの家から別の家へという移り変わりを、彼女は日々の仕事の静かな記録の中でほとんど偶然に起こったかのような口調で語っている。
　2人のイーフレムが水車から引っ張ってきた「老雌牛」が5月3日、無事に子牛を生んで彼女はほっとする。しかし、次の日曜日に男たちが子牛を探しに行ってみると、死んでいた。養鶏も一時的に後退を余儀なくされる。幼いイーフレムが卵を抱いた鶏を見に行くと、母鶏のまわりには壊れた卵の殻が散らばっており、雛が何羽か孵化していた。「母鶏は16羽の雛をかえした」とがっかりしている。「ちゃんと面倒をみなかったので、11羽は死んでしまった」[30]のであった。新しい畑にも問題があった。夫が耕したあと、マーサは長らく放置されていた土地と格闘する。「草の根を掘り起こし、それを熊手で集めて」ようやくものを植えることができた。それでも2頭の雌牛が十分な量のミルクを出してくれたので、マーサはバターやチーズを作っ

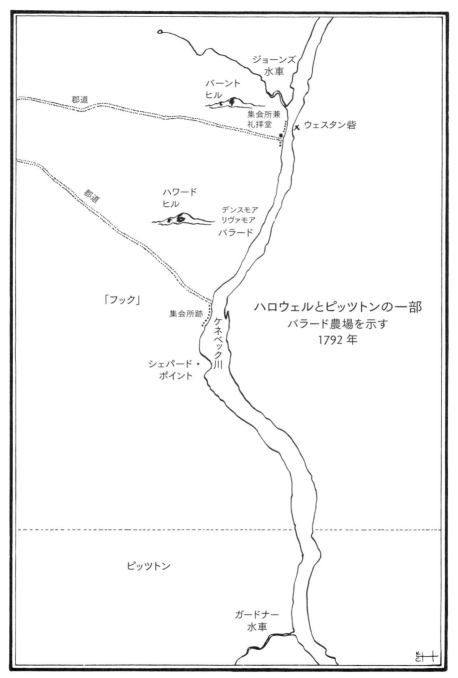

ハロウェルとピッツトンの一部，バラード農場を示す，1792年

た。5月半ばまでには豆，トウモロコシ，エンドウが育ってきたし，ビートの葉も夕食のテーブルに供されるようになる。1791年8月23日，彼女がハワード農場の土地を最初に掘り起こしてからちょうど4ヶ月目に，マーサは「熟したスイカを1つ」[31]収穫する。

　男たちは新しい環境のもとで，旧来の仕事を続けた。父親はハワード農場から馬で出かけ，サイラスとジョナサンは他人の水車で働いた。転居後7ヶ月の間に老イーフレムは「チャールス・ヴァーン〔ヴォーガン〕氏がこの町に寄付した土地に，墓地と集会所兼礼拝堂を設計するのを」手伝った（フックにもまもなく集会所兼礼拝堂ができて，牧師が来ただろう）。ジョン・ジョーンズを含む6人の男のために土地を測量し，3日を費やして「統一土地所有者組合」のためにプランを作り，「川7マイル」での測量に4日間をかけ，さらにマサチューセッツ州のために14日をかけて境界線を引いた。「バラード氏はコモンウェルスに雇われてハリファックス砦の裏手の原野を調査に出かけていった」とマーサは1791年11月9日に書いている。彼はさらに数日がかりで「町の北端」の原野の測量を行っているが，この土地はその後バラード農場となった[32]。

　この間サイラスと父親はピッツトンのどこかで借りた水車を整備した[33]。サイラスは転居後数ヶ月間両親の家に住み，羊の毛を刈ったり，干草作りを手伝ったり，時にはウィンズローやヴァッサルボロへ出かけていった。9月になると彼は自分のベッドとタンスを川下の新しい水車へ運んだ。たぶんイーフレムの古いパトロンだったシルヴェスター・ガーディナーが建てたものだろう[34]。サイラスは週日にはピッツトンで働き，安息日には家に帰るというパターンで暮らした。10月6日の日曜日にマーサは「昨夜，彼は一晩中自分の水車の手入れをした」と書いている。

　最初の数ヶ月，ジョナサンは家を離れて住んでいた。朝食や夕食のために時折家に寄っていた。6月にはジョナサンは母親に「燻製のサケの半身」を持ち帰っている。たぶん彼は川上のどこかで働いていたのであろう。おそらくはピーター・ジョーンズとともに，あるいは彼に雇われていたものと思われる。7月末，突然マーサは「サイラスがジョナサンの持ち物をうちへ運び込んできた」と告げる。さらに「サイラスがジョナサンの雌豚を連れて帰っ

てきた」[35]。11 月 22 日，彼女はこわばった調子で報告する。「ピーター・ジョーンズと我が息子ジョナサンとの間の調停者として選ばれた諸氏は，この日を調停の日と決めて，息子が 8［シリング］の損害賠償と訴訟費用 2 ポンドをジョーンズに支払うよう裁定した。息子がこれからは癇癪を抑えることを学ぶよう切に願う」[36]。

　（ピーター・ジョーンズの癇癪は，マーサの日記のあとの部分で取り上げられることになる。その話を伝えたのはジョナサンであるが，彼にはジョーンズの欠点を誇張する動機は十分あったはずだ。母親は明らかに彼の話を信じた。「ジョナサン来訪」と彼女は 1792 年 6 月 21 日に記している。「彼は私に，ジョーンズ夫人は夫のひどい仕打ちでひどく具合が悪い。彼女を素足のまま地下室に閉じ込めている，と知らせた。恥知らずな人よ。厳しい罰に値する」。ジョーンズが罰せられたという形跡はない。少なくともこの世の法廷においては。1796 年 5 月 9 日，マーサは「悲しいニュース」を報じている。「今日の午後，ピーター・ジョーンズが水車小屋の川で溺死した」。）

　男たちの仕事が中断されたのと対照的に，織物の生産は容易に回復した。1791 年 6 月 15 日，ハンナは最初の糸を織機にはった。糸紡ぎ，織り，縫製などの作業はそのあと 2 年間，ほとんど中断されることなく行われた。ある月曜日に「ハンナは羊毛のシャツ地を織機にはった」とマーサは記している。そして，次の水曜日には「ハンナはシャツ地を取り外した。20 ヤード。そのあとまた別の布をはる」[37] と書いている。マーサと娘たちは，着古した服をベッドカバーに作り直した。ペチコートやズボンなどを細長く裁断し，それをつないで機にかけるための長い紐状のものにした。これらのベッドカバーは，19 世紀の主婦たちが木の床に鋲でとめたラグカーペットのはしりである。強い麻の糸を機に粗く取りつけ，ぼろきれと交互に織って，耐久性のある——そして重い——カバーを作った。ぼろきれを準備するのは，それを織るのに劣らず大変な作業だった（「ベッドカバーを作るのに，ぼろきれを切ったり縫ったりする」とマーサ・バラードは言っている）。しかし，それでも同じ重量の糸を紡ぐことに比べればかなり少ない時間でできた。娘たちはベッドカバーを連続して織った。ベッドをおおうのに十分な長さのものを作った。縦糸だけの部分を 1 フィート〔約 30 センチ〕くらいフリンジと

して残し，糸を切らずに続けて織るという具合にして，織った部分が次々に現れて機枠の終わりまでつながっていた。「ハンナはベッドカバーを4つ作った」とマーサは書いている[38]。

　パルテニア・バートンはまだバラード一家と暮らしていた。そして新しい隣人たちが生産システムに組み込まれた。ウェルチ夫人とデンスモア夫人が，サヴェージ夫人とハムリン夫人の代わりに織り手になった。機のおさ〔織物の縦糸をそろえ横糸を押しつめて織り目を整えるための，織機の付属具〕が必要になると，彼女たちはポラード家の他にチェンバレン家へも借りに出かけた[39]。彼女たちは水車小屋の池ではなく「デンスモア氏の小川で紡いだ糸を洗って漂白した」。幼いイーフレムも今や13歳になって，この隣近所の生産システムに参加していた。「イーフレムはうちのエンドウを採り入れ，さらにウェイド氏を手伝ってオーツの採り入れもした」。そして別の日には「サイラスとイーフレムが干草のことでリヴァモア氏を手伝った」[40]。

　しかし，マーサははじめて隣人とのもめごとを経験することになる。1792年9月1日，彼女は1日の何時間かをかけて「豚が食い荒らした我が家の畑」でトウモロコシを拾い集めた。豚が誰の豚だったのか，ここに記述はないが，翌日，彼女は報告している。「リヴァモア氏の豚が我が家の畑に何度も侵入する。私は出かけていって彼にこのことを言ってきた」。この些細な出来事が翌年夏の大騒動のきっかけになったらしい。1793年7月26日，リヴァモア氏が家へ来て「私が七面鳥を盗んだかどで逮捕状を請求するとおどした（豚や鶏はおとす前には「小屋に入れる」，つまり囲いの中に入れるが，普段は外を自由に走り回っている）。彼は，七面鳥は自分のもので，去年私が彼のものを1羽盗んだと非難した。彼の妻がその後やってきて，私の家族が自分の七面鳥を追いたてているのを見たと言いたてた。私たちの誰もがそんなことはしていないと言うのだから，これは何かの間違いか言いがかりだ。彼女は家に入り込んで長い時間話していった。とてもすべては書き切れない」。書くに耐えない——たぶんあまりにも心を掻き乱されることだったに違いない。マーサは言い争いを嫌った。彼女の日記に記されるのは，近所付き合いにひどく違反していた場合であった。

　これに比べてデンスモア家との関係は一貫して親密なものであった。デン

第 3 章　1789 年 10 月

スモア一家はバラード家のすぐ上流にあるダニエル・コニー所有の土地に住んでいた[41]。「バラード氏は今朝コニー殿の家へ行く。デンスモア氏を手伝って家の骨組みを作り，立ち上げを行った」とマーサは 1791 年 7 月 4 日に書いている（新しい家は，入植者がいずれは買い取りたいと考える土地に施す「改良」のひとつであった）。デンスモア一家は 9 月 15 日に新しい家に入居してきたが，煙突は未完成で棟木に達していなかった。トーマス・デンスモアは農夫であったが，仕立て屋でもあった。また，バラード一家のために牛や豚を屠った回数がなんらかの目安になるとしたら，彼は屠殺者でもあった。すでに見たように，彼の妻リディアは，婦人服の裁縫師であった。妊娠も未完成の家も，家に満ちあふれる子どもたちも，彼女の商売の妨げとはならなかった。9 月 14 日，つまり新居に移転する前日，そして彼女の第 9 子（あるいは第 10 子？）の陣痛が始まるちょうど 1 週間前に，彼女は最も幼い 3 人の子どもたちを連れてバラード家にやってきて，マーサのドレスの仮縫いをしている。

　1791 年 11 月 15 日，マーサは次のように書いている。「ドリーはデンスモア氏のところへ仕立ての技術を習いに行く。ドリーの成功と幸せを願う」。マーサはドリーの見習修行についての日記の記述にはいずれもデンスモア氏の名前を使っているが，ドリーが習得したのはリディア・デンスモアの技能——婦人服の仕立てと織物——だったのである。ドリーはハワード農場へ越してきて最初の 1 ヶ月というもの，繰り返し病に悩まされた。病気はコニー医師を煩わせるくらい重症だった。コニー医師はポートワインをすすめたが，彼女はその頃には回復していた[42]。彼女はデンスモア家に 1 年滞在した。彼女の兄弟たちが彼女のベッドと寝具類を新しい住まいに運んだ。彼女は週日にはそこで泊まり，日曜日——あるいは必要になると——家へ帰ってきた。「ドリーとサリー・デンスモア来訪」，あるいは「ドリーが帰ってきてディミティ〔浮畝縞のある平織り綿布。ベッド，カーテン用〕に模様を描くにはどうすればよいか，女性たちに教えた」と彼女の母親は書いている[43]。

　ハンナとパルテニアが台所と織物を受け持っていたので，マーサは助産婦の仕事，畑での野菜やハーブ作り，家畜の世話に専念することができた。彼女は近所の子どもたちを治療するのと同じように，家畜を治療した。羊が牧

場から「首に怪我をして」戻ってきたときには，「タール〔コールタールは薬用目的で使われた〕を塗って手当てをした」。また，子羊が「内臓が全部出た状態で」生まれたときには，彼女は「それを体内に戻して，〔それから〕尻のところを縫い合わせた」。子羊は「その後乳を飲んで歩いた」と満足げに記している[44]。1792年には七面鳥が関心の中心だった。マーサは4月7日に最初の七面鳥が巣についたのを見つけた。それから5月末までの間，彼女はこの大きな鳥に「卵を抱かせること」に大わらわだった。「七面鳥に17個の卵を抱かせた」と5月4日に書いている。…そして，5月6日，…さらに5月28日と続く。5月末までに彼女は合計72個の卵を抱かせる。5月26日には「黒い七面鳥が14羽の雛をかえした」。6月20日までには全部で43羽の雛が庭を駆け回っていた。8月半ばにはさらに14羽が孵化した。その間ほどなく，春に孵化した七面鳥が食べられるようになっていた。

その間マーサの助産婦業は拡大していった。ハワード農場は砦とフックの中間にあり，ウィンスロップへの道路にも近かった。使いの者があらゆる方向から彼女を呼びに来た。「私は10月23日以来，終日家で過ごした日はたった1日だけだ」と彼女は1791年11月11日に書いている。仕事はますます増えて，ついには年間50件以上の出産を手がけるまでになる。それは見事な体制であった。娘たちが洗濯や料理をし，技能を身につけ，物を作った。母親はうまく畑と隣人の世話との間を行き来していた。しかし，家族のライフサイクルにもまた，植えつけの季節と採り入れの季節がある。バラード一家の生産力はいまや両親を豊かにする方向へ向かったのではなく，若い世代が自分の世帯を持つために向けられていたのである。

第4章

1792年11月 「結婚式」

10月

28　G　家にいた。我が家に婚礼。

午前中曇り，少し雨，のち雷雨。夕刻，晴れ。サイラスは留守。今夜町の
モーゼス・ポラード氏と我が娘ハンナとの婚礼が祝われた。コニー殿が式を
執り行った。私の息子とその妻，息子〔ジョナサン一家〕が泊まる。

29　2　家にいる。若い七面鳥3羽をおとす。

曇り。ドリーはデンスモア氏宅へ，バラード氏はフックへ行く。私は家にい
た。サリーが来て女性たちを手伝う。ポラード氏とサヴェージ氏がうちで夕
食をする。

30　3　家にいる。七面鳥をローストにする。

晴れ。爽快。バラード氏はスウォール大佐宅，ついでフックへ行く。私は家
にいる。サリーと娘たちはパルテニアのためのベッドの枠にベッドキルトを
取りつける。サラ・デンスモアとドリーが来る。

31　4　家にいた。

晴れ。バラード氏はピッツトンへ行く。ポリー・ポラード，ダムリン夫人と
娘のドリーは一日中キルト作りに精を出す。午後リヴァモア夫人来訪。私は
家にいた。タウン氏が泊まる。

11 月

1　5　ホッジス氏のところで 38 番目の出産。息子タウン帰る。

曇り，少し雨。タウン氏，朝食後出発。娘たちはキルト作りを女性たちに手伝ってもらった。私は午後 4 時にホッジス夫人に呼ばれる。夜 11 時，彼女はとても立派な息子を無事出産。彼女の第 6 子。バラード氏帰宅。

エズラ・ホッジスの息子誕生。××

2　6　同じく〔ホッジス宅〕，バータン〔バートン〕氏宅，スティックニー少佐宅を訪ねる。39 番目の出産。バイザー・ベンジャミンの妻双子出産，2 人とも死産 *。

午前中晴れ，午後曇り，夜雨。ホッジス氏から 6/ もらって正午に帰宅。元気な産婦と別れて帰る。バータン氏を訪ねる。奥さんは元気。私は彼から次のものを購入した。鉄のやかんを 2 つ 7/，フライパン 1 個 3/6，コショウ入れ 2 箱，それぞれ /6，ひしゃく 2 つ 2/，布の縁飾り 1 ヤード /1，ジン 2/6，合計 15/1 **。夜 9 時にスティックニー少佐のところへ行く。彼の妻は 11 時 5 分，娘を出産。私は一晩中付き添う。

ベンジャミン・スティックニーの娘誕生。××

　　＊ここでマーサは自分が手がけていない出産を記録している。
　　＊＊ 18 世紀の簿記では斜線（/）はシリングとペンスを分けるのに用いられた。したがって，「7/」は 7 シリング，「/6」は 6 ペンスを表す。

3　7　スティックニー氏宅，デヴンポート氏宅。

午前中雨模様。少佐宅で昼食後まで産婦に付き添う。謝金 6/ をもらう。デヴンポート氏宅までコンリー夫人が同行してくる。そこで午後いっぱいともに過ごす。夕暮れに帰宅。2 人の産婦は順調。

4　G　家にいる。

晴れ。家にいる。ドリーが来る。ドリーは…でない［文章不完全］。

5　2　家にいる。J. ジョーンズ来訪。

晴れ。バートン氏はピッツトンへ行く。ジョン・ジョーンズ氏とダットン氏

第 4 章　1792 年 11 月

という人が来訪。娘たちは洗濯。私は家にいた。

6　3　バータン氏宅
晴れ。バータン夫人を診に行く。彼女は発作に襲われたが，快方に向かう。
ドリーが家に泊まる。

7　4　家にいる。イーフレムは家の周りに盛土をする。
晴れ。サイラスが来る。私は家にいた。ハンナのベッドキルトを作るのを手
伝う。夜遅く完成。

8　5　家にいる。ジョーンズ氏来訪。息子のサイラスも来る。
霧の深い朝。太陽は 10 時に輝き出す。サイラスは兄弟たちを訪ねて出かけ
る。J. ジョーンズ氏が来訪。私は家にいた。エドソン夫人が来てデンスモア
夫人の機に縦糸をはる。ポラード氏とピット〔ピッツ〕氏が夜やってきた。

9　6　家にいる。サイラスはピッツトンへ行く。パーカー夫人は家へ
帰る。
曇りの朝。サイラスは午後からピッツトンへ行く。夕暮れ前に雨。夜は北東
の激しい風雨。私は家にいた。ブラッドベリー夫人とベッツィ・チャンプ
ニー来訪。

10　7　家にいた。
曇り。少し雨。私は家にいた。七面鳥の毛をむしる。

11　G　家にいた。ページ氏とジョーンズ氏来訪。
一時晴れ。バラード氏はピッツトンから帰宅。J. ジョーンズ氏，ページ氏と
息子ジョナサンがうちで食事する。ポラード氏とピット氏はうちで夕食をし
た。私は家にいた。バラード氏はジョン・ジョーンズ宛手形の一部として彼
に 21 ドル支払う。

12　2　家にいた。サイラス来訪。
一時晴れ。バラード氏はフックに行き，その後ジョーンズ水車へ行く。サイ
ラスが午後6時に来る。私は家にいた。

13　3　家にいた。サイラスが泊まる。
晴れた空に陽昇る。一時曇り。バラード氏はヴァッサルボロへ出かける。サ
イラスは午後2時にサヴェージ氏宅へ行き森の道を切り払う。

14　4　サヴェージ・ボルトン宅，その他へ行く。
曇り。ひどく寒い。私はサヴェージ・ボルトン宅まで行く。去年1月19日
に妻の面倒をみたことで，彼はバータン氏宅で8/ 払ってくれる。私は重量
5ポンドの錫の皿を2/ で，コーヒーポットを3/6で，テーブルスプーン6
本を1/8，合計15/2で購入。うち7/2は現金で支払う。ボルトン氏はその残
り8/ をつけにしてくれる。

15　5　家にいる。サイラスとドリーが帰宅する。
晴れ。バラード氏は谷川の橋で働く。私は家にいた。デンスモア夫人がうち
で食事をしてお茶を飲む。セス・ウィリアムズ氏と奥さんが来訪。サイラス
が戻ってくる。サイラスは面倒をみていた粉挽き水車を辞めた。ドリーは
デンスモア氏のところでの見習い修業から戻る。サイラスは14ヶ月間ハロ
ウェル氏の水車の面倒をみてきた。現在はこの水車をニコルス大尉が借りて
いる。

16　6　家にいた。ドリーの長靴下を1足完成。
ほとんど一日中雪。私は家にいた。七面鳥を2羽おとす。バラード氏はポ
ラード氏宅を訪ねる。5 1/2ポンドの亜麻を/9，5ポンドのバターを/10で
購入。

17　7　家にいた。
晴れ。バラード氏はジョナサンを訪ね，それからフックへ行く。サイラスは

ピッツトンへ行き,自分のタンスや持ち物を持ち帰る。私は家にいた。私は思うように具合がよくはない。

18 G 家にいた。シューボール〔シューベール〕・ピット氏とパルテニア・バートンの婚礼。
雨模様。ポラード氏とピット氏がうちで食事をする。ピット氏はパルテニア・バートンと婚姻の絆によって結ばれた。婚礼はサミュエル・ダッタン殿によって執り行われた。私は家にいた。結婚式の参列者は我が家の家族のみである。判事は花嫁に贈り物をした。

1792年にバラード家では3つの婚礼が行われた。そのうち2つはこの章の冒頭に引用した日記に述べられている。もうひとつの婚礼は2月に行われ,これによってジョナサンはしぶしぶサリー・ピアースと結婚した。彼女はジョナサンに対し子どもの父親確認訴訟を起こしていたのである。これら3つの結婚式とそれにまつわる出来事——1つはとてもドラマティックであり,あとの2つはごく地味な家庭内の出来事であった——は,現在ほとんど知られていない,ニューイングランドの田舎の結婚をめぐる慣習に光をあててくれる。

18世紀半ばを家族史におけるひとつの転換期と捉えている歴史家もいる。すなわち,青年男女は結婚相手をより自由に選ぶようになり,それとともに両親同士の間で行われる経済的交渉より,男女間のロマンティックで性的な魅力の方がはるかに重要になったという。一方,ロマンティックな愛情と経済的打算は英語圏では大昔から共存してきたし,結婚は18世紀よりはるか以前から家と家との縁組というより,主として個人間の契約であったと主張する歴史家もいる[1]。マーサの日記は,子どもたちが自分たちの配偶者を選ぶという見方を支持している。両親同士の交渉があったことを示す証拠はここには見当たらない。さらに彼女が記録した求愛過程には,およそ両親の監督を示唆するものはない。また,マーサの日記は婚前交渉が広く行われ

ていたことを示している。しかし，ロマンスの存在を示すものもほとんどな
く，中心的関心がやはり経済的なものであったことを示す証拠は多々ある。
バラード家の婚礼は全く華やいだところのないもので，特別な出来事という
意味合いもなかった。女性たちはもっぱら生産活動，すなわち，自分たちの
存在意義と目的を規定する資源を掻き集めることに没頭していた。

　「今夜町のモーゼス・ポラード氏と我が娘ハンナとの婚礼が祝われ
た」とマーサは10月28日に記している。「儀礼（rites）」という語を「書く
（writes）」と綴り間違えているのもご愛嬌である。18世紀のニューイングラ
ンドにおける結婚のパターンについて分かっていることのほとんどは，公式
記録簿にヘンリー・スウォールのような人物が書き込んだわずかな「記録」
によっている。彼は1792年当時，町の書記官であり，町の記録簿に当事者
の結婚の意向，時にはその日取りを記入した。こういった記録に見られる格
式ばった言葉を真似て，マーサは，花婿が古くからの友人であるエイモスと
メリアム・ポラードの成人した息子ではなく，まるでどこかからやってきた
ばかりの見知らぬ紳士であるかのように「町のモーゼス・ポラード氏」とい
う言葉で記している。
　結婚はマサチューセッツ法のもとでは，1786年6月22日に成立した「結
婚秩序法」によって規定されていた。この新しい法律は，入植地に古くから
あった地域社会の監視体制に対する信頼感を反映するものであった。治安判
事あるいは牧師は，花嫁か花婿か，あるいは双方がその町の住人であるとき
に限って結婚式をあげることができた。さらに，カップルは挙式にあたって
町の書記官が署名した証明書を提示しなくてはならなかった。書類は彼らの
結婚の意向が妥当な方法で3つの「3日の間隔を置いて異なる日に開かれた
公開の宗教的会合」において「公にされたか」，あるいは「特定の公の場所
に14日間」掲示されたかを証明するものであった[2]。
　1792年にヘンリー・スウォールは町の記録簿に21件の結婚の意向を記録
した。その中には，ある婚約が証明書の発行前に「だめになった」ことや，
別の婚約が「解消」されたことも記されている。ジョン・チェンバレンと

第 4 章　1792 年 11 月　　　　　　　　　　*157*

メアリー・ブラウンの場合には，証明書の発行は「彼の父親が書面によっ
て提出した反対によって阻止された」と彼は記している。5 月のことであっ
た。12 月にはスウォールは次のように書き加えている。すなわち，「以前に
反対の書面を提出した父親が同意したので証明書が発行された」。マーサの
12 月 16 日の日記は，この家庭内騒動の詳細を補足してくれる。すなわち，
「ジョン・チェンバレンは今月 10 日に結婚し，11 日には新妻をシドニーに
移した。12 日には彼女は娘を出産したが，子どもは夜になる前に死亡」[3]。
後に見るように，ジョン・チェンバレンの物語は格別珍しいケースではな
かったのである。

　良心的な町の書記官であったヘンリー・スウォールは，正式に提出された
結婚の意思とそれに対して発行された証明書を秩序正しく記録するにとどま
らず，実際に行われた婚姻のリストを整理して，公式の記録に記入しよう
と努めた。1793 年 4 月，3 人のハロウェルの判事たちは，自分たちが執り
行った結婚式のリストをヘンリー・スウォールに「返還」した。判事サミュ
エル・ダットンは，パルテニア・バートンとシューベール・ピッツとを「婚
姻の絆」で結びつけ，それはその年彼が執り行った唯一の婚礼となった。
1792 年に判事ダニエル・コニーは，ハンナとモーゼス・ポラードの結婚式
のほか，もう 1 組の挙式を行ったにすぎない。パルテニアとハンナは，ハロ
ウェルの判事のうちで最も人気のあった（あるいは頼みやすかった）人物，
ジョセフ・ノースを意識的に避けたように思える[4]。

　「町のモーゼス・ポラード氏と我が娘ハンナとの婚礼が祝われた」。祝うと
いう言葉が使われてはいるものの，マーサの簡略な記述には祝いを示唆する
ものはほとんどない。近しい関係の人たちだけではなく，誰彼となく親戚や
友人を大勢呼び集める集まりはここには見られない（それどころか身近な縁
者の集まりでさえないのだ）。婚礼は日曜日に行われたにもかかわらず，サ
イラスは留守だった。サイラスにとって日曜日は普段家にいるはずの日だっ
たのに。ルーシーやエズラ・タウンがウィンズローからやってくることもな
かった。ジョナサンと彼の家族以外，客は誰もいなかったようだ。花婿の両
親はなんと言ってもバラード家とは親しい友人であったはずなのに，その姿
もない。誰かがパイやケーキを焼いたとしても，マーサ・バラードはふれて

いない。それに七面鳥のローストも婚礼の日から2日もたった火曜日まで出てこない。11月18日の項にも，特別のお祝いの印は見当たらない。「ポラード氏とピット氏がうちで食事をする。ピット氏はパルテニア・バートンと婚姻の絆によって結ばれた」。マーサの記述では，結婚式は青年たちが夕食の席にいたことを後から説明するための手がかり程度にしか見えない[5]。

さらに不思議なのは，花嫁たちが結婚後も，明らかに家を離れていないことである。11月中，ハンナもパルテニアもこれまでどおりマーサの「娘たち」のように行動している。つまりキルティングや洗濯をしたり，家事を手伝ったりしている。モーゼスやシューベールはその間行ったり来たりしているのだ。「ポラード氏とピット氏が夜やってきた」。「ポラード氏とピット氏はうちで夕食をした」。「ポラード氏とピット氏は，奥さんたちとドリーを訪問し，ポラード氏宅へ行った」[6]。パルテニアの婚礼当日の日記にある「ポラード氏とピット氏がうちで食事をする」という記述は，実はさらに大きな背景の一部だった。特に注意を引く点は，マーサが2人の名前をセットにしている点である。11月8日，マーサは2人が「夜やってきた」と書いている。モーゼスはすでに夫であり，シューベールはまさに夫になろうとしている立場である。再び11月30日，2人の青年は「朝食を食べた」。明らかに前の晩はここに泊まっていたのであろう。もし彼らがいつもここに泊まり，食事をしていたのなら，彼らがいることをわざわざ書き記す必要はなかったはずである。

20世紀の読者は〔原書は1990年出版〕こうした行動をいぶかしく思うだろう。我々が結婚式というものを1回限りの出来事，短時間で盛大な祝いの行事として理解しているからである。客が到着し，音楽が奏でられ，その場にふさわしい挨拶の言葉が交わされる。そしてめでたい行事が始まる。「婚礼」が6週間もの間あれこれの家事や家族との食事といった行事とともに延々と続くとは，我々には想像しがたい。また，花嫁が「婚姻の絆によって結ばれた」後，家で1ヶ月以上寝泊まりする（花婿はいるときもいないときもある）ような世界を理解することも，我々には難しい。しかし，実はこうしたことがバラード家や18世紀後半の多くのニューイングランドの家々で実際に行われていたのである。結婚という儀式は，結婚の意思の「公示」

第4章　1792年11月　　　　　　　　*159*

（ハンナとパルテニアの場合には結婚式の 6 週間前）に始まり，若いカップ
ルがその後同じくらいの時間をへてついに「新世帯を持つ」ことで終わるの
である。

　「新世帯を持つ」という言いまわしはたぶん「婚姻の絆によって結ばれる」
という語句よりもさらに強い響きを持っていたであろう。ハンナとパルテニ
アが実際に家を離れるまで，彼女たちは「娘たち」として生活した。そして
いったん家を離れると，彼女たちはその後永久に「娘ポラード」と「ピッツ
夫人」となるのである。後年，自分は結婚したその日に新世帯を持ったと
マーサは回想しているが，ハロウェルにおいては一般的ではなかった。日
記に登場する結婚は，すべて同じようにのろのろとした進行という共通のパ
ターンに則っている。ハンナ，パルテニア，ジョナサンたちは全員，結婚式
後 1 ヶ月以上たってから新世帯を持っている。ドリーや彼女の従姉妹のベッ
ツィ・バートンらも 3 年後に，そしてイーフレム・ジュニアも 1804 年に同
じパターンに従って結婚している（ベッツィ・バートンの結婚から家を離れ
るまでの間に，マーサは自分と「娘たち」は「疥癬のために仕事を休んで，
娘たちのかゆみがとれるよう洗った」と記している）[7]。

　ヘンリー・スウォールの日記にもこのパターンが確認できる。彼は 1786
年 2 月 9 日，ジョージタウンで結婚した。そして，妻の実家で数週間過ご
したのち，タビサを実家に残してハロウェルへ戻っている。7 月 7 日，従
姉妹か妹と思われる「エスター嬢」を伴ってタビー〔タビサ〕がジョージタ
ウンからやってきてはじめて，この若いカップルは「世帯を持った」ので
ある。すべてのケースに共通する類似点は，花嫁が実家にとどまって花婿
が――ほとんど求婚中と同じように――そこに出たり入ったりしていること
である。「ポラード氏とピット氏は，奥さんたちとドリーを訪問し，ポラー
ド氏宅へ行った」間に（その間にバラード家の人々は家で七面鳥をロースト
していた），ハンナは彼女の夫の家族をはじめて正式に訪問したのである。
注目されるのは，彼女とモーゼスは，タビー・スウォールがついにジョージ
タウンからハロウェルへやってきたときにそうであったように，他の人々に
伴われて行ったことである。

　エレン・ロスマンによると，19 世紀初頭においてさえ，結婚という儀礼

は地域社会との絆を確認するものであったという。結婚式に続いて1週間か
けて隣近所を訪ねてまわるという慣わしは，新婚旅行より広く一般的に行わ
れていた。さらに新婚夫婦が旅行するとなると，しばしば他の人々が同行し
た。この風習は19世紀の後半に変わり始めた。「1870年代初期においては，
エチケットの本は新婚夫婦が2人だけで教会を出発し，──この頃から中産
階級の結婚式は教会で行われることが多くなった──「うんざりする花嫁旅
行」の代わりに「世間の介入に煩わされない，静かなハネムーン」を楽しむ
ようにすすめた」。1880年代までには「結婚式のあと「ロマンティック」な
場所へハネムーンに出かけることが一般に期待されるようになった」[8]。

　18世紀末にあっては，ロマンスよりも新しい経済的関係を構築するとい
う，より大きな過程の方が優先された。ハンナとモーゼスにとっては，問題
は結婚初夜をどこで過ごすかということではなく，いつ，どこで彼らの新世
帯を始めるかということであった。家財道具を準備することは，娘と父母の
共同責任であったようだ。10月20日，つまりハンナの結婚式の8日前に，
マーサはフックのある店で，ナイフとフォークを1ケース，小さなスプーン
を数本，縫い物用の絹，彼女が「カンブルスティーン」と呼んでいる布地を
28 3/4ヤード買い，さらに別の店からは皿12枚を購入している。その3日
後イーフレムは，2番目の店に出かけておわん6個を（彼自身のつけだった
のか，マーサ名義のつけだったのかは分からないが）購入している。2人に
とって近づく娘の婚礼は，貸しを回収するよい口実であった。10月17日に
彼は「我々が最高裁へ出頭したことでブリッジ氏から受け取った9 1/2ヤー
ドのカンブレットティーン〔カンブルティーンのこと。羊毛をヤギ毛や綿などと混ぜ
たもの〕，麻布5ヤード，茶3ポンド，それにハンカチ1枚」を家に持ち帰っ
てきた。その1ヶ月後，マーサは錫の皿，コーヒーポット，テーブルスプー
ン6本をバートンの店で買ったとき，サヴェージ・ボルトンから受け取っ
た手形を支払いの足しにしている。

　それより前にバートン氏はマーサに姿見を進呈したが，彼女は「それを娘
ハンナに与えた」[9]。この月に受け取ったすべての品物をハンナに与えたのか
どうか，我々は知らない。鉄のやかん2つ，コショウ入れ2箱，ひしゃく2
つが11月2日の日記に出てくるが，これは関係がありそうだ。ひとりでや

かんを 2 つ使うことはありうるが，コショウ入れ 2 箱はまず必要ないであ
ろう。マーサはパルテニアに世帯道具を持たせることを手伝っていたのだろ
うか。これら購入品を全部合わせても十分とは言えない。しかし，ハロウェ
ルの世帯の道具目録からすると，1792 年 10 月，11 月に集められた品物は，
実際若いカップルが持っていたと思われる世帯道具の典型であったと言え
よう——すなわち，何枚かの皿やおわん，何本かの錫のスプーン，ナイフ
やフォーク類，コーヒーポット 1 個，1 つか 2 つのやかん，それに「スパイ
ダー」と呼ばれたフライパンといった具合である。町で落ち着いた暮らしを
していた世帯でも，持ち物はこれよりさほど多くはなかったであろう[10]。

　マーサがバートン氏の店からフックへと，台所道具や錫の器を集めて歩い
ていた頃，ハンナとパルテニアは自分たちの仕事に精を出していた。マーサ
はハンナの結婚式の 4 日後にあたる 11 月 1 日の日記に「娘たちはキルト作
りを女性たちに手伝ってもらった」と書いている。結婚生活の準備の中でキ
ルトを作ることが最も大変な作業だったのである。女性たちの援軍の第一
陣は近所の人たちで，交代でやってきた。サリー・コックスとサラ・デンスモ
アが 10 月 30 日に，ポリー・ポラード，ダムリン夫人，リヴァモア夫人が
10 月 31 日に，そして 11 月 1 日には名前が記録されていない「女性たち」
のグループが応援に来ている。パルテニアのキルトがこの 3 日の間に枠に
かけられ加工された最初のものであったか，あるいは唯一のものであったか
は分からない。

　それとは別の種類のスティッチングは，人が集まってするのではなく，
もっと集中してするタイプのもので，2 人の花嫁の全集中力を丸 1 日かそれ
以上費やした。この作業は月の後半になって始められた。ハンナは 11 月 20
日（パルテニアの婚礼の 2 日後）「ベッドキルトを刺す」仕事を始めた。し
かし，彼女はその作業を中断してタウ〔粗麻〕と羊毛の毛布を織った。11 月
26 日，彼女はキルトを「枠にかけ」，パルテニアとドリーの手伝いを得て
「彼女が寝るまでに完成させた」。次にはパルテニアの「キャラコのベッドキ
ルト」を作った。今度はマーサも娘たちとともにキルティングを手伝った。
パルテニアは翌日それを完成させている。

　たぶんこれらのキルトは，輸入品の布地でできた表地，詰め物にする梳毛

された羊毛，ホームスパンの裏地を3層に重ねて木枠によく引き伸ばしてとめ，チョークで印をつけてからキルトしたものであったろう[11]（最も手のこんだキルトには羽根，扇，渦巻きなどの繊細で複雑な装飾が施される）。アメリカで作られたことが確認されている最も古いキルトのひとつはメインのベッドカバーで，中央にハート形のアップリケが施されていることから「婚礼キルト」として昔から知られている[12]。ハート形があったにせよ，なかったにせよ，1792年の11月にバラード家で作られたキルトは，娘時代から結婚生活へ移行する明らかな印だった。その意味ではキルト作りもまた結婚という儀礼の一部であったのだ。

　マーサの日記では，結婚をめぐる慣習に比べて求婚の儀礼は分かりにくい。「今夜モーゼス・ポラードは私の娘たちとパルテニアを訪問し，夕方には彼の父親のところに行った」と彼女は1791年12月19日の日記に記している。そして「今日は私の結婚記念日だ。私はその日に世帯を持った」と付け加えている。この2つの記述を並べてあるのは単なる偶然であったにせよ予言的であったにせよ，「ポラード氏」の名前は，ハンナとの結婚の公示前にはたった4回しか日記には出てこない。事実ハンナとモーゼスが「付き合っている」というはっきりした記述は結婚の前年にはまったく出てこない。1792年3月15日，ハンナはバートン家から戻ってくる。彼女はそこで彼らの子どもたちの世話をしていたのだ。「ハムリン氏，バータン氏，ポラード氏，パトリッジ氏，ヘール〔ヘイル〕殿の奥さん，2人のビスビー夫人，ロックウッド夫人，それにサリー・ハムリンが彼女と一緒だった」と彼女の母親は日記に記している。付け加えて「女性たちは我が家で食事し，コーヒーを飲んだ。ヘイウッド氏，ポラード氏，パトリッジ氏が彼女たちと我が家の娘たちを訪問し，夕方には娘たちがポラード氏を訪問した」。この「ポラード氏」がこのすぐあとにハンナの夫になる人だということを知らなければ，大勢の訪問客の中から彼を区別するものは何も見当たらないだろう。

　姉妹たち，友人たち，既婚者，未婚者が混ざりあい，男女の数も不均等なのは，日記に記録されている若い人々の集まりには典型的だった。また，こうしたグループが「ポラード氏のところ」あるいは「トーマス氏のところ」——つまり町の2つの酒場——に集まるのもごく普通のことだった。

たとえば，1793 年 10 月 11 日，ハンナとパルテニアの結婚 1 年後に「エベネザー・ヘイル殿と奥さん，ストラットゥン氏の奥さん，娘ポラード，ピッツ夫人がうちで食事をした。ドリーとサリーも皆と一緒にポラード氏のところへ行く」とある。ドリーは 21 歳，バラード家の新しい女中サリー・コックスは 18 歳になったばかりだったのだが。当時，酒場や他の場所で開かれる男女の集いに，若い娘が誰かの付き添いつき，あるいはひとりで参加することになんのタブーもなかったらしい。10 月 30 日には「ドリーとサリーは夕方，トーマス氏のところへ行く」とマーサは日記に記している。彼女の1794 年 12 月 23 日の記述──「ドリーとサリーはキャピンス氏のところのダンスに行く。ランバート〔ランバード〕氏という人とホワイト氏が 2 人に付き添って行った」──は，我々が男女の付き合い，あるいはデートと考える稀な例である [13]（マーサがバーナバス・ランバードを「ランバート氏という人」と書いているのは，その後彼女の義理の息子になるこの人物が，この段階ではどちらかと言えば未知の人だったことを示している）。

　ドリーの交際は 4 ヶ月間続いた。しかし日記の中では 3 回しか出てこない。「ランバート氏とホワイト氏はうちで一晩を過ごした」とマーサは 1795 年 2 月 11 日に書いている。3 月 1 日，チャールズ・ギルとベッツィ・バートンがバラード家で結婚したとき，ランバードは式に参列した人々のひとりであった。3 月 15 日，ギル夫妻が世帯を持つまでの期間，マーサは「ギル氏，ランバート氏，D. リヴァモアがうちに泊まった」と新婚の夫，求婚中の男，偶然の訪問客を十把ひとからげに扱っている。4 月 19 日には「バーナバス・ランバートは私たちの娘ドリーと結婚することを認めてほしいと申し出た」。2 人の結婚の意思は翌日公示され，結婚式は 5 月 14 日に行われた。式はブルックス殿が執り行った。

　マーサの日記においては，我々がロマンティックな恋愛につきものと考える激烈な情熱は，単なる常軌を逸した行為としかみなされていない。「ポリー・ハムリンが結婚を拒否したことを理由に，スミス氏が家出して自らの命を絶つおそれがある，との知らせがあった」と 1786 年 2 月 27 日，彼女は日記に記している。ふられた求婚者の大騒ぎは，しばらくの間ハロウェルの町で心配の種となった──そしてちょっとした退屈しのぎでもあった

のだ。「スミスとポリー・ハムリンのことは目下いたるところで話のタネになっている」とマーサは隣人のところでお茶を飲んだあと、日記に記している。3月5日までの間にスミスが首を吊ったとの噂を耳にする。しかし10日後には、彼は自分の運命を諦めたと見えて、町に戻っていた[14]。これとは対照的に、マーサは自分の子どもたちの求婚期間については、黒い七面鳥が巣篭もりしたと日記に記すのと変わらない気軽さで書き記している。

　仮にハンナとドリーが日記をつけていたとしたら、ロマンスの軌跡はもっとたくさんあったかもしれない。しかし、経済的（そして時には魂の）パートナーシップを求めるという伝統的な結婚観と、性的魅力やロマンスを強調する、おそらくは新しい考え方との間に、明確な線引きをするのは間違いであろう。ニューイングランド北部には、性的魅力が求婚の中心的役割を果たしていたと見られる証拠には事欠かない。しかし、そうした動機と、農場や家業で立派に一人前の役割を果たす働き者で、子どもをたくさん産んでくれそうな配偶者を求めるという動機との間に、本質的矛盾はないのである。ニューイングランドで「フロリック〔陽気なレクリエーション活動の意味〕」としばしば呼ばれるグループワーク・パーティーが、こうしたつながりをいっそう強固なものにしたであろう。

　ハンナの結婚前2年にわたって、毎年秋にはバラード家ではキルト作りが行われた。それはいつも、青年たちがダンスにやってくる前の数日間にわたって、ひとり仕事あるいはグループ仕事で行われた。1790年11月8日、「娘たちはベッドキルトを作った。それから夜は皆でクラッグ〔クレイグ〕氏のところへ繰り出した」。翌日、「娘たちはキルトを2つ完成した。夜はハンナ・ロックウェルとベンジャミン夫人が手伝ってくれた。我々はひき肉とカボチャのパイを焼いた。ポーター夫人が来る」。そして11月10日には「近所の人たちが私の娘たちのベッドキルト作りを手伝ってくれた。来てくれた女性たちは全部で15人であった。彼女たちは午後3時に仕事を始めた。夜7時には完成して枠からはずす。12人の青年たちがお茶を飲む。夕食後彼らは少しダンスをする。皆とても行儀がよい。夜11時前には全員帰宅する」。

　翌年の9月19日、マーサは彼女の娘たちが「ベッドキルトを刺して」その日何時間かを過ごしたと書いている。しかし、このキルトが次の世紀に一

般的になった手のこんだパッチワークである可能性は小さい。それというのも，彼女たちはこの日のうちにキルト作りの他に，家族の洗濯物をどうにか片付け，夜は夜でモーゼス・ポラードと一緒に近所の家へ出かけているからだ。その翌日彼女たちは「ベッドキルトを枠にはめ」，そして「ケーキやパイを焼いた」。9月21日には，若者たちがお茶とダンスにやってくる前に「彼女たちはキルト作りをして，ひとつを完成し，もうひとつの一部にキルトを施した」のであった。

　若者たちは娘たちがキルトの完成を祝うのを手伝った。家や納屋の完成を祝うのに，娘たちが集まってダンスをするのと同じことであった。トウモロコシの皮むきの折にも，若い人たちが働き，かつ楽しむために集まった——そして時には奔放な飲酒とセックスのために集まった[15]。水車小屋の棟上げのとき「大勢の人や子ども」の中に「酩酊している」人はほんの少ししかなかったことで，マーサは本当にほっとしたのだった。キルト作りのあとのパーティーについてのコメント，「夜11時前には全員帰宅する」は，その後デンスモア宅で行われたトウモロコシの皮むき，キルトのパーティーについての彼女の記述，「そこへ出かけたうちの子どもたちは遅く帰宅した」，あるいは冬のフロリックについての記述，「ジョナサンと娘たちは橇乗り遊びに出かけ，夜中の12時半に帰宅した」と際立った対照をなしている[16]。

　マーサはめったに礼拝には行かなかったが，たまたま出かけたときに，ちょうど町に来ていたある牧師（「立派な老紳士」）が「若い人向けの」説教をするのを聞いた。「彼の説教はとてもよかった」と彼女は書いている。「将来のために，この説教が彼らの心に深く刻み込まれますように」[17]。ひとりの親として——また助産婦として——彼女は町の若者たちが直面する危険を十分承知していたのである。しかし，自由と「フロリック」パーティーに耽ることは制限されていた。納屋の棟上げやトウモロコシの皮むき会は，たしかに性的な実験や大酒を飲む機会を提供したとはいうものの，重労働への意欲と集団への責任感を強めた。酒場も，ダンスや酒を飲むパーティーの場であるとともに，政治的集会，愛国的祝賀会，またある時代には町役員会や裁判所の場でもあったので，純粋にレクリエーションの場であることはなかった。18世紀のハロウェルにおける求婚のパターンや婚礼をめぐる慣習

は，性別役割を強化し，集団への帰属意識を奨励し，その結果，それほど明白ではなかったにせよ，セクシュアリティが表現される境界を維持したのである。

1791年10月23日は雪だった。その日マーサはサリー・ピアースに呼ばれた。この出産は婚外の出産であったので，彼女は分娩の場で何を尋ねるべきか心得ていた。彼女にはまたサリーがどう答えるかも分かっていた。

　　彼女は午後1時立派な男の子を無事出産。彼女の痛みは激しかったが，元気を回復したところで私は日暮れ近くになって…帰宅する。サリーは，私の息子ジョナサンが赤ん坊の父親だと言った。

　日記の余白にマーサは「サリー・ピアースの息子。27番目の出産」とさりげなく書き込んでいる。

　この日記の意味するところを十分理解するには，18世紀のニューイングランドにおける未婚の母の法的立場について知っておく必要がある。マサチューセッツ法は，結婚していない男女の性交渉を例外なく犯罪と定義していた。17世紀から18世紀初頭までは，裁判所は，結婚せずに子どもを持った男を，関係した女性と同じように厳しく罰しており，しばしば分娩時の母親の証言に基づき父親を特定した。しかし，18世紀半ばまでには，未婚者同士あるいは既婚者と未婚者間の密通は女性の罪となったと，ほとんどの歴史学者は主張している。

　ウィリアム・ネルソンは，1760年から1774年の間，マサチューセッツにおいてはいまだに密通の告発が刑事事件全体の3分の1以上を占めていたが，婚外子の父親が実際に起訴されたのはわずか1件のみであったとしている――それは白人女性と同棲していると疑われた黒人男性のケースである。18世紀末までには，女性に対する告発も裁判所の記録から姿を消してしまった。起訴の件数は1760–1774年には年平均72件であったものが，独立戦争の頃には年平均58件と減少し，1786年以降は年5件以下になってい

第4章　1792年11月 *167*

表1　リンカーン郡裁判所一般の部，密通と父親の確認事件数，1761–1799 年

年	女性	男性「不明」	告発	有罪
1761–1765	9	2	1	1
1766–1770	20	3	3	2
1771–1775	11	2	0	0
1776–1780	12	1	2	1
1781–1785	21	0	4	4
1786–1790	0	0	3	2
1791–1795	0	0	6	6
1796–1799	0	0	0	0

注　ケネベック郡は 1799 年にリンカーン郡より分離した。新しい郡の初期には，一般の部記録簿に
　　密通あるいは扶養に関する件は記載されていない。残念ながら 19 世紀初期の裁判所記録は散逸し
　　ている。

る。1790 年以後，ネルソンがコモンウェルス全体〔コモンウェルスとは州・準州を指し，公式名としては当時，マサチューセッツ，ペンシルヴァニア，ヴァージニア，ケンタッキーに用いられた。ここではマサチューセッツ州全体を指す〕で見つけることのできた起訴の件数はわずか4件にすぎない。リンカーン郡の記録も同様の減少傾向を示している。1761 年から 1785 年の間に，密通あるいは関連の犯罪で告発されたのは，73 人の女性とわずか 10 人の男性であった。1785 年以後，告発された女性はいない[18]。

　こうした変化の意味について，歴史学者たちはいまだに論争を繰り返している。自由化の動きを強調して，裁判所は清教徒的道徳規範の遵守より資産をめぐる紛争の調停に力を入れるようになり，性は個人の問題になったという人もいる。密通の告発の減少は，社会における世代間の緊張の反映であり，社会は清教徒的律法主義を捨てたものの，ヴィクトリア朝のような個性を抑圧するしくみがまだできていなかったからだという人もいる。より最近の研究は，ジェンダーの視点を強調する。すなわち，密通をめぐる司法手続きの変化は，女性のセクシュアリティをめぐる，18 世紀の誘惑小説に鮮やかに示されたより大きな議論を反映したものであり，その一部は当時まかり通っていた性の二重基準に真っ向から挑戦した，というものである[19]。

　こうした数々の証拠に対して，サリー・ピアースの産褥での宣言は，古風

で前時代への不可解な逆行のように見える。だがそうではない。マーサの日記や関連の法的文書から見ると，この時代に性的行動が本当に個人的問題になっていたかどうか，疑わしい。ハロウェルのような新しく人が住みついた木材の町でさえも，性の規範（それは清教徒的でもヴィクトリア朝的でもなかったのだが）は明白に決まっており，共同体として守られていた。裁判所が性的逸脱を告発することは稀ではあったが，それは目に見えない管理のメカニズムが十分に強力だったからということを，マーサの日記は示している。この日記は，二重基準を明らかにするのに，裁判所の一般の部における記録やエリートの記録文書を用いることに疑問を投げかける。この時代には，男と女の責任を定義するに際してはたしかに不公平が存在した。しかし，田舎の町や村において，昔の小説にあるように婚外で子どもを産んだ女性が破滅させられたり，村八分になったりするという証拠は見当たらない。

　検察の二重基準は，1668年のマサチューセッツ法に始まった。この法によって，分娩途中に未婚の母に子どもの父親が誰かを訊問するというイギリスの慣行が導入された。一見したところ，分娩最中の産婦を訊問する，というのは，いやがらせ以外の何物でもない。だがこれは実際にはひとつの形式にすぎず，その女性，女性の親戚，時には町の町会議員に，子どもの養育費の請求権を得させるための仕掛けであったのである。彼女の名指しした男を密通のかどで有罪とすることはできなかったが（有罪にするためには本人の告白，あるいは証人が必要であった），圧倒的反証がない限り，彼はその子の「父親と称され」，子どもの養育費の負担を求められる。このやり方は，陣痛の絶頂期に証言を求められた女性は嘘をつけないだろうことを前提としている。

　事実，初期の裁判所はこの種の証言を疑うことにきわめて消極的であった。メイン地区ケタリーのアリス・メザレルは，婚外子のケースで虚偽の誓言をしたかどで有罪になったことがあったが（彼女は白人男性を名指ししたが，黒人の子を出産した），1695年にはジョン・トンプソンに養育費を負担させることができた。さらにこの男が起こした口頭誹毀の訴訟にも勝っている。時代は下って1724年には，バスシェバ・リストンのダニエル・ポールに対する告発は，その前年夏にある証人が証言してはいたが，成立した。

「若い男が持っている自由に比べて，若い女はなんという大きな自由を持っているのだろう，と彼女は言った。また，私は若い男の誰とでも子どもをつくって，自分が勝手に選んだ相手のせいにすることができる。だって女にはその自由が与えられているのだもの，とも言った」[20]。裁判所は明らかに，虚偽の告発よりも，父親のいない子どもを公共的に扶養しなければならないという問題の方を懸念していた。だからと言って法を意地悪く解釈する必要はなかろう。それはイギリス社会における一般的前提，すなわち，チェサピークでもニューイングランドでも同じくらい明白だった，地域社会の性的価値体系の守護者は女性であるという考え方に形を与えたのであった。その点に関して，司法手続きにおける証人は，母親自身と同じくらい重要な存在だった[21]。

18世紀中葉の数十年間における，マサチューセッツの密通をめぐる司法手続きの変化を調べた研究は，ネルソンの全般的研究の他にはほとんどない[22]。

第1子が早すぎる時期に生まれた既婚の夫婦に，裁判所が罰金を科すのを次第にやめたことを我々は知っている。しかし，18世紀半ばから裁判記録の大半を占めるようになる未婚の母に関しては，我々はほとんど知らない。残念ながら初期の研究は，密通事件と父親確認訴訟とを結びつけることをしなかったために，変化の方向をたどることは困難である。また，これら初期の研究は，司法手続きの変化が書類上にどのような影響をもたらしたかという点に，ほとんど注目してこなかった。

1786年の「密通の処罰および婚外子の扶養に関する法」は従来の法における考え方を強めた。しかし，それはある重要な変化をもたらした。新しい法は，女性が1人の治安判事の前で自発的に罪を認め罰金を支払うことによって（罰金は初犯6シリング，以後12シリング），裁判所の一般の部に出頭して密通の告発に答えなくてもよいとしたのである。ウィリアム・ネルソンは，これが性的行動を非犯罪化する最初のステップだったと考えている。そうかもしれない——しかし彼は，新しい法のもとで女性が父親確認訴訟が起こしやすくなったという事実を見落としている。仮に女性が最初にある男性の名をあげたとする。それから「分娩時に同様の告発があればそれは

尊重され，真実が分かったこととなり，ただちにその人の告発となる」。その男は裁判所の一般の部で審理され，有罪となれば子どもの養育の義務を負わされた[23]。事実，2つの過程は通常はひとつの形でつながっており，密通を認めることは，その子の養育を求めて訴訟するための第一歩であることを示唆していた。

　サリー・ピアースはまさにこの手続きをとったのであった。1791年7月19日，サヴェージ夫人が訪ねてきて，「私の息子ジョナサンによって子どもができたとサリー・ピアースが誓言し，息子は令状をもって逮捕された。アビシャ・コーウェン氏が保釈の保証人として法廷に出る」と知らせてくれた，とマーサは書いている。10月になると法が定めるとおりに，サリーはマーサ・バラードの前で父親の名前を確認した。このように父親を名指したのは彼女だけではなかった。日記に出てくる20件の婚外出産のうち13件について，マーサは父親の名前を記録している。彼女が用いている重々しい表現は法の定めるところに従って，彼女がたしかに「証言を聞いた」ことを示唆している。たとえばルーシー・ショーは「子の真の父親はデイヴィッド・エドワーズであると誓言した」[24]。マーサが父親の名前を記録していないケースのうち，5件については特異な事情が絡んでいた。2人の赤ん坊は死産であった。そのうちの1件は母親が分娩時に痙攣を起こしたのである。もうひとつのケースでは，マーサは「夜明け頃サラ・ホワイトに呼ばれた。彼女は第4子の出産で陣痛に襲われていたが，彼女は未婚だ」と書いている[25]。

　残り2つは自由黒人女性のケースである。その女性はメヒタブル・スローカム，マーサは日記の中ではこの人物のことをいつも「黒人ヒッティ」と言っている。ヒッティの最初の出産に際して，マーサは父親の名前についてはふれていない。別の出産にあたって，日記の本文中ではなく余白に「ニコラス」と記し，「この人はポルトガル人で，ナンタケットからハッシー夫人によってここへ連れてこられた人物」と書き加えている。日記にこのような形で書かれているということは，彼女がたまたま入手した情報を伝えているだけで，他のケースのような厳粛な証言によるものではないことを示唆している。ヒッティはマーサの助産婦の日記においては変則的な位置を占めてい

第 4 章　1792 年 11 月

表 II　マーサ・モーア・バラード日記，1785–1812 年，父親確認の記録

出産総数	814
未婚の母による出産	20（2.4%）
母親が父の名を明らかにしたケース	13
母親が父の名を明らかにしなかったケース	7
死産	2
「黒人ヒッティ」	2
サラ・ホワイトの第 4 子	1
不明	2
第 1 子出産総数（1785–1797 年）	106
婚外妊娠	40（38%）
婚前妊娠	31（29%）
婚外子	9（8%）

たが，それでも結婚契約にこぎつけた。赤ん坊の出産から 6 ヶ月後，町の書記官は「ニコラス・ヒルソンとヒッティ・スローカム（黒人）」の結婚を記録しているのである[26]。

　これら一連の出来事は，出産における告白はマーサではなく母親たちのイニシャティヴのもとで行われたこと，そして，養育を求める訴訟手続きの一環だったことを示している。黒人の召使や何人もの婚外子の母親が父親確認の訴えを起こす可能性は低い。死産は問題をうやむやにしてしまう。マーサが父親の名前を記録していない残り 2 つのケースについて，明白な説明はない。これら 2 人の若い女性は，単純に赤ん坊の父親と対決することを避けたのかもしれない。注目すべきは，マーサの患者の中で 4 人の子どもを産んだサラ・ホワイトだけが，リンカーン郡の四半期法廷記録に登場するという事実である。さらに彼女が記録に登場するのは 1782 年の 1 回限りである。このとき彼女は大陪審による審理の後，4 シリングの罰金を科されている。

　とじられていない裁判のファイルの中の断片的書類は，日記に登場する別の 2 つのケースと関連している。これらのケースは，他のケースが踏まなければならなかった手続きを示している。アビゲイル（「ナビー」）・タワーは 1794 年 4 月 19 日，妊娠 3 ヶ月の時点で，ナサニエル・ダマーの前で，モーゼス・パーマーに責任があると訴えた。ダマー判事は妊娠の時と場所と

を尋ねた。彼女は，1794年1月5日のことだと答えた。「どうしてそれが分かるのかね」と彼は続けた。「そのときだったと私には分かるのです」と彼女は簡単に答えた。妊娠はどこで起きたのだろう。「ジニス・ラスロップ氏の部屋」。そのとき誰かと一緒だったのか。「いいえ誰とも一緒ではありませんでした」。彼が彼女の意見に質問したり，別の証人を求めたりした形跡はない。子どもが「もし生きて生まれれば婚外子になる」と判断して，ダマーはパーマーの逮捕状を出した。そして子どもが生まれたら法廷に出廷するよう，誓約書によって彼に義務を負わせた。ナビーは10月11日の出産の際にマーサの前で告発を確認したが，1月に次の法廷が開かれたときには，モーゼスはすでに法的束縛から解放されていた。たぶん，母親となんらかの合意に達したからであろう。

　マーサの日記にしては珍しいゴシップから，我々は別のケースについて知ることができる。1788年11月6日，彼女は自分の娘たちが近所の家から帰り，「ハンナ・フレッチャーが，ジョセフ・フラーによって身ごもったと誓言した」というニュースをもたらしたと記している。リンカーン郡裁判所の記録ファイルにあるエベネザー・ファーウェル，JP〔Justice of the peace, 治安判事〕のサインの入った1枚紙のメモには，11月3日にハンナ・フレッチャーが自ら出頭し，ジョセフ・フェローズの逮捕状が発せられたことが記されている。ファーウェル殿の前で行われた審問の3日後に，バラード家の娘たちがニュースを持ち帰って母親に知らせたということは，治安判事のところに出頭したことはある意味，公知の事実だったことを示す。マーサはハンナの出産には立ち会っていないので，彼女が最後まで名指しした男の名前を変えなかったか，あるいは赤ん坊が月満ちて生まれたのかどうかなどは分からない。

　郡裁判所における密通に関する法的手続きは，地域社会に根ざす法の執行システムの頂点をなすものであった。一連の手続きは個々の判事や助産婦によって始められたが，記録を残す人はきわめて稀であったため，裁判所の公式記録は最も事件の一端を覗けるものであった。裁判所の一覧表に女性の方が多く載っているという事実は，男性を密通で告発することの重要性が薄れたことよりも，父親確認の手続きが自発的なものであったことと関連があ

表III　ナサニエル・スウィング「犯罪記録」,
1773–1803 年における密通に関わる立件数

密通事件総数	10
女性のみ	4
男性のみ	5
男性および女性	1
スウィングの記録と裁判所記録の双方に記載された事件	
女性	3
男性	1
裁判所記録に相手方の記録があり，スウィングの記録には記載のない事件	
女性	2
男性	0

る。法的手続きの構造そのものが，ある男性が父親であると確定する手続き
を正式なものとするには，まず女性が密通を認めることを要件としたのであ
る。手続き初期の段階——つまり，治安判事による審問，出産時の証言——
では男性も女性も見えている。しかし，男性がこの告発に対抗して争うより
和解を選んだとすると，あるいはまた，女性がなんらかの理由で告発を取り
下げたとすると，男性の名前はその時点で消えてしまうが，密通に関わった
女性の有罪判決は残るのである。

　1786 年以降のとじられていないファイル書類には，裁判所に持ち込まれ
たが決着に至らなかった 4 つの父親確認訴訟があった。メイン地区ウール
ウィッチの治安判事であったナサニエル・スウィングがつけていた記録簿
は，それ以前にも同様のパターンが存在したことを示している。彼の記録簿
は現存する記録が辛うじて——散逸を免れたものであることを示している。
父親確認訴訟は一般的に何ヶ月もかかるために，関わる判事が 1 人ではな
いこともある。スウィング 1 人が扱ったケースについてさえも，記録が完
全であることは稀である。1773 年から 1798 年〔原書ママ〕までの間に彼は，
10 件の密通事件や父親確認事件に関わる自白，令状，誓約書を記録してい
る。もちろんこのことは 20 人の人々——10 人の男性と 10 人の女性——が
法廷の判決の対象になりうるということを意味している。彼の記録にはこの

うち5人の女性と6人の男性に対する判決が見える。さらに女性のうちの3人，男性ではわずか1人が，一般法廷の正式書類やリストに出てくる。スウィング記録には見られない女性が2人，一般法廷の正式書類には記載されている。しかし，男性は出てこない。スウィングの記録を我々のモデルとして用いるとすれば，地域で告発された女性の半数，男性はその10%だけが，郡裁判所の記録に名をとどめていると結論づけることができる。

　男性が正式に無罪になったわけではないのに告発が取り下げられているという事実は，強調してしかるべき要点である。もし女性側が告発に固執し，あらかじめ決められた手続きをとれば，有罪判決を勝ち取ることはもちろん可能であった。1761年から1799年の間にリンカーン郡で法廷に持ち込まれた19件の養育費裁判のうち，無罪放免になったのはわずか3件にすぎなかった。勝訴の可能性が高いにもかかわらず，なぜそれほど多くの女性たちがすすんで和解に応じたのか，今となっては理由を知る由もない。告訴を取り下げる現象は，個人の行動の訴訟に関わる人々にとっては，今日でも見慣れたものである。カップルが仲直りしたという場合もある。リンカーン郡裁判所のファイルにある1794年1月の1枚の紙片には，バースのメアリー・クロウフォードのかろうじて判読できる字で署名されている。彼女はその中で「前述のバースのサミュエル・トッドは私を妊娠させたことについて，私と結婚することによって，私と子どもに満足のいくようにすると約束した。そこで私は自分の始めた告訴を取り下げたいと思う」と申し立てている。

　ウールウィッチのジョアンナ・トロットとジョン・ライトとの交渉は，それほどうまくはいかなかった。1788年5月，ナサニエル・スウィングはジョアンナを名誉棄損で有罪とした。彼女の恋人の父親は，息子が子どもを引き取って彼の家で養育すると申し出たが，彼女が「いいえ，私は子どもをそこへは連れていかせません。なぜなら苦情を申し立てている人とその妻は，子どもを殺してしまうからです。彼らはすでに2人か3人の子どもを殺しているのだから」と言ったためである。父親確認訴訟事件はしばしば和解によって決着したといっても，決して簡単に，友好的に和解が成立したという意味ではなく，法廷に持ち込むぞという威嚇は実際に告発するのと同じくらい有効だったというにすぎない。

第 4 章　1792 年 11 月　　　　　*175*

　サリー・ピアースの事件においても同様であった。公式記録には，彼女が子どもの養育費をめぐってジョナサン・バラードを訴えたことを示す証拠は何ひとつ残っていない。もっとも日記には彼女が訴えたことが記されているが，サリーの行動の記録は消失している。なぜならうまく問題が解決したからである。ジョナサンは 2 月に彼女と結婚した。子どもの誕生の 4 ヶ月後，そして彼の裁判の予定されていた日の 1 ヶ月前のことであった。

　密通裁判は稀であったが，密通そのものは稀ではなかった。1785 年から1797 年の間に，マーサは 106 人の女性の第 1 子を取り上げている。乳児のうち 40 人，すなわち 38% は婚外にできた子どもであった（表 II 参照）。彼女たちの大多数（40 人中 31 人）は，出産の時点で子どもの父親である男性と結婚していた。これら母親たちの場合，結婚と出産の間隔は平均 5.6 ヶ月であったが，嫡出と庶出との区別を不明確にするような「ニアミス」も少なくなかった。「陣痛の始まったジョン・ダンの妻を診てほしいとヤング氏に呼ばれた」とマーサは 1799 年 8 月 25 日の日曜日に記している。「彼女は夜7 時 30 分，無事立派な男の子を出産…ダン氏は去る木曜日に結婚した。彼はこの 7 月，20 歳になった」。

　婚外に懐妊した女性たちは，そうではない女性たちと根本的に異なっていたのだろうか？　たぶん 2 つのグループの間には，特別な違いはなかったであろう。未婚の母，妊娠している花嫁，妊娠していない花嫁が同じ家族から出るということも，しばしばあったのである。町の指導的立場にあった家族においてさえも，結婚前の妊娠は一般的であった。マーサは 1778 年から1800 年までの間に，ハロウェルの町の理事を務めた 17 人の男たちの子どもや孫を取り上げている。ある人は自身が（結婚前に）婚外子をつくったことを告発され，別の 2 人は結婚前の妊娠という出来事を家族の内に抱えており，さらに別の 5 人は結婚前の妊娠と婚外子の出生の両方を経験した。イーフレム・バラードは最後のグループに属している。彼は疑いもなくちゃんとした市民であり，町の牧師採用委員会や教会堂建設委員会の委員，町役員会の議長として，町の理事を 4 期務めている。バラード家の子どもたちで結婚した 5 人のうち 3 人（ルーシー，ジョナサン，それにイーフレム・ジュニア）は，結婚前に彼らの第 1 子ができている。ルーシーと一番下の弟は

赤ん坊が生まれる前になんとか結婚したが，ジョナサンの場合はすでに見たとおり，そうではなかった。

ハロウェルで長年にわたって町のリーダーであったダニエル・サヴェージには3人の娘がいたが，彼女たちの初産はマーサの日記に見られる。マーサ・サヴェージは結婚した時点で妊娠していたが，ハンナはそうではなかった。そしてレイチェルは婚外子を死産し，数ヶ月たって結婚している。第4子を「未婚のまま」出産したサラ・ホワイトは，やはり町の理事の娘であった。彼女の姉妹のひとりは婚外子を生み，もうひとりは結婚後1ヶ月で出産した。

結婚外で出産する女性たちがいる一方，どうして他の女性たちはそうではなかったのだろう？　違いの原因のひとつは，相手の選択の問題であったのかもしれない。妊娠した恋人と結婚した男たちの87%は，町でしっかりした地位を占めている家，または1790年と1800年のセンサスで持ち家を有する家の息子たちである。一方，結婚しなかった男たちの中でこうした家の息子であったのは，わずか39%にすぎない。これらの男たちは激怒した女性やその父親が復讐する前に逃亡してしまったのだと考えたくなる。それよりさらに可能性が高いのは，こうした男たちは船乗りとか樵などの仲間で，もともと町とのつながりが希薄であり，したがってそこに住む女性との関係も薄かったということである（既婚，未婚にかかわらず，ハロウェルの男たちの中には，同じようによその港町の女性たちと行きずりの性的関係を持つ者もいたのである）。

サリー・ピアースの姉妹やヒッティの場合は，社会的地位の違いが問題であった（我々は後の章で彼女のことに戻ることにしよう）。その他の女性たちの場合は，婚約期間中に明らかになった，折り合いのつかない不一致という単純な問題だったかもしれない。ベッキー・ホワイトはセス・パートリッジとの婚約を1787年1月に公にしたが，結局結婚しなかった。そして彼女は11ヶ月後に彼の子を出産したのであった。ポリー・サヴェージ，つまりバラード一家が水車小屋に住んでいたとき，彼らのために糸紡ぎに精を出していた若い娘は，1788年の11月に出産した。エリヒュー・ゲッチェルとの婚約を公にしてから1年以上もたってからのことであったが，彼は結局別

第 4 章　1792 年 11 月

の人と結婚した。ポリーは 1790 年にエビーザー・ベンジャミンと結婚する
まで（彼女はそのとき妊娠 3 ヶ月であった），幼い娘を自分の両親の家で育
てていた。未婚の母たちは実家にとどまり，いずれは結婚するのが一般的で
あった。

　これはメインに限ったことではなかった。結婚前の懐妊は，ニューイング
ランド全域で新しい町でも古い町でも，ハロウェルでもオックスフォードで
も，一般的なことであった。そうした事情は少なくとも 1 世代の間にわたっ
て続いていたのであった。マーサとイーフレムは，第 1 子が生まれるほとん
ど 2 年も前に結婚していた。しかし，イーフレムの姉妹ハンナ・タウンを含
む彼らの兄弟姉妹の何人かは，結婚してすぐに赤ん坊が生まれた。すでに見
たようにハンナの息子，イーフレムの娘は，この伝統を次世代に継承してい
る。マーサの妹ドロシー・バートンは，結婚の時点で妊娠 5 ヶ月に近かっ
た。彼女とステファンが彼らの娘たちにつけた名前を考えると，彼女の話は
特に興味深い。サミュエル・リチャードソンの『パメラ』という小説は，雇
い主の息子の性的誘惑に敢然と抵抗することによって，ついには彼と結婚す
る女中の話である。小説『クラリッサ・ハーロー』のヒロインは，それほど
幸運ではなかった。彼女は結婚を強制する両親によって残酷なラヴレースの
腕の中に投げ込まれ，レイプされたあげく放置されて死んだのである。結婚
した時点でパメラ・バートンは妊娠してはいなかった。クラリッサ・ハー
ロー・バートンは妊娠していた[27]。

　しかし小説にしてもよいような人生を生きたのは，彼女たちの姉妹ハンナ
であった。両親とともにオックスフォードに戻ったのち，彼女は 2 人の子ど
もを産むが，その父親は雇い主で，その人の妻は病弱であった。20 年後に
彼の妻が亡くなったのち，彼は正式にハンナと結婚する。しかし，末の息子
の自殺を阻止するには遅すぎた。彼はブラウン大学の学生であったとき，侮
辱されて自ら命を絶った。しかし，長子はウースター郡の名士となった。あ
る家族史家の言葉によれば，ハンナの子孫は「彼女のことで恥ずべきことは
何ひとつない。というのは彼女は特筆すべき，かつすばらしい遺産を子孫に
与えたからだ」。

　ハロウェルにおいて，政治や宗教上の立場について人によって意見の違い

があったのとまったく同じように，性の問題にどのように対するかということについても，いろいろな立場があったことは確かである。一部の家では婚前交渉を大目に見ていたであろう。また一部の家では，公明正大で礼儀にかなったやり方を奨励したであろう。とはいえ，町のほとんどの人々は，一定の基本的考えを共有していた。そのひとつは，懐妊した場合，たとえ順序が前後したとしても結婚がなされなければならないということ。もうひとつは，婚外子に対しては，母親だけでなく父親も責任を持つこと。求婚における性的な行動は，成人への，よき市民への包括的な移行や経済的生産性と結びつけられていた。出産という地域共同体での儀式は，男性だけでなく女性をも性的存在として認めることであり，父親としての権利とともに義務をも確認するものであったのである。

　こうした現実は18世紀の誘惑小説と際立った対照をなしている。この種の小説の中では，無垢な若い女性が常軌を逸した恋人の企みによって，どういうわけでか，共同体から切り離される。彼女たちは見知らぬ外国で捨てられたり，謎めいた別荘に幽閉されたり，いずれとも知れぬ土地の酒場に取り残されて死んだりする[28]。スーザン・ステイヴスが述べているように，このような誘惑の構図は，歴史の特定の時期に関連している。歴史のどの時代にも一部の女性たちは密通に関わった。しかし「これらの女性たちが甘美で悲しい存在と見られているとは限らない。逆に，彼女たちは忌まわしい誘惑者，呪われるべき罪人，卑しい犯罪者，性的自由のパイオニア，うんざりするような馬鹿者，あるいは，ただのごく普通の人物として見られていることもある」とステイヴスは書いている。18世紀の読者たちは，こうした女性たちに涙を注いだが，彼女たちが無力であったためばかりではない。「彼女たちを誘惑者に対して脆弱にする資質——つまり，美しさ，無邪気さ，愛情を受け入れる受容力——が，まさに文化的に女性に望ましいとされた特質だった」からである[29]。

　そういった価値体系はケネベックでも見られる。1795年にリンカーン郡のある女性が，郡裁判所にある男性を訴えた。その言い分は，男性が3年間にわたって彼女に求婚し，「彼のいろいろな心遣いや確信に満ちた態度，誓言，そして気持ちは変わらないという保証により」（こうした表現の裏には

法律家の存在が感じられる），「非常に好ましい人物との印象を与えたので」，彼女はついに同意した。しかし彼は，「巧妙に，目立たぬよう，残忍に人を欺き，誘惑し，彼女の純潔と処女の幸せを奪い去ろうと」し，「ついにその残酷な目的を達した」。妊娠し，誘惑者に捨てられ，彼女は「悲惨な状態に陥り，名声は永久に失われたのである」[30]。この事件で注目すべき点は，この女性が民訴裁判所で民事訴訟を起こすことによって，町の治安判事に対して父親確認の訴えを起こすという，昔ながらの司法手続きをあえて避けたことである。彼女は，自分の「純潔」を守ることと，密通を認めて自発的に科料を支払うことを同時にはできないと考えたのだろう。この誘惑者は無罪になっている。

　この話はまるで小説のページからそっくりとってきたもののようである。センチメンタル文学では，もちろんヒロインは訴訟を起こすことなど決してしない。しかし，彼女の切々たる訴えの言葉は，当時の小説の議論を反映している。つまり，女性が無垢であり，たいていの場合女性が受身であるという前提に基づくのである。これとは対照的に古い司法制度は，若い女性に老女と協力して男性の落ち度の目撃証人になることを求めた。古い法制度はまた女性のセクシュアリティを受容し，肉体の罪を認めることをも求めたのである。こうした制度はレイプといった概念とは無縁であったし，ましてや女性を誘惑し捨てるなどということは視野にない。その実際的前提は，女性が妊娠したとすれば，それは彼女がなんらかの意味で黙認したということなのだ。それでもこのような制度は，男性に自らの行為に対する責任をとらせた。センチメンタルなヒロインが陣痛の只中で自分を誘惑した男の名前をあげたり，町の治安判事に向かって懐妊の日や場所を告げたりするとは想像しにくい。彼女たちは裏切り者と対決するより，むしろ死を選んだのである。ハロウェルにあっては，裏切られた女性たちは現金で決着をつけ，それから他の男と結婚した。センチメンタル文学のヒロインにとっては，自分を誘惑した男との結婚を強制されることは，サリー・ピアースにとってもそうであったように，到底受け入れられない決着であった。

　サリーが10月にマーサに対して告白したことを知らなかったら，1792年の初冬におけるジョナサンについての記述にこめられた不安や懸念，あるい

は緊張感を簡単に見落とすだろう。「ジョナサンは昨夜家に戻らなかった」とマーサは12月29日に書いている。さらに1月6日，「ジョナサンは昨日から帰ってこない」。同じ文句が1月11日，1月29日にも見られる。そして2月20日には少し違った形になって現れる。「ジョナサンはこの日，朝になるまで帰ってこなかった」。彼は2月26日，またいなくなる。しかし，その3日後，彼の母親は次のように書いている。「私の息子ジョナサンは妻と小さな息子をうちへ連れてきた」。

ヘンリー・スウォールの記録は，ジョナサンとサリーは2月11日に結婚の意思表示を公にしたことを示している。つまり彼らは2月24日ないしそれ以後に法的に結婚できたことになる。ポラード一家の場合と同様，バラード家の両親は息子の結婚式には出席していない。しかし，マーサはできるだけ早い時期に新しい花嫁を歓迎している[31]。「赤ん坊の面倒をみてサリーを手伝う」と彼女は3月2日の日記に書いている。彼女はまもなく「赤ん坊」を「ジャック」と呼び替えている。ジョナサンとサリーは4週間ほどの間，バラード家とピアース家に代わる代わる滞在していたが，1792年4月4日，「世帯を持った」。

ジョナサンにとってはもうひとつの婚礼の儀式が残っていた。6月のハロウェル町役員会において，彼は他の6人の新婚の花婿たちとともに「豚代官〔野良豚による損害を防止する役職〕」に選ばれた。これはうろついていた雄豚にくびきがつけられたことを，町の長老たちがユーモラスに認定したものである[32]。

1年の間に，バラード一家はこうして18世紀の町で一般に見られた婚礼にまつわる儀式（そしていくつかの「儀礼」）を経験した。町の書記官は3組のカップルの結婚の意思を記録し，治安判事は誓いの言葉を述べた。ジョナサンは油断なく監視する法の目——そして彼自身の母親の目——をかいくぐり，立派な一家の主におさまった。その間ハンナとパルテニアは世帯道具をたくさん集めた。

マーサの日記の記述では，10月に始まったときと同じように，1792年12

月にも，若い花嫁たちが一生懸命働く様子が続いた。今度は花嫁たちが布地を織るのではなく，古きれのベッドカバーを織り，母親はこれまでどおり店に出かけて買い物をしている。12月12日，彼女は書いている。「晴れ，しかしとても寒い。ポラード氏が来て私の娘夫婦に世帯を持たせるために家へ連れていった」。イーフレムは馬車を出した。ドリーは荷物の片付けのために一緒についていった。「サイラスは手桶を2つ買ってきた」。これはたぶん新世帯のための彼の心づくしであったのだろう。翌日，新ピッツ夫人が「ろうそくを作り，私にもいくつかくれる」。パルテニアは12月14日洗濯をし，12月16日にはハンナを訪ねた。そして12月20日，彼女とシューベールも世帯を持った。「シューベール・ピッツがやってきて自分の妻をここから連れて帰る」とマーサは書いている。「彼らがこの世で繁栄し，末永く幸せでありますように」。

　若いカップルたちは一時期，たしかに繁栄した。「バラード氏は息子ポラードのところを訪ねる」とマーサは1793年5月9日に書いている。「息子のところから子牛の臓物をもらってくる」[33]。パルテニアとシューベールとの最初の結婚記念日が近づく頃，マーサは「今朝方ピットが造った船が進水した」と報告することができた。この頃にはマーサは，ハンナとパルテニアのことを「娘ポラード」と「ピッツ夫人」と尊称で呼んで威厳を持たせている。「娘ポラードとピッツ夫人がうちでお茶を飲む」とか，「ポラード氏とピッツ氏とその妻たちがお茶を飲む」といった具合である[34]。

　花嫁たちが「世帯を持った」後，数ヶ月の間はベッツィ・バートンがマーサの仕事を手伝うためにやってきた。より永続的な助け手であるサリー・コックスは春になってやってきた。そしてすぐにパルテニアの後を継いで家族の一員になった。ドリーは引き続き家で働いた。その間近所の家に婦人服の仕立てに一定期間出向くこともあった。新しい助け手たちがそれぞれ持ち場について，マーサは隣人のための仕事に専念できるようになった。

第5章

1793年12月 「50番目の出産，51番目の出産」

11月

15　6　パーカー氏宅。ホールドマン夫人来訪。

曇り，寒い。ホールドマン夫人がガウンを作りにやってきた。ベンジャミン夫人はマントの裁断に来る。ポリーは仕事の後急いでやってきた。午後パーカー氏宅に呼ばれる。バラード氏は快方へ向かう。

16　7　同じく。ホールドマン夫人帰る。

曇り。パーカー氏宅とスウォール大佐宅を訪ねる。パーカー夫人はよくない。コールマンが夜彼女の瀉血をする。

17　F　同じく。加えてプアー氏を訪ねる。47番目の出産，娘。メロイ〔モロイ〕船長宅でも出産。

雨模様。午後2時にパーカー氏宅からプアー氏宅に呼ばれる。私が着く前にページ医師が呼ばれていた。私が子どもを引き出す，娘。彼は腰を閉じることを選んだ。私は朝8時帰宅。報酬として6/を受け取る。バラード氏とイーフレムは礼拝に行く。ドリーとサリーが午後礼拝に行く。チャールスとジョン・コックスがうちで夕食。夜11時に私はメロイ船長宅へ呼ばれる。雨。

プアー氏の娘誕生。XX

18　2　メロイ船長宅。48番目の出産。24/ 受け取る。

メロイ船長宅。彼の奥さんのお産が始まった。手伝いの女性たちが呼ばれる（ひどい風雨，のち雪）。私の患者は夜8時5分，立派な娘を出産。クラーク夫人，ダッタン〔ダットン〕夫人，スウォール夫人と私が面倒をみる。おいしい夕食をごちそうになる。私は一晩中付き添う。

メロイ船長の娘誕生。XX

19　3　同じく。パーカー氏宅へも行く。ターナー氏来訪。

晴れ。食事のあと帰宅。ターナー牧師とコニー殿がうちで夕食。夜11時，パーカー氏宅へ呼ばれる。

20　4　パーカー氏宅にいた。

曇り。パーカー氏宅で過ごす。

21　5　同じく。

朝，曇り。夜は晴れ。私はパーカー氏宅にいた。コーウェン夫人も来る。ハンナ・ノースも来る。

22　6　同じく。

朝，曇り。正午には晴れ。帰宅する。うちの家族はみな元気。バラード氏はウィンズローへ出かける。

23　7　メロイ船長宅。

曇り。ジェームス・ページ氏が来訪。バラード氏は税金として彼に 6/ を支払う。私はメロイ夫人を診に行く。彼女の具合はまずまずだった。カウチ老夫人がそこに来訪。

24　F　家にいた。コニー医師が来訪。

午前中ひどい雨。12時には陽が照る。バラード氏は礼拝へ行く。ドリーは具合が悪く，夜吐く。コニー殿が訪ねてくる。彼はスミス氏とナンシー・ク

ラーク夫人の結婚式に参加した。

25　2　マシュー・ハワード［ヘイワード］殿宅。49 番目の出産。
晴れ，爽快。ドリーは兄弟を訪ねる。彼女と一緒にポリー・ポラードがガウ
ンを作りに帰って来る。M. ハワード殿が奥さんを診てほしいと訪ねてくる。
彼女は夜 8 時 10 分，娘を出産。私は一晩中付き添う。
ハワード殿の娘誕生。××

26　3　同じく。
晴れ。朝 7 時に具合のよい患者を残して帰宅。朝 9 時に家に帰り着く。謝
礼として 7/6 を受け取る。バラード氏と息子たちはフックからレンガを運ん
でいる。ドリーとポリー・ポラードは午後，店に出かける。

27　4　プアー氏宅，そこにグリーリー夫人来る。
晴れ。息子ポラードは縦糸をはるために私の娘を連れてくる。ポリーは彼と
一緒に帰る。プアー氏が妻を診てほしいと呼びに来る。彼女は思ったほどよ
くない。リヴァモア氏の息子が我が家の台所にかまどを作っている。渓谷に
かかっている橋は今日おおいがつけられた。

28　5　フックに行く。
晴れ。バラード氏はペティンゲール〔ペッティンギル〕殿のために測量に行
く。娘ポラードは帰っていった。私はフックへ行く。プアー夫人はいまだに
よくない。ラスロップ氏は，去る 3 月 19 日に妻の面倒をみたときの謝礼を
支払ってくれた。

29　6　パーカー氏宅。
晴れ。パーカー氏に呼ばれる。

30　7　同じく。
同じく。

12月

1, 2, 3, 4, 5　　5日間パーカー氏宅にいた。
パーカー氏宅。彼の妻は家にいた。川は渡るのが難しい。家から離れている間に編物をして手袋2組，ミトンを5組半作る。川は今日から氷の上を渡れるようになる。

6　6　ホワイト氏宅。
晴れ。朝2時，ベン・ホワイト宅に呼ばれる。橇で出かける。

7　7　ホワイト氏宅，パーカー氏宅。50番目の出産，51番目の出産。
ホワイト氏宅。彼の妻は12時に娘を出産，そのあとパーカー氏宅へ呼び戻される。彼の奥さんは9時30分に娘を出産。少し疲れた。息子タウン来訪。
ホワイト氏，パーカー氏の娘誕生。

8　F　パーカー氏宅。帰宅する。
雹と雨。パーカー氏は付き添い人を呼びに行った。午後4時私は彼の奥さんを残して出た。彼女は期待通りのよい状態である。川を歩いて渡る。そのあとバラード氏の馬に乗って帰宅。疲労と濡れた足のために眠れぬ夜を過ごす。

9　2　フィニー氏宅およびフックにいた。
晴れ。バラード氏はポラード氏とページ氏のために測量をする。私はフィニー氏宅とベンジャミン宅へ行く。毛の織糸を持ち帰り，ピーター・クラーク氏宅へ行く。彼のところで織物にしてくれる。私はメロイ船長の店を訪ねた。ショールを5/6で買う。彼はモスリンのエプロンをプレゼントしてくれる。フィルブラウン船長のところでブランデー5 2/1パイントを2/9，錫のおわんを3個4/6，紙ピン/10を買った。合計8/1。

第 5 章　1793 年 12 月　　　　　　　　　　　　　　　　　　　　　*187*

　1793 年にマーサが手がけた 53 件の出産は町の端から端まで，さらに町の外にまで及んでいた。すなわちコボッシー・グレート・ポンドのマッコーズランドの水車から，北はルーシー・タウンが第 9 子を出産したウィンズローにまで及んでいた。この 1 年間の出産は，町の地理全体だけでなく，社会階層全体にわたっていた。彼女はカミングス氏の召使「ブラー〔ビューラー〕」や「黒人ヒッティ」の出産に立ち会っただけではなく，モロイ船長やヘイワード殿の奥様たちの出産の面倒もみている[1]。1793 年に彼女が関係した産婦は，町外の森林労働者・農民・石灰製造業者・陶工のサミュエル・ノークロス，商人・カリ製造業者のジェレマイア・ダマー，さらには大工のテオフィラス・ハムリンの妻たちを含んでいた[2]。マーサはアーサ・メイソン宅への道のりは「とてもひどい乗り心地」だと言っているが，この年はいつものノミの大群の襲来にもあまり不平を並べてはいない。彼女は 31 ポンドの価値があるパン焼場を所有するジョン・ルルジュネー（彼女はラシュネーと綴っている）のほか，ウィリアム・ピットの妻の出産に立ち会った。彼は家，店，そして売り上げで 810 ポンド相当の資産を有していた。これらの家族にはそれぞれの物語があった。トーマス・ヒンクレーの息子（「2 人の妻による彼の第 9 子」）は 22 番目の出産であった。ステファン・ヒンクレーの子ども（「ジュディー・ブッセルとの婚外子」）は 39 番目の出産であった[3]。

　「50 番目の出産，51 番目の出産」。12 月 7 日の項の狭い余白からはみ出した 2 つの記載は，マーサの仕事が不規則なだけでなく，ますます発展していることを視覚的に示している。1793 年に彼女が取り上げた 53 人の赤ん坊は前の年に比べて 29% の増加であった。古くからの隣人たち，新しい住人たち，それに彼女自身の子どもたちは，1790 年代の終わりには 2 倍になる町の人口増加に貢献したのである[4]。ジョナサンとサリーの第 2 子で，愛国的にデラフィエットと名づけられた男の子はこの年の「7 番目の出産」であった。水車小屋で生まれたピーター・ジョーンズの赤ん坊は「15 番目の出産」

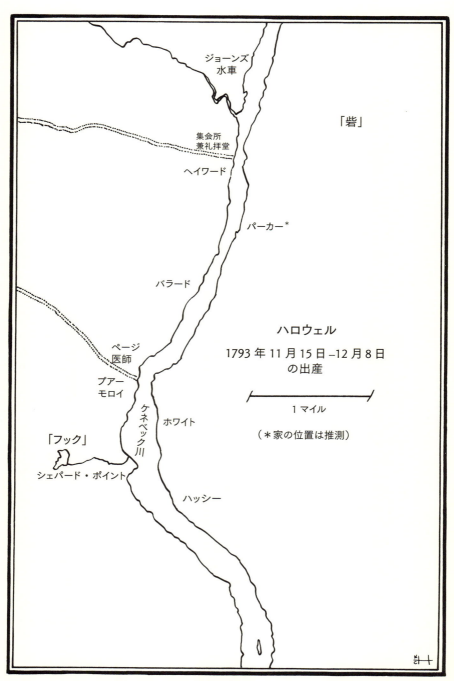

ハロウェル, 1793年11月15日–12月8日の出産

第 5 章　1793 年 12 月

であった。バラード家の新しい隣人で婦人服の仕立て屋であったリディア・
デンスモアは，「20 番目の出産」をもたらした。

　年間 53 件，つまり 1 週間 1 件の出産は，たとえパートタイムの助産婦で
あってもそれほど大変な仕事量とは思えない。しかし，メインの天候とお産
の到来が予測できないことを考慮すると，平均値で語ることは意味をなさな
い。マーサは何週間も家にじっとしていたかと思うと，48 時間の間にお産
の始まっているある女性から別の女性のところへと飛んで回って 1 ヶ月分
の仕事をこなしてしまう。さらに彼女はいわゆる「偽性陣痛」のケースにも
対応しなければならなかった。これは避けられないことであった。ある冬の
日，マーサは雪の荒野を川下のシェパード桟橋へと急いだ。彼女は商人の家
に避難し，サミュエル・ハッシーが迎えに来てようやく川を渡り，彼の妻
のところへ案内された。彼女は陣痛で苦しんでいた——少なくともそう思わ
れた。マーサはこういった状況のもとで忍耐強かった。彼女は経験から，間
欠的な陣痛は妊娠の正常な現象の一部だと知っていた。このとき彼女はハッ
シー宅で 7 日間待ち続け，別の女性に呼ばれて川上の自分の家の近所に戻っ
た。ハッシー宅の出産が本当に始まるまでの間に，川の氷は溶けて崩れ，そ
してまた凍結した。「桟橋まで歩く」とマーサは記した。「そこから山のよう
な氷を越えてゆく。着いたときは死ぬほど疲れた」[5]。

　前兆であるお腹の締めつけと，空の雪の感覚の間に捉えられた妊婦は，2
つの不確実性の間で揺れ動いた。彼女がもし助産婦を呼べば陣痛はおさまっ
てしまうかもしれない。もし呼ばないと介助なしで出産することになるかも
しれない。この章の冒頭に引用した日記では，マーサはなかなか生まれ出
ようとしない赤ん坊——この年の 51 番目の出産——がついに出てくるまで
に，パーカー家に 4 回も出かけたことを記している。彼女は 3 回目の訪問
の 4 日目にこう書いている。「彼の妻は家にいた」。川の状況は帰宅の危険
性をいっそう大きなものにした。マーサは腰を落ち着けて編物にとりかかっ
た。橇で 2 マイル離れたところに住んでいたホワイト夫人に，朝 2 時に呼
ばれて出かけるまでに，2 組の手袋と 5 組半のミトンを完成させた。それ
がパーカーの赤ん坊の合図だった。マーサはその後の 24 時間に 2 つのお産
を，眠る暇もなくこなした。翌日雪と雹と雨のなか川を徒歩で渡り，帰途に

つく。「疲労と濡れた足のために眠れぬ夜を過ごす」と彼女は書いている。年間のすべてのお産のうち3分の1は2つないし3つとまとまって，こうした困難な奮闘を余儀なくさせた。

マーサはろうそくの目方をはかったり，キャベツやミトンを数えたりするのと同じやり方で出産を数えたが，品物よりもはるかに慎重に注意深く数えた。数は生産性の指標であったが，商業的な意味での収入や支出というよりも，勤勉さや，自ら選んだ職務において熟達することの倫理的な意味における指標であった。彼女は日記の中で出産の記述をその他の活動と切り離していないが，出生の記録の方を優先している。一見すると大雑把に見える出産の記録は実は注意深く構成され，驚くほど首尾一貫している。左の余白には必ず父親の姓，子どもの性別，そして謝金が支払われた場合のXX印が記載され，右の余白には出生の場所と数が記載されている。その日の日記の本体部分には，さらに詳しいことが記されている。普通は出産の正確な時刻（「9時30分」），彼女が呼ばれた時刻とその家を出た時刻（「午後4時私は彼の奥さんを残して出た」），母子の容態（「期待通りのよい状態で」），そして交通手段（「川を歩いて渡る」）といった具合である。さらに加えて，ときには支払いの形態や多寡（「謝礼として7/6を受け取る」），介助にあたった人々の名前（「クラーク夫人，ダッタン夫人，スウォール夫人と私」），そして出産にあたって普段と違うことがあった場合のコメント（「私が着く前にページ医師が呼ばれていた」）などが記載されている。

ひとつひとつの記録は平板で，真新しいことはないように見える。しかし，全体として見ると，日記は18世紀の日常生活の比類なき記録である。最も決まり切った定型的な情報でさえも有益である。日記の中に稀に見える産科的問題についてのコメントは，「出産」あるいは「無事出産」とだけ記されている何百というそっけない記述との関連で見ると，いっそう貴重である。24シリングの謝礼は，6シリングとかあるいはただXXとか記された他の記述と対比してみると，新しい重要性を帯びてくる。出産の場に医師が現れるということは，何百というその他の出産において誰も医師を呼ぼうとは思わなかったことを考えると，さらに注目すべきことになる。マーサ・バラードの日記は，助産婦という仕事の領域においても，その他多くの領域に

おけると同様，退屈さと英雄的行為の組み合わせ，なんの変哲もないことと普通でないことの組み合わせであり，それがまさに物語なのである。

　医学面でマーサ・バラードが好成績をあげていたことは，彼女が書き記さなかったことによって伝えられる。日記に現れる814件の出産のうち768件について，彼女は医学的な詳細を一切記していない。ただ「出産」あるいは「無事出産」とだけ記されている。時折「産婦をよい状態で残してきた」と追加的に再確認している。わずか46件の出産，つまり日記に出てくる出産のうち5.6％に関しては，なんらかの医学的問題があったことを記録している。そういった出産に関しても詳しく述べることはめったにない。ある女性が「出産は無事だったが，とても具合が悪い」とか，「この人の場合には心配な点があった。しかし彼女は元気を取り戻し，気分はよさそうだった」といった具合である。とくに難しいケースについて，彼女は特別に神への感謝の言葉を付け加えることもある。「彼女は難しい病気を持っていたが，神に称えあれ，それは無事に終わった。彼女と私は宇宙の偉大な創造主を称えます」[6]。

　こうした記録はまさに熟達した専門家に人が期待するところのものである。ある医学史家は，出産の96％はなんの助けがなくても自然に行われるが，残りの4％はなんらかの障害があって，外から手を加えなくてはならないと推計している。さらに，1％のケースには，付随的な問題がある。たとえば失神，嘔吐，会陰部裂傷あるいは生命に関わりかねない出血や痙攣などである。18世紀のイギリスの医師チャールス・ホワイトが，健康な若い女性は町の公共広場で誰の助けも借りないで出産したとしても大丈夫だと言うとき，ひどく間違ったことを言っていたわけではない[7]。20世紀の改革者たちが主張するように，出産は自然の過程であって，医療的問題ではないのである。

　しかしマーサが急いで付け加えているように，自然の過程も，やはり不快で恐ろしいものかもしれず，間違えば通常の分娩でも危険なものとなりうる。彼女は同時代のほとんどの人々と同じように，介助なしの出産は危ない

と考えていた[8]。馬が逃げてしまったことで往診の依頼に応えるのが遅れたとき，彼女はやきもきしている。「その女性のことで私はとても心配したが，行ってみると彼女は大丈夫だった」とこの種の出来事のあとで書いている。別のときには，彼女はそれほど肯定的ではない。適切な世話をしてもらえなかった産婦たちは「嘆かわしい状態」にあったり，あるいは「手助けがないために苦しんでいた」りした[9]。こうした無我夢中で駆けつける往診とか辛抱強くつきっきりで付き添うといったことは，彼女にとってたしかに重要なことだったのである。

　仕事の実績が彼女の熟練を証明している。1787年8月20日の記述，つまりスザンナ・クレイトンとその赤ん坊の死についてのコメント，「こんなひどいことを目にするのははじめてだ。それに私が手がけた出産で産褥で亡くなった最初の女性だ」という彼女の言葉によれば，日記が始められるまでの177件の出産を，マーサの手がけた出産の総数に加えることができる。合わせると1000件近い出産で，マーサは出産中にただのひとりの産婦も亡くしてはいない。産後に亡くなった産婦は（クレイトン夫人も含めて）わずか5人である。新生児の死亡も稀である。日記には814件の出産で，14件の死産と出産後1–2時間以内に亡くなった5人の新生児のことが記録されている。

　現代の基準に照らすと死亡率は高かった。マーサは，生児出生198件に1件の割合で，母親の死を経験している。今日では1万件に1件の死亡率である。しかしアメリカでは1930年になっても，150件の出産につき1件の割合で，母親の死亡が発生していた。産科における安全性が大幅に改善されたのはここ50年〔原書は1990年出版〕のことである。事実多くの歴史家は，19世紀において出産に医師が日常的に呼ばれることで，死亡率は減少せずおそらく増加したと考えている。19世紀初頭におけるニューハンプシャーのある医師は，マーサ・バラードとほとんど同じ仕事量で，彼女の場合より高い死産率と分娩中4件の産婦の死を記録している。もっとも産後期間中の死亡はわずか1件にすぎなかった（表Ⅳ参照）。いっそう際立っているのは彼の記録に見られる非常に多くの難しいケースである。すなわち，彼の手がけた出産の20%（これに対してマーサの方は5.6%）に問題があった。

第 5 章　1793 年 12 月　　　　　　　　　　　　　193

表IV　2 つの資料に基づく出産データの概要

	マーサ・バラード 1785–1812 年	ジェームス・ファリントン 1824–1859 年
出産		
記録総数	814	1233
年間平均数	33	35
「難産」		
実数	46	246 *
全体に対する比率	5.6%	20%
死産		
実数	14	36
生児出生に対する比率	1.8/100	3.0/100
生後 1 ヶ月以内の新生児死亡		
実数	20	?
生児出生に対する比率	2.5/100	
産婦の死亡		
合計	5	5
分娩時	0	4
産後 2 週間以内	5	1
生児出生に対する比率	5/1000	4/1000

＊ジェームス・ファリントンは出産の 20% を「自然の」分娩ではないとして次のように分類している。「遅延」(102)，「尚早」(41)，「異常」(39)，「合併症」(33)，そして［1838 年以後には］「器具使用」(31)。

出所：Martha Moore Ballard Diary, 1785–1812, MS, Main State Library, Augusta, Maine; James Farrington Medical Record Books, 1824–1859, MS, Special Collections, Diamond Library, University of New Hampshire, Durham, N.H.

この違いの一因は，捉え方の違いによるであろう——マーサはそうとは考えないものを，医師は生物学的な例外とみなした——それでも出産が，19 世紀になってより複雑なものと化したことを示すよい証拠はある。医師は麦角〔子宮収縮剤〕，アヘン剤あるいは鉗子などを，マーサ・バラードなら普通の出産だと考えたような場合にも用いるようになった。病院での出産がいっそう一般化したので，こうした危険は減少しなかったのである。ニューハンプシャー州ポーツマスのある病院の調査によると，1920 年代の死産率はマーサの場合の 5 倍に達している[10]。

表V　産婦死亡割合の比較

場所	全出産数	産婦死亡数	出産1000件あたりの死亡
ロンドンA			
1767–1772年	635	18	27.5
1770年	63	14	222.2
ロンドンB			
1749–1770年	9108	196	21.5
1770年	890	35	39.3
ロンドンC			
1747年 –「現在」	4758	93	19.5
1771年	282	10	35.4
ロンドンD	790	6	7.5
ダブリンA			
1745–1754年	3206	29	9.0
ダブリンB			
1757–1775年	10726	152	14.1
1768年	633	17	26.8
1770年	616	5	8.1
マーサ・バラード			
1777–1812年	998	5	5.0
1785–1812年	814	5	6.1
アメリカ			
1930年			6.7
1935年			5.8
1940年			3.8
1945年			2.1

出所：Charles White, *A Treatise on the Management of Pregnant and Lying-in Women*, (Worcester, Mass., 1793); Martha Moore Ballard Diary, 2 vols., MS, Maine State Library, Augusta, Maine; *Maternal and Child Health Practices: Problems, Resources and Methods of Delivery*, ed. Helen M. Wallace, Edwin M. Gold, and Edward F. Lis (Springfield, Ill.: Charles C. Thomas, 1973), p. 285.

　より適切な比較は，もちろん彼女と同時代の人々との比較である。17・18世紀のイギリスのある村の教区戸籍簿によると，産婦の死亡は1000件の出産あたり10–29件である。18世紀のロンドンとダブリンの病院においては，産婦の死亡は1000件の出産あたり30–200（！）件の範囲にある。一方マーサの場合は，1000件あたりの死亡は5件である（表V参照）[11]。ニュー

第 5 章　1793 年 12 月　　　　　　　　　　　　　　　195

表VI　死産の割合の比較

	出産合計	死産合計	生児出生 100 あたりの死産
マーサ・バラード 1785–1812 年	814	14	1.8
ホール・ジャクソン 1775–1794 年	511	12	2.4
ジェームス・ファリントン 1824–1859 年	1233	36	3.0
ポーツマス（ニューハンプシャー） 1809–1810 年	541	14	2.7
マーブルヘッド（マサチューセッツ） 1808 年	222	7	3.3
エクセター（ニューハンプシャー） 1809 年	53	1	1.9
アメリカ* 1942 年			2.0

＊出生数 1000 に対する妊娠 28 週以上における胎児死亡率。
出所：Martha Moore Ballard Diary, 2 vols., MS, Main State Library, Augusta, Maine, J. Worth Estes, *Hall Jackson and the Purple Foxglove: Medical Practice and Research in Revolutionary America, 1760–1820* (Hanover, N.H.: University Press of New England, 1979), p. 120, James Farrington Medical Record Books, 1824–1859, MS, Special Collections, Diamond Library, University of New Hampshire, Durham, N.H., Lyman Spalding, *Bill of Mortality for Portsmouth*, broadside [Portsmouth, 1809, 1810]), John Drury, *Bill of Mortality for Marblehead, 1808*, broadside (Marblehead, 1809), Joseph Tilton, M.D., *Bill of Mortality for Exeter, New Hampshire*, broadside ([Exeter, 1809]), Hellen M. Wallace, "Factors associated with Perinatal Mortality and Morbidity", in *Maternal and Child Health Practice: Problems, Resources and Methods of Delivery*, ed. Hellen M. Wallace, Edwin M. Gold, and F. Lis (Springfield, Ill.: Charles C. Thomas, 1973), p. 507.

　イングランドには比較可能な記録はほとんどないが，わずかに存在する記録
は，出産における母親の死亡が他の原因による死亡と同様，アメリカの田舎
では少なかったことを示唆している。18 世紀のヴァーモント州の助産婦リ
ディア・ボールドウィンは，926 件の出産に対し母親の死亡はわずか 1 件と
している。しかし，彼女の記録は詳細が得られず，記録に出産時の死亡とと
もに産後期間における死亡をも含んでいるかどうか，不明である。ニューハ
ンプシャー州ポーツマスの医師ホール・ジャクソンは 511 件の出産に対し

母親の死亡例はないと言っているが，彼の記録も断片的である。マーサにおける死産の割合は，ボールドウィンやジャクソンと比べて（若干低いが）ほぼ同水準である [12]（表 VI 参照）。

分娩についてのマーサの記述は定型的であり，予測可能である。ほとんどの分娩は定型的であり，予測可能なものだからにほかならない。彼女の記述が簡潔なのは，セックスや出産の詳細について語ることを慎むという伝統を反映したものである。マーサが助産婦として接するのは匿名の人の身体ではなく，友人であり隣人なのであった。彼女はお堅い人というわけではなかったが，たぶん自分が見知ったことすべてを書くのはもちろんのこと，言うことにも慣れていなかった。論文を著す医師たちの間でも，一定の自制が期待されていた。あるイギリスの助産婦マニュアルの著者は，自身のテキストに解剖学的詳細が欠落していることを弁明して，彼の仕事が「非常に慎み深い読者にとって少しでも不躾に」[13] ならないようにしているからだとしている。

そのほか，詳細が書かれていないことは，彼女の技術について我々がすでに知っていること，つまりそれが実験的なものではなく伝統的なものであったことを補強する。論文を著す当時の医師たち（一部の人たちは分娩事例の覚書をつけていた）と異なり，彼女は（少なくとも書かれたものによって）他人に教えたり，新しい方法を試みたり，普及に努めたりすることに関心はなかった。彼女の受けた訓練は文字を通して行われたものではなく，実地の経験によるものであった。自分の技術を身につけてしまえば，それを説明する必要はなかったのである。ひとつひとつの出産の結果は問題であったが（「非常に具合が悪かった」女性が「よくなった」かどうかを記すことは重要なことであった），その過程にはほとんど重要性はなかった。さらにはこの仕事の文化的背景からすると，結果を技術的な面から明らかにする必要はなかった。

過度の出血は，彼女の日記においては産科学の文献におけると同様「出血多量」であったが，彼女は母体・子宮（*matrix*）とか膣（*vagina*），あるいは専門用語の恥骨（*Os Pubis*），子宮頚部（*Os Tincae*）といったラテン語は用いていない。実際最も注目すべきは，分娩そのものの過程について，あからさまな記述がまったくないことである。彼女の産婦たちは「陣痛に見舞われる」こ

とさえめったにない。彼女たちは単に「具合がよくない」のであり，出産が
進行してひどくなるのは彼女たちの「病気，病」であり，「生みの苦しみ」
でも，「陣痛」でさえもないのである。イギリスの助産婦が産婦に「さわる」
（内診の婉曲語）というとき，マーサは「事例を調べる」という。時折彼女
は医師のように，胎位が異常（preternatural）としている。しかし彼女がある
女性の陣痛を超自然的（supernatural）と書いているのは，きっと筆の誤りであ
ろう[14]。

　プアー夫人の出産の場でページ医師と出くわしたことを記した11月17
日のマーサの記述が，ここではポイントである。産科学史の広い文脈におい
ても，非常に興味深い出来事である。「私が子どもを引き出した」と彼女は
書いている。「彼は腰を閉じる（Close the Loin）ことを選んだ」。この言葉づか
いは婉曲さにおいて，ほとんど聖書的である。彼女が言おうとしたことは，
ページ医師が胎盤つまり後産を取り出して，そのあと伝統に従って下腹部と
大腿部に布を巻いたということであったと思われる。胎盤を取り出すかどう
かは当時論争のタネであったから，この出来事は詳しく調べてみる価値が
ある。

　18世紀初頭の手引書は，たとえ子宮内に手を入れることになったとして
も，分娩のあとただちに胎盤を取り出すことをすすめている。「私は左手で
彼女の腹部を押さえつけておかなければならなかった」とあるイギリスの助産
婦は書いている。さらに「その間右手で私は子宮から後産を引き剝がし
た」。多くの医師たちも，子宮内に赤ん坊が入る余地があるのなら手を入れ
る余地も当然あるという理屈で，同じやり方を推奨した。臍の緒を強く引っ
張ることは誰もすすめていない。この方法は「無知な助産婦」がよくやるこ
ととされた。18世紀の最後の25年間には，何もしないことが最善の方法だ
と主張する医師たちも現れた。「自然は母子双方にとって，人間技より多く
のことをしてくれる」とウィリアム・ハンターは書いている。さらに「した
がって，手を加えるべきではない」[15]。

　マーサ・バラードが何も言っていないということは，どういう方法であっ
たにせよ，ページ医師のやり方に彼女としては違和感がなかったことを示唆
している。しかし，彼自身が「腰を閉じること」にこだわったことは，彼が

マーサの技量を信頼していなかったことを示しているのかもしれない。「閉じる（Close）」という語自体がここでは暗示的だ。というのは，名詞の形としては，分娩後に腹や太ももを包むもの，あるいはしばるものという意味を持つからである。ウィリアム・ハンターはその過程を次のように述べている。「［胎盤が］出たのち，続いて空気が吸引されることが分かっている。そのため，胎盤が出たら私は外陰部を閉じ，両手でその下の部分を押さえておく。ついで私は洗面器を取り寄せてそれ［胎盤］を入れて処分させ，外陰部に乾いた暖かい布をあてがう…。この後私はさらに何枚かの布をあてがい，それから腹帯（close）といわれるものを持ってこさせる。私はその部分を手で押さえて閉じておき，乾いた布を1枚取ってその上にあてがう。さらにもう1枚の布を太ももなどにあてる。さらに胃や腹部にかけるよう私はもう1枚の布を産婦に渡す」[16]。

　ハンターは明らかに，普通の乾いた布をゆるくあてがうようすすめている。もっと昔の著者は，大きく柔らかで乾いた二重にした布を「陰唇に温かく」あてがったあと，両膝を合わせてしばるとよいとしている。どのような方法をとるにせよ「腰を閉じる」という語句は，ある種の親密で肉体的な世話を思わせるものであるが，当時は医師ではなく，むしろ助産や看護の領域に属する事柄であった。担当の看護婦にどのように「布」をあてるかを示すというだけのことではなかったのだ。胎盤を取り出し，外陰部を「閉じる」ことは一連の動作の部分であり，「空気の吸引」に続いてその部分に一種の蓋をするのである。この時代には，分娩のあと産道に空気が入ると痛みや炎症の原因になると強く信じられていたのである[17]。

　日記には，ページ医師が「腰を閉じることを選んだ」とある。この意図の示し方は暗示的である。マーサは前年のピッツトンにおけるこれに似た出来事を述べるのに「選ぶ（choose）」という動詞を使っている。彼女はそのとき，ピーター・グラントの妻を診るために呼ばれていたのだが，その家族が「私の到着する前にパーカー医師を呼んでおり，彼は自分で出産を担当することを選んだようだった。出産は午前1時11分に始まった」[18]。この表現は偶然ではなかったのである。ページ医師やパーカー医師の態度は，何か奇妙に差し出がましかった。年配の医師たちは，緊急事態あるいは近い親戚の出

第 5 章　1793 年 12 月　　　　　　　　　　　　　　　　199

産だけで満足していた。ところがこの 2 人は違っていた。マーサのような年
齢と経験のある人がいれば，医師は別室で夫とともに緊急事態に備えて待機
するのがたぶん適切な態度であったが，彼らは助産婦をたてるのではなく，
出産の通常業務に参加することにしたのである。マーサ・バラードにとっ
て，ページ医師のふるまいは特に気にさわるものであった。この若い医師は
まだ 24 歳にもなっておらず，未婚であった。それにもかかわらず，彼は助
産婦の業務を医師のフルタイムの仕事の一部に取り込もうと決めていたよう
である[19]。

　ベン・ページとの 2 度目の出会いは，彼女にとってさらに劇的なもので
あった。彼女はハンナ・スウォールに付き添って一晩中起きていた。この
若い花嫁は少し前に海沿いの町ヨークからハロウェルへ来たばかりであった
（彼女の夫はヘンリーのもうひとりの従兄弟であった）。「彼らはおどされて」
とマーサは書いている。「そしてページ医師を呼んだのだ。彼は産婦にアヘ
ンチンキを 20 滴飲ませた。それは彼女の意識を半ば失わせ，痛み（それは
規則正しく，正常な分娩を予想させる有望なものだった）を夕方まで弱めて
しまった。夕方彼女は嘔吐して，痛みが戻ってきた。そして夜 7 時，彼女
は第 1 子である男の子を出産した」[20]。「おどし」はハンナが海沿いの町のエ
リート家系に育って，医師による出産についてすでによく知っていたことと
関係があったのかもしれない。しかし，ページ医師のやり方は経験不足以外
の何物でもなかった。イギリスの産科の文献は偽性の陣痛にはアヘン剤を投
与することをすすめているが，本物の陣痛に対する処置ではない。彼は明ら
かに本物と偽性の陣痛の区別をつけることができなかったのだ。マーサがそ
の痛みを「規則正しい」と判断したことは，収縮を観察するのに時計を使っ
たかもしれないことを示唆している。その痛みを「有望」と言っていること
は，彼女がその前に子宮口の開き具合を内診した（つまり「さわった」）こ
とを示唆するが，確証はない。彼女の陣痛の痛みの判断は，単に印象に基づ
くものであったのかもしれない。彼女はそれまでに「だらだらと続く」陣痛
にいやと言うほど付き合って，本物と偽性のものとを正しく区別することが
できたのであるから。

　このあと彼女は，ページ医師の過ちを容赦なく書き記している。「サ

リー・コックスはキンボール夫人のところへ出かけた」と彼女は日記に書いている。「今月9日の朝，彼女は女の子を死産した。分娩にはベン・ページが立ち会った。子どもの手足はひどく脱臼していたということだ」。彼女は産科的なこと以外の点でも，彼の判断に疑問を呈している。新生児の腹部ヘルニアを診るために呼ばれたマーサは，ブランデーをつけることをすすめた。「家族の者によると，ページ医師はアヘン剤を投与しなくてはならないと言ったという。現在の状況では，この処置は不適切だと思う」と彼女は書いている。ページ医師もある程度は治療の成功例を持っていたに違いない。でなければ，病人は彼を呼ぼうとはしなかったであろう。しかし，産科の分野に彼が進出できたのは，ある程度は，町の高い出生率，マーサの繁忙，そしてコニー医師がしばしば不在だったといったことがあったからである。ヘンリー・スウォールでさえも「バラード夫人の不在中」1度彼を呼んでいる。しかし，幸いこのときは本当の分娩の予兆ではなかったので，マーサはこのお産を自分の手で扱うことができた。1798年6月，マーサが別の出産に関わっている間に，ページは再び死産の子を取り上げた。彼女の記録はぶっきらぼうである。「ジェームス・ブリッジ氏の妻は今朝1時に出産。子どもは死産。今日夕刻埋葬される。ページ医師が行ったお産だった。気の毒で不運な医者よ」。この事故が謙虚さを引き出したのではなかろうか。1ヶ月後，マーサはまた「患者がページ医師にかかっている」のを知った。しかし，このときは「彼はこの件を私にまわしてきた。そして（私が障害となるものを取り除いたあと）彼女は無事出産」したのであった[21]。

　ベンジャミン・ページは運が悪かった。しかし，彼は十分に慎重ではなかったし，自信過剰でもあった。マーサは生まれてきた子の手足が脱臼していたことにふれているが，彼が逆子の出産に要求される難しい手技をよく身につけていなかったことをうかがわせる。イギリスの助産婦サラ・ストーンはこうした「小僧っ子の知ったかぶり」に用心せよと言っている。彼らは何回かの解剖に立ち会って，主要な論文をいくつか読んで，助産婦の仕事にきわめて重要な手技を理解したかのように振る舞うのだ。イギリスの産科医，ヘンリー・ブラッケンは，助産婦に対し，難しいケースの場合は必ず医師を呼ぶようにと強く主張したが，その彼でさえ「私は若い医師に依頼すること

は決してすすめない」[22] と警告している。

　ベン・ページはそれでもいくつかの有利な条件を備えていた。紳士然とした風采，成功のうちに完了した見習期間，ケネベック地域の若いエリート階層の一部に信望が厚かったことなどである。彼の患者名簿には錚々たる名前が並んでいる。ベンジャミン・プアーは印刷屋であり，後にハロウェル初の新聞発行人となる人である。また彼の妻は教師であった。デイヴィッド・スウォールは商人であり，妻は最初にヨークの町に住みついた家のひとつの出身で，メインではじめての小説家サリー・キーティング・ウッドの姉妹であった。ジェームス・ブリッジはハーヴァード出身の弁護士で，後にケネベック郡の遺言検認裁判所の判事になった人物である。彼の妻がハンナ・ノース，つまり判事の娘であったという点も意味ありげに見える。これら3人の夫たちはベンジャミン・ページと同様，野心的で，学があり，町では新顔であった。さらに彼らは医師の治療費を負担することができたのである（1800年代の初め，マーサ・バラードが出産1回あたり多くても2ドルしか請求しなかったときに，ページは6ドルを徴収していた）[23]。

　しかしハロウェルのエリート家族がそろって伝統的出産をやめようとしていた，と結論づけるべきではない。社会的地位が，課税リスト上の順位，教育水準，あるいは選挙による公的職務のどれによるかにかかわらず，ハロウェルの「エリート」たちは一般の家族とまったく同じように，マーサ・バラードを頼ったのである。18世紀の終わりまでに彼女は，たとえそれが公職にある人や商人の子や孫であれ，普通の樵や農民の子や孫であれ，この町のすべての出産の3分の2を手がけた。1790年の課税リストにある最も富裕な12人のうち10人の人々に，1800年以前に子ないし孫が生まれていることが分かっているが，マーサはそのうち8人に関係した出産を扱っている。1785–1796年までの間に町・郡あるいは州の公職にあった25人のうち19人は，1800年以前に子ないし孫を持ったことが分かっている。彼女はそのうち14人に関係する出産を手がけた。例外はあるが，それは意外ではない。ノース大佐と彼の娘婿ジェームス・ブリッジに加えて，自分で我が子のお産を扱ったダニエル・コニーや，妻ないし母親（「イングラハム老夫人」）が助産婦だったベリアー・イングラハムも含まれる[24]。

さらにハロウェルの名家の何家族かが，マーサ・バラードに頼んでいる。サプライ・ベルチャーが1794年に一家でファーミントンへ移るまでの間に，マーサは2人の子どもを取り上げている。「メインのヘンデル」として同時代の人々に知られたこの人は，1794年に自作曲を集めた作品集を出版している。夫がフックにおけるチャールス・ヴォーガンの代理人であったサラ・シェパードは，やはりマーサに依頼した（シェパード夫人が人と違う点は，ピアノを持っていたことであった）[25]。その他の人々もいる。ハンナ・スウォールの出産でページ医師と出くわしてから10日ほど後に，マーサはチャンドラー・ロビンスの家へ呼ばれた。この人はハーヴァード出身で町の新しい住人であった。「ロビンス夫人の状態ははっきりしなかったが，午後4時頃に痛みが始まった」と彼女は書いている。それに加えて，「パーカー医師が呼ばれて到着すると，夫人がこの医師に会いたくないと言うので，彼は帰宅した」。出産にあたって最終的決定はいまだに母親のものであったのだ。マーサはロビンス氏が18シリングを払ってくれたことをコメントなしで記録している。彼女にとって通常の料金の3倍にあたる額である[26]。

産科分野への医師の進出は，日記においては2次資料に見られるよりはるかに複雑な過程であった。イギリスとアメリカにおける「男性による助産」の興隆には，流行と鉗子の2つの要因が関係していたと歴史家たちは論じている。生児出産を可能にした鉗子は，子どもをバラバラに切り刻むことで母親の生命を救う理髪屋的外科医の荒っぽい技術に替わる，人間味のある手段だった。「脳が頭から飛び出した新生児が泣きながら生まれてくる」として，助産婦も医師も「鉤とナイフ」が頻繁に用いられることを攻撃した。そしてその母親は「子どもの手足や肋骨の一部が片付けられてしまったのち，手術者の手のもとで」死にかけている[27]。たしかにベンジャミン・ページの恩師，マサチューセッツ州アンドーヴァーのトーマス・ケトリッジ医師は鉗子を持っており，使用を推進する論文をいくつか著している[28]。

しかし難産の緊急事態などめったにないこの町で，この医療器具によって男性が産科分野へ進出したと説明することはできない。マーサ・バラードは27年間に2度医師を呼んでいる。日記の最初の年に1度。マーサが遅れて産婦のところへ到着してみると，産婦は経験不足の助産婦による「なんら

かの手違いでひどく傷ついていた」。しかしこの女性は「それに気づいていることを認めなかった」。コールマン医師は出産を扱わない医師だったが，明らかにマーサは，その時点での医療的緊急事態に対処してもらうために彼を呼んだのである。このときコールマン医師は来られなかったが，「幸いウィリアムズ医師が来て処置してくれた。治療はいくらかの効果をもたらした」。明らかにこの産婦は生き延びたのである[29]。

　2つ目のケースはもっと長々と記述されている。「私の患者の痛みは朝8時にやってきた」とマーサは書いている。

　　　手伝いの女性たちが呼び集められた。この人のケースは午後7時まで長引いた。私は障害になっているものを取り除き，自然に機能するまで待っていた。しかし彼女はいっそうひどい障害に見舞われ，私はとても動揺した。私はハバード医師を呼んでほしいと言った。この頼みは聞き入れられたが，私は神の助けを借りて助産を行った。神の祝福によって母と子の命を救うことになった。子どもの命は一時絶望的だったのだが。

　その日の日記の余白に彼女は書いた。「私のこれまでの仕事で遭遇した最も危険な一瞬。神の恩寵に祝福あれ」[30]。

　マーサはこの「危険な一瞬」にたじろいだ。しかし彼女がこうした困難をひとりで乗り越えられたことが，彼女の自信を深めた。その後彼女が医師の助けが必要だと感じたことは1度もない。彼女はたしかに逆子，分娩の障害，失神する産婦といったケースに遭遇したが，どう対処すべきかを心得ていた。「胎児は不自然な体位をとっていたが，私は正常に戻し，彼女は無事に出産した」と彼女はある難産の後に何事もなかったかのように記している。さらに別のケースの後に次のように書いている。「お産が止まってしまういくつかの原因を取り除かねばならなかった。処置をしたあと患者は無事に出産した」。彼女の目立たない記述は，実は18世紀の産科マニュアルに対する無言の訂正となっている。当時の産科マニュアルは出産の恐怖に満ち満ちていた。赤ん坊が産道にひっかかってしまったり，骨盤に横向きになっ

てつかえてしまったり，産婦が出血多量で死亡したり，子宮内に残った腐敗しかかった組織で母体の生命が危うくなったりといった具合である。「〔彼女は〕痛みに悩まされ，出産後失神した」とマーサは状況を要約している。「私はカンファー〔興奮剤〕とその他の薬を処方した。彼女は意識を取り戻した。私は「健やかな（Cleverly）」母子を残して帰途につく」[31]。

　この最後の一文の構成は，ほほえましくも不明確である。英語の方言では人を「Cleverly」にして立ち去ると言うとき，それは人を健康な状態にして去るという意味である。マーサの記述の意味するところはもちろんこの意味である。しかし，母子を「Cleverly〔巧みに，器用にという意味も持つ〕」にして去るというのは同時に自らの器用さ，高水準の熟練を発揮することをも意味する。助産婦の腕前は患者の状態に反映する。マーサはいつも自分の成功を神の加護によるものとしているが，神様が自らの意志を彼女の手を通して働かせているのだということを十分意識していたのである。

　一見そうとは見えないが，彼女は自分の記録を同業者と比べている。彼女はよそであった難産の伝聞を日記に書いている。「ジョージ・ブラウン氏が伝えるところによると，スミス大尉の妻に昨夜双子が生まれた。2人とも死亡」と彼女は記している。このときの助産婦はヒンクレー夫人だったのではないか。この人がスミス大尉のもうひとりの子どもの出産を手がけたことが分かっている。そのいくらか後にマーサは，ハートフォード夫人が「今朝，コニー殿によって2人の赤ん坊を死産した。男女1人ずつ」[32]と記録している。これらの記述の背後には，双子の出産で1度も失敗したことがないという静かな自覚があったのだ。彼女は自分の手がけた多胎出産を，その他の通常の出産となんの違いもないかのように書き記している。「夜11時，アイザック・クラーク氏の奥さんのところに緊急で呼ばれた。彼女は12時前に立派な息子と娘を無事出産。全員元気のようだ」[33]。

　しかしながらマーサ・バラードと，競合者の成績とを統計的に比較することは，彼女の出産の技術を個別化し類型化しようという試み同様，時代遅れである。彼女は自分の仕事をそんなふうには見ていなかった。事実，日記の中では，双子の出産に関する最も長い記述においてさえ，産婦宅への道中のことが，出産そのものと同じくらいあれこれと書き記されている。バーンズ

夫人は，

　　　正午頃激しい痛みに見舞われた。日没少し前に手伝いの女性たちを呼
　　び集めた。夜8時前，彼女は2人の娘を無事出産する。2つの出産の間
　　隔は短かった。2人とも立派な子どもだ。神よ，2人を長く生かしたま
　　え。私は3人に付き添う。コンリー夫人，ベン・ホワイトの妻も同様。
　　とても寒い夜。私は昨日呼ばれてバーンズ夫人宅に来た。バラード氏と
　　ディングレー氏が氷を割って川を渡してくれた。対岸の堤をよじ登るの
　　に疲れた。ディングレー氏とグレイヴズ氏が助けてくれた[34]。

　特徴的なのは，日記の中でお産についてのコメント（「2つの出産の間隔
は短かった」）が一見関係のなさそうな事柄，つまり天候，道中のこと，川
を渡るのを手伝ってくれた男たちの名前，そして夜中彼女とともに患者に付
き添った女性たちの名前などの中に埋め込まれていることである。生物学的
出来事は，社会的なこまごました事柄の中に溶け込んでしまっている。こ
の絵の中心はどこにあるのだろうか？　マーサ・バラードが氷でおおわれた
川の堤をあたふた這い上がるところだろうか。ディングレー氏が片方の腕を
つかみ，グレイヴズ氏が上から彼女に手を差しのべ，イーフレムはその間，
氷の張った川で船をゆっくりと返しているところだろうか。バーンズ夫人が
8時間もの陣痛に消耗しつつも，2回目の分娩のために頑張っているところ
だろうか。コンリー夫人が玉のような2人の赤ん坊をゆりかごにそっと寝
かせている光景なのだろうか。あるいは，3人の眠そうな女性たちが夜半の
寒さを背中に感じながら，台所の火を囲んでささやくと，息が白く立ちのぼ
る光景なのだろうか。
　そこに中心はない。あるのは，1日のうちに碁盤の目のように経験が交わ
り，すれ違うかすかな痕跡のみである。

　マーサ・バラードの日記にある出産の記述は，子宮頚部の開口とか後産を
引き出すといった生々しい叙述ではない。あるいはまた，20世紀の女性た

ちにはすぐに分かる 18 世紀の出産の 3 つの段階，つまり「じりじりする痛み，あるいは準備的痛み」，「強い痛み」，「絶え間ない痛み」に焦点をあてるわけでもなかった。日記の記述に 3 つの段階はあったかもしれないが，生物学的用語ではなく，社会的用語によって定義されていた。3 つの段階はそれぞれ，出産に付き添う人たちが呼ばれたり，到着したりすることによって定義されていた。つまり，まずやってくるのは助産婦，ついで隣近所の手伝いの女性たち，そして最後に産後の付き添い人というわけである。一連の分娩の過程は産婦が台所に立つことで終わるのである。

出産の第 1 段階は短くて数時間，長いと数日間続く。初めは本物の陣痛を伴わないこともあるが，陣痛の期待だけで十分だったのである。「私はリスゴウ夫人がケーキやパイを作るのを手伝った。さらに自分の靴下を編んだ」とマーサはウィンズローのリスゴウ殿宅に到着した 2 日後に記している。遠距離のために早めに呼ばれたのである。しかしリスゴウ夫人の予測は，その翌日の日記が証明しているように，それほどはずれていたわけではなかった。「私は靴下を完成した。産婦は一日中具合がよくなかった」。彼女は翌日の夜 10 時に「立派な息子」を出産した[35]。彼女が実際にその間ずっと痛みを感じていたのか，ただ気分が悪く不安だっただけなのかは分からない。重要なのは助産婦がそばにいて，最後まで付き添ってくれるということであったのだ。

ほとんどの女性たちは，出産のこの段階ではできる限り自力で，できるときは働き，必要なら休みつつ，動き回っていた。スウィング夫人は 3 回目の出産を目前にして「一日中部屋の片付けをしたり，掃除をしたりしていた」。ウォーカー夫人は「11 時まで家中元気に動きまわっていた。12 時 15 分には立派な息子を無事出産」（マーサはその日の朝早くに到着していた）。ラスロップ夫人は「交代で日没まで働くことができた。その頃になって痛みがひどくなった」。マーサは痛みの強さを，彼女が働けるかどうか，あるいは眠ることができるかどうかで測っていた。「幾分産婦の痛みは始まっていたが，私はその間眠ることで休息をとることができた」と彼女は書いている。また，別の出産に関して，「私はほとんど一晩中待機していた。彼女は夜明けにとても気分がよいようだったので私は眠った」と記している。彼女

は出産のこの段階で忍耐強かったが，注意を怠りはしなかった。時には彼女は産婦とベッドをともにすることもあった[36]。

　マーサはたぶんハーブ療法を行ったであろうし，またハーブにワインないしラム酒を加えたものを投与したかもしれない。しかし，彼女が出産の過程ではっきりアルコールについて書いているのは，産婦の酒量の多さに当惑したことを示唆するようなものばかりである。ウィリアム・チェンバレン宅で，「私の産婦は具合がよくない。彼女はラム酒が大好きだということが分かった。彼女は 1 クォート〔約 1 リットル〕ほど飲んだ。彼女の痛みは増し…朝 3 時に息子を出産，彼女の第 1 子」。1 週間後別の家で，「カトン氏宅にまだいる。彼の妻はそのまま残して帰れるような状態にはない。彼は川へ出かけた。彼女はワインを飲みビスケットを食べたいと言う。彼が買ってきて，彼女はこの日ワインをグラス 11 杯飲んだ。そして夜，また 3 回にわたってビスケットを食べてワインを飲む」。翌日彼女は「午後 2 時 30 分に息子を，さらに午後 3 時に娘を出産した…私はノミのために寝つけなかった」[37]。マーサはどちらの場合にも，飲酒の傾向が産婦自身にあるとしているが，リラックスするための努力として，また弱くてあまりお産に結びつきそうもない痛みに見舞われている産婦を鎮静させるために，飲酒を容認したのかもしれない。

　出産の第 1 段階から第 2 段階への移行は「手伝いの女性たち」を呼び集めることによって区切られている。ここでもまた時にがっかりさせられることがある——「彼女の姉妹ブランチャードを除いて，女性たちはみな帰宅した」——しかし，一般には手伝いの女性たちがやってくることは，出産が迫っていることの印であった。手伝いの女性たちを呼ぶことは，生物学的な移行を示した。通常の分娩では，子宮頸部が広がることは，18 世紀の専門家が言うところの「強い痛み」とか「圧迫するような痛み」をもたらす。この段階は分娩の過程で最も活動的な段階である。産婦は助産婦のコーチのもとに胎児を押し出すのである。マーサ・バラードは陣痛が一段と強くなることと，近所の人々を呼び集めることをはっきり結びつけて考えている。彼女はこんなふうに書いている。ある女性の「痛みがとてもひどくなったので，手伝いの女性たちが呼び集められた」。あるいは，別の産婦は「それほど陣

痛がひどくなかったので，今日のところは手伝いの人たちを呼ぶには及ばなかった」[38]。

　手伝いの女性たちを呼ぶのをなるべく遅らせようとするのには，実用的な理由があった。分娩の初期につきものの，じっと見守り待つということを，5-6人の女性が全員でする理由はない。しかし出産の第2段階が始まるや，より多くの女性が必要になる。昔はアメリカの女性の多くが文字通り隣人たちの腕の中，あるいは膝の上で出産した。分娩のための物理的装置はきわめて簡単なものであった。ヘンリー・ブラッケンが説明しているように，「一部の助産婦は特殊な椅子を用いる。また二重にキルトを敷いた藁ぶとんを用いる助産婦もいる。季節によっては，それらを暖炉のそばに置く」。しかし，また，「掛け布に若干の変更を加えれば」産婦自身のベッドでもよいし，「あるいは女性の膝」でもよい[39]。この時代に活躍したヴァーモントのある助産婦は，分娩用の背もたれのない腰掛けを持っていたと伝えられているが，マーサ・バラードが同じようなものを持っていたという証左はない。「時計」，「薬剤」そして「眼鏡」などはいずれもマーサの仕事との関連で日記に現れるが，分娩用の腰掛けのことは1度もふれられていない。腰掛けがあったとすれば，彼女が氷結したケネベック川の堤をあたふたとよじ登るときに，問題を複雑にしただろう。「女性たち」は日記の中では最も顕著な道具の一部だった。

　産婦が後ろにもたれる姿勢，しゃがんだ姿勢，ひざまずいた姿勢あるいは立ったままの姿勢のいずれをとったとしても，分娩にあたってマーサは少なくとも2人の助手を必要とした[40]。「彼の母親とベン・チャーチェスの妻がそこに来ていた。日没後マッコーズランド家の妻たちを呼んだ」[41]。人々の名前を記した日記の記述の80%は，2-4人の女性の名前をあげている。ある記述は（たぶん完結していない記述なのだろうが），1人の助手の名前をあげている。その他の記述では5人ないし6人の名前が記されている。「私の仲間はコックス老夫人，ピッツ，妹バートン，ムーディー，ソールそれにウィザレルであった」とマーサはごちゃごちゃに名前を連ねるなかでいつもの敬称「夫人」を落として書いている。ジェレマイア・ホワイト宅での手伝いで，10人の助手の名前を列挙しているのも同様に混乱している。「ホワイ

第 5 章　1793 年 12 月

ト夫人は女性たちを呼んだ。彼女たちは一晩中彼女に付き添っていた。すなわち，ホワイト老夫人，ノークロス夫人，モーゼス夫人とベン・ホワイトらの妻たち，ジャクソン，スティックニー，コバーンと彼の姉妹リディア」[42]。

　メリアム・ポラードのように，何人かの女性たちは住まいの周辺を離れて遠くへも出かけていたが，出産の手伝いは，親戚を除けばほとんどが近所に住んでいた。一部の若い女性は実家で出産した。また彼女たちの中には自分の「マーム」，つまり姉妹を遠方から呼び寄せる人たちもいた。しかし，ほとんどの人は，出産の手伝いを近所の人々に頼っていた。出産を手伝った人々を記録したマーサの名簿と，この町の住人の住まいのパターンとの間には，驚くべき一致が見られる。1793 年 11 月 18 日のマーサ・モロイの出産に現れるスウォール夫人というのは，たぶん相当遠方に住んでいたタビサではなく，ヘンリーの従兄弟モーゼスの妻ルースであったろう。彼女とダットン夫人はフックでモロイ家の近くに住んでいた。タビサ・スウォールはその数週間後，彼女の近所の住人パーカー夫人の出産に立ち会っていたと思われる（もっとも，この後少したつと，この種の親密な行き来を妨げるような出来事が起こるのではあるが）。タビサ・スウォールが第 4 子を出産したとき，手伝いに集まった人々にはパーカー夫人，ヴォース夫人，もうひとりのごく近所の住人スザンナ・コニー・ハワード・ブルックスが含まれていた[43]。

　手伝いの女性たちは，物理的な支援だけでなく，感情面での支援を行った。2 日間の断続的陣痛のあと「コイン［コーウェン］夫人は一進一退であったが，とても気分が落ち込んでいた。私たちはフレッチャー夫人を呼んだ。ソール夫人が来た。サヴェージ夫人とフレッチャー夫人が一晩中付き添った」。産婦は数時間後に「内診したあと 5 回の陣痛があって出産した」[44]。手伝いの女性たちは新生児を布で包み，産婦をベッドの中で（あるいは外へ）身を起こすのを手伝った。こういった簡単な仕事をしながら彼女たちは，女性の痛みの強さを――あるいは赤ん坊の大きさを――他の女性と比べるといった話をきっと交わしていたに違いない。ジョージ・トーマスの息子は「デンスモア氏のさお秤の軽い側よりは重かった」。ネイ大尉の赤ん坊は「（薄い衣を着せた上から測って）胸囲が 18 1/2 インチもあった」。これに対してハンナ・グレッチェルの婚外子は「これまで見た生きている新

生児のうちで最も小さかった」（この子は翌日亡くなった）といった具合である[45]。

　24回の出産のうち1回は子どもが亡くなった。このうち40%は死産であった。あとは最初の1日のうちに亡くなっている。出産が正常でないときには，マーサは原因を検討している。「彼女はお産の少し前に高いところから落ちた。たぶんそれが原因であろう」とか「新生児が死亡した原因は不明だが，母親は咳をしていた」といった具合である。ある新生児は「1時間生きたが，明白な原因がないまま亡くなった。原因は壊疽〔分娩の際に新生児が損傷を受けたことから起きる〕であるように思える」とマーサは書いている[46]。こういうときに手伝いの女性たちが身近にいてくれるのは，心が安まることであった。彼女たちは安全な出産をするための彼女の努力を見守っていてくれたし，亡くなった新生児に埋葬の準備を施すという悲しい仕事を手伝ってくれることもあった。

　婚外子の出産にあっては，これらの女性の存在はさらに重要な意味を持っていた。「ベンジャミン・ホワイト宅で彼の姉妹レベッカが未婚のまま産気づいていた」とマーサは1787年12月2日に書いている。そして彼女が生まれてくる子の父親はセス・パトリッジだと宣言したとき，ベッキー〔レベッカ〕の付き添いの女性たちは傍らにいたと記している。職業生活の中でも最もセンセーショナルな事例では，マーサは立会人がいたか——いなかったか——を記録することに特別な注意を払っている。サリー・バラードの姉妹メヒタブル・ピアースは，自分の子は「ジョン・ヴァーサル〔ヴァッサール〕・デイヴィス殿によるものだと宣言した。彼女は，ホセア・ハウランドとともに私の助手を務めていたジョナサン・バラードの妻〔サリー・バラード〕のいるところではっきりと認めた。ホセア・ハウランドは，私が産婦を診るときには別室に行っていた」とマーサは説明している。さらにマーサは，ティットコム夫人も呼んだこと，しかし彼女は「出産が終わってから到着した」ことも付け加えている。デイヴィスはその日の午後母子に会いに来た。誠意から出た訪問であったのか，あるいは彼を父親としている訴えをヒッティが今でも真実だとしているかどうかを確かめに来たのか，我々には分からない。デイヴィスはプリマス会社の相続人であり，また郡裁判所の書

第5章　1793年12月　　　　*211*

記であったが，この子の母親と結婚する気はなかった。しかし，彼はこの子が3歳で亡くなるまで，養育費を負担していたようだ（第7章参照）[47]。

　しかしながら，マーサはいっそうセンセーショナルであったかもしれないもうひとつの出産には呼ばれなかった。1795年8月29日，ヘンリー・スウォールは日記に，「昨夜女中として住み込んでいるシャーロット・クールがピーター・パーカー宅でWm. H──d〔ウィリアム・ハワードを指していると思われる〕大佐によるとされる2人目の私生児を出産した」と記している。スウォールにとってはこの出来事は大きな満足をもたらしたに違いない。パーカー夫人，つまり，マーサが1793年12月に出産の介助をした女性は，以前にノース判事に対し，誹謗中傷のかどでスウォールを告発した。スウォールが噂の源ではなかったが，彼は明らかに彼女（あるいは彼女の女中？）とハワード大佐との関係を広めたのである[48]。例によって詳細は失われてしまっている。しかし，この底流にある問題──大佐の行動──は明白である。若いカップルが結婚後あまりにも早く子どもを生むことと，ハワードやデイヴィスのような公職にある者が地域の規範を無視するということは，別のことなのである。しかし，女性自身が男と対決しようとしないなら，何ができるというのだろうか。ヒッティ・ピアースはジョン・デイヴィスを告発した。しかし，我々が知る限り，シャーロット・クールはハワードを告発するためのなんの努力もしなかったのである[49]。

　伝統的に出産の手伝いに来ている女性たちは，仕事が終わると祝宴を開いた（「手伝った女性たちはすべての仕事が終わってから夕食をとった」）。その家に十分なスペースがあるときや天候が悪いときには，彼女たちはその家に泊まり込んだ（「夜半過ぎて火の周りで仮眠をとる。手伝いの女性たちも全員ここで夜を過ごす」）。すでに込み合っている家の中で女性たちが隙間を見つけて場所を作るので，台所や居室には無秩序にベッドがしつらえられたことであろう。「その夜はこの家の屋根の下に22人が寝た」とマーサはある出産の後に記している。この数には手伝いに来た近所の人々の他に子どもたち，雇い人，訪ねてきていた親戚などが含まれている。女性の中には，手伝いの女性たちに「おいしい夕食」を出すゆとりのある人たちもいた。そうかと思うと，着ている衣服の中のノミを探す助産婦をそのまま帰してしまう

人もいた。家によっては信仰が息づいているところもあった（「私たちは全員少し休んだ…それから朝食をとり，その後祈りを捧げた」）。ある家では混乱が見られた（「彼の母親は出産のあと卒倒してしまった。私は2つの部屋をかけもちで面倒をみて，両方とも順調なことを確かめて帰途についた」）。ハロウェルの自由黒人のひとりであったシップ・ムーディーの家では，親切な隣人たちで部屋があふれ返った。「私は一晩中付き添っていた。ケイン夫人，ベン・ホワイトの妻も同様」とマーサは書いている。「どこにも寝る場所がないので私たちは起きていた」[50]。

　徹夜で付き添いをした別の機会に，マーサは彼女自身が患者になってしまったことがあった。「夜，私の手足に激痛があり…そこにいた女性たちが大変親切にしてくれた」[51]。この女性たちにとっては，いつも面倒をみてくれる友人を介抱することに，ある種の喜びがあったのではなかろうか。

　出産の第3段階──すなわち，産後の床につくこと──は産後の付き添い人が到着し，助産婦が帰ることによって始まる。1793年12月8日の日記で，マーサはこの関係を明確にしている。すなわち，「パーカー氏は付き添い人を呼びに行った。午後4時私は出た」。予見できない事態を除いて，彼女は再び産婦を診に行くことはない。パーカー夫人は何事もなく回復した。しかし，6週間後に具合のよくなさそうな赤ん坊を診てもらうために，再びマーサは呼ばれた。彼女の夫はこの機会にマーサに支払いをすませた。数日後，別の出産のためにマーサが近所に来たとき，彼女が再び「パーカー氏宅を訪れて」みると「赤ん坊は快方へ向かっていた」[52]。分娩後の検診は出生前のケアと同様，一般的ではなかった。マーサが再び訪れるのは，母親か赤ん坊の具合が悪いとき，またはマーサがたまたま近所に来て儀礼的に訪問するときに限られた。

　以上のようなわけで，日記には分娩後のことについては，出産そのものについてよりも記述が少ない。日記に書き記された数少ない記述を細かく見ると，「床につく」という産後を表す表現が実態とかけ離れていることが分かる。ベッドの中で過ごす時間は，ほとんどの女性にとってきわめて短かったのである。出産直後でも母親たちにはゆっくり寝ていることが許されなかった。「産婦を起こして彼女のリネンを取り替えて帰途についた」とマーサは，

この場合には出産の 12 時間後に書いている。あるいはまた，「ウィリアム〔ウィリアムズ〕夫人を助けて起こし，ベッドを作り直してから帰宅する」といった具合である。別の産婦をたまたま訪ねたときのことにふれて，正常の回復過程であったと思われる状況についてマーサは述べている。出産の 6 日後，ジョイ夫人が「台所で働いている。彼女は昨日自分の部屋から出てきた。彼女は私に，この 3 日間自分でベッドを整えたと言った。彼女の赤ん坊は順調だ」[53] と記している。回復を示すものは子宮の大きさや位置ではなく，産婦が自分のベッドを作ることができるかどうかであったのである。ジョイ夫人の出産は予定日より 1 日か 2 日早かったのかもしれない。一般的状況のもとでは，産婦は 1 週間の間「部屋にこもり」，次第に新生児の世話と身の回りのことを自分でする責任を持つようになる。そして最後に「台所に戻る」のである。これは産後の休養期の終わりを示す，普遍的で適切な表現である。

　産後の休養期間の長さは，母親の肉体的状況とともに，経済的状況にも依存した。出産をめぐる日記の記述が明らかにしているとおり，産婦たちの家計のゆとりや家事能力は人によって大きく異なっていた。エリートの女性たちは明らかにゆったりとした，かつ計画的な休養期間を過ごすことができた。タビサは第 7 子の出産後 3 週間「体調がすぐれなかった」とヘンリー・スウォールは報告している。生まれたばかりの乳幼児に加えて，よちよち歩きの幼児，さらに面倒をみなければならない 3 人の子どもを抱え，彼女は普通の生活に戻るのをいくらかでも遅らせることができればよい，とたぶん考えていたであろう。このときの出産に際しては，彼女は幸運に恵まれて，その地域で最も人気のあった産後の付き添い人であるコナー夫人に来てもらうことができた。それに比べてアイザック・ハーディンの妻は，産後一息つく暇もほとんどないくらいであった。「ハーディン夫人はこの日 1 1/2 ヤードの布を織り，翌日には 3 ヤード織った」とマーサは 1794 年 3 月 12 日の日記の余白に書き込んでいる。彼女の赤ん坊はその 3 日前に生まれたのであった。

　イギリスの女性たちと同様，メインの多くの女性たちにとって，産後の休養期間にアルコールはつきものであった。メインの別の地域では，ある店長

は雇い主に次のように書き送っている。「この地区では今冬出産が多くあり
ました。女性たちの産後の休養期間中に茶，砂糖，ラム酒などで私が援助し
なかったら，この人たちがどうなったか分かりません。というのは彼女たち
には慰めになるものが何もないからです。女性の夫たちは後日代金を労役で
支払います」。姪のパメラ・ポーターが出産した2日後に，マーサは上記の
品目リストから茶を除いた品々を贈っている。処方に関する書物がどれも，
産後の休養期間に「強い酒類」を用いることに対して繰り返し警告している
事実は，こうした事例が少なくなかったことを示している。書物の著者たち
には，強いアルコール性飲料が体温を上げることにより発熱を誘う，と心配
する人たちもいた。彼らは薄い水粥の方がコードル〔ワインや砂糖を加えた粥。
病人や産後の女性に向けたもの〕や強い酒の入った粥よりもはるかによいと強く
主張している[54]。メインの女性たちはそうした意見には反対だった。彼女た
ちにとってはラム酒，砂糖，茶は産後の休養期間の必需品であったので
ある。

　しかしハロウェルの家庭で最も足りなかったものはラム酒ではなく，手伝
いの人手であった。すでに見たように，ハロウェルにおいては織機に縦糸を
はったり，台所を掃除したりする若い女性たちが，時折産後の付き添いをし
た（「パルテニアはフット夫人の付き添いに行った」，「フィリップ・バリン
はベッキー・フォートを産後の付き添いとして彼の兄弟のところへ連れて
いった」）。こうした若い付き添い人たちのうち，長期にわたって付き添いの
できる人はほとんどいなかった。たいていの人は，自分の家族か雇い主に対
して，仕事の面で責任があったからである。マーサは自身の娘が出産したあ
と，デビー・ロウが来てくれたがその日のうちに帰ったこと，頼れるのは産
婦の妹だけであり，彼女にしても自分の赤ん坊の他に2人の幼い子どもを
連れてやってきたことを記録している。こうした状況のもとでは，早く普通
に戻ることが女性にとっての最善の自己防衛であったのである[55]。

　年長の女性の中には付き添いを専門にする人たちもいた。こうした人に付
き添いを頼む経済的ゆとりのある人は幸せだったのである。マーサ・バラー
ドとヘンリー・スウォールはともに，コンリー夫人あるいはコナー夫人とい
う人物のことを書きとめている。この姓は1790年，1800年のいずれのセン

第 5 章　1793 年 12 月

サスにおいても，ハロウェル，オーガスタあるいは近隣の町にも見当たらないことから，この人は寡婦で，娘か姉妹の家に扶養家族として同居していたのではないかと思われる。ヴォース夫人は，町にこの名前で住んでいた男性の妻か母親と思われるが，この人も付き添いをしていた。ストーン夫人も同様であった。産後の付き添いには助産婦よりたぶん安い謝礼が支払われていたであろうが，少なくとも一部の家では，彼女たちは赤ん坊の洗礼式において伝統的な名誉ある地位を与えられていた。フォスター牧師の子どものひとりが洗礼を受けた際には，「ヴォース夫人が赤ん坊を抱いて進み出た」。ヘンリー・スウォールも彼の娘メアリーが洗礼を受けたとき，コナー夫人に同じ名誉を贈っている[56]。

　出産がうまくいったからと言って，生まれた子どもが無事に育つとは限らなかった。また産婦がみな産後の期間を無事に過ごすとも限らなかった。経験豊かな付き添い人はよくある問題には十分対応できたが，時には出産の2，3日後にマーサが呼び戻されて治療するということもあった。「状況が悪化した。彼女のお乳は出ている」というのが通常の説明であった。もちろんもっと稀なケースもあった。出産の2週間後に，マーサはノークロス家を再び訪れて「胸につかえた赤ん坊のミルクを取り除いた」。女性たちは現代と同じく産後の痛み，出血，静脈炎に悩まされた。1785 年から 1796 年までの 481 回の出産のうち 38 回について，マーサは産婦を再訪して，なんらかの問題に処置を施している。これらのうち，34 のケースについては，少なくともひとつ特定の症状が言及されている。すなわち，7 人の女性は乳房に痛みがあった。3 人は発熱，2 人は風邪ひき，別の 1 人はのどの痛み，5 人はお乳が出始めるにあたって「体調の悪化」があった。また，1 人はひどい頭痛，2 人は異常なけだるさ，1 人は産後 1 ヶ月に刺し込むような腹痛に見舞われた。産後 6 日目にモーゼス・スウォールの妻は「左脚が腫れて激しい痛みに襲われた」。マーサはこの産後の危機を，夫の不適切な行為のせいにしている[57]。

　「私は至急でウィリアムズ夫人に呼ばれた」と彼女は書いている。「彼女は夫の過失が原因でひどい興奮状態に陥った。夫は彼女に害を加える意図はなかったのだが。私は午前 3 時まで付き添う。その後，まだ痛みは少し残っ

ていたが，まずまずの状態で，帰途につく」。この若い夫が何をしたのか想像するのは難しい。彼は間違った薬を与えたのだろうか，暖炉の火を絶やしたのだろうか。自分の妻の――あるいは付き添いに来ていた娘のベッドにもぐり込もうとしたのだろうか。危機が突然襲ってきたという事実からは，この「異常な興奮状態」は発熱によるのではなく，何か感情的に気が動転することによって引き起こされたもののように思える。もっとも，確かなことは分からない[58]。

すでに見たように，マーサの産婦のうち5人が産後の休養期間中に死亡している。1人の女性は出産時にひどい風疹を患っていた。別の1人は女の子を死産したとき痙攣を起こし，4日後死亡したときになおも発作の状態にあった。彼女は疑いなく子癇の犠牲者であった。この病気は急性妊娠中毒の最も激烈な段階であって，今日でも出産時の合併症としては何よりも深刻な問題と考えられている。他の女性たちは産褥感染によって死亡したものと思われる。歴史的にはこれが産後死亡の主な原因である。産褥熱が感染性のものであるということは，1840年代にアメリカではオリヴァー・ウェンデル・ホームズ医師によって，そしてオーストリアではイグナツ・ゼンメルヴァイス医師によって示唆されていたのだが，この病気が細菌性のものであることが確認されたのは，ようやく1880年代になってからのことであった。この頃ルイ・パストゥールが，現在連鎖球菌として知られるバクテリアがこの病気の患者に感染していることを示したのであった。産褥熱というのは子宮内部に1種類あるいは何種類かの細菌が侵入したときに，傷の感染から起こる病気である。産後数日間，患者は正常であることもあるが，そのうち体温の上昇，頭痛，倦怠感，下腹部の痛みなどが感染を示すシグナルとなって現れる（ある種の細菌による場合には，独特の悪臭のする大量のおりものが見られる）[59]。

クレイグ夫人の死についての記述は，この病気のパターンにあてはまる。彼女は1790年3月31日，「無事，とても立派な娘を出産」した。5日後マーサは「自分が望むようには患者の体調はよくない」と報告している。彼女は翌日再び産婦を訪れて，「ミルク，水，そして塩を混ぜた液体を浣腸」し，「軟膏をつけて，ヨモギギク，ヨモギ，カモミール，ヒソップの風呂に

第 5 章　1793 年 12 月　　　　　*217*

入れる。これでクラッグ〔クレイグ〕夫人の気分はよほどよくなった」。1 週間後，彼女は患者が「ひどく病んでいる」というので再び呼ばれる。クレイグ夫人は自分からルバーブとキナ皮を食したが，症状に改善は見られなかった。翌日医師が呼ばれたとき，医師は「家族に向かってクラッグ夫人は間違いなく死ぬと単刀直入に言った」。彼女はその夜亡くなった。マーサは「葬衣を着せるのを」手伝い，その夜は家族とともに過ごした。「亡骸は棺に納められ，西側の部屋に安置された」と彼女は書いている。「排泄物と悪臭はとても耐えがたかった」。その間隣人たちは交代でやってきて「生まれた子どもにお乳を飲ませた」[60]。

　マーサはこのケースにおいても，他の死亡のケースにおいても，診断を試みてはいない。しかし，これらの症例は細菌の感染が原因だったと思われる。すでに見たように，カトン夫人はしょう紅熱が 1787 年に大流行した最中，出産の 4 日後に亡くなっている。残りの女性たちは出産の数日後に発病し，2 週間後に亡くなっている。これら 5 つの死亡例で特筆すべきなのは，もちろんそれが稀なことであったという事実である。女性は産後の期間にひどい苦痛に見舞われることがあったろう──産後の痛み，乳首の痛み，脚の腫れ，そして「異常な興奮状態」に襲われることさえあった──しかし，死亡する人はほとんどいなかったのである。

　ほとんどの女性は当時 1 年おきに，助産婦を呼び，手伝いの女性たちを頼み，産後の付き添い人を迎え入れ，台所に戻るというパターンを繰り返しつつ，出産を経験していた。出産の翌年には彼女たちは一番幼い子に母乳を与え，上の子らの面倒をみながら，その合間に可能な限り機織りや納屋あるいは畑での仕事をこなしていたのである。ある歴史家たちは，18 世紀末のニューイングランドにおいて，家族の大きさをコントロールしようとする動きがあったことを認めている。ハロウェルにおいて，その証左はほとんど見当たらない。戸籍が不完全であるとはいえ，町の書記官の記録においては，1 家族の子どもの数は 7 人以上であった。マーサは 4 人の女性の第 12 子を取り上げ，1 人の女性の第 13 子，2 人の女性の第 15 子，そして 1 人の女性の第 16 子を取り上げている。

　ほとんどの女性たちにとって，授乳は次の妊娠を遅らせ，平均して 24 ヶ

月の出産間隔を生み出した。マーサ・バラードのやり方も，他のほとんど
の西欧世界と同じであった。エズラ・ホッジスの妻が，一番上の子どもが
5歳になった2ヶ月後に第5子を出産したとき，マーサは強い印象を受け，
日記に書き記したが，このような多産のわざは稀であった[61]。出産のリズム
は伝統的なテンポを維持した。たとえ子どもの数を抑制しようとするなんら
かの努力がなされたとしても，それは妊娠可能年齢の終わり頃のことであっ
た。いくつかの家族では，出産の間隔は開いていった。また，2，3の家族
では出産は突如止まった。タビサ・スウォールは14年間に8人の子どもを
もうけ，そのあと子どもを生むことをやめた。スザンナ・コニー・ハワー
ド・ブルックスの場合には，寡婦になってもとどまることがなかった。彼
女は16年間に3人の夫との結婚によって8人の子どもをつくったのであっ
た。医師による分娩を選んだ女性たちが小さな家族を望んだ，というなんら
の証左も存在しない。ローダナムの冒険のあと，ハンナ・スウォールはさら
に10人の子どもをつくった。ハンナ・ブリッジははじめてのお産で双子を
死産したあと，もう1組の双子を含めて7人の子どもをつくった。マーサ
自身の家系においては，何世代にもわたって出生のパターンは変化してい
ない。彼女の母親は10人の子どもをもうけた。マーサは9人，彼女の妹ド
ロシー・バートンは13人であった。マーサ自身の娘たち，義理の娘たちも
同様に多産であった。ルーシーとドリーはそれぞれ11人の子どもをもうけ
た。サリーは12人，そしてハンナの最終的家族人数は不明だが，この日記
が終わるまでに8人の子どもを出産している。

　家族の労働力がニューイングランド経済の基盤であったから，両親が適切
な子どもの男女比率に気を揉んだということは十分理解できる。マーサの日
記の出産に関する記述の約4分の1にあっては，子どもが何番目の子であ
るか，そしてしばしば男女比率が記されている。「彼女の第8子，男女比は
同率」と彼女は書いている。「第7子，このうち4人は娘」[62]という具合であ
る（これらの記載には，性別についての偏見を感じさせるものは何もない。
ハロウェルの女性たちは「立派な息子」と同様，「立派な娘」を生んだので
ある。もっとも「健康で強い，力強い」といった形容詞は男の子だけに用い
られたようである）。ジェームス・ヒンクレー夫人が「日暮れに双子の娘を

無事出産」したときには，彼女には7人の息子がいたが，それまでに娘は
たった1人だったと説明を加え，マーサは喜んでいる。そして「彼女の最
初の子どもから15年目」と書いている。マーサの隣人リディア・デンスモ
アは逆の問題を抱えていた。1797年，彼女は第12子で9人目の娘を出産し
た。幸いこの家の生業──紳士服と婦人服の仕立て屋──は女の子に向いて
いた[63]。

　したがってこのような状況のもとで期待されたのは，勇敢に出産を引き受
けることであった。マーサ・バラードが他の女性たちの出産を積極的に介助
する姿にも，この姿勢は反映していたと言うべきであろう。彼女は同情的
であり，温和で優しく，隣人たちの幸せに気を使ってはいた。しかし彼女
は，一定の苦痛は女性につきものと考えていた。彼女は子どものようにぐず
ぐず泣き言を言うことには我慢がならなかったのである。たとえば，バクス
ター夫人は病気を楽しんでいるようだった。「彼女はよくなっていたが，本
人は快方に向かっているとは感じていない」とマーサはあるとき往診の後に
記録している。そして数日後，次のように書き加えている。「バクスター夫
人を診に行く。快方に向かっていると私は思うのに，彼女はそうは思ってい
ない」。この人が「ヒステリーの発作」に見舞われたとき，マーサは一晩中
付き添い，さらに続けてその日の午後までそばについていた。しかしその1
週間後，彼女は「バクスター夫人はちっともよくなっていない，あるいはよ
くなったと感じていない」[64]と聞いてがっかりしている。

　さらにいっそう彼女の気を滅入らせたのは，古い友人で隣人でもあったエ
リザベス・ウェストンの振る舞いであった。彼女は予期せざる，かつたぶ
ん歓迎しかねる出来事であった最後の妊娠に，すっかり打ちのめされてし
まった。彼女は45歳になっており，一番下の子どもはすでに6歳になって
いた。さらに彼女の娘ベッツィがトーマス・フィルブラウンと結婚して間
もなかったので，彼女としては自分自身にもうひとり子どもができることよ
りも，孫を歓迎したい気分だったのである[65]。妊娠の最後の数週間に彼女の
不安はいっそうつのった。過去の出産は特段の問題もなかったが，彼女とし
ては，今度はうまくいかないのではないかというおそれが高まった。いまだ
分娩の兆候が何もないのに彼女は助産婦についていてほしいと言ってきかな

かった。

　マーサはほとんど2週間というもの，ウェストン家に出たり入ったりして過ごし，他の女性の出産を扱う必要があるときには出かけていた。マーサは，分娩の兆候がないまま4日間寝たり待ったりしたあげくに「ウェストン夫人はあまり変わりがない」と10月28日の日記に記している。「[彼女は]私が帰宅して自分の家族の様子を見に行くことに同意した」。もし半分凍結した川が両家の間を隔てているというのであれば，長期にわたる待機も無理からぬことだったかもしれない。しかしウェストン家とバラード家は，バラード家が水車小屋を引き払ったのちも，比較的近い隣人だったのである。

　それでもマーサは翌日にはウェストン家に戻って，ウェストン夫人の訴えを聞き，観察し，そして明らかにいらいらをつのらせてゆくのであった。「ウェッソン〔ウェストン〕氏が仕事を持ってきた」と彼女は11月4日に書いている。11月6日までには彼女はついに我慢しきれなくなる。「私は帰宅してきた」と書く。「ウェッソン夫人の様子は変わらない」。この女性の方でも自分の問題に気づいたようだ。再びマーサが訪ねたとき，彼女はそのことを口にした。11月9日，午前9時30分，お呼びが来た。そして「彼女は4時30分，立派な息子を無事出産した」。安産でこの問題にけりがついたわけではなかった。その1週間後，マーサは書いている。「私がろうそくを作り始めたら，ウェストン夫人を診に来るよう呼ばれた。行ってみると彼女は予想できた程度の状態で特に問題はなかった。しかし彼女は家では赤ん坊の面倒をみられないと言うのである。バカバカしいことだと私は思う。しかし結局，彼女の思いどおりにするしかないだろう」[66]。

　これは古い友人からの厳しい判断と言うべきか。その1ヶ月後にマーサが再び訪れたとき，ウェストン夫人は以前と変わらず自分では病気だと思い込んでいた。「彼女は衰弱している」とマーサは記録している。それに加えての説明の形で，「彼女はお産以来部屋の中もまったく歩いていない。彼女の赤ん坊はヘウィンズ氏のところにいる」[67] と書いている。おそらく町の医師のひとりが，彼女のケースを引き受けたのであろう。マーサはそれ以上何も言っていない。2月2日，彼女はエリザベス・ウェストンの娘ベッツィ・フィルブラウンの第1子の分娩を介助している。この子の祖母がその場に

第 5 章　1793 年 12 月　　　*221*

いたかいなかったかについては，何も書かれていない（しかし，ウェストン
夫人は彼女の娘が 2 年後に第 2 子を出産したときには，たしかにその場に
いた）。おそらく 2 人の女性の仲は短期間冷えてしまったのだろう。しかし
そうだったとしても，その夏の終わりまでには明らかに昔のような近所付き
合いは回復していた[68]。

　新生児をよそで面倒をみてもらうにあたって，エリザベス・ウェストンは
厳格に守られていたタブーを犯した。病気が重篤でどうにもならない場合に
だけ，母子を引き離すことが正当化されていたのである。ルーシー・タウン
が産後 1 週間目に熱病にかかったとき，彼女は赤ん坊の授乳を続けるために
苦闘した。10 日後に赤ん坊自身が病の兆候を見せ始めてようやく「かわい
そうな赤ん坊に授乳する」ために隣人が呼ばれた。マーサはその状況を説明
して「赤ん坊の母親はほとんどお乳が出なかったから」と書いている。その
場合でもルーシーが再び自分の子どもに授乳するときに備えて，お乳の分泌
を絶やさないような対策がとられた。「ルーシーは少しよい」と彼女の母親
は書いている。「パルテニアのお乳を搾って少しばかりミルクが得られた」。
この間に 2 人の隣人が赤ん坊に授乳した[69]。

　マーサの医療行為のかなりの部分が新生児の「口の炎症」と産婦の「乳房
の痛み」の治療で占められている。授乳期の女性にはいつ膿瘍ができてもお
かしくはない。これに対してマーサにはいろいろな治療法があった。ひとつ
の事例では，酸味のある植物の湿布で効果がないと分かると，彼女は乳房
を「開いた」（切開した）。自身の娘のひとりが膿瘍をつくったとき，彼女は
ハワード医師を呼んだほど心配した。彼は「全粒粉パンの湿布をするようす
すめた」。その効果がないと分かると，彼女は黄色ユリの根で湿布した。し
かしそれもただ痛みを増しただけのように見えた。その間生まれたばかりの
赤ん坊は「お乳が不足してぐずり出した…娘の乳房からはちっともお乳が出
なかった」。彼女はこのケースに限っては，どういうわけか自身で病巣を切
開することをためらった。ハワード医師が「切開すべきケースではない」と
判断したとき，彼女はコールマン医師を呼んだ。彼が手術を行った。「たく
さんの膿が出た」と彼女は記録している。それに加えて「彼女はずっとよく
なったように思う。赤ん坊も元気だ」[70]と満足げに書いている。

マーサにとって出産の最終段階は，謝金を受け取ることであった。1793年12月17日，日記の余白に彼女は次のように書いている。「1794年3月5日，ハムリン氏から12/ を受け取る」。テオフィラス・ハムリンが娘の出産に12シリング支払ったのは例外的なことであった。しかし，実際に支払いがなされるのに3ヶ月かかったことは，珍しくなかった。1790年代のマーサの標準的謝金は6シリングであった。それは現金か，品物か，あるいは町のどこかの店の掛けで支払われた[71]。おそらく品物による支払いの方が，その都度日記に記録されている現金による支払いより多かったと思われる。たとえば，11月28日，この章の冒頭に引用した文章の中にあるように，「ラスロップ氏は，去る3月19日に妻の面倒をみたときの謝礼を支払ってくれた」と彼女は書いている。そして，3月19日の日記の余白に，彼女は「11月28日，砂糖を受け取る」と書いている。

助産婦に対する支払いは，この町の経済状況を反映している。マーサは助産婦としてのキャリアを通して「1メートルの屋根板」から1組の「火のし〔当時のアイロンに相当するもの〕」までありとあらゆる物品を謝礼として受け取っている。ほとんどの支払いは食料品，布地，あるいは日用品でなされた。チーズ，バター，小麦，ライ麦，トウモロコシ，豚や七面鳥の子，ろうそく，時計の1番歯車，洗っていない羊毛，チェックの布地，1/2クインタルのタラ，指貫，ティーポット，姿見，ハンカチ，嗅ぎタバコといった具合である。マーサは支払いが格別に多かったとき，あるいは少なかったとき以外は，支払いの多寡について，日記に書くことはめったになかった。「彼女に付き添っただけで2ポンドのコーヒー，1ヤードのリボン，帽子の縁飾りという過分の謝礼をしてもらった」とある出産のあとで彼女は記している。これと対照的に，サヴェージ・ボルトンは「秋になって11/2ブッシェルのあまりよくないリンゴをくれた」[72]。

時折，ある家族には分娩費用の支払いを「免除する」ことがあった。チャールス・クラークの第4子を取り上げたとき，「彼女の第3子は発作が原因で知的障がいが起きた」と彼女は記している。彼女はそのときの出産には第4子の謝金に加えて第3子のときの未払いの謝金をももらうつもりで出かけていったのだが，この家族の悲しみを見て，第3子の謝金を帳消し

第 5 章　1793 年 12 月　　　　　　　　　　　　　　　　　　*223*

にした。「9 月 5 日，私は謝金をこの子の障がいの故にもらわないことにした」と第 3 子誕生を記した日記の余白に書き込んだ[73]。マーサは患者たちの医療ケアのみならず，日常生活のいろいろの面にも目を配っていた。すでに見たように，ウェルチ夫人が死産した翌日，「彼女が薪を持っているか見て，彼女にシャベルなどを拵えるように」バラード氏を派遣している。しかし，その後この同じ女性が出産したときには，彼女は最初のときほどの配慮を見せていない。このとき彼女には明らかに夫がなかった。「ウェルチ夫人を診るようにガリッシュ〔ゲリッシュ〕氏に呼ばれた。彼女は…娘を出産した。彼女はこの子の父親は先のゲリッシュだと宣言した」とマーサは書いている。この女性がゲリッシュからこの子の養育費をもらうことができたかどうか，我々には分からない。彼女はこのときの分娩費用を自分自身で「14 1/2 ヤードの純毛の布を織ること」[74]で支払った。

　6 シリングを超える謝金は，一般に余分の経費がかかったことを意味した。彼女は，ブゼル家の出産で，泥んこ道を苦労して行ったあとに「私は馬の代金，薬剤費を含めて 9/ を受け取る」と，書いている。たぶんほとんどの夫たちは，自ら助産婦の送り迎えをしたり，隣人の助けを借りたりして，「馬の賃借料」を回避したのであろう。1793 年の時点で 6 シリングを超える額を支払っているのは，患者のせいぜい 5 分の 1 に満たない人々である。この事実は，彼女が薬剤を控えめに用いていたことを示している。分娩にかかる時間の長短は謝金には無関係であった。彼女はヒンクレー夫人のところで 1 日半を過ごし，カウチ夫人のところで過ごした時間はわずか 5 時間であった。しかし彼女はまったく同額の謝金 6 シリングを受け取っている。

　彼女の職業生活を通じて，9 シリングを超える謝金はきわめて稀であった。結局，高額の謝金は，助産婦の別格のサービスに対する謝礼というよりも，子どもの父親の気前のよさ，あるいは富裕さによるものだというのは避けがたい結論だ。ケネベックの紳士階級の中の一部の人々——ウィリアムそしてジョン・ブルックス，テオフィラス・ハムリン，チャンドラー・ロビンス，サミュエル・コールマンなど——はほとんど毎回，1 回の出産につき 12 シリングかそれ以上を支払っている。ヘンリー・スウォールは標準である 6 シリングに近いところにとどまっていたが，1799 年 10 月，タビサが

8人目の子どもを出産したとき，マーサへ12シリング支払っている。おそらく彼がそのときの分娩の結果を高く評価したからであろう。彼はそのときのことを日記には何も書いていないが，マーサは，「スウォール夫人は…一時とても痛みがひどかった。しかし今はすっかりよい」と書き記している[75]。

ピーター・パーカーの支払いは，1793年の娘誕生に関する記載の余白に書きとめられることはなかった。しかし彼は結局それを支払った。それも鷹揚に支払った。「パーカー氏は奥さんの一番最近の出産を介助したことで，18/ 支払ってくれた」とマーサは1794年1月27日に書いている。その数日後再びパーカー家を訪ねたあとに，彼女は次のように書き加えている。「彼の奥さんは1 1/2ヤードのリボンを贈ってくれた」。行ったり来たりして川を8回も渡り，パーカー家で断続的に延べ丸9日間を過ごした彼女は，特別料金をもらうに値したのである。患者がみな十分な支払能力を持っていたわけでもないし，相応の支払いをする気持ちを持ち合わせていたわけでもなかった。彼女は，我々がすでに詳しく見た4月の出産のあと，ノークロス夫人から受け取ったのはわずか6シリングであった。このとき彼女は川下に4回出かけ，「長引く分娩」に付き合って，9日間を費やしていた。ノークロスの事例は決して特別ではなかった。ある年にマーサは，ハーシー夫人，ピアース夫人，コックス夫人，プレイステッド夫人のところでそれぞれ2日間，サヴェージ夫人のところで4日間を過ごし，スウォール家に3回出かけ，合計7日間をタビサのところで過ごした。そのうち2人の夫は6シリング，1人は7シリング，1人は9シリング，もうひとりは明らかに何も支払わなかった。ヘンリー・スウォールはマーサに8シリング3ペンス支払った[76]。分娩にかかる時間は明らかに神のなせるわざのひとつであって，助産婦も産婦たちもどうすることもできなかったのである。

マーサの標準的な謝金——6シリング——はイーフレムが「設計図を書くこと」あるいは土地の評価をして1日を費やして手にすることのできる金額に匹敵した。もちろん，出産にかかる時間はよりばらつきが大きかった（また時間帯もそれほど魅力的とは言えなかった）。それでも助産婦業は女性の他の職業より収入がよかった。たとえば機織りは，1日フルタイムで働いて

せいぜい4シリングを稼ぎ出すのが精一杯であった。ほとんどの男たちは妻の出産費用を負担することに誇りを持っていたようであるから，完全に女性経済圏内で仕事をしている女性たちに比べ，助産婦業によってマーサは現金や店での掛け買いへたやすくアクセスできた[77]。おそらく日記に記載されている金額はなんらかの形のつけであったと思われる。マーサが1793年12月9日，モロイ船長の店にショールを買いに立ち寄ったとき，彼女はたぶん3週間前に彼が与えた24シリングの謝金の一部を回収していたのであろう。日記に記載されているすべてのケースのうちの15%ほどにあたる，とくに高額の謝金，すなわち，標準の2倍，3倍さらには4倍といった額が，店主や商人が支払ったものだということは驚くにあたらない。店売り価格での24シリングは，彼らにとっては利幅を勘案するとそれよりかなり小さい負担ですんだので，こうした気前のよい支払いができたのである。ジョン・シェパードは商人の中でいつも最も気前がよかったが，たぶん彼がヴォーガン家の代理人であり，ゆとりがあったからであろう。

　モロイ夫人の出産のあとに供された「おいしい夕食」は，ジョン・モロイが何倍もの助産婦の謝金を支払うことで，見せびらかしをしたのだという見方を裏付ける。しかし豊かであることは，必ずしも家庭の平和を保証するわけでもなかった。その2年後，マーサ・モロイは第2子を出産し，そのあとマーサの助産の記録から姿を消す。おそらくは彼女と夫はポートランドか他の海沿いの町に引っ越したのであろうが，海運業を営む彼は時折ハロウェルへやってきた（1796年6月13日，マーサは記している。「今夜モロイ船長がうちに泊まる」）。1801年マーサ・モロイは最高裁に離婚訴訟を起こし，夫を配偶者遺棄と，姦通で訴えた。この主張を支持する証拠は，マサチューセッツ州セーラムのメアリー・ワイマンから提出された。彼女は自分の婚外子の父親はジョン・モロイだと認めたのである。彼女の証言は詳細を容赦なく暴き立てる。

　　彼女は次のように断言した。セーラムにおいて船乗りジョン・モロイは，先に述べたセーラムのアシュレー氏の家の私の部屋で，西暦1800年1月13日，14日，15日，16日，17日の夜，宣誓供述人である私と

同衾した。私たちは下着以外の衣服をすっかり脱いで，彼すなわち先の
ジョン・モロイは先に示した夜に私と関係を持った…そのとき，その場
所で私は女の子を懐妊し，その子は去る10月13日に誕生した。私は
さらに，彼がそのとき自分がやもめである，と厳粛に宣言したことをこ
こに証言する。しかし後になって，彼にはポートランドに妻と2人の子
どもがおり，妻の父親は娘を自分の家に連れ帰ったと聞いたことも，こ
こに証言する[78]。

　マーサ・モロイはその年ハロウェルで離婚した2人の女性のうちのひとり
であった。ナビー・シルヴェスター（マーサのもうひとりの患者）はやはり
夫を不貞の理由で告発し，ボストンとウェスト・インディーズにおいて「彼
はいろいろな不貞行為を行った」と主張した[79]。マーサはこれら2つの離
婚，あるいはそれ以外の離婚についても，日記の中では一切ふれていない。
しかし，彼女の控えめな記述は，当時の船乗りの結婚生活の現実を示唆して
いる。ネイサン・バージの家での出産のあと，彼女はドライに次のように記
している。「彼女の夫は海に出ている，もし生きているとすれば」[80]。

　小説家や映画制作者たちは，出産のドラマ，すなわち，陣痛の苦しみ，母
親の生命に影のようにつきまとう死の危険，落ち着かない様子で歩き回る父
親といったことを，昔から様々に取り上げてきた。マーサ・バラードの日記
は同じ冒険的ドラマでも，分娩そのものから，焦点を助産婦の往診の行き来
へと移す。春の氷解が冒険的ドラマの頂点をもたらすとすれば，冬は手足の
感覚もなくなるようなひたすら忍耐の歩みを余儀なくさせる。ある大雪の日
の明け方，呼ばれて彼女は一歩一歩重い足取りで川を渡り，「ハワード殿の
橋の向こうに広がる平原まで」来たとき，彼女は「その女性は無事に床につ
いているとの知らせを受けた」（出産はなし，したがって謝金もなし）。「私
は2度転んだ。1回目は行きがけ，2度目は帰途。暴風雪はまだ続いてい
る。雪は我が家の北側の部屋の下側の窓枠の上部に達している。私は何ロッ
ド〔1ロッドは約5メートル〕か雪の中を歩いたが，積雪がほとんど私の腰まで

あった」[81]。

　何週間かの間，彼女は往診を終えて次の往診に出かけるまでの間，凍えた手足が温まる暇もないほどであった。「危険で気分が滅入るような嵐」の中をポラードの居酒屋までは馬で，そこからは橇で，サヴェージ夫人を伴って上流のボルトン宅をめざす。「私たちは1度ひっくり返ってしまった」と彼女はひとつひとつの災難を注意深く書きとめている。「あるとき私は橇を下りて後ろから押して手伝った。私たちは日暮れに無事到着」。赤ん坊は8時に生まれた。翌朝8時には（「晴れ，しかし強風」）マーサはまぶしい白銀の世界を5マイル川下の家に向けて歩いていた。「男たちは積もった雪を除いてくれて，私たちは9時に到着した」と彼女は書いている。翌日彼女は川上に呼び戻された。赤ん坊は「夜半に」生まれた。翌朝彼女は自宅に立ち寄って（「快晴，静寂そして寒い」）仮眠をとり，再び（「快晴，ものすごく寒い」）さらに次のお産に向かっている[82]。

　ケネベック地方には，どの季節にもそれぞれの冒険があった。よい天気でも，さほど大きくない流れにかかる「横桁の橋」を渡るのはかなりのスリルだった。川を渡ってさらにその向こうに広がるのは人手の入らぬ土地ということから，馬で行くにしても予想できない危険が潜んでいた。「私の馬は沼地に脚をとられ私は落馬した」とマーサはある出産のあと報告している。「こことデンスモア宅を結ぶ橋のそばにある」沼地も危ない場所であった。もっともごく普通のわだちの跡や尾根状の道も，ほとんど劣らず厄介ではあった。「馬がつまずいて私は落馬し，怪我をした」とマーサは書くことがある。そんなとき通常，マーサはそれ以上のコメントや説明は一切していない。マーサの家の馬はよたよた歩く馬だった。しかしそれでもこの馬は少なくとも気心が知れていた。あるお産が終わってスプリンガー大尉の馬に乗ったとき，馬が納屋の下を走り抜けたために，彼女は思わず地面に放り出されてしまった。「私の眼鏡が壊れ，もう少しのところで手足を骨折するところであった」[83]と彼女は平然と書いている。普通は横座りの姿勢で馬に乗っていたので，馬に跨って乗馬しているよりも落馬しやすかったが，おそらく危険性はより小さかったであろう。少なくとも彼女はペチコートやスカートで十分にあて物をしていたのであった。横座りの乗り方はたしかに彼女の選択

であった。「男物の鞍に乗ってとても疲れた」と彼女はあるとき帰途の旅についてこぼしている[84]。

彼女とウッドワード・アリンが「バーントヒルの頂上まで，ろうそくの灯を頼りに登った」ある4月の夜のように，曇天の夜はどこへ行くのも巡礼の旅のようなものになる可能性が大きかった。光を欠いて，彼女は荒野の知恵を頼りに進んだ。「急ぎでホワイト氏宅に呼ばれる」と彼女は記している。「男たちは私をジャクソン船着場に上陸させてくれた。私は靴を脱いで靴下で歩いた。できるだけまっすぐのコースを歩くように努めて，ホワイト氏宅へはすぐに着いたが，非常に疲れた」[85]。

マーサは数々の冒険に自負心を持っていたから，それについて書きとめている。しかし，もっと快適な乗り物があったときにはそのことも喜んで書いている。「ピット氏〔マーサの娘の夫のピッツと思われる〕に馬車で家まで送ってもらう」とジョナサンとサリーの第2子誕生の後に書いている。しかし彼女の危険がなくなることはなかった。1798年にハッシー宅の近くでお産があったあと，彼女は川を渡ってシェパード宅へ向かい，そこからパーマー宅へと歩き，それから「それまで女性が乗ったことのない雄の子馬に乗って帰宅」[86]した。彼女は時に62歳であった。

マーサ・バラードを夜寒の最中，ベッドから引っ張り出したのはなんだったのだろう。足が凍えてしまったり，骨折したりする危険をすすんで冒してまでも，彼女が仕事に精進したのは何故だったのだろう。もちろん助産婦という仕事は，女性の一般的仕事に比べると高収入の仕事ではあった。マーサは自分の「報酬」にこだわった。そして助産婦の仕事に関わる収入の明細を記録してもいる。しかし，金銭だけで彼女の献身を説明することはできない。また，他人への奉仕が彼女流の神への仕え方だったというのも，十分な説明とは言えない。彼女は自らの仕事を，人生のすべてと同じように信仰という次元で解釈していたのだ。すなわち，神が，荒れ狂う春の洪水から彼女を救い出したのであり，難しい分娩の間彼女を支え，また生まれてくる子どもとその母親の生命を保たしめ，彼女がこの仕事を続けてゆく力を与えたのであった（「私はこの1年間にのべ42夜，睡眠をとることができなかった」と年末に1年を振り返って書いている。このような散文的記述も一種の魂

の表現であったのだ）。しかし，信仰も十分な説明ではない。助産婦という仕事は一種の奉仕であり，また物質的報酬のもとでもあった。しかし，そうしたこと以上に，内なる天職であり，存在の確認でもあったのだ。マーサ・バラードの専門領域は，彼女の人柄に内在する優しさと気前のよさを，危険への対応力や自立への欲求と合体させたのであった。

　彼女を闇夜に案内する父親たちは彼女の能力に頼り，彼女のために馬を制御し，寝室を提供し，その仕事に対する謝礼として木材の掛け買いやティーポットを与えた。陣痛の最中に彼女のまわりに集まってきた女性たちは彼女のケアに敬意を払い，彼女の力を支えた。陣痛の苦しみの中で彼女に助けを求めた女性たちは，彼女の中にある母性を自分たちの中に取り込んだのであった。マーサ・バラードは，患者たちが彼女を必要としたのと同じくらい，患者たちを必要としたのである。

第6章

1796年1月　「家中の物がみな私に
　　　　　　　　刃向かってくるようだ」

１　６　モーゼス・スプリンガー大尉宅。スウェットランド氏の子ども
死去。
快晴，爽快。洗濯し，台所も洗う。夜９時にモーゼス・スプリンガー大尉
の奥さんを診るよう呼ばれる。彼女はあまり具合がよくなかった。彼女の夫
はボストンへ行っている。一晩中付き添う。午前１時以後少し眠る。

２　７　同じく。
曇り。一日中スプリンガー宅にいた。彼の奥さんは快方に向かう。私は自分
の靴下を編み始める。

３　Ｄ　同じく。エリアブ・ショー宅へ行く。今年最初の出産。ショーのつ
けでデックマンから6/ 分の嗅ぎタバコを受け取る。
午後，雨模様。スプリンガー大尉宅より戻る。彼女を家の辺りに残してく
る。彼女はスーチョン紅茶〔一番若い芽から採る大葉の上等紅茶。特に中国産のも
の〕を1/2 ポンド贈ってくれる。11時に帰宅。パンを焼き，家の掃除その他
をする。夜７時エリアブ・ショーの妻を診るよう呼ばれる。私が到着した
とき，彼女はひどい陣痛に見舞われていた。９時に男の子を死産。胎児は死
後ある程度時間がたっていたようだ。皮膚がほとんど剥離していた。産婦は
予想通り落ち着いている。
エリアブ・ショーの息子誕生。死産。XX

4　2　同じく。加えて近所の他の家へも行く。

晴れ，別格の爽快さ。今朝早く帰宅する。キンボール氏宅に病気の子どもを診るよう呼ばれる。発疹と潰瘍ができている。息子ポラード宅で朝食をとる。みな元気。ランバート〔ランバード〕氏宅へ呼ばれる。そこでは万事うまくいっている。デンスモア宅を訪ねる。この前に比べてポリーはずっとよくなっている。しかしいまだ弱々しい。

5　3　家にいる。サリー・コックス来訪。

快晴，とても爽やか。バラード氏とバリンはブリッジ氏のための測量をしている。サイラスはウィンスロップへ行く。21ヤードの純毛の布地を男物の服に仕立ててもらうために，アリン氏のところへ運ぶ。家事をして西の部屋を掃除する。サリー・コックスが訪ねてくる。彼女の姉妹ページの赤ん坊が重病と知らせてくれる。

6　4　家にいた。来客あり。

曇り。洗濯する。息子ジョナサンがうちで食事をする。リヴァモア氏，彼の妻といとこ，それにホールドマン氏がうちでお茶を飲む。今日は夕方になっていくらか疲れた。客が来たので洗濯を中断した。皆が帰ったあと洗濯を終えたが，すすぎはまだ。

7　5　ギル氏宅。

雪が降る。早朝ギル氏宅へ呼ばれる。彼の妻はとても具合が悪い。私が代わって家事をする。私はとても気分がよくない。頭痛がする。夕方ブルックス殿の奥さんを呼ぶ。彼女が一晩中産婦に付き添う。

8　6　同じく。サリー・コックス来る。

晴れ，一時激しい雪と風。夜はとても寒い。ギル氏がサリー・コックスを連れてきて，私は帰宅する。とても疲れた。

9　7　同じく。今年2番目の出産。12/ と砂糖4ポンドを受け取る。

第6章　1796年1月　　　　　　　　　　　233

晴れ，寒い。今朝3時にギル夫人を診るよう再び呼ばれた。5時，彼女は無事息子出産（ギル氏による彼女の最初の子）。順調。ギル氏は私の仕事に対し12/支払ってくれた。帰宅。私たちはハーノン・バートンを連れて帰る。ポラード氏宅とランバート氏宅を訪ねる。みな元気。私は洗濯を終え，その他の仕事もする。ディングレー夫人が，バラード氏のために作ってくれたシャツをうちへ届けてくれる。

10　D　家にいた。どうも具合が悪い。

晴れ，寒い。サイラスは寄り合いに行く。ハーノン・バートンはポラード氏宅へ出かける。サイラスが寄り合いから戻る前に彼は帰ってくる。私はとても具合が悪い。バータン〔バートン〕氏から呼ばれたが，とても出かけられなかった。彼女の一番下の子が火傷をした。フィリップ・バリンがうちへ戻ってくる。

11　2　家にいる。メアリー・デンスモアが橇でやってくる。

晴れ。サイラスとバリンが放牧地へ出かける。デンスモア氏は，彼の娘メアリーを我が家の戸口の前まで連れてきたのに，中には入らなかった。ハンナ・グッディンとファニー・コックス，ナンシー・ヒルトンそしてサリー・スミスが来る。

12　3　家にいた。

晴れ，爽快。フィニー氏が薪割りにくる。1日1/2。エズラ・タウンはギル家の彼のおじとおばに会いに出かけた。ラバン・プリンスの妻と子がうちに泊まる。バラード氏はテイバー氏の土地の測量から戻る。私は家事をする。疲れた。

13　4　家にいた。タウン氏来訪。

晴れ。私は家にいた。ブラーが洗濯をしてくれる。その仕事に対して彼女に1/6支払う。タウン氏がうちに泊まる。

14 5 ウィリアム・マシューズ宅。
雪が降る。夜7時に陣痛の始まったマシューズ夫人を診るよう呼ばれた。一晩中付き添う。全然眠らなかった。

15 6 同じく。今年4番目の出産。これは1777年以来立ち会った612番目の出産だ。私がはじめて子どもを取り上げたのは1778年7月，ペットン・ウォリンの妻だった。
曇り。私はマシューズ氏宅にいた。彼の妻は激しい陣痛のあと朝6時に立派な娘を出産した。彼女の最初の子。9/受け取る。1/6を生まれた子どもに贈る。家に帰ってみると，家中の物がみな私に刃向かってくるようだ。私がこれまでやってきたように振る舞うための力を，神様はいつまで私に与えてくださるのか。それは主のみ知ることだ。私はいつも主を信じ，善を行おう。神は約束を守ってくださるに違いない。どうぞ私に力を与えたまえ。その力によって行動できますように。
ウィリアム・マシューズの娘誕生。XX

16 7 家にいる。
曇り。少し雪が降る。家事をして自分の服にアイロンをかける。バラード氏は裁判所に出かける。

17 D ピーター・クラーク氏宅。ティモシー・ページの新生児死去。
晴れ。夜，雪が降る。デンスモア氏，彼の妻と娘メアリー，息子ランバード夫婦〔マーサの娘夫婦〕，イーフレムとフィリップがうちでローストチキンの食事をする。私はこのところ礼拝に行っていない。夕方6時に，陣痛の始まったウィリアム・モーアの妻を診るために，ピーター・クラーク宅に呼ばれた。イーズ氏が私のためにそこへ来てくれる。彼女は私がそばを離れることを許さない。全然眠らなかった。

18 2 クラーク氏宅。ステファン・ヒンクレー宅。今年5番目と6番目の出産。ウィリアム・モーアより謝金として7/10 1/2。

晴れ，爽快。朝10時，モーア夫人宅にいると，スティーブン〔ステファン〕・ヒンクレーの妻を診るように呼ばれた。彼女は11時に息子を出産。新生児に服を着せかけたところで，モーア夫人のところへ戻るよう呼ばれた。行ってみると彼女は前より痛みが激しくなっていた。4時30分，彼女は息子を出産。赤ん坊たちは2人の母親の〔それぞれ〕最初の子どもである。夜8時に帰宅。兄弟エベネザー・モーアがうちに泊まる。私はベッドを作り，食器を洗い，家の掃除をして夕食をとった。少し疲れた。
ステファン・ヒンクレーの息子，ウィリアム・モーアの息子誕生。XX

　メイン地区に住みついて20年たってもなお，マーサとイーフレムは開拓者のような生活をしていた。彼女は居住地の奥へ2マイルも3マイルも入ったノミのいる丸木小屋で赤ん坊を取り上げるために，激しい雨をついて馬に乗って出かけていたし，彼はダマリスコッタ池からペノブスコットにかけての地図にも載っていない沼沢地で蚊やブヨをたたいていたのであった。「私がこれまでやってきたように振る舞うための力を，神様はいつまで私に与えてくださるのか」とマーサは1796年1月15日に書いている。彼女は前年からの心労から回復しないまま，この新しい年を迎えていたのであった。
　2人にとって1795年は骨の折れる奮闘の年であった。2月，マーサがハッシー波止場で「氷の山」をよじ登っていた頃（「ほとんど疲れて死にそうだった」），イーフレムはハロウェルとヴァッサルボロの間を，川に沿って表面が硬く凍りついた雪を掻き分けつつ，一寸刻みで進んでいた。4月末に彼女がフックへの道中，泥んこの道に落馬していた頃，彼はイースト・アンドーヴァーにあったブナの木からニレの木へと藪を切り拓きつつ進んでいた。6月に，彼女が豆やキュウリの畑の草取りや，布の漂白，病人の手当てなどで忙しくしていた頃，彼は「サンディー川沿いのニュー・シャロンへの道路をつける」[1]ために一群の男たちを率いて奮闘していた。1795年にイーフレムは延べ59夜を森の中で過ごした。この日数は，マーサが出産の近い女性に付き添ったり，慣れないベッドで眠れぬままに丸くなっていたりした

日数には及ばない。しかし、70歳を越えた男としては、注目すべき記録であると言えよう。彼にとっては忍耐こそ人生のテーマであったが、それは彼女にとっても同じことだった。

「バラード氏は彼のコンパスのガラスを入れてもらうために、コックス船長のところへ出かけた」とマーサは1795年1月27日に書いている。「彼はまたヴァッサルボロの町を測量するために午後出かけた。この週末まで留守になる」。夫が帰ってくるまでにマーサは自分の新しい孫を含む3人の赤ん坊を取り上げていた。この孫はボンド川の河口にある借家でサリーとジョナサンの間に生まれた娘であった。赤ん坊が生まれて4日目に川の氷が割れて、堰きとめられていた水と氷があふれ出し、若い家族は夜の闇の中を逃げなければならなかった。マーサはサリーと赤ん坊がバートンの家にいるのを見つけ出した。「びっくりするほど元気だった。彼女は3時間か4時間も橇の上にしつらえられたベッドにいたのに、風邪ひとつひかなかった。彼らは家が土台から浮き上がり、煙突が倒れる直前に逃げおおせた」。男たちがこの家族の「家財道具」で使えそうなものを拾い集めている間に、マーサは神に無事を感謝しつつ、母子の面倒をみた。「彼らとすべての関係者が主の御名を称えますように。悪人と感謝しない者にも等しく恵みを授かり、すべての被造物に憐れみをかけたもう神を称えますように」と彼女は書いている[2]。「悪人と感謝しない者」の中に、彼女は疑いなく自身も含めてすべての人類を想定していたのだが、この祈りはとくにジョナサンを念頭に置いていたのかもしれない。ジョナサンの行状はいまだに彼女を不安にしていた。

1795年時点で、彼女の心配を大きくしたバラード家の子どもはジョナサンだけではなかった。5月にドリーの流行性耳下腺炎が治ってバーナバス・ランバードと結婚したとき、マーサは娘の健康が新しい責任を果たすに耐えられるようにと祈っている。「娘が損なわれた健康を回復し、彼らが愛と調和のうちに長生きするように祝福を授けたまえと神に」懇願するとき、マーサの念頭にはそのあとに必ずやってくる妊娠のことがあったのかもしれない。1795年にはドリーの2人の姉妹はともに赤ん坊を生んでいた。ルーシー・タウンは9月に彼女の第10子を出産したが、弱々しい女の子で、生まれて2時間後に亡くなった（「この子は鼻孔で呼吸するのに障害があっ

第 6 章　1796 年 1 月

た」）。ハンナ・ポラードは 10 月に第 2 子を出産したあときわめて容態が悪く，譫妄状態に陥ったほどであった。彼女は 6 週間の間，起き上がってテーブルにつくこともできなかった。

　11 月に予想外の，そしてこれまでにないトラブルがこの一家を襲った。11 月 15 日に出産から帰宅してみると，イーフレムがいたのでマーサはびっくりした——彼はその 5 日前に長期の測量旅行に出かけていたのである。彼女の説明は，息もつかせぬほどである。「彼らは先週の木曜日の夜，荒野の只中で就寝中，見知らぬ男たちに襲われた。男たちはイーフレムの図面と測量器具とを奪った。この男たちは彼の胸に銃をつきつけて，これらの品物を要求したのだ。イーフレムと助手たちの身を守ってくださった神を，永遠に称えます」。この日の日記の余白に，マーサは最近の出産についての心覚えと，襲撃の要約とを書き込み，次のように書き加えている。「この東の地に来て私が手がけた 600 番目の出産だ」。

　彼女が 600 番目の出産という記念すべき地点に到達したまさにその日に，イーフレムが不安なニュースを持って帰宅したのは偶然の出来事であった。しかし，この 2 人にとって「東の地」での生命への脅威は次第に増しつつあった。夫が襲われて 2 週間後に，マーサは日記にその日の出来事を要約している。それは特に変わったこともない普通の一日であった。この日の記述はほとんどの点でいつもと同じであった。天候，自分の仕事のこと，夫と息子の仕事のこと。デリアスについてのこと，この人物はその頃バラード家に同居していた男性の雇い人であった。そしてマーサの雇い人であったサラ・ニールのこと。その後に彼女自身の滅入った気分がちらりと顔を出している。

　　晴れ，寒い。私は家事をし，牛の手当てをした。牛の乳房はびっくりするほど腫れている。デリアスは出かけていった。バラード氏とイーフレムとは薪を持ち帰ってきた。サイラスは小麦のごみをとってから，砦に行く。サラはメアリー・デンスモアの付き添いに行く。ウィリアムズ医師がデンスモア宅に来る。サラは夜 11 時にサラ・デンスモアとともに戻ってくる。私はそのときまで羊毛をほぐしていた。歌にあるように女

の仕事は決して終わらない。競走で最後まで力の尽きない女性は幸せ
だ。今はもう夜中に近い時間だが，デンスモア氏が呼んでいる。私は朝
まで付き添った。

「女の仕事は決して終わらない」。言葉は静かにページの上に落ちてゆく。
マーサの念頭にあった歌は，たぶん17世紀半ば頃，ロンドンで最初に出版
されたイギリスのバラッド〔民謡〕のアメリカ版だったのだろう。彼女はそ
の歌に出てくる苦しむ主婦の中に，容易に自らの姿を見ることができた。

　　朝から晩まで1日として
　　仕事で疲れ果てない日はない
　　商売が繁盛しているときには
　　1時間の休みもとれないから。

　助産婦としての仕事や病人の介護の仕事がなかったとしても，マーサに
とって仕事は山ほどあった。

　　あるときは編物をし，あるときは糸紡ぎをし，
　　あるときは洗濯をし，あるときは洗濯物を絞る，
　　あるときは座ってたったひとりで縫い物をする，
　　こんなふうに女の仕事は決して終わらない。

　しかし，このバラッドの女性とは違って，マーサには小さな子どもはいな
かった。「むきだしのベッドから抱き上げて，／服を着せて頭に櫛をあて」
なければならない幼児はいなかった。また，「私の乳をしゃぶったり，噛ん
だりして痛みで悩ませる」乳飲み子がいたわけでもない。マーサも若い母親
としての試練を乗り越えてきた。とはいえ家には3人ないし4人の男たち
がいて，マーサは彼らに食べさせたり，彼らの洗濯物を洗ったりしなければ
ならなかったし，その他に餌をやらねばならない鶏や豚がおり，面倒をみな
くてはならない雌牛がいた。しかもここ何年かの間ではじめて，実の娘がひ

とりも家にいなかったのである。5月にドリーが結婚してからというもの，マーサは次々に代わる臨時の女中に辛抱強く付き合っていかなければならなかった——パティ・イースティ，サラ・ニール，ナビー・ジュエル——出産から帰宅したときに彼女たちがうちにいるかどうかは，まったくあてにはならなかった[3]。「女中はおとなしく座っているかもしれないし，出かけてしまうかもしれないし，どこかに走り去ってしまうかもしれない，／それでも女の仕事は決して終わらない」。マーサは11月26日の夜，デンスモア宅で一晩中介護にあたった。その翌日には別の家の出産に駆けつけた（「夜，私は手脚にひどい痛みの発作を感じた」）。その出産からまた別の出産へと彼女は出かけていった。その間2度目の痛みの発作に襲われた。そしてひどい暴風雨の中を帰宅して，また中途になっていた家事にとりかかった。「私は家事をしてから塩水を煮つめた。それから乾燥させていたカボチャを下ろした」。彼女が自分の経験を述べるのに用いる宗教的感情と異なり，古い歌はジェンダーによる女性の生活の現実を明らかにしていた。この歌の背後にはさらにいっそう古いことわざがあった。「男は日の出から日没まで働く，しかし女の仕事は決して終わらない」。

　「この東の地に来て私が手がけた600番目の出産だ」とマーサは11月15日，つまり，イーフレムが襲われた日に記している。12月31日，彼女は出産についての記録を更新している。「この町に来て以来608番目の出産」。その2週間後，別の出産から帰宅してみると「家中の物がみな私に刃向かってくる」ようであったが，その日に彼女はまた出産の合計数を記録している。「これは1777年以来立ち会った612番目の出産だ」。助産婦の間では，自分の手がけた出産の数を数えることは伝統的な習慣ではあったが，マーサが数にこれほどまでにこだわるのは異常なことである。8週間の間に3回も，彼女は自分の手がけたすべての出産の数を数えているのである。600から608へ，さらに612へと，少しずつ，やっとの思いでその総数は増えていた。彼女は自分が「競走で最後まで」持ちこたえられるかどうか，疑問に感じ始めていた。しかし，夫が彼女より10歳も年長でありながら，いまだに星座を頼りにコンパスをセットしているというのに，どうして彼女がへたれてしまうことができようか。

*   *   *

　マサチューセッ州およびメイン州の文書館には，イーフレム・バラードによって描かれた1757年のオックスフォードの図面から始まって，1802年に彼が77歳のときにメインで完成させた測量図まで，12葉ほどの地図が収蔵されている〔イーフレム作成の地図については，訳者あとがきも参照〕。プリマス会社や東部地域に関するマサチューセッツ委員会の文書類の中にも，彼の名前の入った書類が含まれている。ダニエル・コニーの署名入りの委任状は，「思慮分別があり，利害関係のない測量助手」を見つけて，池，河川，水車の適地を探し，土壌の質や「木材の育成状況」，「最も目立つ山々」を確認し，委員会に対し「入植者すべての氏名と…おのおのがそこに入植した時期を示すリスト」と図面の複写を提出するよう彼に指示している。さらに，イーフレムが提出した報告書類も残っている。そこにはそれぞれの測量旅行の期間，旅行中に遭遇した現場の状況，およびかかった経費が示されている。イーフレムは80歳を過ぎても，ケネベック郡裁判所に土地についての宣誓供述書を提出しつづけていたのであった。

　イーフレムは測量士として，大地主たち，つまり自分の土地の木材を売ったり，土地を入植者に売ったりして成功していたチャールス・ヴォーガン，ジョセフ・ノース，ダニエル・コニーといった人々の浮き沈みによって，繁盛したりしなかったりした。困ったことに，測量されていない一部の土地には，不法入植者がずっと以前から住みついていた。彼らの多くは土地を購入するために金を支払う気はなかった。不在地主があやしげな権利書を発行したことが一再ならずあったからである。プリマス会社が所有を主張する土地と，近隣のライバル会社のそれは重複していたため，その権利はどこにあるのかが，入植者には分からなかった。そこで東部地域土地販売委員会が必要になったのであった。1780年代半ば頃から州政府は，イーフレム・バラードのような測量士と契約して境界線を定める交渉に関与するようになった。ハロウェルのダニエル・コニーは，ケネベック土地所有者組合の一員であったと同時に，東部地域土地委員会の構成員でもあった（彼はこれらの仕事と一般法廷に代表として参加していたため，医師としての仕事をする時間はほ

第6章 1796年1月

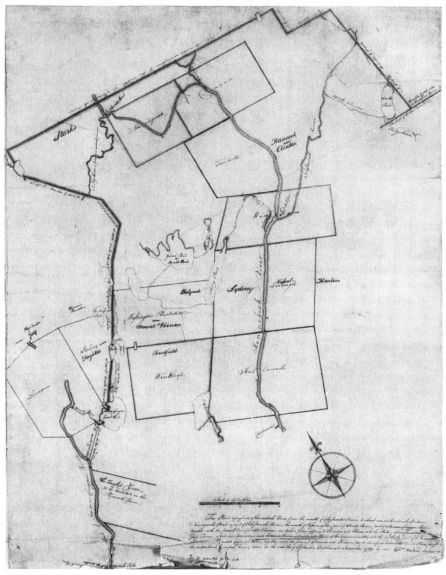

イーフレム・バラードによるケネベック川流域の町の計画図，1789年
イーフレムのサインが図版の右下隅にある。

イーフレム・バラードによるハンプデンの計画図, 1795 年

とんどなかった)。

　マーサの日記はイーフレムの仕事の繁忙ぶりをよく伝えており (1795 年には彼は 6 日から 15 日に及ぶ測量旅行に 6 回出かけている), 州関係の書類は彼の仕事の意味をより大きな背景のもとで伝えている。しかし, 生々しい現実をよく伝えているのは, 測量士仲間であり, オックスフォード時代の隣人であったトーマス・フィッシュの短い日記である。1770 年代のリヴァモアにおける測量において, フィッシュと部下たちは熊の肉で朝食をすませ, 夕食にはエリマキライチョウを食べ, 犬にはヤマアラシの生肉を与えた。しかし, 彼らに最も強い印象を与えた野生生物は, 銃では捕ることができないものであったのだ。「今日, ブヨの先発隊が襲いかかってきた。これははじめて見る虫だ。きっとすぐに大群が来るに違いない」とフィッシュは書いている。「ブヨは数が減りつつあるようだが, まだものすごい数がい

る。全部集めたら半ポンドにもなりそうだ——1匹の目方ではないが」と自らに確認するかのように付け加えている。食糧については1隊の男たちが運んだり撃ったりできる量には限度がある。行く先々に支援してくれる隣人がいないことで，測量旅行はまさに生存を賭けた冒険だった。食糧不足に悩まされていたある安息日，パンぬきでチョコレートとチーズの朝食をとり，フィッシュと部下たちはキャンプに腰を下ろし，夕食に何が見つかるかと思案していた。藪の中でガサゴソ音がするのを聞きつけて，フィッシュはムースに違いないと思って銃をつかんだ。「ところが音の主が藪から現れるや，誰あろうそれは半ブッシェルのトウモロコシの粗挽き粉を肩にかついだ隣人のフォスターだったではないか。我々はムースが現れたと同じくらいに大喜びした」。これは記憶すべき安息日となった。隣人フォスターは「慈悲は犠牲の前にあると考えた。その日は日曜日だったが，我々にパンがないことを知って，彼はやってきてくれたのだ」[4]。

　1790年代になってもイーフレムはこんな状況に遭遇していた。測量士たちの仕事は請負制で，人も機材も食糧・日用品も自らの負担であった。1792年6月，コニー宛の手紙の中で，イーフレムは「自分の足が不自由になったことおよび耐えがたいほどのブヨのために」引き受けた測量の仕事を完遂できなかったことを詫びているが，同じ手紙の中で彼は「ブヨが下火になり次第」この仕事をやり遂げるつもりだと雇い主に請け合っている。彼はそれまでのところ当該区域に帆柱用の立木を見つけることができなかったと報告しているが，すぐに続けて，あるいは自分が間違っていたのかもしれない，と要人たちを安心させようとしている。「私は原生林を行くとき…貴重な材木が1マイル以内に豊富にあるのに，林の中ではごく身近な範囲ではまったくそれが目につかないということをしばしば経験するのです」[5]。地主たちも入植者たち同様，希望がなければやっていけないことを彼はよく承知していたのである。

　天候，地形，行き先での支援などが不確実なことが，測量という仕事を危険度の高いものにしていた。イーフレムはたびたび雇い主に対して経費の増額を訴えねばならなかった。1795年1月12日，彼は東部地域土地委員会に対し，前年に経験した困難の数々についての長い書簡を送った。その年の最

初の測量旅行に彼はもうひとりの測量士と2つの測量チームに十分な数の部下を雇い入れた。だが、「高地において前進することはまったく不可能なほど多量の雪…5 1/2フィートの積雪」に遭遇した。もうひとりの測量士が「解雇されることを拒んだので」、彼はこの測量士とその部下の何人かに2週間以上の期間、賃金を支払わねばならなかった。8月に入って再度出かけようとしたが、近隣の地域では「小麦の収穫期」であって、測量チームに「食糧を運ぶためには法外な賃金を払わねばならぬ」ことが分かった。幸いにも委員会はイーフレムの経費を認めた[6]。

　食糧運搬人を雇うことが難しかった理由が、収穫期だったためかどうか分からない。すでに見たように、測量士たちは雪、ブヨ、原生林での何週間にも及ぶ生活の他に、近くに住む人々の非協力、時には公然たる敵意に耐えなければならなかったのである。1795年の秋、イーフレムはマサチューセッツ州、ケネベック購入地所有者組合、それに対立するウォールドーの利権を代表するヘンリー・ノックスの三者の共同依頼によって、ハロウェルより下流地域の測量を行っていた。初め仕事は順調に進んだ。9月と10月に1週間あるいはそれを若干上回る程度の測量旅行を2度行い、11月10日にはさらに長期の旅に出発した。11月15日に、彼は襲撃という不穏なニュースを持って戻ってきた。

　マーサは短い記述の中で、この事件の要点だけは捉えている——イーフレムの測量機材と書類は奪われ、就寝中の彼は「胸に銃口をつきつけられて」たたき起こされたのだった。東部地域土地委員会への報告書の中で、イーフレムは詳細を述べている。

　　ダマリスコッタの大池の北約5マイル、連邦の所有地とプリマス会社の所有地を分かつ境界線に近い地点の森の中で、助手たちと私は就寝中だった。夜半1時頃、私は自分の頭の辺りで発射された銃の音で目覚めた。もう1丁の銃が私の胸につきつけられていた。4人の武装した男たちがひどい罵声を発しながら私と助手に迫り、詰め寄ってきて、私に向かって「出せ、全部出せ。こん畜生、コンパスをよこせ、書類をよこせ、キャニスターをよこせ、お前たちが何かひとつでも持ち出したら、

死んでもらうぜ」と叫んで，私から図面や書類を奪うと，コンパスを壊
し，散々下品で口汚いことを怒鳴り散らしたあげく去って行った。とて
も不安であったが，私は夜が明けるまでその場所にじっとしていた。夜
明けとともにありがたいことに，ジョナサン・ジョーンズ氏の3人の
息子たちが救援に来てくれた…彼らは我々を入植地のフィニアス・エイ
ムス氏の家に連れていってくれた。エイムス氏はジョーンズ氏の義理の
息子である。ここで我々は心からの厚遇を受けた[7]。

　ジョーンズ氏は息子たちや義理の息子の「心からの厚遇」のつけを後日払
わされた。11月9日，彼の息子のひとりがフィリップ・バリンとともにバ
ラード家にやってきて「無法者の一団」が2つの納屋に火を放ち，59トン
の干草，馬1頭，豚2頭を焼いたと知らせてきた。「その連中が捕らえられ
て法の裁きを受けることが，心からなる私の願いだ」とマーサは書いてい
る。月末近くになって別の人が「バラード氏を襲ったと同じ暴漢の一団に
よって強奪された」と彼女は記録している[8]。
　マーサとイーフレムにとっては，どちらが正しいかに疑念の余地はなかっ
た。ジョーンズ氏〔息子である方のジョーンズ氏〕は「若い紳士」であった。彼
の父を襲った連中は「暴漢」だった。イーフレムはイギリス人に対する革命
にはしぶしぶ参加した人間だった。その彼が，温和で紳士的な自分の雇い主
に武器をつきつけた，野卑な口をきく農民どもに今さら同情するということ
はありそうになかった。あの11月の夜，森にこだました「ひどい罵声」は
まさに最悪の無法状態を象徴する出来事だったのだ。このような状態を修復
することができるのは，ジョナサン・ジョーンズのような人々の「心からの
厚遇」しかなかったのである。
　怒れる入植者たちの見方はもちろん違っていた。イーフレムたちを威嚇す
ることは「この輝かしい共和国で独立の領主に成り上がろうとしている強欲
な連中」から自分の土地を守るための，より大規模な闘いのほんの一部だっ
たのである。100万エーカーもの土地を所有する権利など誰にもなかったの
だ。原野を切り拓き，耕作する体力と意志を持つ者こそが，土地の真の所有
者でなければならないのだ。彼らのこうした立場から言えば，大土地所有

者に対する闘いは，とりもなおさず革命の精神をつらぬく努力にほかならなかった。彼らはイーフレムに危害を加えようとしたわけではなく，ただ彼と彼を通じて間接的に土地に飢えた大土地所有者連中を威嚇しようとしたにすぎなかったのだ。彼らはどんな測量士にも絶対に土地に線を入れさせないと言明していた。「プリマス会社は自分たちから土地を奪おうと手を尽くしているのだから」彼らは「この土地のために過去に1度闘ったが，今また再度闘う決心をしていた」[9]のである。

たしかに彼らは闘った。奥地で散発的に行われていた示威運動は，ついに1809年のいわゆるマルタ戦争において頂点に達した。この年はマーサ自身の甥，イライジャ・バートンが抵抗運動の仲間とともに殺人罪に問われた年でもあった。しかし当座は善悪の区別は容易につけることができた。イーフレムは暴漢に襲われたのである。

＊　＊　＊

イーフレムがマスケット銃をつきつけられて，無断入植者の一団に測量機材を渡さなくてはならなかったこの事件に続く数ヶ月の間，マーサは日記の中で気持ちを洗濯の記述に集中していた。1796年1月4日〔原書ママ。6日？〕，我々がすでに読んだように，彼女はひとりで洗濯をしていた。そこへリヴァモア夫妻と別の2人の友人が訪ねてきた。「客が来たので洗濯を中断した」と彼女は書いている。「皆が帰ったあと洗濯を終えたが，すすぎはまだ」。こうした中断は，もしマーサが翌朝早くに陣痛の来た女性に呼ばれて行くということがなければ，ちょっとしたいらいらのタネ（あるいは逆に歓迎すべき気分転換）だったかもしれない。その後3日間，彼女はその洗濯を完全に終えることができなかった。翌週には黒人女性「ブラー」（ビューラー・プリンス）が子どもを連れて，1晩泊まりで洗濯をするためにやってきた。しかし，彼女は泊まってゆくことはできず，また男ばかりの家でただひとりの女性にとって，洗濯だけが何をおいても片付けねばならぬ雑用というわけでもなかったのだ[10]。

1月15日，マーサは出産から帰ってきて日記をつける。それは自分の仕事の記録を整理しようとする，この冬3回目の試みであった。それは悦ば

しい満足であり，悲嘆の声であり，祈りでもあった。「4番目の出産」と余白に彼女は書いている。実はこれはこの年3番目の出産なのだが。「これは1777年以来立ち会った612番目の出産だ。私がはじめて子どもを取り上げたのは1778年7月，ペットン・ウォリンの妻だった」。この最後の歴史の部分をマーサは日記の狭い余白にぎっしりつめて書き込んでいる。ページの下へゆくにつれて字は次第に小さくなっている。この日の日記の本文には，彼女は次のように書いている。「家に帰ってみると，家中の物がみな私に刃向かってくるようだ。私がこれまでやってきたように振る舞うための力を，神様はいつまで私に与えてくださるのか。それは主のみ知ることだ。私はいつも主を信じ，善を行おう。神は約束を守ってくださるに違いない。どうぞ私に力を与えたまえ。その力によって行動できますように」。

　マーサは楽にしてほしい，あるいは肩の重荷から解放してほしいとは祈っていない。彼女は力を，そして長年の仕事を続けることができるように祈ったのだった。それは11月にマーサが競走の最後まで耐えるように祈ったその力だったのだ。この1日の日記で2度も彼女が神に祈った，まさにその力に他ならなかった。彼女はほんの数週間後に61歳の誕生日を迎えようとしていた。彼女の身体はあちこち痛んだ。疝痛は以前にまして頻繁に起こるようになっていた。彼女が星を仰ぎ見ながら隣人に奉仕するために出かけてゆくとき，家を守ってくれる者は誰もいなかった。「家中のものがみな私に刃向かってくるようだ」。このイメージはまったく奇異なものだ。まるで床板や自在鉤〔鍋などをかける鉤〕やベッドの枠組みなどが立ち上がり，迫ってくるかのようだ。すべきことを中断させたのは，夫や息子たちではなかった。もし彼らが家にいれば，夕食や朝食を自分でとり，使った皿やマグ，起き抜けのベッド，汚れでこわばった靴下は放っておかれた。マーサに対し武器をとって立ち上がった敵は人間ではなく，彼女の家だったのである。

　「刃向かう」という表現は1798年4月27日の日記に繰り返される。このとき彼女は召使がいないなか，出産の介助で5日間も家を明けることを余儀なくされた。「私は午前10時に帰宅した」と彼女は書いている。「私の家はぽつんと建っていた。ものがすべて私に刃向かってくる。午後2時まで座る暇もなかった」。この表現はもちろん慣用的なものであるが，心のひとつの

あり方を示すものだ。家というものが敵対者として立ち現れてくることも，場合によってはありうるのだ。ちょっと向こうを向いている間に家は，無秩序へと流れてしまう。椅子はひっくり返る。ろうそくは燃え尽きる。卵の黄身は冷たいフライパンの中で固まってしまう。ほこりは雪のように降り積もる。女性は一時も休まずに努力することによって，なんとか家の中のものを支配しうる。油汚れや舞い上がる灰を掃除し，羽毛のベッドや枕をふるって整頓し，床やリネン類をごしごし洗って従属させ，彼女はようやく崩れ落ちた世界にはかない秩序を取り戻したのであった。

　このようなマーサの家に対する機械的，ほとんど敵対的関係は，積極的な記述が日記にないことからもうすうす察せられる。彼女は子羊やパセリが立派に育ったことを日記の中で喜んでいる。しかし，家具や部屋について何かしたといった記述はまったくない。部屋の装飾らしいことについては，たった1度ふれただけである。しかも，それもドリーがしたことだった。「ドリーは私の引き出しに新しいふち飾りをつけてくれた。2人でそれを彼女の寝室に運んだ」とマーサは，24時間に2つの出産の面倒をみた疲れが抜け切らぬ，11月のある日に記している。同じ日の日記に，サリーが洗濯をしてくれ，さらにドリーを手伝ってチキン9羽を料理のために下拵えしてくれたと記録している。「私はあまり家事をしていない」「いまだに疲れが抜けない」と彼女は説明している[11]。それは疑いなく本当で，そのようにすることを彼女が好んだのも明らかである。可能なときはいつでも，彼女は日常の家事を他の人にまかせた。

　彼女の世界においては，「娘たちが洗濯してくれた」ということは「無事に川を渡る」というのと同じくらい重要な事柄であったのだ。彼女は畑や納屋で重労働をすることはあまり苦にならなかったが，日常的家事の中にはできれば避けたいものがいくつかあった。ハンナとパルテニアが「世帯を持つために別居した」数週間後の1793年1月4日に，彼女は「この数年来はじめて手伝いなしで洗濯した」と記している[12]。幸いほどなくドリーとサリー・コックスが2人の代わりを務めてくれることになった。「娘たちが洗濯し，東の部屋と寝室の床磨きをしてくれた」という1790年の日記の記述と，「娘たちが今週2樽の石鹸を作ってくれた」という1795年の記述は，

第 6 章　1796 年 1 月　　　　　　　　　　　　　　　*249*

「娘たち」が具体的に誰であったかということを除けば，ほとんど変わっていない。1790 年にはハンナとパルテニアが洗濯と床磨きをしたのに対し，5 年後に石鹸を作ったのはドリーとサリーだった[13]。

　1795 年から 1796 年にかけての秋から冬に，マーサは奇妙に洗濯にこだわっているが，それは彼女の生涯における，さらには女性の仕事の歴史における，より大きなテーマに関係があった。彼女は，しばしば家をあけ，隣人の世話をする女性として，自分自身のことを「出歩く人」と定義した。しかし，同時に主婦であった。家庭にあってはとてもこなし切れないほどの家事を抱えながらも，本分を尽くし，生産的な主婦であった。日記が書かれた期間の初めの 10 年間，それら 2 つの領域で務めを果たそうとする願いは，実の娘たちの助力によって解決できた。1795 年以後に彼女が直面した試練は，助産婦としての職業が自分の人生にどれだけ重要かを示しただけでなく，母親役割のリズムに仕事を調整するとはどういうことかを示した。

　歴史家たちは，アメリカ開拓期における労働の一般的あり方を 3 つに分類している。すなわち，奴隷制，中部大西洋岸地方の年季奉公人，そしてニューイングランド地方の家族労働である。専門の学者たちはこの「家族」労働というシステムが持つ複雑さと矛盾に，おそらくほとんど注意を払ってこなかった。ひとつには家族労働制というものは本質的に周期的なものであったということだ。結婚後初めの数年間夫婦は労働力を育てるために過ごし，結婚生活の最後の時期には身の回りには面倒をみてくれる人がいなくなる。中年の時期は家庭生活のいわば収穫期である。息子たちが成人した時点で，自分の土地を開墾し終わっていない人，あるいは牧場の柵を完成させられなかった人には，2 度目のチャンスはないのだ。また，女性の生涯でこの時期ほど生産力が高い時期はない。この頃マーサが経験しつつあったことは，家族のライフサイクルに不可避な，次のステージへの移行であった。

　しかしながら，手伝い人を雇う段階から家族の労働力中心の時期に移行し，また人を雇う体制に戻るという，どの家族にもある循環的発展はただそれだけのことではなかった。マーサの日記は，その家に娘がいることが外から働き手を呼び寄せることにつながる，ということをうかがわせる。彼女は娘たちに恵まれた。さらに恵まれていたのは，その娘たちと並んで働く雇い

人を長期間雇用することができたことであった。ドリーが婦人服仕立ての仕事で家を離れたとき，サリーがその後を埋めた。「ドリーはスウォール大佐のところへ行った。サリーが洗濯する」とマーサは書いている。あるいは2人とも家にいた日には，「ドリーとサリーは洗濯し，我が家の錫食器を磨き，台所も磨いた」[14]。彼女の娘たちが10代あるいは20代の初めだった頃，マーサの助産婦としての仕事と織物生産がともに発展したのは偶然ではなかった。夜中に呼ばれたり，「長引く」陣痛で足止めされたりしているときに，彼女は普通の家事の他に糸紡ぎや機織りでも「娘たち」を頼りにすることができたのである。彼女だけがこの体制の恩恵を享受していたわけではない。助産婦業からの収入は，家にキャラコやリボンをもたらしたし，ティーポットや陶磁器類を花嫁たちにもたらした。

　家族の中で男の子と女の子の組み合わせや順序は，家族の運命を決定した。マーサとイーフレムの生活は，もし一番下の子が女の子だったら，あるいは長男がもっとうまく成人していたら，どんなふうに違っていただろうか。現実には，サイラスとイーフレム・ジュニアは，下2人の娘が家を離れた1795年の時点でいまだに親元で暮らしていた。仮にサイラスがその段階で結婚していたら，上の3人の女の子たちがジフテリアを生き延びていたら，あるいはルーシーがハロウェルに住んでいたら，マーサが年老いてゆく過程で手助けになる年齢になった孫娘，あるいはそれに近い年齢の孫娘を身近に持つことができたであろう。現実には自分自身の家庭の切り盛りをしつつ，助産婦としての仕事も続けながら，彼女はハンナとサリーの子育てを（そして結局はドリーの子育ても）手伝うことに奮闘していたのである。

　ニューイングランドの初期には，そして一部の地域では当時でもまだ，土地の処分という切り札で，年老いてゆく父親が息子たちを抑えることができたであろう。イーフレムはそうした制度を経験した。父親が亡くなって，長年約束されていたオックスフォードの水車小屋の所有権が与えられたとき，彼は38歳で4人の子どもの父親になっていた。メイン地区における土地の処分方法は，少数の裕福な土地所有者が広大な土地を独占するというものであったが，皮肉なことに，父系の力を低下させることにつながった。メインにおいては，「バラード」水車はジョン・ジョーンズの所有であった。さら

にバラード一家がほとんど 10 年にわたって耕作していた畑はハワード家の土地だった。イーフレムはオックスフォードの自分の世襲財産をメインのどこかの土地と交換して，後々どこか奥地の入植地に自分の農場を開くことも可能であったろう。彼はそうする代わりに自分の運命を大土地所有者に結びつけ，土地を借り，働き，そして子どもたちの成長を見守った。1800 年に彼はついに自分自身の家を建てたが，そこはずっとジョナサン名義になっていたと思われる土地であった。

そういうわけで，「老人」と「バラード老夫人」，とその頃までにはそう呼ばれていたに違いない彼らは，それぞれ骨の折れる天職を続けたのである。それにしてもこの 2 人の境遇はまったく同じではなかった。古い俗謡がそれをうまく捉えている——男の仕事には区切りがある，女の仕事には区切りがない。イーフレムが助手を雇い入れたり，助手たちに糧食を供給するのに苦労したりしたときには，彼はその重荷を測量の依頼主に肩代わりさせたり，家にいるマーサにぶつけたりすることができた。彼女の方は違った種類の問題だった。彼女の仕事の一部は夫を支えることであったが，彼女のことを気にかける人は誰も残っていないようだった。彼女の気持ちは女中がいるかいないかで，晴やかになったり沈み込んだりした。

「私はとても具合が悪い。しかしバラード氏とサイラスの朝食を準備しなくてはならない。神よ，願わくは誰か私に手伝いをする人を授けたまえ」とマーサは 1 月のある朝嘆いている。しかし，同じ日，そのあとサイラスがフックに出かけてナビー・ジュエルを伴って戻ってくるや，彼女は突如気が晴れるのであった。「ナビーと私はチキンを料理し，ひき肉，リンゴ，カボチャを使ってパイを作った」と彼女は記している。「ブラーが訪ねてきた。私たちは白パンも焼いた」[15]。1796 年には 8 人の娘たちがマーサの家にやってきて——去っていった。彼女にとって苦痛だったのは不確かさと余分の仕事であった。家事に集中しようとすると，出産によって中断されてしまうのである。たとえば，6 月 4 日に屠殺したばかりの子牛の頭と足を洗っていると，ジョセフ・ヤングが妻の陣痛が始まったと言ってきた。ヤング夫人のところからカーター夫人のところへ，さらにストラットン夫人のところへと訪ねてまわった。24 時間の間になんとか 3 つの出産をこなしてようやく彼女

は休息することができた。「私は夕方家に着いた。とても疲れた。しかし元気を出して子牛の内臓を料理しなくてはならない」と彼女は書いている。

1796年の秋，イーフレムは再び「測量旅行」の準備をしていた。今回の測量旅行の目的はニューハンプシャー州の境界線とビンガムの購入した100万エーカーの土地との間に，2つの経線間地区〔政府測量で子午線を基準に6マイルごとの経線で区画した区域。これを南北6マイルごとに区切ると1辺6マイルのタウンシップに区画される〕を設定することであった[16]。9月1日に彼は家の近くの川岸にカバ材製のカヌーを2艘係留した。その後の数日間に，バラード一族全員が動員されて準備が行われた。息子のイーフレムは「チョコレートを入れる箱を持ってきた」し，エベネザー・モーアはウィンスロップへコンパスを取りに行った。そしてマーサは「いろいろ繕いものをして，森の旅行に備えてバラード氏のために袋を作った」。9月5日，一行は出発した。アブラハム・ページ船長とフィリップ・バリンは荷物をいっぱい積んだカヌーを押し出した。イーフレムはジョナサンの馬に乗って，陸路ハリファックス砦へと向かった。10月14日，一晩中かかった出産からマーサが戻ってみると，「バラード氏は昨日帰宅していた。神に称えあれ。彼はまずまずの健康状態のようだ」とマーサは大喜びしている。

彼が持ち帰った汚れた衣類，バッグ，毛布などを洗うのにマーサは3日を費やした。「こんなに汚い衣類の包みを見たことがない」[17]と彼女は書いている。その一方で，彼女は召使たちとの間でそれまでにはなかった種類の問題に悩まされていた。「夫の机から不法に持ち出したものとの証書をつけて，私は13ドルと1クラウンを返してもらった」と彼女は9月5日の日記に記している。その日イーフレムは森に出かけていた。「その人物の名前をここに書くことは控えよう」。おそらくはイーフレムがマーサは寛大すぎると言ったか，彼らは他にも金がなくなっているのに気づいたのかもしれない。10月29日に彼女は書いている。「今日午後パティ・イースティが来て，彼女は去る8月，バラード氏の机から銀貨を不法に持ち出したが，この金額を今後返済することを約束する証書に署名した。フィリップ・バリンとポリー・ウォールが証人となった」。

こうした手続きの形式主義——つまり書面による告白とか立会証人を立て

るとかいったこと——はマーサ・バラードの台所にはまったく異質なもの
だったことを示唆している。パティが「署名した」ことを「確認する」書類
は誰が書いたのだろうか。イーフレムは何百という法的書類を作成もし，自
ら立会証人にもなってきたことから，彼が関係していたのかもしれない。し
かし家庭の中まで法律用語や法律的態度が侵入してくる状況は，雇い主の側
からだけでなく，雇われている若い女性たちによってももたらされたのだっ
た。サリー・コックスでさえも，雇用期間の終わり頃には「自分の賃金につ
いてとても気にしている様子だった」。サリー・フレッチャーはいきなり仕
事を放り出して出ていって，その後自分の「衣類」を取りに戻ってきたと
マーサは記している。そして「もし彼女が当然受け取るべきものを支払わな
いなら，今日から1週間以内に私たちを訴える」とおどしたのである。「彼
女は帰るときにも，自分のしたことに無頓着な様子だった」とマーサは怒っ
ている[18]。これら若い女性たちの罪は人目につきにくいものだが，彼女らの
態度はよくあるものであった。森から飛び出してイーフレムを襲った武装集
団や，民訴裁判所を事件で満杯にした商人たちのように，彼女らも自分たち
が受け取るべきだと考えたものはなにがなんでも支払わせるぞと意気込んで
いたのである。こうしたことが起こったとき，イーフレムのトラブルとマー
サのトラブルとの間には，慰めを感ずるような一致や，本当にこの世の中が
慣れ親しんだ軌道からずれて，宇宙の軸線は変わりつつあるという感覚の共
有があったに違いない。

　たぶんそうだったのだ。近年歴史家たちは，イギリス支配に対する政治的
革命を，様々な階層関係に対するより広汎な革命と結びつけて考えている。
ジョン・アダムスは「女性のことを忘れないで」というアビゲイル〔1744年
マサチューセッツ州生まれ。ジョンの妻で，女性の権利を主張した〕の要請に対する
有名な返答の中で，この議論に言及している。すなわち，「我々の闘いは，
政府というたがをすべての面で緩めてしまったと言われている。子どもや見
習職人が言うことを聞かなくなったとか——学校や大学は手がつけられなく
なったとか——インディアンは監督官を軽んずるようになったし，黒人は主
人に横柄な態度をとるようになった」[19]。独立後のアメリカを訪れたイギリ
ス人は，家で雇われて働く労働者たちが，雇い主に対して少しも敬意を払わ

ない，と驚いている。「誰かを召使と呼んだり，彼らの主人や女主人のことを話したりするのは許しがたい侮辱になるのだ」とあるイギリス人の観察者は書いている。この人はある紳士の屋敷を訪ねて，ドアのノックに応えて戸口に現れた若い女性にご主人は在宅か，と聞いたという。「私にはご主人はおりません」と彼女は答えた。「あなたはここに住んでいるんじゃないですか」と彼は尋ねた。「私はこの家で暮らしています」と彼女は答えた。「じゃあ，あなたは誰ですか」。「そりゃ私は…氏の手伝いです。あなた，ちょっと教えといてあげるわね。私は召使じゃないのよ。黒ン坊以外には召使なんていないのよ」[20]。この定義によるなら，1月13日にマーサの洗濯を手伝ったビューラー・プリンスは，ハロウェルにいる数少ない召使のひとりだったことになる。しかし，ビューラーにしても，来たり来なかったり，あてにはできなかった。オックスフォードでマーサが少女だった頃には，モーア家にも奴隷はいた。ハロウェルの非白人は自由人だったのである。

　しかしこうした変化は誇張しすぎない方がよい。小生意気な召使は17世紀から18世紀初頭のニューイングランドの記録にも出てくる。家族労働に頼る経済においては，女中がいるかいないかは重要な問題だった。マーサの試練は，革命ではなく，成熟する家族に不可避の変化と関連していたのである。問題は1796年にそれまでに比べて近所の娘たちを集めるのが一段と難しくなったことではなく，またサラ・ニールのような娘が短期間しかいつかなくなったことでもない。マーサの実の娘たちやパルテニア，サリー・コックスがいなくなり，世帯が必要とした安定を維持してもらえなくなったことであった。

　1795年も押しつまった頃，マーサは少し虚勢をはって，軽率にもエリザベス・テイラーを解雇してしまった（「私は無礼な振る舞いをする娘たちにはもうお金を払わないことにした」）。しかし，彼女は1月中旬になる前に進退きわまってしまった。彼女はエリザベス・テイラーの無作法，パティ・イースティの窃盗事件，サリー・フレッチャーの「恥じ知らずな」振る舞いに恐れをなしていたが，それでもたいていのときには彼女たちがいてくれることに感謝していたようだ。

　1798年の春から夏へかけての日記はいつものとおりである。5月8日

第 6 章　1796 年 1 月　　　　　　　　　　　　255

マーサは夫をウィンスロップへやって，ヘプシー・ブラウンが彼女の手伝いに来てくれるかどうか聞いてもらった。これはうまくいかなかった。ポリー・バーバレックが 5 月 10 日にやってきたが，翌週には帰ってしまった。マーサは彼女の仕事に対し 4 シリングを払い，さらに小さな手鏡を贈っている。5 月 30 日にはイーフレムはシドニーへ「娘を探しに」出かけていったが，誰も見つけることができなかった。6 月 1 日にナビー・スミスがやってきて，6 週間滞在した。なんと幸せな日々だったことか。「ナビーと私は洗濯をすませてから畑に出て，イチゴを摘んだ」。それは 6 月 25 日のことであったが，7 月 17 日にはまた危機が訪れた。「ナビーが去っていった」。この出来事がマーサの士気——それに彼女の日記に——与えた影響は歴然としている。簡潔で自信に満ちた記述は長い嘆きの言葉となり，所々で女性の置かれた抑圧を示す文章のようにさえなった。ポリー・バーバレックが去った翌日，マーサはその日参列しなくてはならない葬儀があったにもかかわらず，寝室と台所の床磨きをした。その後数日間，彼女は病気で寝込んでいた。見放されたという彼女の気持ちは，5 月 22 日と 23 日の日記の記述の長さとその調子に表れている。

　　私はこのところずっと具合が悪い。昨日から 2 度にわたって冷たいプディングを少し食べ，冷たいミルクを少し飲んだだけだ。そして全部ではないが洗濯をした。私は寝室のベッドに身を横たえて，そこから起き上がれなかった。夫は寝てしまって様子を見に来てはくれなかったので，服を着たまま私は寝ていた。朝 5 時にどうにかベッドから起き出した。男たちに朝食を食べさせたが，私自身は午後 3 時過ぎまで一口も食べ物が喉を通らなかった。しかし洗濯は全部すませた。私はベッドに身を横たえて休養しなくてはならないと何度思ったことか。神よ，この世の疲れに耐える力を授けたまえ。そしてもっと幸せな状態を私は待ち望む。

　古来の美徳——義務を果たすこと，勤勉に働くこと，他人への奉仕——が彼女に重くのしかかるようになった。イーフレムは彼女の絶望のかすか

なサインに気づいていたとしても，何もしようとはしなかった。彼女の味方は神様だけだった。彼女にできることは，力尽きるまで務めを果たし，自分と同じくらい犠牲的精神を持ち，責務に忠実な人が現れるのを待つことだけだった。「我が娘ポラードとディングレー夫人が訪ねてきて私の仕事を手伝ってくれた。台所も洗ってくれた」と彼女は病気から回復したのちに書いている。そして，再び「私はたくさんの洗濯を片付けて，疲れ果てた。それにビールの仕込みもした。仕事の途中に娘ランバートが来て手伝ってくれた」[21]。

　家では多くの試練を経験していたが，ドリーの結婚後の2年間は，マーサはこれまでの職業生活のどの年よりも多くの出産を手がけている。1798年には，マーサが一時期本当に重い病気になったことや，娘のルーシー・タウンの病と死のために時間がとられ，出産数は減少したものの，1799年にはまた増加した。苦しいなかを活動しつづけたマーサの生活は，隣人への献身だけでは説明しつくせない。50歳の誕生日以後，彼女は助産婦という自分の天職をはっきり意識するようになったのだった。

＊　　＊　　＊

　18世紀最後の3年間は，ハロウェルにとっては重要な年であった。1797年2月，マサチューセッツ州議会は，3つの集落を分けて2つの町を作った。南集落はハロウェルにとどまることになり，6月までには中集落と，マーサの住む町の一部の北集落はオーガスタになった。2つの町の商業上の競争は，これでおさまりはしなかった。ダニエル・コニーが州議会に出席していたことで，まもなくオーガスタの2つの明確な勝利が確かになった。「ケネベック橋の真中の橋脚が完成して7発の野砲が発射され，万歳三唱が行われた」と1797年9月9日，マーサは日記に記している。11月21日には，彼女は続けて次のように書いている。「ケネベック橋は完成した。バラード氏と息子サイラスが開通式に参列した。デイヴィッド・スウォール，ジェームス・サヴェージ，それにアーサ・フレッチャーは火をつけようとして，不注意から火薬筒で火傷した」。オーガスタには1799年2月，さらにもうひとつの輝きが加わった。この町はケネベック郡の郡役所所在地になっ

たのである[22]。

　この拡大発展の時期に町は「ベルグラードへの道から枝分かれして，シドニーへ」の新しい道路を建設することを議決した。小さな決定ではあったが，他の誰よりもバラード一家にとって影響が大きかった。新しい道路は，ジョナサンがサヴェージ・ボルトンから買い取った農地の真中を通って，19世紀にバラードの角地として知られるようになる分岐点を作ることになったのである。1799年12月，マーサとイーフレムはシドニーへ向かう道路に面した新居に移った。建築中，マーサはこの家のことをいつも「バラード氏の家」とか「彼の家」と呼んでいる。長い間の習慣からそう呼んだのかもしれない。あるいは意識的にせよ無意識的にせよ，彼女はこの決定に関して排除されたと感じたからかもしれない。この一家がついに家屋敷を持つことになる移転に，彼女としては到底反対できなかった。しかし，いずれ我々にも分かるように，転居の結果は，イーフレムよりもはるかにマーサにとって致命的だったのである。

　イーフレムの姿はマーサの日記の中に終始見られたが，いつも静かな存在であった。しかし1800年に彼は，マーサと手伝いの女性たちとの闘いの前面に登場する。「私は畑で大いに働いた。ヘプシーがリディア・ナッドと勝手に出ていってしまったので，夜も仕事をせざるをえなかった」と1800年のある春の日にマーサは日記に記している。さらに翌日も，同じテーマで次のような記述がある。「私は家事をすませた。きつい仕事に加えて（私の味方だと自称する人が見せる）しかめ面や，私が家事をちゃんとやっていることを皮肉るヘプシーの言葉を，私は耐え忍ばねばならなかった。神様，どうか彼らの過ちを許したまえ。そしてあなたが正しいこととして私に課された，一家の長としての責任を果たす力を与えたまえ」[23]。

　この日記の一節は，マーサが自分の結婚をどのように受けとめていたかについて，多くのことを示唆している。妻と夫とは苦難の時に支え合う友人でなければならなかった。また，彼らは相互に自立的パートナーで，神の定める領域の中で互いに権威を尊重しなければならない。「一家の長」としてマーサは家計の切り盛りやそこで働く人間に対して責任を持っていた。しかし彼女が生意気な召使と対立していたとき，イーフレムはただ顔をしかめる

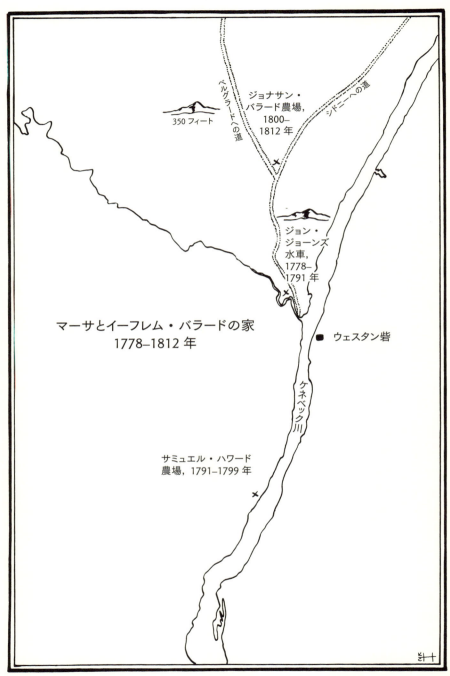

マーサとイーフレム・バラードの家, 1778–1812 年

だけだった。老いた男の承認を勝ちえた若い女性と，働きすぎて疲れ果て，ますます苦情の多くなる妻との間には，いわくいいがたい性的競争があったのだろうか。

　マーサの苦難はこうして1週間以上続いた。水曜日にはあまりにも具合が悪く，午後2時か3時までベッドに起き上がることすらできなかった。その時間にジョナサンの妻がやってきて，マーサに水を飲ませ，足を洗い，お茶や食事を準備してくれた。「夫が食事に帰ってきて，家に2日も置かれていた水を少しばかりくれるまで，私の口を湿らせる1滴の水ももらえなかった」と彼女は書いている。翌日，そしてその翌日も，さらに次の日も，彼女は「夫の仕打ちに耐える」力を授けてほしいと神に祈っている。土曜日には，彼女は辛うじて家事をすませたうえ，パンを焼いている。日曜日にはまたもイーフレムと衝突した。「夫は集会へ出かけていったが，時間を見つけてはヘプシーとよろしくやって私を苦しめる。その夜は寝つけなかった。彼は台所の火の前で寝た。彼は私をエヴァードンと比較する。神よ，私にこんなにもひどいことをする彼の罪を許したまえ」。「エヴァードン」のことは謎だ。イーフレムは自分が嫌いな誰かとマーサを比べたのかもしれない。「エヴァードン」という名前はオックスフォードの早い時期の記録に出てくる。そして1801年，マーサは「ベンジャミン・エヴァードン氏」という人物が訪ねてきたことを記録している。他の説明も同じようなものだ。イギリスのある地方の方言では「エヴァードン」という形容詞は「土砂降りの雨」というように絶え間なく降り続く大雨のことを指すのである[24]。

　バラード家で実際に起こったことよりは，日記の中で起こったことの方がよりいっそう重要だった。マーサは長らく自分の成果を評価するのに日記を用いてきた。今や彼女は自分の感情や，自分へ向けられる故なき仕打ちや，夫に見捨てられたことに対するつのる思い，さらには絶望を乗り越える闘いといったことを日記のページに吐露している。成し遂げられた務めのひとつひとつは，ヘプシー——あるいは夫——あるいは世間に対して，マーサの立場の証となったのである。「キャピン氏，その妻，息子イーフレムが訪ねてきた。朝食をとった」と彼女は書いている。「私は早起きして糸を煮るためのやかんを火にかけて，ミルクを搾り，朝食をとった。そして洗濯をすませ

てから泉に水を汲みに行った。だが，家に帰り着いたときには，私はなんとへとへとに疲れていたことか」[25]。

　新しい農場へ移って最初の2年間にマーサは繰り返し病気をしている。新たに畑を開き，新しい家に秩序を打ち立てるというきつい仕事によって，いっそう負担が重かったのであろう。1791年にこの一家が水車小屋から移住したときには，マーサは娘たちの助けをあてにすることができた。しかし今回は彼女ひとりで重い課題に取り組まざるをえなかったし，加えてたびたび妊娠したサリーに，彼女はできる限り助力の手を差しのべようとしていたのだ。「神様，私にこの労苦と苦悩に耐える力を与えたまえ」。この祈りは何度も何度も繰り返された。そしてついに神様，あるいはイーフレムがこの祈りに応えてくれたのだ。1800年11月28日，彼女が激しい「疝痛」に身体が二つ折になるほど苦しんでいたとき，イーフレムがベッドから起き出してきて，彼女に熱いお茶を入れて飲ませ，お腹を温めるためのレンガを熱してくれた。

　自分の病についてのマーサの記述ははっきりしない。しかし彼女の問題の何がしかが，婦人科の問題だったことは明らかだ。彼女が閉経を迎えたのはずっと以前，たぶんこの日記を書き始める前に遡る。しかし以前の家で畑仕事をしていた頃に，彼女は度重なる膣からの出血に悩まされていた。問題はこの家に移ってくる少し前から始まっていたのである。1799年7月8日，彼女は次のように書いている。「自分も女だということが分かった」。1806年に彼女は日記の余白に次のように書き足している。「あれ以来毎［月？］同じ状態が続いている」。また彼女は，日記ではよく分からないもうひとつの「病気」（たぶん痔か子宮脱だったのだろう）を抱えていた。この病気のために時々椅子に座ることができなかった[26]。その後も疝痛は彼女を悩ませ続けた。1801年に起こったあるときの発作の折に，彼女は「皮膚に体液が滲み出てきたが，とてもゆっくりだった。私はヘビに噛まれたときに効くという植物の根とサフランの煎じ薬を飲まされた」。彼女はついにハバード医師を呼びにやった。それは10月15日のことであった。彼は「薬の処方をしたが，彼の意見では私はおそらく二度ともとのような健康を取り戻すことはないだろうとのことだった」。彼女はその後の数日間，ほとんど横になっ

第 6 章　1796 年 1 月

たまま病気の予後のことをあれこれ考えていた。10 月 20 日，彼女は起き上がって羊毛をほぐし，タチアオイ（holyhock）の種を収穫し，ホウキモロコシ（broomcorn）を刈り取った。11 月 8 日，彼女は産気づいた女性に一晩中付き添った。

　しかし彼女の助産婦としての活動はピークを過ぎていた。彼女が手がけた出産数は，ハワード農場での最後の年である 1799 年の 51 件から，1800 年には 26 件へと減っている。1802 年には 11 件とさらに減少している。理由のひとつは，マーサの健康がすぐれないことであった（マーサの記録では彼女は 1800 年にはのべ 21 日間，1802 年には 75 日間，寝込んでいる）。新しい家の場所が，仕事量減少のもうひとつの理由であった。家のあるジョナサンの農場は，川のはるか上流，孤立した広い高原にあり，町の集会所兼礼拝堂からの道は息があがってしまうほど急な登り坂であった。そのため天気が格別よく，健康状態がよいときを除き，マーサは教会や店から遠ざかることになった。

　この短い期間，彼女にとっての歓びは，ドロシーとステファン・バートンが 10 年間をオックスフォードで過ごしたあと，メインへ戻ってきたことであった。彼らはマルタ（現在のメイン州ウィンザー）の農場へ移るまでの一時期，オーガスタの町の中心部で暮らした。「今日私は病気のため椅子に座ることができなかった」とマーサは 1801 年 9 月 1 日に記している。

　　私は 1 階の部屋や地下室の掃除をすませて，仕事から解放されるために家を出た。ムーディー氏宅へと歩いて行って，そこで少し休み，さらに兄弟バートンのところを訪ねた。少しの間ベッドに横になってから，妹と一緒にシューボール〔シューベール〕・ピッツ宅へ行った。そこで一晩滞在した。

　こうして人を訪ねることで，彼女の気は晴れたようだ。翌日には何人かの知人を訪問し，9 月 3 日にはベッツィ・ギルの赤ん坊を取り上げるほど，彼女は元気になった。その翌日，彼女は集会所兼礼拝堂で開かれた講演会に出席し，そこで夫に出会う。2 人の間の緊張感はいまだに払拭されてはいな

表 VII マーサ・バラードの助産の実績, 1785–1812 年

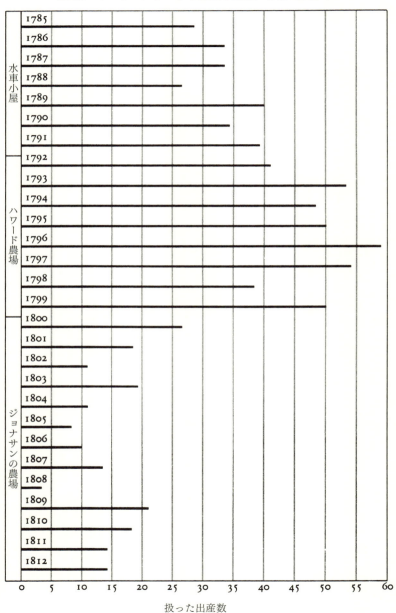

第6章 1796年1月

かった。たぶん彼女が突然出かけてしまったことに，夫は気分を害していたのであろう。馬を持っていながら，彼は「どんどん先に行っていまい，私は残されて歩いた」。幸い彼は，その頃ジョーンズの水車小屋に移り住んでいたトーマス・ボンドの家に立ち寄った。そこでマーサは「夫に追いつき，そこから家へは馬で帰った。私は本当に具合が悪い」。しかし本当に彼女を打ちのめしたのは歩いたことではなく，夫が表面上，彼女に対して無関心を装ったことだった。「今日私は少ししか起き上がれなかった」と彼女は9月5日に記している。「それなのに，私をもっと親切に扱うはずだと思う人からとがめられた。神様が私たちすべての罪を許してくださることを心から祈る」。日曜日にイーフレムは彼女を家に置いてきぼりにして，教会へ行ってしまった。「とても気分が悪く」，「誰も助けてくれない」。

　1802年8月に，イーフレムはケネベック購入地の南側の境界線を引こうと，3度目の試みに乗り出した。1798年6月の2度目の試みは，入植者たちが阻止するために集結しているという噂があり，中止された。今回彼は噂以上の出来事に直面することになった。ボールタウンの森の中で彼は武装した入植者に追い返されてしまったのである。公式の記録によると，「そこを立ち去ろうとしたとき，彼をおどして同じ試みを阻止するために，少なくとも15丁の銃が彼に聞こえるくらいの距離で一斉に発射された」[27]。

　マーサは8月26日にイーフレムがボールタウンへ向けて出発したこと，2日後に彼が戻ってきたことを記しているが，襲撃に関しては何も記録していない。彼はマーサに話さなかったのかもしれない。彼がこの出来事にひどく動揺したことは，彼女の残した記録から明らかである。その記述は彼女自身の健康状態についてのコメントで始まり，祈りの言葉で終わっている。その間に義務と絶望の小さな記録が挟まれている。

　　私の運命は奇異なものだが，忍耐を持って従っていこうと思う。夫は夕刻，ボールタウンから帰宅し，旅で疲れ果てていた。彼は震えの発作に見舞われた。朝3時に私は毛布を温めて夫の身体にかけた。彼は発作がおさまり，やや落ち着いたところでベッドに粗相した。私は起きて彼にシャツを着替えさせ，汚れたリネンを取り換えた。またベッドに戻った

が，あまりの寒さに私は寝つけなかった。私は日の出前にまた起き出して汚れ物を洗ったが，礼拝へ行くにはあまりにも気分が悪かったので，家にいた。うちの家族は全員行った。おお神よ，私がまた祈りを捧げるためにあなたの家へ行けるだけの力を取り戻すのは，いつのことでしょうか？[28]

　ここでも洗濯はマーサの自己否定と抑圧感を象徴している。彼女は朝の3時に起き出して毛布を温め，数分後にまた起きて夫の汚したリネンを取り換え，日の出前に〔もう1度〕起きて火を起こし，湯をわかして彼の病を示す不名誉な証拠を洗濯し，そして彼が奇跡的に回復して教会へ馬で出かけるのを見ていたのだ。
　これはひとつには，教会へ行かなかったことの手の込んだ釈明だと読むこともできよう。このとき彼女は聖書のルカの福音書においてマーサ〔聖書ではマルタ〕，つまりメアリー〔聖書ではマリア〕の姉妹に加えられた非難を思っていたのではなかろうか。メアリーは「主の足もとに座って，主の言葉を聞き入っていた」。マーサは客のもてなす現実的な仕事のためそばを離れた。そして「主よ。私の姉妹が私だけにもてなしをさせているのを，何ともお思いにならないのですか」と彼女はイエスに尋ねたのである。

　　主は答えられた。マルタ，マルタ，あなたはいろいろなことを思い煩って，心を乱しています。しかし必要なことはひとつだけです。マリアはそのよい方を選びました。それが彼女から取り上げられることはありません[29]。

　マーサの日記は，このほろ苦い安息日において劣った役割を自ら選んだわけではないことを示す証であったのである。

第 7 章

1801 年 2 月 「解剖が行われた」

1　1　息子宅にジョンを診に行く。ジョンの生命は危ないと私たちは心配した。

晴れ，快適。私はジョン・デイヴィスを診るために息子の家に呼ばれた。彼は死が近づいている兆候を示している。コニー医師，コールマン医師も呼ばれた。彼は体力をすっかり消耗してしまって薬を飲む力もない。病人はひどい痙攣に見舞われたが，塩と水で軽減した。それでもわずかに生気を取り戻したにすぎなかった。ストーン牧師が礼拝のあとに招かれた。彼はその場にふさわしい祈りを捧げた。私は夜までこの子に付き添った。コールマン医師も同様。

2　2　息子宅。今夜も付き添う。娘ポラードの片方の乳房に問題があると聞く。

晴れ，きわめて快適。私は息子宅を午前中に出る。帰宅。自分の仕事を片付ける。午後再び息子宅に呼ばれる。行ってみるとジョンは明らかに最期を迎えようとしていた。コールマン医師はピンクビート（pink beet）の煎じ薬を処方したが，効果はなかった。私は夜中付き添う。父親とコールマン医師も同様。サンダース夫人も看病のために呼ばれる。私は 11 時に暖炉のそばで横になる。患者の呼吸に変化があって夜中に起こされる。このあとそれ〔ジョンを指す〕は何も飲み込めなくなった。またひどく苦しみもがくこともなかった。ろうそくの灯が消えるようにその生命は消えていった。

3　3　息子宅。ジョンは今朝1時10分に死去。享年2歳7ヶ月13日。彼は将来有望な子どもだった。私たちの期待はなんとしばしば断ち切られることか。

曇り，少し雪。J. V. デイヴィスの息子ジョンは今朝1時10分，死去。サンダース夫人，オリーヴ・フレッチャーと私は葬衣を着せた。葬儀は3時に終わる。コールマン医師が6時に家まで送ってくれる。私はそのままベッドに入って就寝。バラード氏はダッタン〔ダットン〕大佐宅へ干草をもらいに行く。ビル・サイファーも皆と一緒に出かけた。

4　4　息子宅。ジョン・デイヴィス・ジュニアの亡骸が解剖される。7月13日，S. J. フォスター宅での昨年3番目の出産に対し10/10の謝金を受け取る。

晴れ。デイヴィス殿の息子の解剖を見学するため息子宅に呼ばれる。解剖はきわめて綿密に行われた。左の肺葉はひどく炎症を起こしていた。腸にも炎症が認められた。腸内には4つの部分があった。腎臓と膀胱もひどく炎症を起こしていた。体内に寄生虫は1匹も見つからなかったが，執刀者が寄生虫の住みかだと考えた小さな痕跡があった。胆嚢は肥大し内容物が充満していた。解剖を行ったのはコールマン医師とページ医師である。ノース判事，息子ジョナサン，それに私は立会人であった。私はそこからS. J. フォスターの妻を診るために呼ばれた。彼女は産気づいており，夕方7時，彼女の2番目の息子，第5子を無事出産した。私は一晩中付き添った。産婦はすこぶる元気。

XX　S. ジュエット・フォスターの2番目の息子誕生。XX

5　5　フォスター氏宅。デイヴィス殿の息子の葬儀。バウアーズ牧師が参加する。ストーン氏も来る。

雪。私はフォスター氏宅より帰宅。息子ランバード夫婦とイーフレムが来ていた。これにコニー夫人を加えて，全員が我が家で食事をする。それから皆でジョン・V. デイヴィスの息子の葬儀に参列する。葬列はコールマン医師宅から出発し，ハワード大佐によって墓地で埋葬の儀が執り行われた。私た

ち全員は息子宅に戻り，そこで夕食をして帰宅した。私の子どもたちは我が
家に泊まる。

6　6　家にいる。私の子どもが何人か我が家に残る。
晴れ。息子ランバードとイーフレムはピッツトンへ向かう。ジョナサン，彼
の妻，それに 3 人の子どもたちは我が家で食事をしてお茶を飲む。デイヴィ
ス殿来訪。ランバード氏，彼の妻，イーフレムは夕方帰ってゆく。ベッツィ
は頭痛。私は彼女にセージのお茶を飲ませる。彼女は足湯をして足を温め
る。私はレンガを温めて，上に彼女の足を乗せる。

7　7　家にいる。
雪。息子ポラード来る。彼の妻の具合が悪いとの知らせ。彼女の乳房は化膿
して破裂するおそれがある。私は家にいた。私たちはパンを焼き，牛乳を攪
拌して 7 ポンド 4 オンスのバターを作る。コニー医師来訪。バラード氏と
サイラスは議会へ送る請願書に署名する。

8　1　家にいた。具合が悪い。
晴れ，寒い。風が強い。私はずっと具合が悪い。バラード氏は礼拝へ行く。
娘ポラードは幾分よいとのこと。

9　2　ジョン・ページ宅。今年 4 番目の出産。謝金 6/ を受け取る。
雪。ジョン・ページの妻を診に行くようアルフェウス・ライオンに呼ばれ
る。今朝 7 時より 20 分前にハムリン氏宅を通過。患者は 11 時に第 3 子，2
番目の息子を出産。母子とも元気であることを見届けて帰る。ハムリン氏宅
を午後 5 時 20 分前に通過。暗くなる前に家に帰り着く。寒気厳しく，とて
も疲れた。
ジョン・ページの 2 番目の息子誕生。

10　3　家にいる。デイヴィス殿来訪。
晴れ。私は家にいた。バラード氏の長手袋を修繕し，新しいのをいくらか編

む。夜，デイヴィス殿が来訪する。彼は息子のことで世話になったとしてバラード氏に 8 1/2 ドルを渡した。

　幼子ジョン・デイヴィスの死についてのマーサの記述は，一見無関係に見える数々のテーマを結びつける。それはこの日記に出てくる現実の誘惑物語の最後のものであり，ケネベックの司法関係者の行動をめぐる政治的議論に欠けていた部分であり，バラード一族の歴史におけるひとつのエピソードであり，また初期の医学に関する貴重な記録でもある。我々はジョン・デイヴィスにはすでに第 5 章で会っている。このときマーサはこの子の出産に際して，母親から証言を引き出している。彼はメヒタブル・ピアース，つまりサリー・バラードの妹の子だった。彼の父親はすでに見たように，ケネベック郡の治安判事であったジョン・ヴァッサール・デイヴィスであった。この子の生涯の始まりと終わりを見届けたマーサは，社会史的観点からだけでなく，医学史の視点からも稀少な記録を残したのであった。

　2 月 5 日「デイヴィス殿の息子の葬儀」。マーサが何気なく用いた「デイヴィス殿の息子」といった表現は，この子の存在をめぐる論争を曖昧にしている。この子は両親の罪と，父親の社会的地位を示す，生きた証拠であった。法的には婚外子であるにもかかわらず，ジョン・ヴァッサール・デイヴィスという輝かしい名前を持っていた。地域の真面目な市民にとって，判事が婚外に子をもうけたことと，それをおおっぴらにふてぶてしく認めたことのどちらがより不穏であったかを知るのは難しい。
　1799 年 1 月にリンカーン郡のある匿名の住民が，マサチューセッツのインクリース・サムナー知事に情熱をこめた手紙を送った。折しもリンカーン郡が二分されようというときであったので，手紙の筆者はこれを司法制度改革の好機だと考えたのである。この人は，これまで「市民としてもクリスチャンとしても日常生活において決して模範的とは言えない」多くの人々が

第 7 章　1801 年 2 月

治安判事に任命されてきたと考えた。彼らは酩酊，神に対する冒瀆，賭博，
安息日を守らぬこと，決闘などの罪を犯していた。さらに「女性の貞操があ
る判事の誘惑の手練手管の餌食にされている」というのである[1]。
　手紙は延々 16 ページにわたっていたが，彼は手紙に署名することを拒ん
だ。署名をしたとしても，彼の名前は手紙の内容に何物をも付け加えない
し，彼が現在平和裡に共存している人々との間に悪感情を醸成するだけだと
いうのだ。それにもかかわらず，サムナーに自分の告発を真剣に受けとめる
よう迫っている。新しくできるケネベック郡裁判所に誰を任命するにして
も，知事は次のように問うてみるべきである。すなわち，

　　彼は安息日を汚し，神の啓示を無視する者ではないか？　彼は聖なる時
　　間でさえ賭博や酒場で費やしたり，情人と過ごしたりするような人物で
　　はないか？　彼は自らの恥を心から喜び，私生児の息子を誇らしげに見
　　せびらかすような人物ではないか？　彼は決闘などという恐ろしい習慣
　　をよしとするような人物ではないか？[2]

　サムナー知事はこの地域の性にまつわるスキャンダルは承知していた。最
高裁の判事のひとりとして，彼はその 10 年前にジョセフ・ノースのレイプ
事件の裁判では裁判長を務めた。彼はボストンとメインを結びつけていた書
簡の巡回を通して，ウィリアム・ハワードとシャーロット・クールとの関係
についても聞いていたはずだ。それに匿名の手紙の主が非難していることの
内容が最もよく符号するのはジョン・ヴァッサール・デイヴィス殿であるこ
とを，彼が知っていたのは疑いない。
　19 世紀にジェームス・W. ノース，つまりノース判事の曾孫によって書か
れた『オーガスタの歴史』には，当時なお町で語り継がれていた話に基づ
く，デイヴィスの忘れがたい描写が残されている。彼は魅力的だが気まぐれ
なところのある男で，ノースによると，「政治においては連邦派の熱心な支
持者であり，政敵に対しては横柄に振る舞うが，味方に対しては丁寧で謙虚
な人物。きわめて怒りっぽく，すぐに爆発するがすぐにおさまるという癇癪
のために恨みを買いやすい」。この男の罪はほとんどこの記述にぴったりあ

てはまる。決闘についての評判も，この本では滑稽なおちにされてしまっている。たしかに彼は保安官アーサー・リスゴウに決闘を挑んだ。しかしこのときの介添人であったモーゼス・パートリッジと「ジェミー」・ブラックは両者のピストルに実弾ではなくバターボールをつめて，2人の生命と友情とを救ったのである。ノースは彼の話から，敵意や抗争をすべて取り除いて記述し，デイヴィスがペンキ塗り立ての自宅の階段で新しい絹のコートを汚してしまい，怒ってびりびりに切り裂いた逸話には一抹のユーモアさえ付け加えている。しかし著者は，デイヴィスが雄の子馬が自分好みの速度で走らないから殺せと部下に命じた話には困ってしまった[3]。

　ノースの歴史書には，デイヴィスは18世紀の色男——ただしセックス抜きの——として登場してくる。その詳細はマーサの日記が伝えている。彼女の日記は，彼がメヒタブル・ピアースと関係を持ったことを示す，唯一の現存する記録である。またこの子の死についてのマーサの記述は，デイヴィスが「自らの恥を心から喜び，私生児の息子を誇らしげに」我が子と認めたことを確認する唯一の記録でもある。

　マーサの日記に登場するカップルの中で，ヒッティとデイヴィスは18世紀の小説によく出てくる人物像に最も近いと言えよう。彼はよこしまな目的を持つ上流の紳士，かたや彼女の方は田舎の娘というわけである。デイヴィスはボストンの裕福な商人の子孫であり，母方の祖父ジョン・ヴァッサール・ジュニアは，現在ロングフェロー・ハウスとして知られる有名なヴァッサール゠クレイギー・ハウスをマサチューセッツ州ケンブリッジに建てた人物であった。ヒッティの父親，エリファレット・ピアースは平均的資産を持つ農民であった。デイヴィスは東インド会社の事務員としてロンドンに駐在したこともあったが，プリマス会社の株主であったヴァッサール家筋の支援を得て，メイン地区へやってきてこの株主の代理人となった。また彼はここでノース判事から店を借りて経営した。ヒッティはマサチューセッツ州カントンで生まれ，両親とともに幼い頃ケネベックへやってきた[4]。彼女がこの町へやってきたのは16歳のときであり，彼の子を産んだときには22歳であった。

　実際幼子ジョンが生まれる1年前の1797年に，若い女性の誘惑をテーマ

にした小説がハロウェルで出版されていた。筋書きは月並みで独創的なもの
ではなかったが，この小説はこの町で書かれ，かつ出版されたのであった。
『女性の友情——無垢な受難者』と題されたこの本は，「道徳的小説」との触
れ込みで宣伝された。この小説の筋書きはいくつもの誘惑話が絡み合う迷宮
からなり，そのすべてが若い女性に対して警鐘を鳴らす話になっている。
冒頭の部分で2人の登場人物が紹介されている。すなわち，高潔な人格者
サー・ヘンリー・サマーズとその友人である道楽者のモディッシュの2人
である。妻に先立たれたサマーズが戸口に捨てられた赤ん坊を見つけてその
子を育てようと決心したのを見て，モディッシュは歓声をあげんばかりに喜
ぶ。この子は生真面目なサマーズも軽率な行動をとりうることの確かな証
拠ではないか。「いやはや自分の情事を大っぴらに認める高潔の士がこの世
にいるとはね」とモディッシュは歓声をあげる。「僕は色恋が犯罪行為だと
みなされるような時代に世の中が逆戻りしかかっているのかと本気で心配
になったよ」。サマーズがその子の父親であることを静かに否定すると，モ
ディッシュは信じられないという顔をする。自分の子でない子を誰が扶養
するだろうか？　サマーズは，慈善はクリスチャンとしての徳であり，純潔
は「男性においては女性においてと同様，高貴な特性だが，残念ながら今の
時代，男性の徳目からはすっかり除外されている」と反論する[5]。モディッ
シュはというと，純潔にも慈善にも価値を置いていない。彼はサマーズを持
ち上げはするが，自分の不義の子を捨ててしまう。

　これは男女間の道徳に関する小説であるが，世間体についての小説でもあ
る。つまり，外見と真実との間の隔たりを主題にしているのだ。『女性の友
情』の著者，ナサニエル・コグスウェルは先の匿名の手紙の主とは違って，
道徳の基準を，役人に対してではなく若い女性に対して問いかけたのであ
る。求愛というのは油断のならないゲームなのだ。よりよい教育——そして
「道徳的小説」を読むこと——によってのみ，若い女性たちは現実世界のモ
ディッシュとサマーズをはっきり区別できるようになるのだ。今日歴史家た
ちは，独立戦争後にアメリカで出版されたおびただしい数のこの種の小説に
新たな関心を示している。ある学者はこうした小説を共和制政治の寓話と捉
えている（つまり，あまりにも騙されやすい大衆が腹黒い指導者たちの誘惑

にひっかかる）。さらに別の歴史家は，それを性に関する二重基準に反対する原初的フェミニズムの叫びと見る[6]。こうした小説のストーリーが現実の出来事となんらかのつながりがあったことは確かだと思われる。自分の作品を「真実の物語」として世に広めようとしたのはベスト・セラー，『シャーロット・テンプル』の著者，スザンナ・ローソンだけではなかったのだ。

　小説に出てくる放蕩者とは違って，デイヴィスは自分の息子を養育し，ヒッティは，シャーロット・テンプルやハンナ・フォスターの小説『男たらし』の主人公，エリザ・ウォートンのように不名誉のうちに死ぬことを拒否して，まともな独身者としてその後も過ごした。未婚の母親を出産中に助産婦が尋問するような町では，自らの情事を否認できる勇敢な者はほとんどいなかった。それにしても，デイヴィスのケースにはそれまでにない一面があった。町での評判を落としたくないと願う男たちのほとんどは，恋人と結婚した。デイヴィスはヒッティと結婚はしなかったが，捨てもしなかった。ウィリアム・ハワードの情事は，仮にスウォールの日記が信頼できるとすると，公然ではあったものの，少なくともひとつの秘密であった。しかし，デイヴィスの場合は自他ともに認める公然の事実であったのだから，彼の態度は地域社会の価値観を二重に踏みにじったことになった。「その子の父親は母子に会いにやってきた」と出産の数時間後にマーサは記している。それに加えて，普通の相場の4倍にあたる24シリングの謝金をもらったことを付け加えている。もし仮にデイヴィスが父親であることを一旦否定し，それがヒッティに訴訟を起こさせるような事態になったとしたら，彼はすぐさま態度を変えていたに違いない[7]。

　マーサはこの情事をどう受けとめてよいか分からなかった。1798年11月5日，この出産の4ヶ月後に彼女は書いている。「オーティス・ピアースが姉妹ヒッティに付き添って私に会いに来た」。さらに11月7日にはこう記されている。「ピアース夫人はまだうちにいる」。そして11月12日には「ピアース夫人はキンボール氏に伴われて馬車でうちを出発した」。2人の女性がこの10日間何をしていたのかはまったくの謎だ。ヒッティが「私に会いに来た」というマーサのコメントは，なんらかの医療目的を持つ来訪であったことを示唆している。しかし，そのことを確認する記述はその後に

第 7 章　1801 年 2 月

も見当たらない。ヒッティはひょっとすると糸紡ぎやパン焼きといった労働のためにやってきたのかもしれない——独身の女性がバラード家に働きに来るときに幼い子どもを連れてくるのは珍しいことではなかった——それにしても，どんな仕事をしたのかについてはまったく何も書かれていない。それに雇い人が馬車で帰るというのも一般的なことではなかった。これは社交的訪問だったのではないだろうか。何しろヒッティはサリーの妹であり，家族の一員といってもよいくらいの間柄だったのだから。それにしても，マーサがこの週の終わり頃からそれとなくオーティス・ピアースの姉妹であるヒッティを「ピアース夫人」と書くようになったのはどういうわけだろうか。マーサは「夫人」という尊称を既婚婦人や社会的地位のある人の成人した娘にだけ使うのを常とした[8]。この日記に出てくる未婚の母でこの敬称を使われた人は他にいない。ヒッティはジョン・ヴァッサール・デイヴィスと関係を持ったことで，奇妙な高貴さを身につけたのだ。

　ケネベックの指導者たちはデイヴィスのしたことを認めはしなかったろうが，公然と非難することは難しかった。彼は有力な家系につながる人物であり，本人も大きな勢力を持っていた。匿名の手紙の主の訓戒にもかかわらず，彼は新たに作られたケネベック郡の治安判事として正式に認められ，ウィリアム・ハワード，ジョセフ・ノース，ヘンリー・スウォール，サミュエル・ダットン，ダニエル・コニーなど「指導的人物」の仲間入りを果たしたのであった[9]。マーサの日記が明らかにしているように，クリスチャンとしての博愛精神によるにせよ，社交辞令によるにせよ，ケネベックの上層階級の面々は彼の私生児のまわりに集まっている。コールマン医師とコニー医師はこの子の治療にあたった。ストーン牧師は彼のために祈りを捧げた。ジョセフ・ノースは死後の解剖に立ち会った。ストーン牧師とたまたま滞在中の聖職者はこの子の葬儀に参列している。マーサの記録がなければ，もちろん我々はこうした事柄をまったく知りえなかったであろう。公式の歴史記録の中では，ジョンの名は彼の生命とともにろうそくの灯のように消えてしまったのである。

2月1日「私はジョン・デイヴィスを診るために息子の家に呼ばれた」。ジョン・デイヴィス・ジュニアの物語を通して、文化的・政治的にきわめて興味深い事柄を垣間見ることができる。これらの問題は、マーサの日記にとっては枝葉にあたる事柄であるが、彼女の記述で際立っているのは、日常の現実である。どのような名前で呼ばれたにせよ、ヒッティ・ピアースは独身女性としての生活を送った。つまり彼女は親戚の家から家へと渡り歩いていたのである。1800年7月にはヒッティとその子は、サリーとジョナサンの家にいた。彼らは1月にはアーサ・ピアース、つまり彼女の兄弟と一緒に暮らしていた。ジョン・デイヴィスは子どもの養育費を支払ってはいたであろうが、この2人に家庭を用意することはしなかった。幼いジョンは他人の家の織機や炉辺で従兄弟たちのゲームに加わったりしながら遊んでいた。いずれの家族の一員というわけでもなかったが、かといって遊び相手に不自由することはなかった。1800年7月31日、マーサはサリーとジョナサンの家へ「ジョン・デイヴィスはどんな具合か（診に行った）。彼の火傷はほとんど治っていた」。この短い記述はもともと意図された以上のことを伝えてくれる一文である。サリー・バラードには10歳以下の子どもが5人いて、第6子を妊娠していた。彼女の妹ヒッティとその2歳の息子が同居していたとすれば、家はとても混雑していたであろう。もっとも女手がひとつ増えたことはたぶん大助かりではあったろう。

18世紀の家はまるで作業場のようなものだった。母親たちは石鹸を作り、布地を織り、ろうそくを作り、家畜をおとし、いつ終わるとも知れぬ縫い物をし、年長の子に幼い兄弟姉妹の面倒をまかせていたのである[10]。1800年12月30日、マーサはこのときもジョナサンの家へ急行し、「幼いウィリアムを診に行った。その日の朝イーフレムが彼を突き倒したため、この子は腕に火傷し、暖炉のそばにおいてあった鍋で顎を切った」のであった。幼いイーフレムは4歳、その弟は2歳であった。その3日後マーサは記している。「夜8時まで私は家にいたが、8時にジョン・デイヴィスを診るために、息子ジョーナス〔ジョナサン〕の家へ呼ばれた。ジョンは熱湯で火傷してアーサ・ピアース宅からそこへ運ばれてきたのであった。彼は痙攣を起こしていた。私は一晩中付き添う」[11]。彼の従兄弟ウィリアムと同様、この子も火の

第 7 章　1801 年 2 月

すぐ近くで遊んでいたのであった。痙攣してはいたが，彼の火傷は，その 3 年前幼いポリー・バータン〔バートン〕の命を奪ったときの火傷のように手がつけられないほどひどいとは見えなかった[12]。マーサはジョナサン宅に 2 日間とどまり，3 日目には「デイヴィス殿は彼女とその息子を我が家に連れてきた。私たちは北側の部屋をあけて彼らに提供した。コールマン医師も我が家に泊まった。デイヴィス殿，我が息子ランバードとその家族も同様。夫と私とは炊事場の火のそばに横になった」[13]。

　翌晩，ランバード一家はジョナサン宅へ移動した。デイヴィス殿はこの日も息子を見守りつづけた。一時この子の病状は「よさそうに」見えた。しかし，その翌日病状はきわめて悪くなったので，コニー医師とコールマン医師が 2 人とも呼ばれた。2 人の医師はこの日ほとんど終日，この子に付き添った。「ラム酒，タマネギ，トウモロコシの粗挽き粉の湿布で火傷の部分を手当てした」とマーサは書いている。「コールマンとダッタン〔ダットン〕夫人はこの晩この子に付き添った。私は衣服を着たまましばらく横になった」。マーサは 2 人の医師と応援に駆けつけたウッドワード夫人の助力を得たが，治療や看病の負担は彼女にかかっていた。1 月 8 日にはジョンは少しよさそうに見えた。しかし不意に新しい症状が現れた。「私は夜半過ぎ，服を着たまま横になった。コールマン医師がその後やってきて，夜明けまで私に代わって付き添ってくれた。私は 5 時にジョンの包帯交換のために起こされた。彼は便の中に寄生虫を 1 匹排出した」。1 月 9 日には彼は 19 匹排出した。

　1 月 10 日にはマーサは「とても疲れる 1 日だった」と日記に記している。そしてその日の夕方，ジェーン・ヘリントンが応援に来てくれたことを感謝している。しかし，彼女がベッドに入ってようやく落ち着くやいなや，義理の息子モーゼス・ポラードがハンナのお産が始まったと知らせてきた。マーサは現場に急行し，夜半過ぎに赤ん坊を取り上げ，そのあと朝 5 時まで娘に付き添った。ドリー・ランバードが彼女と交代しにやってきて，彼女は「ベッドに倒れ込んで，今年になって最も心地よい仮眠をとった」。その日の午後 3 時には，彼女は再び活動を始める。サリー・バラードのお産が始まったのだ。イーフレムが母親を彼の農場へと急ぎ連れ帰った。6 時 30 分

に赤ん坊は生まれる。「私は彼女に10時まで付き添う」とマーサは記している。「それから帰宅し夜中までジョンを診る」。

　彼女がその次の日に不機嫌でいらいらしたとしても不思議はない。「私は家にいた。家事をすませ，ジョンの世話もした」と彼女は書いている。「しかし彼の母親は私にちっとも感謝しようともしない。神よ，彼女を許したまえ」。その翌日，「ヒッティは相変わらず恩知らずの振る舞いをする。デイヴィス殿がやってきて，彼の息子を息子ジョーナス宅へ移す。コンリー夫人，ジェイソン・ピアース夫婦，息子ジョナサン，セイバリー・プライスが来て手伝う。私はやらねばならないことがたくさんあり，死ぬほど疲れていた」。その次の日，「とても落ち着いた日を過ごした」とマーサは書いている。

　マーサの平静は，サリーにとっては大騒動を意味した。5人の手に負えない子どもたちに加えて，自分の姉妹のヒッティの瀬死の息子が家にいるなか，彼女は生まれたばかりの赤ん坊と一緒に横になっていようとした。そんな状況のもとでは，5日後に産後の手伝いに来ていたコンリー夫人が「頭痛を伴う身体の不調を訴えた」のを見ても，マーサは少しも驚かなかった。マーサ自身も翌週は断続的な腹痛の発作に見舞われていた。彼女は1月19日に書いている。「夜明け前に起きる。とても具合が悪いが自分の仕事は片付けねばならないし，その他の面倒なことにも耐えねばならない。神よ，耐える力を与えたまえ」。1月24日，彼女はランバード宅で，具合の悪い孫の面倒をみながら一夜を明かす。そこからの帰途，マーサは「息子ジョーナス宅に立ち寄る。彼の妻は元気を回復しつつある。ジョンはとても落ち着きがない」。

　そのあとの数日間，マーサはなんとか自分の仕事に集中しようとするが——結局無駄だった。

　　［1月27日］ミルクの蓋にする板を洗い，炊事場を磨いた。デイヴィス
　　殿が来てジョンに浣腸をしてほしいと言う。行ってみるとコールマンと
　　ページもいた。スプリンガー夫人も来ていた。私は夜また行く。オリー
　　ヴ・フレッチャーが付き添った。

第7章　1801年2月

［1月28日］私はカブを抜く仕事を終え，他の仕事もすませた。コンリー夫人が来て，ジョナサンの赤ん坊を診に来てほしいとのこと。この子は以前から引き続き具合がよくない。

　1月29日，30日さらに31日と具合は悪いものの，マーサはなんとか家にいることができた。もっともそのうちの2日間はサリーのよちよち歩きの子どもたちを預かっていた。そして，2月1日，すでに読者が日記の原文で読んだ長い徹夜の看病が始まるのである。「私はジョン・デイヴィスを診るために息子の家に呼ばれた。彼は死が近づいている兆候を示している…」この出来事をめぐって，日記の主要なテーマ——すなわち，治療や死に関連する地域社会のしきたり，医師と助産婦との緊密だが問題も多い関係，いつまでも繰り返される家庭生活の試練，マーサの優しさと強さ——のすべてがごっちゃになって展開する。

　事情はマーサの口を通して語られるので，際立つのはマーサ自身の問題である。しかし，ヒッティにも同情しないわけにはいかない。彼女は家庭のない女性なのだ。また，最も同情すべきはサリーであろう。彼女は33歳という年齢で，ほとんど押しつぶされそうな重荷を背負っている——生まれたばかりの赤ん坊，家に入り切れないほどの子どもたち，気まぐれで怒りっぽい夫，常に面倒をみなければならない妹。サリーはピアース家の5人姉妹の真ん中だった。彼女の姉たち，ハンナとエリザベスはまともに結婚して，それぞれ第1子を十分な余裕を持って結婚後10ヶ月目に出産した。2人の妹たちはサリー自身と同じように性的な不品行の記録を持っていた。サリーとヒッティの間の妹オリーヴはウィリアム・ゲッチェルという船乗りと結婚し，若くして寡婦となった[14]。1805年6月21日，マーサは書いている。「ダンファスという男が妻を虐待したかどで逮捕されたとのこと。ゲッチェルの未亡人は恥知らずなことにこの男と同棲していたのだ」。彼女はオリーヴ・ゲッチェルのしていることを表現するのに「恥知らずな」という単語を使っているが，これは彼女らしい控えめな表現である。熱心なクリスチャンであれば「みだらな」という表現を用いたことであろう。その翌日彼女は報じている。「ジョナサンの妻が心身ともに疲れ果てて帰宅してきた。彼女の

妹ゲッチェルが逮捕されて，ノース判事によって裁判にかけられた。裁判の結果は有罪とはならなかった」。オリーヴは法による制裁は辛くも免れたとはいえ，彼女の起こしたごたごたは，ヒッティの場合と同様，サリーを肉体的にも精神的にも消耗させるに十分な出来事であった。

マーサの日記に見る家族をめぐるドラマは実にリアルである。同様にジョン・デイヴィスの死についての記録も真に迫っている。この子は火傷を負った後1ヶ月と少し生きた。35日間のうちのべ19日について，マーサは彼の容態やケアに関して日記に記録を残している。彼女はのべ17日にわたって，時には24時間休まず看病した。死後の解剖を含めて，コールマン医師が11回，コニー医師が5回，そしてページ医師が3回この子を診に来たことを記録している。明らかにコールマンがこの子の主治医であった。興味深いことに，ページとコニーとは一緒に現れたことはない。たぶんハロウェルに住んでいたページは，対岸のウェスタン砦の近くに住まいがあったコニーの代理であったのだろう。マーサとヒッティのほかジョンのケアには7人の女性が関わっていた。たぶんオーガスタのジェームス・サンダース夫人であったと思われるサンダース夫人は3回現れる。彼女とオリーヴ・フレッチャーの2人は，マーサがこの子の埋葬の準備をしたとき一緒だった。おそらくこの人たちは，この子がマーサの看護から離れてからヒッティがこの子の面倒をみるのを手伝ったと思われる。

医師たちはトウモロコシの粗挽き粉，ラム酒およびタマネギの湿布を処方したが，実際に湿布したり取り換えたりするのはマーサの責任であった。医師のひとりは浣腸することをすすめた。彼女が浣腸をした。マーサひとりか他の女性たちか，あるいは全員であったかどうかは分からないが，この子が排出した寄生虫が数えられた。その光景は決して心地よいものではなかったろう。ジョンに寄生していたのはおそらくミミズ様回虫であったであろう。これは腸に寄生する回虫で成虫は鉛筆くらいの直径で長さは14インチ〔約36センチメートル〕になる。

回虫症というのは裏庭で感染するものである。小さな子どもなどが玄関先や果樹園で排便するような場所，あるいは野菜畑で人糞が肥料として使われるようなところでは広く見られる病気である。この2つの風習はどちらも

メインでは普通に見られたものであった。回虫の卵は鶏，昆虫，豚，風や雨によって土壌に拡散し，子どもだけでなく大人にも感染した。ジョンの死でバラード農場における虫の問題は終わったわけではなかった。1802年5月21日，マーサは書いている。「娘バラードは長い虫を6匹吐き出した」。そして8月3日には「ジャックはとても大きな虫を6匹戻した」。人間は虫で死ぬことはない。しかし虫は幼児の体力を消耗させる。20世紀の推計によると，子どもの腸内に20匹の回虫が住みつくと，1日に2ないし3グラムの炭水化物を消費すると考えられている。当然マーサは，回虫は健康に対する深刻な脅威と受けとめていた。1801年9月29日には，彼女は次のように記している。「幼いサミュエル・ギルは赤痢と回虫のために死んだ」。ジョンの火傷と回虫との間には生理的関連性はなかったものの，彼の容態が注意深い観察を必要としたことから，マーサは回虫のことに気づいたものと思われる[15]。回虫が身体に余分の負担をかけたことは確かである。

　ジョンの死から1週間後の1801年2月10日，デイヴィス殿はバラード家へやってきた。マーサは記している。「彼は息子のことで世話になったとしてバラード氏に8 1/2ドルを渡した」。この一文は奇妙である。日記の中でマーサの経済活動が一家の収支に含まれている，きわめて稀なケースである。ジョンの看病をしたのは彼女であったのだから，イーフレムが勘定を精算するのは意外である。デイヴィス殿がお金を払ったとき，彼女は家のどこか別のところにいたのだろうか？　あるいはデイヴィスは故意に彼女を無視したのだろうか？　日記が示しているのは，この頃2人の男の間に進行中であった経済的関係ではないだろうか。この時期，イーフレムはデイヴィス殿のために測量の仕事をたくさんしていた。また，ジョンとヒッティがバラード家に住んだ（おそらく彼らが燃料や食糧を消費した）ことの結果であるかもしれない。マーサの助産婦としての仕事においてはこの状況は珍しいことだった。彼女は普通他人の家で仕事をし，イーフレムにはいかなる経費をも負担させることはなかったのだから，彼女の収支勘定は完全に独立でありえたわけである。

　マーサ・バラードは17日間のほとんどをジョンの看病に費やした。仮に8.5ドルが彼女の仕事だけに支払われたものとすれば，彼女は1日平均50

280

セント支払われたことになる。当時の医師は1回の往診に薬代を含めて50セントから1ドル請求していた[16]。おそらく，徹夜の付き添いはもっと高価になったであろう。助産婦にとっても，医師にとっても，解剖はおそらく無料だった。

　2月4日「デイヴィス殿の息子の解剖を見学するため息子宅に呼ばれる。解剖はきわめて綿密に行われた。左の肺葉はひどく炎症を起こしていた。腸にも炎症が認められた。腸内には4つの部分があった。腎臓と膀胱もひどく炎症を起こしていた。…解剖を行ったのはコールマン医師とページ医師である。ノース判事，息子ジョナサン，それに私は立会人であった」。マーサの「解剖」についての記録は，初期のアメリカ史における検屍解剖のまことに貴重な記録である。女性によって書かれたという点で特に重要である。マーサの時代のニューイングランドにあっては，解剖はある程度慣例になっていた。コットン・マザーもサミュエル・スウォール（ヘンリーの先祖で清教徒）もともに17世紀末にボストンで行われた解剖について書き残している。18世紀の第2四半期までには，自分の身体を科学の発展のために捧げることは世のためになる行為だと考えられるようになった。1736年2月10日号の『ニューイングランド・ウィークリー・ジャーナル』は，デッドハムのある女性が「肺結核」で亡くなったとき，「自分の内臓を同じような病に侵されるかもしれない人々のために役に立つように，解剖学的に十分調べてほしいと熱心に言い残した」ことを報じている。18世紀半ばには，新聞は時々検屍解剖の結果を報じている[17]。

　人体の解剖は男性による助産と同様，17–18世紀イギリスにおける実験的医学の発展と関係している。16世紀には解剖書が何冊か出版されてはいたが，この分野での最初の一里塚は，17世紀に，血液循環の研究で最もよく知られているウィリアム・ハーヴェーによって築かれた。ハーヴェーは解剖学に大きな貢献をしたのみならず，胎生学の分野でも重要な業績を残している。学術的見地からの解剖と産科学との関連は，18世紀ロンドンにおける最も著名な解剖学者で同時によく知られた産科医でもあった，ウィリアム・

ハンターの研究によって確認されている[18]。イギリスの医師たちは，メインの片田舎の医師たち同様，時折助産婦たちを検屍解剖の見学に招いている。マーサは日記がカバーする期間に4件の解剖に立ち会っている。ジョン・デイヴィスの場合を除き，いずれも若い女性の解剖であった。

ケネベックの医師たちは同時代のイギリスの医師たちと同様，人体の内部については自ら観察するより書物で読む方を好んだ。マーサが解剖を見学するたびに結果を詳細に記録したということは，彼女も医師たちと同じ好奇心を持っていたことを示している。たとえばナビー・アンドロスの検屍解剖の後に彼女は次のように記している。「疾患は子宮にあった。子宮には1ガロンの液体とその他の物質が入っていた。水分を除いた子宮の重量は7ポンドであった。肝臓は3ポンド半。彼女の胴体は大量の水を含んでいた」。測定値に対するマーサの関心はレイチェル・サヴェージの解剖においても見られる――「彼女の体内には35ポンドもの大きな物質があった」[19]。

彼女の短い要約は解剖の一般的結果を記録していて――「彼女の肺はひどく潰瘍化し，子宮も硬化していた」――厳密な解剖学的記述はなされていない。ジョン・デイヴィスのケースにおいて，彼女は「肺の左葉（lobe）」と「lobe」という用語を，100年前に若きコットン・マザーが自分の生まれたばかりの妹の解剖を記述したときと同じように用いている。「彼女の身体が切開されたとき，彼女の肺の右葉が完全にだめになっていて，その中にあったのは3/4パイントほどの膿だけだった」[20]。学識のある医師・解剖学者ならもっと専門的な用語を用いたであろう。マーサの生きた時代にアメリカで再版された研究書の著者アルバータス・ハラーは，肺について次のように説明している。すなわち，肺には「2つの部分に分かれた臓器があって，右側，左側に区別される」。また肺臓の構造は「しきりで隔てられた独立した葉の堆積からなり，その葉の中には細胞質の物質が伸びている」[21]。マーサが肺のことを「lungs」ではなく「軽いもの（lights）」という用語で表現していることは，教育が地方的なものであったと同様，経験もそうであったことを示している。動物の内臓を洗って料理したことのある女性なら誰でも，肺臓とそれより緻密な臓器である肝臓や心臓は，その重量において違うことを知っていたであろう。

マーサは人体の内部構造について、はっきりした認識を持っていた。彼女はジョン・デイヴィスの肺，腸，腎臓，膀胱，胆嚢などを識別したうえで，そうした臓器のすべてが炎症を起こしていたと記している。しかし，彼女が言うところの腸の「4つの部分（4 intersections）」というのは奇妙な表現である。なんらかの4つの閉塞が腸管内にあったということだろうか？ あるいは「執刀者」が腸管を4ヶ所で切り分けた，あるいは2等分したということなのだろうか？ あるいは彼女は一種の解剖学の学習についてふれていたのだろうか。つまり，医師がその中で小腸の3つの部分——つまり，十二指腸，空腸，回腸——と大腸を指摘したことを述べていたのだろうか？ 腸管の部分に関するこうした区別は，18世紀の医学書には一般的に述べられていたのだが，ある生理学者は困惑して，「自然が創ったのは1本の腸管なのだが，解剖学者は3つの小腸があるという」と言っている[22]。

2月4日の検屍解剖の記述においてマーサは，解剖を「行った」人々と「立会人」として参加した人々とを注意深く区別している。彼女は後者の中に彼女自身，彼女の息子ジョナサン，ノース判事がいたことを記録している。これらの男性たちは単に好奇心から参加していたのかもしれないが，よりありうる状況は，彼らが正式の観察者あるいは立会人として，この子の両親に選ばれたということであったろう。ジョナサンはもちろんこの子の叔父にあたる。ノースはこの子の父親の，仕事上の近い仲間である。マーサの立場はもっと複雑である。彼女は一種特別な立会人であった。1808年3月13日のレイチェル・サヴェージの解剖に際し，彼女は次のように記している。すなわち，「その場には12人の医師と3人の助産婦が立ち会った」。これらの人々の他に人がいたかどうか我々には分からないが，助産婦は医師と同様，治療師としての使命により解剖に立ち会ったのは明らかである。

サラ・ストーンが助産術についての論文を書いた1730年代までには，イギリスでは助産婦が解剖を見学する慣行は広く確立していた。彼女は，男たちが解剖学の勉強によって産科分野で仕事をする資格が得られると考えていることに関し，女性に警告している。「というのは，死者を解剖することと，生ける者に対し公正で優しく接するということとは，天と地ほどの違いがあるからです」。女性は解剖学を軽蔑すべきと言っているのではない。

私は数人の女性の解剖を見てきた。この職業の人すべてにとって，私が
したように解剖に立ち会ったり，解剖学を勉強したりするのが適当でな
いというわけではない。私はずっと解剖を見てきたし，産婆術において
母に指示されることはなく，6年もの間母の代理を務めた。しかしその
ことはほとんど重要でないし，そうでなければ私の無知のせいで命が失
われないように，あえてこのような職業を選ぶべきではなかったろう。
しかしそんなことは，神の恵みによって起きなかったと断言できる[23]。

　長期にわたる女性医学史の中で，女性が定常的に検屍解剖に立ち会ってい
るという事実は，きわめて興味深い現象である。女性や子どもの守護者とし
て，助産婦たちは死体に対して相応の畏敬の念を持っていたと思われる。医
師の立場からすれば，解剖の場に助産婦たちを招くのは，おそらく職業上の
好意の表明や，重要な教育的行事に彼女たちを参加させる方法だった。同様
に，そのことは解剖という行為を社会的に公認されたものとし，おそらくは
不安な親族を安心させる効果を持ったのであろう。しかし19世紀になって
検屍解剖の場が一般家庭から病院へ移り，医学教育がより制度化され，さら
に女性らしさの内容が次第に狭められるにつれて，こうした場における女性
の役割は，必要でも可能でもなくなってしまったのだ。
　1820年にハーヴァード大学医学部のある教授は匿名の論文を著し，その
中で女性はもはや助産婦としての業務に従事すべきではないとした。その理
由は，徹底した医学教育に欠かせない解剖実習を経験することにより，彼女
たちの女性としての人格が損なわれてしまうからだと論じている。

　さらに詳しく証明する必要はなかろう。女性に男性に対すると同じように
医科学を教えることはできないのだ。我々は女性を解剖室や病院に連れて
ゆくことはできない。医学の研究に必要な学問分野に分け入ってゆくにあ
たっては，人間のよりデリケートな感情や洗練された感受性は多少とも抑
圧しなければならないからだ。女性の場合，これらの感情や感受性は完全
になくしてしまわなければならない。私はあえて言う。女性は，助産婦の
仕事をするために受けておく必要のある教育課程を，この仕事に必須の倫

理的特質を損なうことなく完了することはできない[24]。

これは古典的なジレンマだ。女性は一般医療を修めずして助産婦としての仕事をする資格はない。しかし，一般医療を修めることは，女性としての特質を失うことであり，したがって助産婦にはなれないわけである。

19世紀初頭のメインにおいては，マーサ・バラードの洗練された感受性について気にする人などいなかった。彼女は浣腸をし，回虫の数を数え，埋葬のために屍を整え，解剖を見学し，その間日記には人間らしい宗教的感情を書き記した。しかし，先のハーヴァード論文はさらに重大な問題を提起している。医学が感受性を抑圧するというその医師の主張からは，彼が，感情と観察とを区別し，経験を客体化・数量化する科学的努力に従っていることが分かる[25]。かつては科学的進歩の源として賞賛されたこの職業倫理が近年厳しい批判にさらされていることから，ここで改めてマーサの感受性について検討してみる価値があろう。彼女が検屍解剖に立ち会うだけの勇気を持ちえたのは，人間としての感受性を失っていたからだろうか？ 物事に慣れてしまうことで人間らしい感情が鈍ってしまったのだろうか？

ジョン・デイヴィスの病気についての彼女の記述では，歴史家の一部が幼児の死に対する初期の反応と関連づけている，距離をとる態度を見せている[26]。日記においてこの子は常に「ジョン」であったが，2月2日，死が迫ってきたとき，はじめて「患者」になり，さらに「それ（it）」になっている。

> 私は11時に暖炉のそばで横になる。患者の呼吸に変化があって夜中に起こされる。このあとそれは何も飲み込めなくなった。またひどく苦しみもがくこともなかった。ろうそくの灯が消えるようにその生命は消えていった。

それでもこの日記の記述には，この幼い少年の死に心を揺さぶられたマーサの優しさが滲み出ている。「彼は将来有望な子どもだった」と彼女は書いている。「私たちの期待はなんとしばしば断ち切られることか」。ナビー・ア

第7章　1801年2月　　　　　*285*

ンドロスの死についての記述は，マーサが心と身体の痛みを感じていたことを示している。「なんと彼女は困窮の極にあることか」と彼女は書いている。「神よ，あなたの聖霊の力により彼女の魂の上に陽を照らし，この世を去る前に安らぎを与えたまえ」。ナビーの死の前日，彼女はこの一家が「ひどく困窮している」ことを記録している。彼女は現実的な助けの手を差しのべる。「ナビーの身体を動かすのを手伝う。私たちは彼女のベッドを動かして，私は彼女の身体をできる限り清潔に拭いた。そのうえで私は夜まで彼女に付き添い，そこでコーウェン夫人，インガーハム〔イングラハム〕夫人，サイファー夫人に後を頼んで交代した」。翌朝マーサは，ナビーに葬衣を着せるように呼ばれ，さらにナビーの解剖に立ち会ったのであった[27]。

パルテニア・ピッツの最後の日々についてのマーサの記述には，切実な憐れみの表出と，経験豊かな治療師としての的確な観察とが交互に織りなされている。「私は終日シューボール〔シューベール〕・ピッツ宅にいた。彼女は極度に衰弱している。激しい腹痛と下痢に悩まされている。この先病状がどう変化するか神様にしか分からないという状況だ。私は〔帰宅するため〕馬を取りにやったが，彼女の容態があまりにもよくないので徹夜で付き添う。痛みと休息の時が交互にやってくるが，全身状態はひどく衰弱している」。日ごとにマーサには心配のタネが尽きない。パルテニアは「少し肉を食べて容態の急変に見舞われた」。「彼女の手足は冷たい」。「彼女の口と喉は痛む」。彼女は「呼吸が困難だ」。「哀れな彼女は必死に病に耐えている」[28]。

パルテニアの最後の時間を記した部分の日記において，客観的事実と感情とが交互に現れるさまは印象的である。

　　[9月1日] ポラード老夫人とバートン夫人が正午頃まで付き添ってくれた。私は正午頃起きて，彼女たちは少し休養をとることにする。6時に彼女はピッツ氏を呼んでほしいと言う。私は彼女を動かしてベッドを直す。彼女はほんの一瞬のうちに息絶えたが，呼吸困難以外には苦しがることもなかった。私たちにとっての喪失が，彼女にとっては新しい門出であるように望む。彼女の埋葬を除き，友人としてのすべての仕事を終えて，私はピッツ夫人宅より帰宅する。息子ジョナサンは，ウィンス

ロップの彼女の友人たちにその死を知らせに行く。最後の病にとらわれた，愛する姪を診るために呼ばれてから4ヶ月がたった。彼女はクリスチャンとしての辛抱強さと謙虚さをもって，この病を耐えた。彼女はクリスチャンとして立派に信仰告白をして洗礼を受けた。私たちは彼女がいなくなったことを悼む。しかし，彼女はこの世を後にして，すべての苦痛と悲しみから解放された世界へ行き，栄光に輝く聖人たちとともに救いの歌を歌っていると確信する。

[9月2日] 私は今朝ピッツ氏宅へ徒歩で行き，彼の妻の解剖に立ち会った。彼女の肺はひどく潰瘍化し，子宮も硬化していた。

マーサの記録はパルテニアの最期の時から，4ヶ月に及んだ看病の静かな記憶へと移りゆく。パルテニアは「ピッツ夫人」であると同時に「愛する姪」でもあった。この日記の項が終わるまでに，彼女はクリスチャンとなり，栄光に満ちた聖人たちの仲間入りをしようとしている。しかしながら日記は天国のイメージで終わらず，死についての直截な記述に及んでいる。18世紀の暮らしには，現代アメリカでは見られないような経験の組み合わせがありえた。パルテニアはマーサの姪であり，娘代わりであり，召使であり，隣人であった。マーサは彼女の病床にあっては付き添い人であり，看護婦であり，精神的支援者であり，そして医師であった。マーサは亡骸に愛情をこめて葬衣を着せかけ，そして今は彼女の解剖を観察し，記録しようとしている。

その他の様々な方法と同様，検屍解剖に立ち会うなかで，社会的治療者は病や死を生と結びつけるのである。

マーサ・バラードの日記をめぐるより大きな問題は，18世紀に見られた助産婦と医師との協力関係が，どのような経緯でハーヴァードの教授による論文にあるような排他的医学に道を譲るようになるのか，という点である。1800年の時点では女性が解剖の見学に招かれているのに，その20年後には

現役の助産婦といえども解剖に立ち会うことができなくなるのはどうしてなのか。

　女性の繊細さに関するこの教授の心配は，女らしさの概念の変化がなんらかの役割を果たしたことを示唆している。よりいっそう重要なことは，教授の論文の中で，医学を本業とする男性の新しい専門的職業意識と，統一的基準に基づく医療体制の中に，「通常」の医療と「緊急時」の医療という区別が強調されていることであろう。こうした考え方は必然的に，社会的治療者を完全に排除したり，いっそう従属的なものとしたりする作用を持った。女性たちに助産婦としての仕事を続けさせたり，いかなるものであれその延長で独自の治療行為を許したりすることは，男性医師たちから必要な経験を積む機会を奪い，同時に正規の訓練を受けなくても安全に病人の世話ができるという考えを永続化してしまう。

　しかし1820年にいたるまでこうした考えが一般化していたと考えることは，ボストンにおいてさえできない。19世紀におけるアメリカの医学史は，こうした点についての果てしなき論争にほかならない[29]。ホメオパシー〔類似療法。治療対象とする疾患と同様な症状を健康人に起こさせる薬物をごく少量投与する治療法〕支持者はアロパシー〔逆症療法。治療する病気の引き起こす状態とはまったく別種の状態を積極的に生じさせ，後者によって前者を消失させる療法〕支持者を攻撃し，トムソニアン〔マサチューセッツのサミュエル・トムソン（1769–1843）が行った薬草による治療システムの信奉者〕は正規の医師を攻撃するというなか，女性の社会的治療者たちは多様な道を選ぶことになる。伝統的な治療法に固執するか，または分派的医学を追求した人もいたし，看護専門職の発展や新たな任意団体創設の開拓者となる人もいた。マーサの玄孫娘を含む少数の女性は，大学の医学部に入学した。どの場合においても，18世紀の女性の実践からなんらかの要素を受け継いでいる。マーサの世界においては，ハーブ療法と解剖，慈善と帳簿，独立性と服従とが矛盾なく調和していた。19世紀という新しい時代は，社会的治療を破壊したというより，構成要素に分解したのであった。

　マーサの日記は，それがどのように進行したかを理解する手がかりを与えてくれる。すでに見たように，専門職意識の台頭はマーサの仕事にはほとん

ど影響を与えなかった。彼女の手がけた出産の数が1800年以降減少したのは，彼女の健康がすぐれなかったからであり，彼女の依頼人が減少したからではなかった。しかし，新人の医師たちが果敢に仕事を増やそうと努めたことは，他の助産婦たちの意欲を失わせたかもしれない。若い医師たちにとってマーサが手ごわい競争相手となったのは，彼女の経験の豊かさゆえであった。新米の助産婦，あるいはさほど人気のない助産婦には，経験の豊富さという強みはなかったのである。マーサの卓越した地位を受け継いだのは，たぶん他ならぬ藪医者のベンジャミン・ページであったろう。24歳の若さで医療をフルタイムの業としたこの人物は，その後長年かかって仕事の技術を身につけた。マーサの衰えは彼のキャリアを後押しする形になったのだ。

　19世紀に書かれた伝記によると，ページは「3000人以上の女性の出産を手がけて，開業以来ただのひとつの生命をも失うことはなかった」。マーサが亡くなった時点でハロウェルにはまだ何人かの助産婦が活動していた。しかし，彼女たちは次第にページのような男性の助手といった役柄に滑り落ちていったと思われる。助産婦が持たなかった秘術を医師たちが持っていたからではなく，彼らは他の用事に制約されずに，それまでも彼らのものであった書物による知識に経験を付け加えることができたからである。皮肉なことに，新人の医師たちは女性のやり方を模倣することによってその地位を乗っ取った。ジュディス・ウォルツァー・リーヴィットは，家庭での出産に立ち会った19世紀の医師たちは，自ら意識的に女性中心の環境に合わせる努力をしたと論じている。賞賛に満ちた伝記で，この点を確認できる。ページは自己犠牲的で優しかっただけでなく，「悪評や誇示を極端に嫌い，真にデリケートで女性らしさが必要とされる場面では，往々にして萎縮したかのような，また内気ともとれる慎み深さを見せた」[30]と描かれている。

　またマーサの日記は，19世紀におけるハーブ中心の植物療法と外科手術をも辞さない英雄的医療の対立が，18世紀の性別区分から展開したかもしれないと示唆している。1799年10月，イーフレムは激しい腹痛に襲われる。マーサはコニー医師の往診を依頼する。

　彼は夜10時に我が家に到着して下剤を投与した。そして彼は，私が病

気のディングレー氏宅に往診したこと，彼〔コニー医師〕の処方に反対して私の処方に変えたこと，またディングレー夫人に病気について意見を述べて彼女を泣かせたことで，私を非難した。こうしたことは私のしたことのほんの一部だと彼は言う。彼女か他の誰かが私の記憶を正すまでは，私はこれを否定せねばならない。これはまさに審判の世界だ。私の経験したことが，私のためになりますように。

10月26日，ディングレーが訪ねてきた。「私が病気の彼に対してとった態度について，コニー医師が並べたてた非難の数々を彼に話した」とマーサは書いている。「彼は自分自身や妻について，医師が言っているようなことはなかったと言った。事実は正反対であった。これがたとえ間違いであるとしても，本当に奇妙なことだ」。

自分が非難されるようなことはしていないと主張するにあたって，マーサは自分の職務を果たすのが遅れたことは認めている。しかし彼女には，コニーの処方に疑問を差しはさんだという記憶はまったくなかった。彼女は明らかに非難に当惑し，感情を害した。日記がその証明になるとすれば，非難の数々は，おそらく根拠のないものであったろう。いろいろあったにせよ，彼女は自分の夫の治療に彼を呼びにやっているのである。しかし，彼の言うことにけちをつけるのに，別の人を攻撃する必要はない。彼女は，他の人のことには構わずに冷静に自分の意見を述べ，自分の仕事を遂行するだけでよかった。この出来事が示していることは，地域社会における彼女の存在の大きさである。コニーは彼女が登場することで，思い過ごしにせよ，現実のことにせよ，自分の地位が脅かされると感じたのである。これはまた，格下とみなされる医療者の言うことに対し，自分の権威を主張しようとする医師の態度を示している。もちろんこれは新時代の医学界が医師たちに奨励していた態度であったのである。

1800年3月にハンナ・ポラードの一番下の子で，唯一の男の子が病気になった。マーサはいつものように下剤，ルバーブ，センナを処方した。しかし，この子の病気は依然として重症であった。コールマン医師はひまし油をすすめた。コニー医師は彼の判断を支持したが，それに加えてスネークルー

ト（snakeroot）〔咳やヘビの咬傷に効くという植物〕，カモミール，アヘン安息香チンキ，それにマーサの知らない薬を置いて帰った。彼らはこうした薬剤を「決められた手続きに細目まで従って」使ったと彼女は書いている。「しかし効き目はなく，病はますます進行した」。翌日コニーは再び来て催吐剤を処方した。この薬は「若干の作用」をもたらしたとマーサは記録している。しかし，今度も病状に改善は見られなかった。

　日記の続きの部分はあいまいな表現ではあるが，暗示的である。この子の容態が悪化するにつれて，医師の判断を彼女はますます信頼できなくなる。彼の治療はだいたいにおいてよく知られた一般的なものであったが，使い方が極端に思えた。おそらく彼女は死が近いことを直感し，赤ん坊の苦痛を増すような治療法は避けたかったのであろう。

　　　［3月4日］彼はこの子の身体をブランデーで洗いすぎるほど洗って，腹部と足にタマネギの湿布をするよう指示した。私たちはその指示に従った。ヘイワード夫人とポリー・ポラードがこの子の面倒をみた。それ〔赤ん坊を指す〕は朝4時に臨終だと思われた。

　　　［3月5日］赤ん坊は本当に重症だ。コニーが来る。彼は首に発疱剤を巻くことを提案する。彼は私を激しく非難したが，私にはその理由に思いあたる節はない。憐れみ深い神よ，彼を許したまえ。この子は夜11時55分にほとんど苦悶することなく静かに亡くなった。ポラード氏は娘たちを全員連れてきて幸薄かった愛する弟に引き会わせた。この災いを務めとして受け入れることができるよう，神の導きあらんことを。

　医師の仕事は終わったが，マーサにはもうひとつ仕事が残っていた。サリー・バラード，サリー・ピッツ，それにもうひとりの隣人の助けのもとに，彼女は亡骸に葬衣を着せた。「棺はギル氏が作る」と彼女は書いている。「彼は亡骸をその中に安置した。健康なときに甘美な眠りについているごとく安らかに見えた。主はこの子を与えたまい，そしてまた御許に呼び戻された。主の御名に栄あれ」。安らかに永眠した子どもの様子は，ことに安

心感を与えるものだった。というのも，その前日の日記の余白に「赤ん坊は額にしわを寄せて…亡くなった」と記していたのである。女性たちとチャールス・ギルが静かに何くれとなく世話をすることで，この一家の悲しみは癒された。マーサは次のように付け加えている。「友人が大勢やってきて，私の子どもたちに悔やみを述べた。悲しいときには本当に慰めになる」。

　マーサは意識的にか無意識的にか，コニーの「激しい非難」や彼が過度に病人の身体を洗ったことや面倒な発疱剤の使用を，隣人たちの手厚い看護，葬衣を亡骸に着せかける女性たち，棺を作る親切な知人についての記述に並べて書いている。しかしコニーの治療法は彼女とほとんど変わらない。彼女もしばしば病人の足にタマネギの湿布をしたし，熱を下げるためにアルコールで身体を拭いたのであった。それにもかかわらず医師と彼女との関係は，何かこれまでとは違ったものになりつつあった。そして彼女はそれを十分意識していなかった。コニーとの議論は，社会的医療システムに内在する緊張の結果であった。それは，部分的には地元の医師たちの微妙な態度の変化に起因するものだったかもしれない。この地方にも新しい医療の考え方が浸透するにつれて，ダニエル・コニーのような保守的な医師でさえも，自分たちの権威をはっきりと意識するようになっていった。ここでは，1797年のケネベック医学会の創立よりも，フックの豪壮な屋敷からハロウェルの医師たちに助言を与え始めたベンジャミン・ヴォーガンの存在の方が，おそらくより重要だったろう。ヴォーガンのベンジャミン・ページ宛書簡は，我々が先に「固体的（solidistic）」とした3つの治療法を彼が果敢に推進していたことを示している。

　1800年9月にヴォーガンがページに宛てた書簡には，「ウェスト氏のところの患者にはアヘンとジギタリスを処方するのがよいでしょう」とある。それに付け加えて，彼はページ医師に「キツネノテブクロ〔ジギタリス〕とアヘンからなる粉末を送るつもりである」こと，そして「このキツネノテブクロは，薬種会館からボストンのジェフリー医師に送られたものです。またこの薬剤はハロウェル嬢のために作られ，彼女が常用していた薬と同じものですが，痛みの緩和に有効です」と書き送っている[31]。「錯乱」の症状に悩まされていたある患者に対して，彼はカンファー，吐根（ipecacuanha），アヘン，

カロメルの混合物をすすめたが，ちなみに彼はこの患者がすでに「アヘン常用者」であったことに気づいていた[32]。

ヴォーガンはまた瀉血をもっと積極的に用いるようにすすめている。これについて，ページに次のように注意を促している。「シデナムのルールによれば，成人の胸膜炎の治療には40オンスの瀉血である」。しかし，彼はこの場合には，瀉血はわずか4オンスから始めることをすすめている。手紙の追伸において，躊躇しているページ医師を励まし，同時に田舎の療法士に対し自分たちの優越性を再確認するかのように，次のように書いている。

> あなたは我々が熱病に対して行う瀉血が悪い結果をもたらした事例をひとつでもあげることができますか？ 反対に瀉血を躊躇したことから予後が悪かったり少なくとも回復が遅れたりした事例を知らないのですか？ 病気に対しランセット〔外科手術で用いる両刀のメス。瀉血に使用される〕で収支決算をつけるなら，あなたは人生最後の年にいたるまで，ほとんどの場合ランセットの債務者になると分かるでしょう。
>
> 新しい町では熱病による疾患と死亡が多発しています。それを療法士の中でも腕利きの連中が合併症と言っています。このような診断とその結果から，こうした民間療法の程度を判断することができるでしょう[33]。

ヴォーガンは妊娠中や出産時にもっと瀉血を用いるよう，ページにすすめたのかもしれない。当時の産科学の文献は，様々な妊娠の合併症に瀉血を行うよう奨励しはじめていた。しかし，広く読まれたモーゼス・アップルトン医師の本が信頼できるとすると，妊娠初期と区別しがたい「月経停止」にも瀉血の使用が奨励されている。瀉血は「強力な通経薬」であり，他の治療法よりもはるかに効果的であるとアップルトンは書いている[34]。ウィリアム・マシューズという人に関する，ページ医師の覚書が現存している。この記録は108項目の記述からなり，そのうち39項目はマシューズの妻についての記述である。そこでは，4回の出産に加えて，しばしば瀉血についてふれている。ページはこの女性の2回目の妊娠中，2度にわたって瀉血を行っている。1度目は妊娠2ヶ月半の時点で，2度目の瀉血は7ヶ月目に行われてい

第 7 章　1801 年 2 月　　　　*293*

る。彼はこの治療法を別の出産後 5 ヶ月目に行い，さらに別の出産後 13 ヶ
月目にも行っている[35]。

　ヴォーガンがタビサ・スウォールのために行った治療にアヘンと瀉血が含
まれていたかどうか，我々には分からない。ヘンリーは 1807 年 6 月 8 日，
妻の意識が「相当ひどく混濁している」と記録している。さらに 6 月 9 日
には「ヴォーガン氏を呼んだ。彼は下剤を処方した」と記している。タビサ
は意識が正常に戻らないまま，3 年後に亡くなったが，夫は最後まで彼女の
回復に希望を抱いていた。ヘンリーは 1825 年に亡くなった娘メアリーの死
について，さらに詳しい記録を残している。メアリーは母親と同じく精神
病を患っていると考えられていた。彼女の場合「錯乱」は，メイン州ニュー
グロウスターのシェーカー教徒の集団に加わるために家出する，という形を
とったのであった。彼女の父親と担当したイサカル・スネルは，彼女を特別
な椅子に縛りつけた（後には「蓋つきの」作りつけベッドに閉じ込めた）。
そして食物を減らし，彼女の神経の興奮を抑えるために血を抜いたのであっ
た。彼女は 6 ヶ月後，家族全員に対する愛を表明し，彼らに神の許しが与
えられるよう祈りつつ亡くなった[36]。

　ケネベックでは，すべての家族が新しい治療法に満足していたわけではな
かった。ニューイングランドでは当時すでに，アカデミックな医療に対して
強力な反発が始まっていた。ヴォーガンはページへの手紙の中で，瀉血が新
たに重視されることに抵抗するある親のことを述べている。

　　　モース氏によろしくお伝えください。そしてもし彼が子どもの口にラン
　　　セットをあてることを拒み，仮に子どもが死ねば，彼が原因だと躊躇な
　　　く申し上げます，と伝えてください。また，このケネベックで我々が
　　　会った女性の誰よりもいくじなしで偏見に満ちている，と彼に言ってく
　　　ださい。公の場で子どもの回復を祈る一方，他方で公認されている善意
　　　の治療法を拒否することは，犯罪行為だと私は思います。すべての努力
　　　が手遅れにならぬよう，切望しています[37]。

　新しい治療法，すなわち英雄的な瀉血や，通常アヘンとの組み合わせで処

方されるジギタリスなどは，患者の治療に欠かせない方法だと，ヴォーガンは確信していた。ところが彼は，伝統的でおとなしい治療法——それに加えて祈り——を好む男性に出会ったのだ。ベンジャミン・ヴォーガンの心の中では——そしておそらくはダニエル・コニーも——線は明確に引かれていた。それは偏見対科学，そして「女性」対「公認された」治療法の事例である。

　新しい医療を推進する人々も，別の状況のもとでは，女性の主張を応援することができた（彼らを懸念させたものは女性の心そのものではなく，頑迷で無知な女性の心だったのだ）。1800 年にジョージ・ワシントンを称えるパレードの先頭に 16 人の若い女性を配置したのは，他ならぬヘンリー・スウォールであった。1805 年にケネベック土地所有者組合に対し，ハロウェル・アカデミーに女子部を設けるように運動したのは例の医師の兄弟，チャールズ・ヴォーガンであった。また，1816 年にオーガスタに女子のための学校創設に資金を提供したのは，ダニエル・コニーだったのである[38]。

　教育のある女性は専門家の意見を尊重する。それに対して学のない女性たちは，「善意の治療法」に愚かにも抵抗するかもしれない。この問題は『ケネベック・ガゼット』の 1804 年 5 月 9 日号に漫画の形で現れる。ロンドンのある新聞から転載されたこの短い作品は「低俗な偏見」と題されていて，アイルランドのダブリンのある女性のことを題材にしている。女性は「急性でしつこい高熱」に襲われた。医師は手に入る限りの強力な薬を，全快疑いなしとの確信のもとに処方する。様子を見に患者の家を訪ねると，女性は亡くなったと告げられて医師は仰天する。彼が病室に入ってみると，何人かの女性が埋葬準備のために亡骸を清拭していた。「窓辺を見やると，雨戸の戸袋のところに，彼がその日処方した薬瓶が，薬屋から届けられたままの状態で並んでいるだけではなく，2 週間も前から処方した薬がすべて並んでいるではないか」。どうして指示に従って投薬しなかったのかと看護婦に聞くと，彼女が答えるには「この気の毒な女性を不快なもので悩ませたり，薬屋が開けるほどのいろいろな薬でお腹いっぱいにすることは罪悪だと思ったからです」と言うのだ。亡骸を診ると，医師はかすかな脈拍とほんのわずかの温かみを感じた。彼は間髪を入れず，女性を暖かいベッドに寝かせ，「適切な強

心剤を投与し，わずか 3 時間以内に彼女の生命を回復させ，1 ヶ月以内に彼女は完全な健康を取り戻した。女性の友人たちは大喜びだった。しかし，この女性はとても美しく豊かな頭髪を失ってしまうという苦しみを味わった。彼女の頭髪は，死の魔女たちがあわてて彼女の身体を棺おけに押し込めるために刈りとってしまったのであった」。

　マーサがこの新聞を見ていたかどうか，我々は分からない。彼女の日記はこのような「低俗な偏見」に対する静かな批判となっている。

第8章

1804年3月 「夕方，なんという騒ぎを私は目にしなければならなかったことか」

14　4　私は家にいた。ルーク・バートンが橇で羊を轢いた。
朝，曇り。午後，晴れ。ルーク・バートンは橇に乗っていて羊を轢いた。ひどく傷ついたので，羊は立てなかった。私の息子の羊だった。私は身体の具合がとても悪くて家にいた。

15　5　私は家にいた。ジェームス・ヒンクレーが亡くなった。
曇り，晴れを繰り返す。私はとても身体の具合が悪くて家にいた。イーフレムとバーが薪をくれた。

16　6　私は家にいた。娘バラード来訪。
晴れ，寒い。私の具合はずっとよくなる。そのことで神を賛美したい。家にいた。娘バラードとゲッチェル夫人が訪ねてくる。孫6人がうちで夕食をする。うち3人は泊まる。

17　7　シューベール・ピッツ宅へ行く。身体の具合がとても悪い。夕方，なんという騒ぎを私は目にしなければならなかったことか。恵み深き神よ，私を支えたまえ。
一時晴れ。息子・娘ポラードと彼らの子どもが何人かやってきた。彼女は父親に会いに行った。私は午後，息子イーフレムと働くために来た若者レミュエル・ウィザムに付き添ってもらって出かけた。夕方帰宅したが身体の具合

はとてもよくない。レミュエルは息子ランバードの馬と橇を取りに行って
ジョーンズ宅のジョナサンと彼に届け，うちへやってくることになってい
た。しかしまだ彼らの出発準備ができていなかったので，レミュエルは〔そ
のまま馬と橇で〕戻ってきた。そのため彼らは徒歩でやってきたのだが，ジョ
ナサンは逆上して帽子もかぶらずにうちへ飛び込んできて，食卓についてい
たレミュエルを捕まえて戸外に突き飛ばし，彼の家へ追い返した。その間口
汚く罵りながら彼を突き倒し，殴りつけた。ショーとバーはレミュエルが殺
されないように，後を追いかけた。私も道々転びながらその後を追って走っ
た。その途中で会った娘ランバードが助けてくれた。私がなんとか彼の家に
着いてみると，ジョナサンは悪態をつきながらレミュエルに思いきり鞭をく
れてやると叫んでいた。娘ランバードはヘマンに，彼をイーフレムのところ
へ連れてゆくよう頼んだ。彼は行き，一晩中様子を見ていた。息子ランバー
ドは自分の橇で私を家に送ってくれた。おお慈悲深き神よ，ジョナサンが今
日したこと，彼の他のすべての至らない行為を許したまえ。

18　1　私は家にいた。しかし悲しかった。キンスリー氏の3番目の息子
誕生。
一時雪。娘ランバードと娘ポラードが来る。私の慰安者は，ヨブのと同じく
らい多い。神様，私の忍耐を持ちこたえさせてください。そして苦しみの
日々と同じだけ歓びの日々を過ごすことができますように。

19　2　私は家にいた。娘ポラードが泊まってくれる。
晴れ，寒い。私の身体の具合はとても悪い。フィービー・チャーチが9時
にやってくる。息子ポラード，その妻，それにローダとドリーが夜訪ねて
くる。

20　3　私は家にいた。娘ポラードと子どもたちは帰る。彼女はジェーム
ス・ブラックからの受け取り分7/6を持ってきてくれる。
晴れ，寒い。息子イーフレムが妻を連れてきた。彼の徒弟の男の子は娘ポ
ラードと子どもたちが帰るのに付き添っていった。息子のジョナサンが今日

うちに来る。彼は私に向かってとてもひどい口をきいた。神様，私の感情を傷つけるようなことをする人々を許したまえ。彼らが年を取って同じような目に合うことがあるかもしれないと気づかせてください。ポリーは息子ジョナサンのところへ出かけた。彼の妻と子どもたちは具合がよくない。

21　4　ウィリアム・ストーン宅。今年はじめての出産。6/受け取る。5月10日。
晴れ。夜明け前陣痛の始まったウィリアム・ストーンの妻に呼ばれる。午前9時，彼女は第8子，6番目の息子を出産。私は午後帰宅する。
ウィリアム・ストーンの息子誕生。

22　5　私は家にいた。
曇り，少し雨。私はずっと家にいた。家事とビール作りなどをする。とても疲れた。

23　6　私は家にいた。ジョナサンの妻，うちでパンを焼く。
一時晴れ。娘バラードが来てパンを焼く。彼女はイーフレムのためにナット〔小型の堅いビスケット〕を作る。

24　7　私は家にいた。
一時晴れ。私は家事をし，寝室を掃除し，靴下のつぎあてなどをする。ひどい疲れを感じた。

　マーサの疲労は，70歳になるといっそう深まっていた。夜中にベッドから起き出さなければならない出産は少なくなったとはいえ，自分の家や納屋には彼女の腰を硬直させ，指が痛くなるような仕事がたくさんあった。彼女は編物をし，ビールを作り，溶けた蠟に芯を何度もひたしてろうそくを作り，カボチャのむき皮で酢を作り，トウモロコシの茎を染料にして古着を

染め，木灰から灰汁をとって石鹼を作るなどした。「石鹼が樽 3 つにいっぱいとさらにいくつかできた」と 1803 年 3 月 25 日の日記に書いている[1]。羊毛を紡ぐ仕事は，ウィンスロップに梳毛工場ができたこの頃には，以前よりずっと楽になっていた（マーサはそれを「機械（the masheen）」と呼んでいる）。しかしまだまだ生まれてくる子羊がいたし，刈り取った羊毛は洗わなければならなかった。バラード家は，1804 年 3 月 14 日にルーク・バートンが橇で轢いた 1 頭を除き，20 頭以上の羊を飼っていた[2]。

たくさんの家事よりもマーサにいっそう重くのしかかったのは，心理的激動だった。「夕方，なんという騒ぎを私は目にしなければならなかったことか」と彼女は 3 月 17 日，ジョナサンが猛り狂って——午後にジョーンズの宿屋で酔っぱらったあげくに——彼女の家に飛び込んできたことを書いている。実はこれは怒りと絶望に終わったはじめての家族の集まりではなかった。その 2 年前にも，同じような集まりのときに彼女はすでに次のように書いていた。

> ジョナサンの妻と子どもたちはうちで夕食をした。ちょうどテーブルについたとき，彼は傷ついた白い雌馬のことで逆上してやってきた。私は圧倒されてしまってまっすぐに立てないほどだった。私としては彼がこのような行いの愚かさと罪深さに気づいて，身を正してほしいと願わずにはいられない[3]。

この 2 つの記述の細部は異なるとはいえ，底流にあるテーマと描き出された光景とはまったく同じである——平和な夕食，激昂した男，傷ついたり使えなかったりする馬。最初のときには，マーサは自分の息子の自制のきかなさを痛いほど感じ，心理的に打ちのめされて動けないほどだった。2 度目にはレミュエル・ウィザムの身の危険が彼女を突き動かして大騒動の真っ只中に飛び込ませ，そのあと彼女は事態の深刻さに立ち上がれなくなった。「私も道々転びながらその後を追って走った。その途中で会った娘ランバードが助けてくれた。…息子ランバードは自分の橇で私を家へ送ってくれた」。不出来な子どもに痛めつけられはしたが，彼女は優しい子どもたちに助け起こ

第 8 章　1804 年 3 月

され支えられたのであった。

　その翌日ハンナとドリーが訪ねてきたが，それはマーサの悲しみをいっそうつのらせた。ヨブを慰めた人々と同様〔ヨブ記 42 章 10–17 節，ヤコブ書 5 章 11 節参照〕，彼女たちは，問題はマーサにあると非難するか，少なくとも，マーサが受け入れがたいような説明をしたり解決策を提案したりしたようだ。3 月 20 日に彼女に対して「とてもひどい口をきいた」のはジョナサンであったが，彼女が「私の感情を傷つけるようなことをする人々を許し」たまえ，さらに加えて，「彼らが年を取って同じような目に合うことがあるかもしれないと気づかせてください」と神に祈りを捧げたとき，彼女が対象としたのは複数であった。

　年齢がマーサのトラブルに関係があったことは確かである。彼女の生活を難しくしたのは，生理的に年を取ってゆくということだけではなかった。権威がひとつの世代から次の世代へと移りゆくことに問題はあったのである。このような移り変わりを象徴しているのが，ジョナサンの農場への引っ越しであった。マーサとイーフレムは今や年寄りで，息子の土地に半ば依存して生きていた。もしジョナサンが違ったタイプの人物であれば，より耐えやすかったであろう。実際には彼の癇癪が爆発するたびに，マーサの自我に対する意図的な攻撃となったのだ。「恵み深き神よ，私を支えたまえ」と彼女はひたすら祈った。

　1804 年に至って，彼女の抱えていたもろもろの問題は，イーフレムが負債のために逮捕されるに及んで複雑なものとなる。娘ポラードが 3 月 17 日にマーサの家にやってきて，その後さらに「父親に会いに行った」のも，またマーサ自身も町へ「レミュエル・ウィザムに付き添ってもらって出かけた」のもこのことに関係があった。イーフレムは 1 月 2 日に逮捕された。マーサの記述によると，

　　　夫は午後 4 時に帰宅した。少し食べた。胃が痛むと言っていたが，800 ドルの取立執行令状に応えるようジョン・シーワル〔スウォール〕に呼ばれた。彼はシーワルに伴われてオーガスタの監獄に行き，収監された。私たちの 2 人の息子，ジョナサンとイーフレムは父親の監獄での自由

のために保証人になった。私は神に彼を守ってくださるように，そして
この試練の中にある彼に慰めを与えてくださるように祈った。

　ジョン・スウォールが持ってきた「執行令状」は，たった1人の治安判
事のサインの入った令状であった。当時のほとんどの債務者と同じように，
イーフレムは陪審つき裁判によらない中間的手続きによって収監された。彼
は1人の判事の立ち会いのもとに約束手形にサインしたが，期限内に手形が
落ちなかった場合には，債務者の財産の差し押さえ，あるいは本人の逮捕が
できた。地域の判事はこうした「供述書」やその結果としての「執行令状」
がたくさん書き込まれた帳簿を持っていた。それぞれのケースに関し，保安
官または保安官代理は，債務額に見合う資産を取り立てるように，また不可
能な場合には債務者の「身柄」を拘束するように指示されていた。1800年
におけるイーフレムの資産査定額は684ドルであったから，800ドルの取立
令状を満たすだけの財産はなかったのである[4]。
　イーフレムの債権者はオーガスタの町であった。マーサが1月2日の日
記の余白で説明しているように，「夫は徴税に関して今夕収監された」。そ
の18ヶ月前に彼と保証人たちは1枚の契約書にサインしていた。それには
1803年の町の全税収である4550ドルをイーフレムが責任を持って徴収す
ると定められていたのである[5]。彼はジョン・デイヴィスのための奥地での
測量に従事していないときは，熱心に徴税の仕事をして，法の定めのとお
り徴収した税金を2ヶ月ごとに町に納めていたが，11月17日時点の計算で
は800ドル不足していた[6]。町は彼を投獄する以外には道はなかったのであ
る。1786年のマサチューセッツ法は，徴税人が契約通りに義務を果たさな
かった場合には，保安官または保安官代理は徴税人の身柄を拘束する「権限
を与えられ，それを実行しなくてはならない」と定めている。当人の年齢や
勤続年数に基づく感情的配慮は，法を曲げる理由には一切ならない。彼も他
の債務者とまったく変わらぬ扱いを受けることになるのだ[7]。
　1787年の「貧しい債務者救済法」は，貧窮した人が収監に関わる費用を
負担できないと宣誓すれば，収監1ヶ月後に監獄を出ることを認めた。し
かしそれでも債務を免除されたわけではない。そして釈放後に得た資産は差

第8章 1804年3月

し押さえの対象となった[8]。イーフレムはもうひとつの選択肢を選んだ。すなわち保証金を積んで，昼間は自分の生業を続けるために監獄を出て働くというやり方である。息子たちが「父親の監獄での自由のために保証人になった」とマーサが言っているのは，このことを指しているのである[9]。ここで監獄というのはしっかりした囲いのあるようなものとはおよそ似ても似つかないものである。それは町の中心部にある目に見えない囲いで仕切られたひとつの区域である。イーフレムはかつて，今自分が押し込められているまさにその区域を測量したのであった。その場所は川から内陸に向かって両側とも 1/4 マイル延びていた。北はジョン・ジョーンズの水車小屋の敷地まで，南はウォーター通りが曲がる地点までであった。

「私はスウィング氏のところへ出かけた」とマーサはイーフレム逮捕後はじめて町へ行ったときのことを書いている。「夫はやってきてその日の午後を一緒に過ごした。彼はそこで食事をし，お茶を飲んだが，夕方には丘を登って行かなければならなかった」[10]。監獄は新しく開けた地域に，川からすぐ切り立ったような丘の上に立っていた。ここは裁判所からもティモシー・ページのホテルからも便利な場所であった。イーフレムは債務者用の宿舎に暗くなるまでに戻る限り，昼間は町中をどこへでも自由に出かけ，弁護士を訪ねたり，教会〔原書ママ。集会所兼礼拝堂のことと思われる〕や裁判所に行ったり，コニー殿と食事をしたり，船着場で知人と立ち話をすることができた。気まり悪さはあったものの，そのような収監はおよそ苛酷なものではなかった。長年の肉体労働で消耗している老人にとって，一種の休暇のようなものだったかもしれない。マーサは，もちろんそうは考えなかった。彼女は「偉大な神よ，彼に忍耐力と心の平静を与えたまえ」と祈った。この祈りは彼女自身にもあてはまる内容のものであった。

理屈で考えると，債務を理由に投獄するのは野蛮なやり方に見える。盗人に焼印を押したり，反逆者の耳をそいだりといった類の行為に近いものを感じさせる。しかし現実にはこれは債務者本人だけでなく，親戚縁者全体に債務返済の最大限の圧力をかけるものである。罰を与えるというより一種の強制力を働かせることで，債務者本人がひそかに所有する資産を公にしたり，資本——金銭的なものだけでなく社会的資本をも——流動化させたりするた

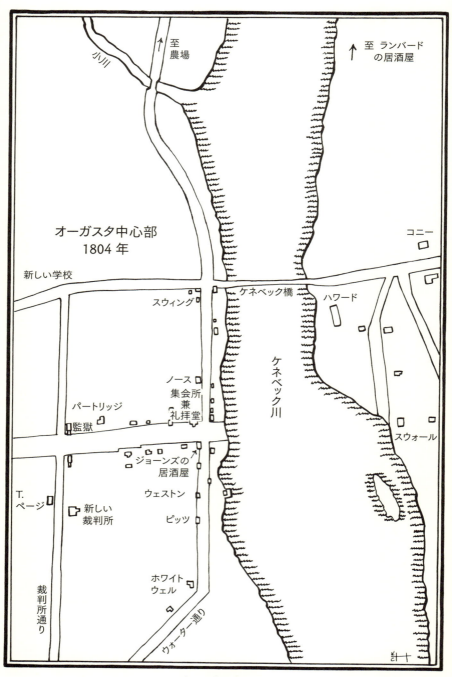

オーガスタ中心部, 1804年

第 8 章　1804 年 3 月　　305

めの手段であったのである[11]。

　マーサの日記は，このシステムがどのように作用すると考えられていた
かを示す，お手本のようなケースを見せてくれる。1800 年 7 月 3 日，彼女
はジョナサンが「債務のために役人の監視下に置かれたか投獄された」と
記している。2 日後，サリーは「夫に会いに行き，また借金の支払いにあて
るために金策を試みたが，うまくいかなかった」。7 月 7 日，老イーフレム
は「監獄地区に拘束されている息子ジョナサンのために，息子ポラード宅に
金の工面に出かけた」。翌日にはジョナサンは「1 週間拘束された借金を清
算して，家族のもとに帰ってきた」とマーサは報告している。本人の妻，父
親，義理の兄弟たちによる共同の努力が実を結んで，彼の問題は——少なく
とも一時的には——決着したのであった。

　9 月 22 日の日記のあとにマーサは「息子ジョナサンはまた投獄された」
と書き加えている。今回イーフレムは，ウィンスロップのヘイウッド殿のと
ころへ金策に行った。これは「うまくいかなかった」とマーサは書いてい
る。しかし日記の余白に「息子ジョナサンが監獄から戻ってきた」と書き加
えている。明らかにサリーか家族の他の誰かの金策がうまくいったのであ
る[12]。ジョナサンの経験したことは典型的なケースであった。債務による拘
留の平均はわずか数日間であった。しかし債務の額が膨らんだり，奥地の貧
農の場合には，拘留期間はもっと長引いたであろう[13]。しかし，ほとんどの
ケースでは貧しい債務者の宣誓が聞き入れられたり，ジョナサンのように数
週間のうちに債務から解放されたりするのが普通であった。

　多くの人々の場合には，債権者の要求を執行するのに投獄をちらつかせる
だけで十分であった。1804 年の夏，イーフレム・バラードがいまだ拘留さ
れていた頃，ダニエル・コニーは債務をめぐって「シドニーのモーゼス・ポ
ラード，宿屋の主人」，つまりハンナの夫に勝訴している。判決の執行令状
は保安官に，家財道具，動産，ポラード名義の土地を損害賠償 20 セントを
含む 293.20 ドルに相当する分を差し押さえること，また，もし不可能なと
きには「本人の身柄を確保し，オーガスタの監獄に収監すること」を指示し
た。モーゼスは収監されることはなかった。シドニーにある彼の農地の一部
はコニーに「割譲」され，1 週間後には証書を作成して，彼は残りの財産を

「自分が住んでいる家」までも含めて520ドルで義理の兄弟ジョナサンに譲渡した。明らかに，モーゼスが4年前にジョナサンを救ったように，今度はジョナサンがモーゼスを救ったのである[14]。

しかし，イーフレムの場合には結果はまったく違っていた。夫が収監されてから6週間後の2月11日，マーサは次のように書いている。「イーフレム［ジュニア］は父親の釈放のために努力したが，うまくいかなかった」。なんの進展もなく1週，また1週と時間は流れてゆき――表面的には誰も特別に骨を折ることもないままに――この老人の境遇は固定化してしまったかに見えた。1804年5月18日，「夫は今日80歳を迎えた。彼は79年間の人生を終えて，今やオーガスタの監獄で80年目の人生を始めた」。1804年8月2日，「夫が監獄へ行ってから今日で7ヶ月たった」。マーサは夫がメアリー・ハッシーの夫と同じように，監獄で死ぬのではないかと恐れたのではなかろうか。この問題はイーフレムの負債の性格にも多少関係があった。徴税の責任を保証人にまかせることによって義務を果たす方が，町に対する債務を返済するのに家族の資産をあてるよりはるかによいのは分かり切ったことであった。モーゼス・ポラードは義理の父親の窮状を救うために何もできなかったが，バーナバス・ランバードは彼を救い出すだけの資産を持っていた。ジョナサンも持っていた。彼らがイーフレムを長期間にわたって収監されたままにしていたのは，意図的な戦略だったことを示唆している。イーフレムはもう老人であった。彼の将来の稼得能力は，家族持ちの若者たちの乏しい財産を賭けるほどには十分ではなかった。バーナバスとドリーはウェスタン砦の上流，川東にあるデイヴィッド・トマスの居酒屋を手に入れたばかりだった。ジョナサンは近くにいくつかあるダニエル・サヴェージの水車小屋の所有権をひとつにまとめようと努力していた[15]。彼らの将来を危険にさらすときではなかった。実のところイーフレムは，まさにこのような危機を避けるために，意図的に農地を含む自分の資産の一部をジョナサン名義にしていたのかもしれない。徴税請負人としての彼の立場は危なっかしいものであった。その結果として，彼は1年4ヶ月と27日を，毎夜オーガスタの監獄への坂を登ってゆくことに費したのである。

監獄の建物は殺風景で，粗く製材された木材でできた2階建ての建物で，

窓はなく，光と空気を取り入れるための小さな開口部がついているだけであった。建物の裏手には20フィートの高さの柵をめぐらせた運動場があった。川の方から見ると，監獄は難攻不落の城のように見えた。ところが実際には警備は驚くほど手ぬるいものだった。ウィンスロップのある窃盗犯は，自分のジャックナイフを使って隙間を営々と拡張し，裸でその隙間をすり抜けて脱獄したが，あとにはこの男の皮膚の一部が残されていた。拘束されている債務囚に対しては，柵らしいものは一切なかった。看守であるエイモス・パートリッジは，法に従って債務囚と重罪犯とを別に収容していた。彼が監獄の裏口のドアに夜間鍵をかけないでおいたのは，債務囚たちのためであったと同時に，彼自身の便利のためであった。それで「生理的必要」のために，囚人は看守の付き添いなしに外に出られたのである[16]。

　一部の判事と債権者たちは，債務囚の行動が自由すぎると考えた。そこから出てはならぬとする区域の大きさがひとつの論点であった。1804年5月25日にエイモス・パートリッジがバラード家を訪れたのは，まさにこのことに関係があったのかもしれない。「監獄の構想についてパートリッジ氏来訪」とマーサは書いている。

　1804年6月の時点で，オーガスタ監獄はイーフレム・バラードを含めて7人の債務囚と3人の重罪犯を収容していた――重罪犯のひとりは窃盗犯，もうひとりは文書偽造と詐欺の犯人，もうひとりは殺人を自白した町の有名人で，ヘンリー・マッコーズランドという男であった。マッコーズランドは組合派のためにメイン地区を救うよう神の命を受けたと信じ込み，1793年にピッツトンの聖公会教会に放火した。彼は教会のウォレンという名の牧師が不在と知って，同名の女性を殺害した。精神異常ということで彼は絞首刑を免れたのであった。10年以上も彼は独房に座って格子のついた小窓を通して訪問者とおしゃべりをしていたが，ひげは1年1年と白くなり，態度は年を追って穏やかになっていった。彼の収監費用をいくらかでも相殺しようと，郡当局は彼が訪問者に少額の訪問料を取ることを許していた[17]。

　ヘンリー・マッコーズランドのおかげで，監獄は刑務所であると同時に観光名所になっていった。『ケネベック・ガゼット』を読んだ人は，これは同時に一風変わった居酒屋ではないかと考えたかもしれない。1804年，この

新聞によると，独立記念日に「この町では現在収監されている人々によって
この日が祝われた」。人々は刑務所内に集合して，その中から必要な役員を
互選し，それから「行列をなして町の集会所兼礼拝堂に繰り出し，この祝日
にふさわしい演説を聞いたあと，秩序正しく監獄に戻った。そこにはダニエ
ル・コニー閣下の負担でご馳走が用意されていた」という具合であった。食
事後，彼らは必須とされた 13 回の乾杯をしたあと，大統領，祝日，「傑出
したワシントン」，ダニエル・コニー閣下，裁判制度の公平無私と不偏不党，
「女性たち」および「我々の家族——我々は拘留され引き離されてはいるが，
我々が帰るまで彼らの上に平和と満足がありますように」などを称えた[18]。

　7 月 4 日あるいは感謝祭のご馳走を準備することは，ケネベックの上層階
級の人々が，法が公正であり，博愛の精神に満ちたものであることを広く世
に知らしめるひとつの方法であった。こうした供応がなされないと，賢い囚
人たちはねだる方法を心得ていた。1807 年 11 月酒の配給を促す詩的な請願
書が「アーサ・エマーソンほか 25 人」のサイン入りで郡の保安官宛に提出
された。

　　我らの心はいまだ高貴にして，決して不平は言わない。
　　しかし 1 瓶のワインはなんとよきものなるか。
　　もし手元に金あるとせば，すぐにも賭けようぞ。
　　ラム，ジンあるいはブランデーは心を活気づけ
　　気分は高まり，そして心から感謝祭を祝おうぞ。
　　心を沈ませる心配事は吹き飛んで踊りまくろうぞ。たとえ
　　酔っ払う輩がいようとも。閣下の健康を祝して乾杯し，そして
　　サリヴァンのためにも杯をあげることを忘れまじ。
　　深甚なる歓びは我らが獄舎に響き渡り，悲しみ，心配事，苦悩は
　　掻き消されようぞ。

　町の記録係によると，「この書簡は所期の効果を発揮した」とある[19]。
　詩文の作者アーサ・エマーソンは，1804 年にイーフレムの刑務所仲間で
あった。元はオーガスタの住人で，当時はウィンズローに移住していたこの

第 8 章　1804 年 3 月　　　　　　　　　　　　　309

人物は，貧農の権利の熱烈な擁護者であった。文章による彼の尽力はすべて
が穏和なものとは限らなかった。1809 年に彼と 50 人の人々は議会に長文の
請願書を提出し，ケネベック郡の判事たちが債務者たちを痛めつけていると
訴えた。内部文書によると，エマーソンは 1805 年にオーガスタで公にされ
た「メインの住人に告ぐ――悪から善を引き出す安全にして簡単な方法につ
いて」という文章の作者でもあったと考えられる。これはケネベック郡の司
法制度全体に対する情熱的な攻撃であった。「ケネベック郡には 28 人を下
らぬ弁護士がいる !!!」と，パンフレットはあたかも弁護士の数だけで，良
識のある人に制度の不合理さを納得させられるかのように叫んでいる。そ
の前年，民訴裁判所は 2100 件の事件を推定 39784 ドルかけて審理したが，
争われている資産で 1000 ドル以上に値するものの解決をすることはできな
かった――「まったく役に立つ裁判所ではある」というわけである。唯一の
解決法は，「法を暗闇や不明瞭なものにすることを目的のすべてとするよう
な法律専門家の力を抑制することである。彼らは無知な人間の犠牲と引き換
えに，法をこねくり回して，1 万通りもの形や意味に変形する特権を保持し
ようとするのだ」[20]。

　1809 年の請願書には同じテーマが再び現れる。「民訴裁判所を維持してゆ
くために，選挙人は年間 5 万ドルに近い費用を負担している。それだけで
はなく，選挙人は議会とは何かを述べるために，大勢の判事に年間を通して
1 日 8 ドルを支払っている。さらに判事は何を言っているのか知るために，
個人は弁護士に 10 ドル支払わねばならない」[21]。この請願書を提出した人々
は，郡刑務所で永らく守られてきた慣習が最近になって見直されたことを特
に嘆いている。「この郡刑務所に収監されている人々の大部分は単純で正直
な人々であり，彼らには金はない。一部の人々は森の中に困窮した子どもた
ちを残してきている。自分たちの生活を維持し，多額の監獄費用を賄うのに
持っているものと言えば，自分の労働力だけなのだ」。監獄地域内での自由
を与えられたこれらの人々は，長年にわたってどの季節にも夜の 9 時まで，
看守の監視なしに働くのが普通のことだった。今やサッチャー判事その他の
人々は，法を狭く解釈し，囚人たちに日暮れまでには獄舎に戻るように強制
し，入口の扉にはかんぬきを下ろすということを始めた。「暗くなって以後，

囚人の身体が扉の外に1フィートでも出ていようものなら，規定を破った点では100マイルも遠くまで逃亡したのとなんら変わらないというのだ」。この判事は，昼間でも看守による絶え間ない監視が必要だと主張した。毎年収監される囚人の延べ人数が400人にもなり，一時には収監されている監獄域内自由を与えられた囚人数が45人にも達するという実情からすれば，このような管理の強化はまったく不可能である。「囚人が個人の家に入ると逃亡であり，もし彼が垣根を越えて郡道路に出たり，あるいは誰かに雇われて働くために畑に入ったりすると規約に違反したことになる」[22]。

　マーサの1804年9月25日の日記の背後にあるのは，ある種の不明瞭さであろう。「イーフレムが訪ねてきた。彼の父親が規約に違反したとのこと。それで，今日彼の財産はすべて没収されると思うとのこと。慈悲に満ちあふれる主よ，主が私に与えたまうすべての試練に耐えさせたまえ。御心のままに私をおそばに召したまえ」[23]。実際には，イーフレムの財産は没収されることはなかった。また，拘禁の条件についてもなんらはっきりした変更はなかった。寝るのは獄舎であったが，食事はウォーター通り沿いのあちこちの家でとっていた。そして最終的にはシューベールとサリー・ピッツ（マーサの手伝いをしていたサリー・コックスはパルテニアの死後，シューベールと結婚していた）のところに下宿した。長年にわたってバラード家に住み，働いたサリーが用意した夕食のテーブルにつくと，慰められるような親しさがあった。しかしサリーにとっては，バラード家の人々との友情は動機のひとつにすぎなかった。彼女は今では債務囚人を下宿させる小さな事業を始めていたのである。よかったのは，下宿人の多くが知人や親戚だったことであろう[24]。

　イーフレムはまた仕事も見つけた。春の一時期，今では大工になっていた息子イーフレムと一緒に，新しい小学校の建設現場で働いた。おそらく少しは測量もし（町のこの辺りでは建築区画の動きは激しかった），できるだけ負債の返済にあてたと思われる。1805年2月2日，イーフレムは拘禁されて1年以上もたってプリマス会社に書簡を送り，1802年にボールタウンで測量線を引こうとした件に関して，彼は「この地域の住民から受けた常軌を逸した暴言と脅迫のためにこの仕事をやりおおせることはできなかった

が」,「納得できる補償」を求めた。彼はこの書簡と経費の明細とをベンジャミン・ウィットウェル（彼に対する訴訟で町の代理人となったオーガスタの弁護士）に送った。そして彼はこのときの労苦に対して，9.46ドルを受け取った。彼を監獄から解放するには足りない額だったが，そこにいる間必要な，いくつかの小さな慰めを手に入れるには十分だった[25]。

　家庭にあっては，イーフレムが収監されたことで，生活の悩み事に新しい意味が加わった。マーサは「もし宇宙の創造主の意志ならば，私は喜んで正気を保ちたいと思う」，と石鹸作りのために溶かして水にしようと，雪を家の中に運び込んだあと，1804年1月25日に書いている。石鹸作りのための樽の下側のたがが弾けとんだとき，なんとか一時凌ぎの修理をして，嘆いている。「夫がそばにいてくれたときにはこんなことはなかったのに」[26]。春から夏へと，夫の不在によって彼女のペンは次第に愛情細やかなものになっていった。
　1804年5月5日，「シューブル〔シューベール〕・ピッツ宅へ歩いて行く。私の愛する夫に会う。一緒にお茶を飲む。そのあと，なんとも残念なことに彼は私を置いて目的の場所に向けて出かけていった。宇宙の創造主が彼とともにあらんことを」。
　1804年7月15日「息子，娘ランバード，彼らの赤ん坊，息子ジョナサンとその妻，イーフレムとその妻，ヘマンとレミュエル，それにジェームス・パリントンが私と一緒に子牛の腰肉を食べた。しかし，ああ，夫はこのすばらしい香りから除け者にされてしまっている」。
　彼女の言葉の使い方の変化は微妙だ——「親愛なる，愛する」という形容詞を加えたり，今までより頻繁に感嘆詞（「ああ」，「おお」）を使ったり——たしかに表現の幅はさほど大きくない。しかしそこには真実の響きがある。なぜならそうした表現はこの寡黙な日記にはめったに現れないからだ。しかしマーサは愛情を言葉で表すよりも，行動で頻繁に表している。彼女はイーフレムのズボンを修繕し，ズボン下や長靴下を編み，汚れ物を洗濯し，ちょっとした贈り物を届けた——「子牛のハスレットを少し」，シーズンに

は「たくさん実のついた」スグリの枝，「プラムやリンゴ」などを贈っている[27]。

1805 年 1 月の日記において，彼女自身の苦痛と夫のそれとが絶妙な順序で描かれている。1 月 29 日，彼女は書いている。「コートがなくて難儀している，かわいそうな囚われ人である夫のために，私はコートの一部を修繕した」。ここでの言葉遣いは，債務囚人房で弱々しく寒さに震えている老人のイメージを喚起する。しかし，この記述のすぐ前にある記述から順を追って読むと，同情の焦点は彼から彼女自身へと移行するのである。彼女はその数日前，彼に会いに出かけ，ランバード家の戸口で滑って転び，足を骨折した。そしてこの記述のときには家に戻り，足の不自由を嘆いている。「私は今夜とても具合が悪い」と彼女は 1 月 26 日に書いている。「頭痛と腰痛がとてもひどい」と 1 月 27 日に続けている。1 月 29 日，彼女は「とてもひどい吹雪。私はほとんど一日中ベッドの中にいたが，神の恵みにより午後にはいくらかよくなった。小さなクラッカー 1 つとオートミールを少し食べる」。それから 1 月 29 日，彼女は先のイーフレムのコートについての一文を書き綴るのである。彼女にとっても，彼にとっても，コートの破れ目を繕う糸目のひとつひとつは，この逆境に対する小さな勝利であったのである[28]。

イーフレムは「森の中に困窮した」子どもを持っていたわけではない。マーサとても反連邦主義のパンフレットに描かれていたような，「片方の腕には赤ん坊を，別の腕には恵んでもらったか，人に借りたかした，何クォートかの食べ物を」しっかり抱えた惨めな女性たちと同じような境遇にあったわけではない[29]。彼女には雌牛が 1 頭，豚が数頭，それにワイマン氏がはじけた樽のたがの修理に来てくれれば，お礼にあてるには十分な量のジャガイモが地下室に蓄えてあったのである。彼女の子どもたちは穀物やバターを持ってきたし，時折イーフレムも自分の労働に対する報酬の一部であったいろいろな品物——ジン，砂糖，「スーチョン茶」，「1 ダースのクラッカー」——を届けてきた[30]。ほとんどすべての面で，それまで長年続いてきた生活と変わらなかった。彼女は畑を耕し，縫い物をし，孫たちの面倒をみて，病人の看病をし，死者を横たえ，そして生まれくる赤ん坊を取り上げ

第8章　1804年3月　　　　　　　　　313

た。彼女の助産婦および看護婦としての仕事は減少の一途をたどったが，家族が彼女の仕事を支えていたのである。イーフレムが拘禁されていた1年半の間に彼女は5人の孫を取り上げ，3人の埋葬に手を貸した[31]。

　しかしながら，彼女は到底乗り越えられないと思える欠乏に直面していた。それは薪である。家庭内での夫の主な貢献は，明らかに燃料の確保であった。彼女を不安にさせたのは，焚きつけを割ったり暖炉に薪を運んだりすることではなく——そうしたことはもうとっくにすませていた——丸太を切って，引っ張ってきて戸口で割るといった力仕事の方だった。それはもともと男の仕事で，彼女には無理だった。1月25日，ジョナサンが薪を持ってきた。しかしそれがなくなってしまうと，どうしようもなかった。どういうわけか息子のイーフレムは，近くの森で建築用材の切り出しで働いており，マーサが彼とその仲間のために食事の世話やパン焼きをしていたにもかかわらず，母親に薪を運ぶことに時間を割かなかった。彼はそれをジョナサンの義務だと考えたのだろう。

　1804年4月18日「手ごろな薪がないのでオーブンを熱するだけで疲れてしまった」。

　1804年4月19日「畑の南側で木切れを拾う。古くなった丸太の垣根を壊して，仕事を続けるための火を絶やさないようにした」。

　サリーや彼女の雇い人がいつもマーサのオーブンを使ってパンを焼いていたにもかかわらず，ジョナサンは母親が薪に困っていることに気づかずにいた。本当の問題は薪ではなく，マーサとジョナサンとの関係そのものであった。2人の関係はこれまで決してよくなかったし，夫の拘禁によって，彼女の生活軸が息子の方へ傾いたことによって，緊張関係はいっそう高まった。秋も深まり寒い日がやってくると，薪の問題は再燃した。

　1804年10月24日「雨。私は濡れながら豚に餌をやり，牛乳を搾り，畑の古い丸太を薪にしなくてはならなかった」。

　10月25日「晴れ。薪を集めたがそれでひどく疲れた。古い鋤で古い丸太を砕き，木片をバスケットに入れて持ち帰った。なんと疲れたことか」。

　10月26日「一時晴れ。私は薪集めをして，昨夜9時を過ぎて始めた洗濯を終えた。息子ジョナサンの妻が糸紡ぎにやってきた。私は日が暮れてから

木の皮を一抱え取ってきた。350歩歩かねばならなかった。なんと私は辛抱強いのだろう」。

10月27日「雪。私は外へ出て豚に餌をやり，牛の乳を搾り，薪を探さねばならなかった。今日は息子ランバードのところにいるスポールディン〔スポールディング〕氏という人がやってきて，火を絶やさないように，雪の中から薪にする棒を運んでくれた」。

彼女は薪がなくてはパンが焼けなかった。10月29日に彼女は次のように書いている。「最後のパンを朝食に食べた。その後は一日中パンなしで過ごした」。彼女の気分が沈んでゆくにつれて，日記の字は大きくなってゆく。ジョナサンの甥ルーサー・ピアースが木をいくらか持ってきて割ってはくれたものの，やはりまだ足りなかった。10月31日の寒い日，彼女はついに「息子ジョナサンのところへ行き，私のために薪を切ってくれるよう」頼んだ。彼はルーサー・ピアースを寄こした。よりによってジョナサンに助力を頼まざるをえないことで，彼女は人に頼らねば生きられないという現実を思い知らされたのであった。

ジョナサンとの特別に気の滅入るような出来事によって，マーサが彼女らしくもなく物事を統制できなくなっていることが日記に見えている。それは，ヘプシーをめぐるイーフレムとの衝突ですでに見られたのと同様の記述であり，ジョナサンとの関係を特徴づけるもので，彼女の独善主義と自己犠牲が奇妙に混じりあっていることがわかる。

　　今朝息子ジョナサンが来て私に対してまったくあるまじき態度をとる。ああ，神よ，彼の強情な心を変えて，両親やその他の人々に対してクリスチャンらしく振る舞うようになさしめたまえ。私は月曜日に帰宅し，昨日先に書いたような光景に出くわした。古い柵を壊して薪にして，息子ジョナサンの豚に食べさせるジャガイモを煮た。私のところには彼の豚が8匹いる。

ジョナサンの豚の面倒をみ続けるのは，彼に問題があって彼女の方に罪はないことを証明する方途であった。仕事と同じように彼女は耐えた。

第 8 章　1804 年 3 月　　　　　　　　　*315*

　こういった日記の記述を読んでいると，マーサの抱えていた問題の多く
は，彼女自身が作り出したのだという，ハンナとドリーと同様の結論を出す
ことも許されよう。彼女は有能で自立した女性であり，薪がどれだけ必要に
なるかを予測する能力は十分持っていたし，準備するために必要な手段を講
じることも十分にできた。彼女には成人した息子が 3 人，義理の息子が 2 人
おり，さらに彼女の手伝いができる年齢になっている孫が数人近所にいた。
彼女が凍えてもよいというような子どもはひとりもいなかった。明らかに彼
女は，薪に対する現実的必要性と，誰かに自分の話を聞いてもらいたい，悲
しみを理解し，自分の背負っている重荷がいかに重いかを分かってほしいと
いう同情を求める心理的欲求を区別できなくなっていた。イーフレムが拘禁
されたことによって，誰にも顧みられないという一種特別な悲しみに彼女は
苛まれていた。夫がそばにおらず，当然のこととして支援を頼める相手がい
なかったのである。夫は誰にとっても「最もよき友人」である。たとえ彼が
いつもそのような者として行動してこなかったとしても。結婚した子どもた
ちは，いろいろな義務，自身の妻や夫に対して，また子どもたち，時には祖
母が把握できる以上の数の子どもたちに対する義務を負っていた。「息子ラ
ンバードのところで 13 人もの孫たちに会った」と古びたトーマス居酒屋兼
宿屋を訪れたあと，マーサは記している。彼女は孫たちとの交流を楽しんだ
が，彼女としては長年にわたる苦闘の果てに，今や誰かに寄りかかりたい
と切実に思っていたのである。このことを如実に示す記述が，畑に作物を植
えつけようと奮闘していた春に見られる。「私は土を掘り起こしてポーラン
ド豆を植えた」と彼女は書いている。「とても疲れた。子どもたちは少し手
伝ってくれた。アリンは手伝いたいと言っていた」[32]。マーサが望んだのは，
自分の家族が言っている手助けをしたいという気持ちを少しでも実行してく
れることであったのだ。
　サイラスは，マーサが必要とする慰めをいくらかもたらしてくれた。家に
いるときには役に立ったが，彼はしょっちゅう遠出していた。彼はあちこち
の水車を渡り歩く粉挽き職人だった。ひとつの水車小屋で数週間か数ヶ月働
いたあと，次のところへ移動するというふうに働いていたのである。彼の父
親が拘禁されたあと，彼は 3 月にリンカーンヴィルへ出発した（その町の

大地主ジョージ・アルマーが彼に助力を求めたのであった）。そして5月にはトウモロコシの植えつけのために家に戻っている。10月には再び出かけた。「サイラスはウォーターヴィルのパリン氏の水車の面倒をみるために出発していった。私は健康と繁栄とを祈って送り出したが，ああ，彼がいなくなったあとどうすればよいのだろう」と母親は書いている。その翌日，13歳になるジャック・バラードが「やってきて薪を切り，水汲みに2回行ってくれた」[33]。

　イーフレム・ジュニアは父親の拘禁後，2月5日にメアリー・ファーウェルと結婚した。2月21日，未亡人であるメアリーの母親がお茶に訪れた（マーサは今では彼女を「姉妹フェアウェル」と呼んでいる）。イーフレムとメアリーは土地の伝統に従って，結婚後もそれぞれ実家に別れて住んだ。もっとも時には2人が1日を一緒に過ごすこともあったのだが。「イーフレムの妻が私の家事を手伝ってくれた」とマーサはこの幸せな時期のある日に記している。「私は夕食に息子タウンがくれたガチョウをローストした」。メアリーは結婚4ヶ月後に，実家で女の子を出産した。ここでも彼女は土地の習慣を踏襲したわけである。彼女とイーフレムは7月にオーガスタの町の中心に家を借りて世帯を持った[34]。

　若夫婦が独立して世帯を持ったあと，ファーウェル未亡人と彼女の下の娘サリーが一時マーサと同居した。これで薪の問題が解決したわけではなかったが，少なくとも話し相手はできたわけである。2人の女性は仲良く一緒に暮らしていたが，ジョナサンとサリーが，マーサが現に住んでいる家に住むと言い出した[35]。1804年10月25日，イーフレムの拘禁から10ヶ月後，サリー・ファーウェルがジョナサン宅訪問から帰ってきた。「彼女は夜に，息子がこの家に2週間以内に移り住むことに決めた，と知らせてくれた。私はここにとどまってもいいし，今彼らが住んでいる家に移り住んで，ここの井戸から水を運ぶのがどんなに楽しいかやってみるのもよかろうと言っているというのだ。おお，この宇宙の創造主よ，この苦悩を終わりにしてください。そして主の御国に赴く前に，あなたの取るに足らない侍女にも慰めを与えたまえ」。

　ジョナサンが父親の家を占拠すると言いはる行為は，彼の母親にとってい

つもの衝動的で不合理な態度のもうひとつの例と映った。彼にとっては実際的で妥当なことと思えたかもしれない。母親は支援を必要としていた。一方彼と妻サリーはより住み心地のよい家，パン焼きオーブン，そしてまともな井戸が必要だったのである。

　ジョナサンは衝動的であり，大酒飲みだったと言われているが，ろくでなしではなかった。彼は 15 年の間に少しずつ土地を買いまとめて，200 エーカーの農地を所有するまでになっていた。すなわち，1787 年にはサヴェージ・ボルトンから 15 号地の一部を購入し，残りの部分は 1800 年にウィリアム・ハワードから購入した。その間北側に隣接した 16 号地も買い取っていた。この事業に父親が関係していたかどうか，我々には分からない。1800 年には彼はオーガスタに 348 エーカーの土地を所有していた。これは父親の所有地の 3 倍以上にあたる（もっとも当時のこの町では一般的であったように，そのうち整地され，「改良」されていたのは 15 エーカーだけであった）[36]。

　オーガスタの町の納税者リストで彼の順位が着実に上昇してゆくさまは，強い印象を与える。もっとも隣人のひとりは，彼を策士で根性が卑しいと見ていた。1804 年 12 月，父親がいまだ拘禁中に，ジョナサンは大陪審によって正式に起訴され，続く裁判で「悪意をもって不公正な手段を講じ，明白な意図をもってウィリアム・ストーン・ジュニアという人物から詐取した」として有罪になっている（このストーン家はごく近くの隣人である。1804 年3 月 21 日，マーサはこの一家の第 8 子の誕生を，この章の冒頭で引用した日記の中に記している）。起訴状によると，バラード家の雇い人サイラス・ウィルソンが，自分は奥地に農場を所有し，ハロウェルにも 1 エーカーの土地を持っていると言って，ストーンから馬を 1 頭入手した。しかし，事実はこの男はただの労務者であって，馬 1 頭の支払いをする能力はもともとなかった。ストーンはウィルソンを訴えるだけでは満足せず，ジョナサンを共謀のかどで告発したのであった。大陪審はこの告発を認めた。ジョナサンはこの判決を控訴したが，ここでも彼は敗訴した[37]。バラード家の人々の中でジョナサンは，郡裁判所の記録に原告としても被告としても，最もしばしば現れる。

たぶん彼の物欲の強さは，自己中心的行動のもうひとつの表れであったろう。それは母親を悲しませた。この時期，彼がなんらかの形で両親を支えるために犠牲を払ったという証拠は何も残っていない。しかし彼は，子孫が確実に生きてゆけるように努力したまでだと主張したであろう。1804–1805年に，彼は551ドル相当の土地を売却ないし抵当に入れているが，一方で新たに1635ドルの土地の所有権を手に入れている。土地の一部は，町の外にあった。1805年，彼はとうとうダニエル・サヴェージの「ホームステッド農場」を「建物と製材用水車小屋」つきで手に入れた。この物件は1798年以来，彼が少しずつ購入していたものである。その間彼は民訴裁判所でノア・ウッドワード・ジュニアを訴えて，ジョン・ロバートとサヴェージ・ボルトンに対して負債の取り立てを行うよう求めていた。こうしたやり方は，彼に特徴的なものであった[38]。1797年から1803年の間に，ジョナサンはケネベック郡民訴裁判所において19件の裁判の原告になっており，一方10件については被告になっていた。彼は29件の係争事件のうち，15件で勝訴し，残りの事件は敗訴した。それに比べると，最高裁判所における実績は大したものではない。最高裁で争われた5つの事件のうち，4件で敗訴している。彼の勝訴のケースは，ベンジャミン・パーマーが認可書を持たないままラム酒1パイント，ブランデー半パイントを売ったことを通報して得た，ほんの3.33ドル1/2だけであった。ジョナサンは隣人ウィリアム・ストーンともめていただけではなく，テオフィラス・ハムリンや母親の従兄弟にあたるハインズ・ラーニドなどのような，古くからの友人たちとも争っていたのである。

　ここで，彼は父親の家を乗っ取ろうと考え始めたようだ。「私が主婦になって50年がたった」とマーサは12月19日に書いている。「私は夫に会いに監獄へ行った」。その翌日，夫イーフレムが，マーサと姉妹ファーウェルが滞在していた若い方のイーフレムの家にやってきた。「彼は私に，今までどおり家を確保しておいてほしいと言った」。マーサはハンナの出産を手伝いにシドニーに行っていたのだが，「第7子で3番目の息子をサヴェージ老夫人の手で無事出産した」ことを確かめてシドニーから帰宅してみると，ジョナサンとサリーはすでに引っ越してきていた。

第 8 章　1804 年 3 月　　　　　　　　　　319

　イーフレムの拘禁は今や彼女自身の拘禁になったと言える。彼女は自分自身の家で，1 部屋以外を息子の家族に明け渡し，間借り人になってしまったのだった。彼女は自分の独立性を維持しようと，自分の暖炉を燃やし，自分の食事は自分で準備し，必要なら自分の部屋のドアを閉め切った。この時期の日記の記述には，自分の子どもたちを招いて一緒にお茶を飲むことを，お茶を「ともにする」という言い方で表現している。まるで彼らがひとつ屋根の下に住む家族ではなく，垣根の向こうに住んでいる人であるかのような言い方である。しかし，そのように用心深く生活圏を区切ってはみたものの，やはり同居は彼女にとって難しかった。マーサは，サリーが「私に対して礼儀をわきまえず，厚かましい女性」である，と不平を述べている。さらにマーサは，もし義理の娘が「礼儀をわきまえた行動をとらず，分別を働かせない」のであれば，彼女としてはサリーとの「和睦は先延ばしにせねばならない」と書いている。彼女はこうした感情を実際に口にして言ったのだろうか，それとも日記の中だけのことだったのだろうか？

　マーサは，1624 年に出版された結婚についてのイギリスのある論文に，慰めを見出すことができたかもしれない。そこには次のようなことが書かれていた。「ひとつの世帯の中で 2 人の実力者がいたり，2 人の主人の片方をもうひとりに従属させたり協調させようとしたり，あるいはひとつ屋根の下に 2 人のおかみさんがいたりする状況では，ほとんどの場合不和になってまわりの人々に迷惑がかかる」[39]。事実，ニューイングランドにおいては，ひとつ屋根の下に 2 組の既婚のカップルが共存するという例は稀であった。しかし既婚の息子が相続しようとする家で，寡婦となった母親に 1 部屋を提供するように夫が言い残すことは一般的な慣習であった。1754 年に初代のジョナサン・バラード，つまりイーフレムの父親が亡くなったとき，彼は妻にすべての「屋内の動産と雌牛 1 頭」を与え，妻は「住まいの東側の部分に住み，改装できる」としている。これに加えて長男は，彼女に毎年一定量のインディアントウモロコシ，ライ麦，モルト，リンゴ酒，牛肉，豚肉，薪，羊毛，亜麻を提供し，さらに「必要があるときは」馬に自由に乗ることの便宜を与え，家具を自由に使うことができるようにはからい，「健康なときも病めるときも，適切かつ心をこめて世話すること」になっていた[40]。

マーサは一種の準未亡人の生活を経験していたわけだが，普通なら保障されるはずの食糧や薪の手当てはなかった。イーフレムの拘禁が2年目に入る頃，彼女は「私は十分暖がとれない」と嘆いている。彼女は1月5日に少し洗濯した。雪を溶かし，井戸からバケツ2杯の水を汲んできた。しかし1月6日には次のような記述が見られる。「今夜は着替えもしないで服のまま寝た［この文章は行からはみ出して日記の余白にまで及んでいる］。普段着のままで寝なければならなかった。さもなければ凍えてしまうだろう。私はなんと不幸な母親なのだろう」。

このような事態にマーサは，これまで数え切れないほどの女性たちがやってきたような，そして彼女が以後もやっているようなやり方，つまり既婚の別の我が子を頼るやり方で対応した。残念ながら，1月7日に彼女がランバードの居酒屋兼宿屋に到着したとき，そこは彼女の家と同じくらい騒々しく混乱していた。冬は川が凍結して橇で行くのが容易になるので旅行のシーズンであり，彼女の滞在期間を通じて，この居酒屋兼宿屋は「大勢の客人」でごった返していたのである。「デリーフィールド」のエマーソン夫人が1月11日に発作を起こして倒れたときには，ウィンシップ医師が帰ったあと，マーサは病人に付き添った。1月18日には14人の泊まり客がいた。その翌日マーサは「ここに泊まっていた一家は正午出発した」といくらかほっとした様子で書いている[41]。

冬の間マーサは農場，ランバードの家，さらに若いイーフレムの家と交互に渡り歩いた。春は仕事で忙しく，彼女は家にいた。マーサは農作業をし，家事とパン焼きの手伝いをし，そして一群の孫たちの面倒をみた。バラード，ランバード，ポラードのいとこたち，またピアースやゲッチェルの子どもたちも一緒になって，その数は増えたり減ったりしながら，当時もサリーの家に出入りしていたのである。隣近所の人々を訪ね合ったり，その仲間同士で物を売り買いしたりすることは，マーサが元気だった水車小屋の時代，さらにはハワード農場の時代にはきわめて重要な生活の一部であったが，同じパターンを今ではジョナサンとサリーの家族が踏襲していた。しかし，今やマーサはこの活動の中心ではなく，周縁部に立っていたのである。彼女はこの頃にも隣人たちとちょっとした物の売り買いをして，しばしばジャガイ

第 8 章　1804 年 3 月　　　　　　　　　　　　　*321*

モで支払ったりしているが，自由になる資源やエネルギーは限られたものに
なっていた。

　1805 年 3 月 14 日から 4 月 14 日の間に，バラード家ではいつもの住人で
ある 12 人の他に，21 人の人々が 1 度ないしそれ以上の回数食事をし，お茶
を飲み，宿泊している。マーサの日記の中でピアース夫人とだけ書かれてい
るサリーの義理の姉妹は，この家でしばしば自分自身のため，あるいはサ
リーのために洗濯をし，パンを焼き，糸を紡いだ。ピアース一家は，ジョナ
サンとサリーが母親の家に移り住んだあとの家に住んでいたのかもしれな
い。3 月 14 日，マーサはヒッティ・バブコック（すなわち，ジョン・デイ
ヴィスの元愛人）の出産から帰宅してみると，家にはハンナ・ポラードと彼
女の 2 人の子どもたちがいた。彼らはその夜はマーサ宅に泊まった。翌日
のマーサの日記は彼女の世界を構成する人々の顔ぶれが変わりつつあること
をよく示している。

　　　ランバード氏は娘ポラードを呼びに，ジョセフ・S. スポールディンを寄
　　　こした。彼女と子どもたちは帰っていった。娘バラード，ラファエット
　　　〔デラフィエット〕とマーサはバブコック氏のところへ出かけていった。
　　　エベネザー・トラスクとその妻がうちで食事をし，バブコック氏宅へ向
　　　かった。私はピアース氏宅へ行く。子どもの火傷の手当てを手伝う。帰
　　　宅して洗濯を終える。

　「子どもたち」を別にすると，日記のこの記述の中には 11 人の名前が出
てくる。そのうち 10 人は親戚か，親戚の親戚である。マーサの人脈は今で
は彼女自身の家族（すなわち，ポラード一族，バラード一族，およびラン
バード一族）に加えて，サリーの家族（すなわち，ピアース一族，トラスク
一族およびバブコック一族）をも含むことになった。それよりいっそう重要
なのは，日記に出てくる人々の世代が移り変わっていることである。日記の
この記述に現れる家族は相対的に若く，その結果これら家族には大勢の子
どもたちがいたのである。「私はとても具合が悪かったが，5 つの家族の子
どもたちの騒音に耐えねばならなかった」とマーサは 4 月 14 日に書いてい

る。「ある者は喧嘩し，ある者は遊びに夢中で，少なからず神を冒瀆するようなことが行われた。私の息子とその妻は今日何時間かをジェイソン・ピアース宅で過ごした」。

4月19日，サリーは第9子，6番目の息子を出産した。彼女の下から2番目の子，2歳になるマーサは4月23日に「虫を7匹排出した」。そして，また4月25日に3匹。4月26日にはマーサは今や定型化した彼女の日常生活を要約している。「私はしばらく看護し，屋内で少し働き，部屋の掃除をし，洗濯も少しした。最後に夫に会ってから9週間と4日たった。彼は元気とのこと。神に栄えあれ」。

そして5月7日，彼女は単刀直入に「パートリッジ氏が息子に会いに来訪。おお，彼は訴訟なしに愛する父親の件を和解にしようというのだ」。町に対する負債が清算されたのは明らかである。そこでイーフレムは保安官への手数料，監獄での経費を支払わねばならなかった。たぶん彼はジョナサンがこうした出費を肩代わりしてくれると考えていたのであろう。ここでどうして訴訟の可能性がほのめかされているのか，我々には分からない。イーフレムは家を負債のかたに引き渡すことにしたのに，息子がそれをきちんと処理しなかったのではなかろうか。5月25日，マーサは「監獄に出かけていってその夜は夫のところに泊まった」。3日後，彼はいまだ「自由の身になっていなかった」。ついに5月29日，つまり大統領選挙の日「夫は自由の身になった」。

マーサとイーフレムはついに，2人で一緒に新鮮な緑の野菜とヴィネーグル〔ワインビネガーを用いた煮こみ料理〕の夕食でお祝いをした。そして娘バラードをお茶に招いて仲直りをしたのであった。しかし，夫の釈放でジョナサン一家が家から出てゆくとマーサが考えていたとすれば，それは間違いだった。6月7日，「娘バラードは私に向かって，もし私がこの家を取り戻したいと思ったとしても，この夏はだめよ，と言った。私は和平を欲していたのに」。7月27日，「ジョーナス〔ジョナサン〕の妻が癇癪を起こした。こんなことが起こらないのが神の御心であればよかったものを」。8月11日，「ジョナサン一家の騒音で私は寝つけなかった。私は起き上がってろうそくをともし，これを書く」。

第8章　1804年3月　　　　　　　　　　　　　　*323*

　8月27日，夏はほとんど終わりかけていた。仕事場の脇に地下室を造るために男が穴掘りにやってきたこと，また，男たちが「家の骨組みにするための木材を運んでいる」ことをマーサは報じている。ジョナサンとサリーは自分たちの家を建てようと決心したのである。もっともこの企画は彼らの母親にとってはもっと早くてもよかったのだが。マーサは，今は無人となった彼らがもともと住んでいた家に，仕事をしたり，ひとりで考え事をしたりするために出かけるようになっていた。9月11日，彼女は書いている。「ジョナサンの妻は私のことを嘘つき呼ばわりする。神様が彼女を許したまわんことを。彼女が言ったことを全部私が書いたとしたら，異教徒が読んでも顔を赤らめるだろうに」。翌日彼女は紡ぎ糸によりをかけるために古い家に出かけた。「私は侮辱された。私は2度も家から締め出された。こんな仕打ちに耐えるには，私には忍耐と神の恩寵が必要だ」。この葛藤は，サリーにとってもたぶん同じように耐えがたいものになっていたであろう。9月14日，マーサは書いている。「息子ジョナサンの一家はこの家を出て，もとの家に移った」。彼女は自分の寝室と食糧貯蔵庫を掃除し，家具を動かしたりしてこの出来事を祝ったのであった。

＊　　＊　　＊

　ほとんどの歴史家たちは，債務による投獄を経済的・法的歴史の問題として研究してきた。マーサの日記は，抵当とか弁護士といった側面から，薪入れ用木箱とか息子たちといった次元の問題へ視点を移し，それによって政治的・社会的変動の時代にあって家族の歴史がいかに収監のパターンを形作ったかを示している。また逆に見れば，いかに家族関係が不安定な経済状況から形作られたかを示している。マーサの日記の前半，すなわち彼女の家族の生産力がその頂点にあった時期の日記は，活力あふれる女性，家計を切り盛りし，自立的に行動し，隣人たちとの取引に従事する自信に満ちた女性の肖像を写しとどめている。後半部分では病，疲労，そして不幸な転居などがそうした世界を粉砕し，女性の依存や，家族の愛情という不安定な腕に寄りかからざるをえない状況を提示するのだ。

　マーサは1804-1805年の家庭内騒動を「光景」として捉えている。「夕

方，なんという騒ぎを私は目にしなければならなかったことか」と，ジョナサンがレミュエル・ウィザムを鞭打とうとした日に彼女は書いている。「このような光景に出くわしたのは昨日のことだった」と彼女は豚に食べさせるジャガイモのことを書いた記述の余白に書き入れている。こうした光景は心の痛む出来事であり，生活の流れを中断させるものだった。何かを成し遂げた日，人はやり遂げた仕事を数え上げることができるし，世界の一部が征服されて秩序がもたらされたと言える。そうした日々とは違い，ほんの一瞬であっても，心痛の光景は川を渡るどんな冒険よりも，また畑にとどまるよりも深い疲労をもたらし，その疲労感は枕から頭をあげたくなくなるほどの衰弱を伴ったのだ。

　その翌年，「この地方でいまだかつてなかったほどのショッキングな光景」がマーサの町とその周辺の地域を震撼させた。その恐怖が比類ないものであり，しかもまったく予想もされなかったことだったので，衝撃的だったのである。1806 年春，平穏なマーサの日記には，大量殺人とか，パリントン一族をベルグラード通りの他の住人と区別するような手がかりを予感させるようなものは何も記されていなかった。

第 9 章

1806 年 4 月 「ポリー・パリントンが来た」

1　3　家にいた。
晴れ。春のような陽気。夕方になって寒くなる。少し雪が降る。私はずっと
家にいた。自分の服その他に少しアイロンがけをする。

2　4　家にいた。
晴れ。とても寒い。バラード氏は牧場用地へ行く。そこに誰かが侵入した
のだ。そのあと彼は開拓集落へ出かけた。ベンとラファエット〔デラフィエッ
ト〕が私たちのために薪を届けてくれた。私は靴下を編むための糸を3かせ
巻き取った。また，2つよりにしたものを3かせ作った。

3　5　家にいた。息子ランバードがうちに泊まる。ハートウェル夫人が今
日訪ねてくる。
晴れ。あまり寒くない。バラード氏は会合に出かける。今日は断食日だ。サ
イラスは帰宅し，それから会合へ行く。息子ジョナサンとランバードが夕方
来る。息子ランバードはうちに泊まる。転んで片方の目を怪我するという不
運に見舞われたバーニーを除いて，彼の家族はみな元気とのこと。

4　6　家にいた。ワイマン夫人が私に会いにくる。
晴れ。寒さはやわらぐ。ジェイソン・ピアース，ウィリアム・サイファー，
ジョン・ピアースが午前中薪作りで働いてくれる。午後ワイマン夫人が訪ね

てくる。私はどうも具合が悪い。

5　7　　家にいた。
晴れ。私はずっと家にいた。バラード氏はひげを剃ってもらうために開拓集落へ出かけた。

6　1　　家にいた。
晴れ。バラード氏とサイラスは礼拝へ行く。ストーン牧師がヨハネの福音書5章9節をもとに説教した。ハートウェル夫人が赤ん坊を連れてやってきた。

7　2　　家にいた。バラード氏は町役員会に行く。
ほとんど一日中曇り。バラード氏は町役員会へ行く。私は11束の靴下用糸によりをかけた。夫のために3足の靴下を繕い，その他の仕事もした。バラード氏は砂糖を2ポンド買ってきた。

8　3　　家にいた。
一日中雨。ハートウェル氏が来る。私はずっと夫とサイラスのために靴下の繕いをする。

9　4　　家にいた。バラード氏はベッドに新しい木の囲いをとりつけた。
一日中雪。私は家事をすませ，サイラスのためにミトンを編む。親指の部分だけ未完成。ベッツィ・ワイマンが，私のために母親が紡いでくれた6束の灯心用の糸を届けてくれる。メリアーが来る。彼女は母親の具合がよくないという。ハンナ・バラードがサミュエルのためにヨモギギクを採りに来る。彼の具合はとても悪いとのこと。虫を吐いたそうだ。

10　5　　家にいた。ハンナ来る。サミュエルの具合はいまだとても悪いとのこと。
一時晴れ，とても寒い。バラード氏は息子ジョナサンのところへ出かける。

第 9 章　1806 年 4 月

昨日彼が修理したベッドの枠組みに頭板をとりつけた。私はそれを自分の寝室へ持っていって彼が改造した枠組みにとりつけた。昨日編み始めたミトンを完成し，もう 1 組を途中まで編んだ。具合の悪い母親のためにポリー・パリントンがハーブを採りに来た。メリアーも来て，母親の具合はいくらかよいと言う。

11　6　ハートウェル氏のところへ行く。彼の妻は具合がよくない。
午前中晴れ，午後曇り，とても寒い。バラード氏は開拓集落へ出かける。羊用にトウモロコシを 1 ブッシェル買う。価格 6 シリング。私はハートウェル夫人に会いに行く。彼女は具合がよくない。チャイルド氏の一番下の子の葬儀。

12　7　家にいた。洗濯をする。
一時晴れ，おそろしく寒い。私は洗濯物を片付け，他の仕事もする。バラード氏は開拓集落へ出かけ，1 ギニーのスピリッツ，1 クォートのジン，4 ポンドの豚肉，2 ポンドのバター，それに黒の絹糸 1 巻を持って帰ってきた。

13　1　家にいた。
晴れ，寒い。バラード氏とサイラスは礼拝へ行く。午前中ストーン牧師がチャイルド氏の末の子の死について，サムエル記 第二 12 章 23 節をもとにした説教を行った。私はずっと家にいた。ハートウェル氏来訪。彼の妻の具合は快方に向かっているとのこと。

14　2　家にいた。
晴れ，さほど寒くない。私は洗濯を片付けて，自分の古いガウンのウエスト部分を繕う。バラード氏は納屋の整理をして薪を割る。スミス夫人が来てハーブを求める。彼女の赤ん坊はしょう紅熱とのこと。

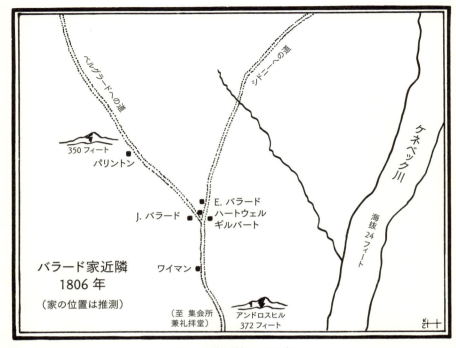

バラード家近隣，1806 年

　1806 年 4 月の日記は，道路がバラード農場のところで曲がる辺りに，小さな集落が形成されてゆく様子をよく伝えている。ジョナサンとサリーが彼らの新居に移ったとき，夫婦はそれまで住んでいた古い家をハートウェル一家に貸したのである。「ハートウェル氏はもともとジョナサン一家が住んでいた家，そして今は彼が住んでいる家で今日学校を始めた」とマーサは 1805 年 12 月 31 日に書いている。ほぼ同じ頃，ジョナサンは自分の土地の南端にあるさらに古い家をディーン・ワイマンに売却している。この家はおそらく彼とサリーがはじめてこの農場に移ってきたときに住んだ家であろう[1]。ワイマン一家，ハートウェル一家はちょっとした贈り物をしたり，作ったものを交換したりするよき隣人であった。「ベッツィ・ワイマンが，私のために母親が紡いでくれた 6 束の灯心用の糸を届けてくれる」とマーサ

は4月9日に記している。それに加えて，ハートウェル家の女の子のひとりである「メリアー」がやってきたことが記されている。ハートウェル一家はとても近くに住んでいたので，今では道路を隔てて住んでいたジョナサンやサリーたちよりも頻繁に訪ねてきた。他にも隣人がいた。ギルバートと名乗る一家とは，マーサはあまり近しくなれそうには思えなかった。しかし，ベルグラード方面へ向かう道路沿いに住んでいたパリントン一家とは知り合いになりたい，とマーサは思っていたのだった。

　ジェームス・パリントンがマーサの日記にはじめて登場するのは，1803年の春のことである。4月13日，「パリントン氏来訪」とまるでこの人物が古くからよく知っている人であるかのような口調で記している。あるいはそれ以前に知り合いだったのかもしれない。彼はケネベック河口の町ボードインハムから来た。この町からは，彼女の長年の隣人であるデンスモア家を含めて，オーガスタの多くの人々が移住してきていた。パリントン大尉（この肩書きは国民軍における階級を示している）は裕福で，人望の厚いボードインハム市民であった。彼が川を遡って移住しようと決意した理由は，我々には分からない。1803年以前のある時期に，彼は17番区画，すなわち，バラード農場のすぐ北側にある「未開墾」の土地100エーカーを購入していた。「自分のために白パンを，パリントン氏のために黒パンを焼く」とマーサは1803年5月6日に書いている。ほとんどの新しい移住者がしたように，彼も仮小屋を自分の土地に建てた。家を建て，畑を作るスペースを開く間，彼も妻と子どもたちを後に残して来ていた。彼はその年の夏，マーサの日記に10回登場する。5月21日，イーフレムは彼の新しい農場を測量した。その月には2回，6月と8月にはそれぞれ1回，そして9月には5回，マーサは彼のためにパンを焼いている。10月4日，「パリントン氏はこの夏のパン焼きに対して6/7，さらに2/ を植物の茎やトウモロコシの束に支払ってくれた」[2]。

　2年後，パリントンはなんとか家と納屋を建てることができた。1805年8月，彼は家族を迎えた。「パリントン氏の娘のうち2人が今夕訪ねてきた」とマーサは10月21日に記している。パリントン一家には8人の子どもがいた。働くのに十分大きい息子4人と娘3人，それに生後18ヶ月の赤ん

坊，ルイーザである。パリントン夫人は12月13日，はじめてバラード家にやってきた。彼女はそのあと5月まで現れなかったが，子どもたちは引き続きバラード家に頻繁に出入りしている。

「パリントン大尉の幼い男の子たちが母親のためのハーブを採りに来た。彼女の具合がよくないので」とマーサは2月18日に書いている。4月20日，19歳になる長女ポリーが同じ用事で使いに来た。病気でパリントン夫人は近所を訪ねてまわることが自由にできなかったのかもしれない。しかし病気は，マーサに往診を頼むほどひどくはなかった。パリントン夫人は単に近所を訪ねるには忙しすぎたのかもしれない。家には彼女がゆとりを持てないほどの仕事があった——古い織機はまだボードインハムに置いてあったとはいえ，この家には糸紡ぎ車が2台，織物の道具一式があった。またその年の春には10頭の子羊，7頭の子豚，数頭の子牛が生まれた。そのうえ畑には植えつけをしなければならなかった。5月3日，17歳になるジェームスは友達のピーター・ワイマンと一緒にバラード家へ「香膏，リンゴの木，フサスグリの木を採りに」来た。5月7日，パリントン夫人はバラード家にお茶を飲みに再び立ち寄った。その2日後，大尉は仕事の時間をさいて，出産のために外出するマーサの送り迎えをしている。こうして新しく来た家族は，マーサの日記に他の近所の住人——ハートウェル一家，ワイマン一家，そしてギルバート一家とともに，少しずつこの土地に根を下ろしていった。地域に新しい家族が定住するにつれて，ここは以前のようにバラード家とピアース家だけではなく，次第ににぎやかになっていったのである。

1805年の課税台帳には，ジェームス・パリントンは100エーカーの未開墾の土地を所有していると記されている。その1年後，彼は6エーカーを開墾した——うち2エーカーは耕地，4エーカーは牧場——この比率はこの地方では立派な実績である。ジョナサン・バラードは200エーカーの農場にわずかに3エーカーの耕地，4エーカーの牧草地，10エーカーの牧場を持っているにすぎなかった[3]。大尉は口数こそ少なかったが，どの点から見ても，まともで勤勉な男であった。彼には控えめな妻，壮健な息子と娘たちがおり，頑丈な家があり，よい雄牛，頼れる馬が1頭いた。昼なお暗い大樹におおわれたこの地域にあって，彼の農場は文明の影響がはっきり見て取

第 9 章　1806 年 4 月　　　　　　　　　　　　　　*331*

れる 1 区画であった。

　そして 1806 年 7 月 9 日，あの忌まわしい日が来たのであった。

　　晴れ，暖かい。夫と私は今朝 3 時にハートウェル夫人とギルバート夫
　人に起こされた。彼らは大尉が息子のジェームスを除く家族全員を殺し
　たと知らせてきた。ジェームスは殺されそうになったあと，逃げて幸運
　にも助かったのだが，そうでなければ彼も同じ運命をたどったことであ
　ろう。彼は斧による傷を負っていた。彼は下着だけの姿で逃げて，ワ
　イマン氏にこの恐ろしい出来事を知らせた。ワイマン氏はただちに息子
　ジョナサンのところへ走った。2 人は凄惨な事件の現場である家へ駆け
　つけた。私の息子は家へ入り，ろうそくを見つけて点火した。そこには
　死体！　パリントン，彼の妻と 6 人の子どもたちの死体が横たわってい
　たのだ。そして彼はマーサにまだ息があることを見て，自分の家へ移し
　た。ただちに外科的支援が求められ，彼女はまだ今のところ生きてい
　る。夫は出かけてゆき，日が昇る前に帰宅，少し食べてから彼と私はそ
　の家へ行き，この地方でいまだかつてなかったほどのショッキングな光
　景を見たのだった。無限に善なる神よ，我らがかくも恐ろしい行為を心
　にとどめ，そこから知恵を学びとることができるようお導きください。
　死体は納屋に移され，そこで清められて 1 人ずつ並べられた。何百人
　もの人が見に来たこの恐ろしい光景よ。私は夜までそこにいた。それか
　ら息子ジョナサンが私を自分の家に案内し，軽食をすすめた。棺おけが
　運び込まれ，死体は馬車でオーガスタの集会所兼礼拝堂に安置された。

　マーサの記録は真に迫っているが，簡潔そのものである。最良の民間説話
がいつもそうであるように，ここでもいくつかの詳細な描写がすべてを語っ
ている——ジェームスは「下着だけの姿で」逃げた。ジョナサンは「ろうそ
くを見つけて点火した」。死体は納屋に「1 人ずつ並べられた」。宗教的な書
き込みさえも，ここでは単刀直入である。神は自分の子らがどのようなこと
をしでかそうが「無限に善」であり，よきクリスチャンは恐怖からさえも
「知恵を学びとる」ことができる。

マーサの語りの簡潔さは，オーガスタの『ケネベック・ガゼット』の編集者であるピーター・イーズによって（たぶん相当に作文されて）出版された，読む者をより意識した語りの記録と対照的である。イーズは自分の印刷物を「忌まわしい殺人」と題し，ページの余白を黒い棺おけを連ねたカットで埋めた。マーサと同じように，彼もジョナサンが現場でろうそくに火をともしたと書いた。この事件が語られるときに何度となく繰り返された細部であったに違いない。しかし，彼はさらに続ける。マーサがただ1語「死体！」と叫んだのに対し，イーズはほの暗い灯りに照らされた死体の1体1体を描写している。父親は外側の部屋に横たわっていた。「顔は下にうつ伏せで，傷から出た血の海の中に転がっていた」。この男が自分の喉を切り裂くのに使った血のついた剃刀が，そばのテーブルの上にあった。「その部屋に続く寝室では，ベッドの中にパリントン夫人が，頭部をほとんど胴体から切り離された状態で横たわっていた。近くの床の上には10歳くらいの娘の死体があった。この子はたぶん母親の悲鳴を聞いて，自分の寝ていた別の部屋から駆けつけ，母親のそばで殺害されたものと見える」[4]。

「外側の部屋」にはパリントンとともに2人の幼い男の子，1人は8歳，もうひとりは6歳，が転がっていた。3番目の12歳の男の子は隣の部屋で見つかった。この子はズボンを脇の下に抱えて暖炉の床に倒れていた。「暖炉の上の棚には血の手形がはっきりと残っていた。気の毒な犠牲者が倒れる前に，自分の身体を支えようとして手をついたのであろう」。この子は明らかに兄の17歳のジェームスと一緒に寝ていたと思われる。ジェームスは母親の叫び声を聞いて，自分の部屋のドアに駆け寄った。そこで「斧を手にした父親に出くわしたのだ」。「別の部屋」では上の2人の娘と一番下の子が見つかった。一番上の娘は「ひどい殺され方で，2番目の娘は瀕死の重傷を負い，18ヶ月の赤ん坊の死体に頭をもたれかかるようにしていた。この娘は恐怖でほとんど気を失っていた」[5]。

イーズの叙述は，マーサの抑制のきいた記録を際立たせる。彼女の記述の中には，切り落とされた頭やぐっしょり血を吸ったシーツなどは出てこない。しかし，死体を安置するのを手伝ったことで，彼女は誰よりも死体の状況をよく知っていた。そして彼女は，ジョナサンがろうそくの光で見たもの

第 9 章　1806 年 4 月　　　　　*333*

を話したのを聞いた，まさに最初の人だったのだ。驚くほど凝縮した言葉で
彼女が語ったことは，生々しい現実から多くを伝えるイメージを作り出した
のだった。

　7 月 10 日に行われた葬儀についての彼女の記述は，同じような特徴を
持っている。日記に見られる他の葬儀の記述と同じように，牧師の名前や引
用した聖句で書き始める。しかし書き進むと，そのときの詳細な記述が彼女
の形式を圧倒して，引き締まった語りを描き出している。

　　　曇り，午後雨。夫と私は重苦しい雰囲気の中で行われたジェームス・パ
　　リントンと彼が惨殺した家族の葬儀に参列した。ストーン牧師による
　　祈禱があって，テイラーという人が箴言 25 章 28 節に基づく説教をし
　　た——自らの精神を律するルールを持たぬ彼は，破壊され，城壁を失っ
　　た都市のようなものだ。きわめて多くの人々が葬儀に参列した。儀式は
　　集会所兼礼拝堂の前にしつらえられた舞台の上で行われた。周辺の家々
　　は人であふれ，通りも人でいっぱいになり，建物の屋根も人々で混み
　　あった。パリントンの遺体はポーチに置かれ，棺おけの上には彼が家族
　　と自分の命を奪った斧と剃刀が置かれていた。彼の愛する妻と 6 人の
　　子どもたちの遺体は，会衆席の前の廊下に安置されていた。とても重苦
　　しい光景だった。この凄惨な事件から我ら全員が有益な教訓を学びとる
　　ことができますように，そして神よ，生き残った親族と我らすべてに対
　　し，この苦悩に満ちた出来事を清めたまえ。葬列は集会所兼礼拝堂を出
　　てケネベック橋を渡り，そこで曲がって南へ向かって坂を登り，それか
　　ら 2 番街を進んで監獄のところで曲がって，墓場へと向かった。彼の
　　遺体は外壁の外に埋葬された。

　神が「生き残った親族と我らすべてに対し，この苦悩に満ちた出来事を清
めたまえ」というマーサの祈りは，疑いなくテイラー氏の説教——そして
彼女が 71 年の生涯に何度となく聞いたその他の説教を反映したものであっ
た。しかし，彼女を最も強く動かしたものは説教ではなく，そのとき眼前に
繰り広げられた光景であった。遺体の儀式的な並べ方，葬列，近くの家々や

街路や屋根の上にあふれる群衆。6年前のワシントン大統領を記念する集会以来，オーガスタではこんな大がかりな行事はついぞなかったのである。マーサは6年前の集会にも参加している。そして国民軍と「大群衆」が参加したと記している。しかし，日記の2ページをさいてそのときの行列を記述しているヘンリー・スウォールとは違って，マーサは行列について書き残す必要を感じなかった。ところが今回のマーサは，2番街を進んで監獄に至るという，きわめて象徴的な回り道をした葬列のルートを，非常な厳密さで記録している。

　集会所兼礼拝堂から波止場へ，さらに進んで商店街へ，そこで橋を渡って裁判所や監獄を通って墓地へと，葬列は社会秩序の象徴のすべてを通過した──宗教，商業，そして行政。イーズの出版物はこの行列がどのように編成されていたか，順序を記録している。すなわち，

警察署長，
検視官，検死陪審団，
ハスケル牧師，ストーン牧師，
人々に担がれ，そばに付き添いの人々がついて
パリントン夫人と
年齢順に子どもたち6人の遺体，
それに続いて生き残った息子，
親戚。
さらにその他の親戚の人々，町の行政官，聖職者，郡保安官，
判事，軍の将校たち，治安判事，
市民，警察官。
パリントン大尉の遺体を乗せた荷車。

　葬列はあらゆる点で秩序の原則を再確認したものであった。子どもたちの遺体でさえ「年齢順」に配列されていた。検視官と検死陪審団──死因を確認する任務を与えられた市民の一団──が葬列を先導した。そのあとに犠牲者，近い親戚，そしてイーズの表現によれば「ほどよく配列された，様々な

階層の市民」が続いた。教会や埋葬での配置と同様，葬列においても，パリントンは市民の世界の外に置かれた。彼の遺体は教会〔集会所兼礼拝堂〕のポーチに置かれていた。家族の遺体は教会の中であった。家族の棺は隣人たちによって担がれ，聖職者，治安判事，国民軍の軍人，そして市民によって守られていた。彼の遺体は葬列の後ろの荷車にふれてはならぬ汚らわしいものとして無造作に載せられていた。家族の遺体は墓地の中に埋葬された。彼の遺体は墓地の「外壁の外に埋葬された」。それは文字通り，荷車から地面に掘られた穴に投げ込まれたのだ。盛大な儀式はやむにやまれぬ必要性があっただけに，人々に強い印象を与えた。葬列の配列は，あの凄惨な光景を，人がそこからなんらかの教訓を引き出すことができるかもしれない厳粛な行事に変えたのだ。

　パリントン殺人事件から学ぶべき教訓とはなんだったのか？　同時代の人々にとって，最も手近な分析の手がかりは宗教的なものであった。マーサは事件にコメントするにあたって，その他の予期せぬ突然の死や，どう意味づけてよいか分からぬような死を日記に記すときに用いたと同じような表現を用いている。彼女の幼い孫，サミュエル・アダムス・バラードが1806年11月28日に亡くなったとき，彼女は次のように書いている。「慈悲なる神よ，我らの永遠の善のために神の懲罰を清めたまえ」。これはすなわち，宇宙のすべてを司る神は死も悲しみも与えることができる。しかし，同時にこれらのことを善きものに変えることができるという意味だ。パリントン殺人事件に関して，彼女はこれときわめて近い感情を表現している。すなわち，「無限に善なる神よ，我らがかくも恐ろしい行為を心にとどめ，そこから知恵を学びとることができるようお導きください」。あるいは葬儀の日には「この凄惨な事件から我ら全員が有益な教訓を学びとることができますように，そして神よ，生き残った親族と我らすべてに対し，この苦悩に満ちた出来事を清めたまえ」と書いている。要点は，神はすべてを司り，神は破壊する力を持っているだけではなく，「清める」力をも有するという点にある。

　同時代の一部の人々にとって，教訓はもっと複雑だった。1806年までには，この地域の宗教的分裂は一段と進んでいた。いくつもの新しい宗派が驚くほど力を伸ばしてゆくなかで，組合派内の昔の分裂騒ぎは，おとなしく見

えた。1780 年にはリンカーン郡の教会は，相互にどのような違いがあるに
せよ，ひとつ残らず組合派教会であった。ところが 1800 年までには，この
地域はリンカーンとケネベックの 2 つの郡に分かれたのだが，同じ地域で分
離派教会——分派バプティスト，自由意志バプティスト，メソジスト，そし
て普遍救済論者——が正統的組合派教会を，会員数で 1 対 3 と圧倒したの
である[6]。ヘンリー・スウォールは，パリントンの葬儀が多様な宗派の雑多
な要素を含んで執り行われたことに，必ずしも満足してはいなかった。「気
の毒な犠牲者たちの葬儀には，集会所兼礼拝堂から大群衆が参列した」と彼
は書き始めている。

> 説教やその他の儀式が集会所兼礼拝堂の前に造られた舞台の上で，メソ
> ジストによって［この部分は行の上に書き加えられている］行われた。
> そして墓地での葬儀はハスケル牧師が行い，集会所兼礼拝堂へ葬列が
> 戻ってからは，ギレット牧師の適切な祈りによって，幕を下ろされた。
> 殺人者は，他の犠牲者とは取り扱いにおいても，また埋葬の場所の点で
> も区別された——殺人者の遺体は荷車に積まれて馬に引かせて運ばれ，
> 墓地の外の道端に埋められた。

　スウォールの記録は，ギレット氏を評価した唯一のものである。葬儀の最
後に彼が捧げた祈りを，マーサ（および集会所兼礼拝堂までの長い道のりを
戻って行かなかった人々）は聞かなかったかもしれない。エリファレット・
ギレットはもちろん，スウォールが全面的に認めていた，地元で唯一の牧師
であった。書き加えられた「メソジストによって」という語句は，彼がその
人物ジョシュア・テイラーを知らなかったことを示唆している。しかしマー
サは知っていた。彼女はメソジスト運動に対しては関心を示していない。し
かし，彼女の一族の何人かの人々が関心を寄せている。ジョナサンさえ，イ
ングラハム氏の納屋で開かれるメソジストの集会に時折参加していたのだ。
それにドリー・ランバードやオックスフォードのいとこのひとりは，1804
年にオーガスタで開かれたメソジストの四半期大会に参加している[7]。
　パリントン殺人事件が地域の宗教的分裂をめぐって高まりつつあった社会

第9章 1806年4月

不安に油を注ぐことになったのは，必然であった。ケネベック河畔の組合派の信徒たちが些細なことでいがみあっているうちに，メソジスト，自由意志バプティスト，普遍救済論者，あるいはシェーカー派さえもが信者の数を増やしていった。マーサの隣人たちもこうした動きに影響を受けた。「シドニーで浸礼によって6人の人々が洗礼を受けた」とマーサは1805年8月4日に書いている。「アンドラス夫人もそのひとりだ」。ジェームス・パリントンは，2つ以上の非正統派の信仰を渡り歩いていると噂されていた。

イーズの出版物は，この殺人者が「普遍救済論の破滅的教義の熱烈な信者」だったと伝えているが，彼は事実を掘り起こす努力をしていない。しかしイーズは数日のうちに，説明に十分な追加情報を集め，20ページに及ぶパンフレットで殺人の詳細な説明をし，パリントン大尉の生涯を描いて，説明を補強した。そして「誤った原理の破滅的な傾向や，純粋で健全な福音の教えを受け入れ従うことの動機など」を書いた。この改作は，パリントン事件を三文小説風の「身の毛のよだつ殺人」から，宗教的対立の危険性を具体的に示す教訓へと変えた。「すべてを支配する神の摂理と人間の責任に対する懐疑は，すべての悪に対し門戸を開く教理だ」と著者は論じている。脚注の中でイーズは「ボードインハムの尊敬すべきある紳士」の言葉を引用して，次のように述べている。

> 約20年前，彼（P大尉）はボードインハムの（カルヴィン派）バプティスト教会に加入し，数年にわたって会員としての活動を続けていた。その後彼は自由意志バプティストの影響を受けたために，教会から追放された。彼はその後の何年かは普遍救済論者ではなかった。私は彼の元隣人の数人と話したが，一致して彼が宿命論者だったと証言している[8]。

もしイーズの言うことが正しければ，パリントンの生涯はまさにこの地域の宗教的歴史的変遷そのものだったわけである。ボードインハムのような町はすでにバプティストと新興諸派とに分裂しており，非正統派の教義を奉ずる自由意志バプティストや普遍救済論者にとっては，またとない肥沃な土壌

だったのである。2つのグループは，もともと神により一部の人々のみ救済され，その他の人々は永遠の断罪に運命づけられているのだ，とする正統派カルヴィニストの教義に挑戦したのだった。自由意志バプティストは，そもそも罪人はキリストの贖罪を受け入れるか拒否するか，自分で選ぶのだと信じていた。そして普遍救済論者は，神の子は全員救済されると主張した。両グループともが「善意の神，人間の向上可能性，普遍的で刑罰なしの贖罪，そして信ずる者すべてに対する恩寵」を強調することで，彼らはニューイングランド大都市部のリベラルなアルミニアン派と結びついた——イーズのパンフレットはパリントンの普遍救済論を「ペイン〔トマス・ペイン（1737-1809）のことと思われる〕の畏れを知らぬ不信心や，ゴドウィン〔ウィリアム・ゴドウィン（1756-1836）のことと思われる〕の無制限の放縦」と関連づけている——しかし，両グループとも，実は福音主義を奉ずるものであって，合理論者ではないのである。こうした非正統派グループがそれほど強力だったのは，それ以前の信仰復興運動の時代から続く経験的でカリスマティックな宗教に，自分たちの楽観的教義を接ぎ木したからに他ならなかった。自由意志からの挑戦を鑑みて，ボードインハムのカルヴィニスト・バプティスト信徒たちは，自分たちのことを「狼の群れの真っ只中の羊の群れ，あるいは…獲物を狙ってうろつきまわるたくさんの猛獣に囲まれた無防備な羊の群れ」と形容している[9]。

2つのグループの中では，普遍救済論者が最も危険な存在だと思われた。なぜなら，救済されるべき人々と永遠に断罪されるべき人々という，社会的に有用な区別を次第に堀り崩しつつあったからである（彼らは分離派としては最も新しく，また最小のグループでもあった）。永遠の審判という教義がいったん破壊されてしまったとしたら，社会はどのようにして存続しうるのか？ ティモシー・メリットは，事件の10日後にボードインハムで行われた説教の中で，パリントン殺人事件の第1のそして中心的原因は，神の恩寵に対する不信であると論じている。「死んだとき彼は大きな土地を所有していたが，本人は家族がいずれ困窮するのではないかということを恐れていた」。しかし，すべてを司る神に対する不信につぐ事件の第2の原因は，彼が普遍的救済論の教義を信じたことであった。

皆さん全員がよく知っているように，彼は数年間，すべての人類は肉体を離れた瞬間から，最も完全な休息と悦楽の状態に入ると固く信じていると表明してきました。そして私の確信するところによれば，彼は最後の審判と報いについての教義を拒否したのであります。彼の家族が再生する，つまり生まれ変わるかどうか，別の言い方をすれば，彼の家族がこの世から突然引き離されることの準備ができていたかどうかに関して，もちろん彼には少しの迷いもなかったでしょう。ですからそれは自然の成り行きであり，誰でも同じ状況のもとではしたであろうことをして，家族が将来困窮するかもしれない事態を未然に防止し，彼らを永遠に幸せにしたのです。すべての状況が，これこそ彼の本当の動機であったと示しています[10]。

　普遍救済論的説明が，こうしてパリントンの人格をめぐる最大の矛盾を解決した——つまり矛盾とは，疑問の余地のない家族への愛情と，暴力である。思想を糾弾することによって，殺人が「自然」に見え，理解可能なものとなる。パリントンは「誰でも同じ状況のもとではしたであろうこと」をしたまでだ。その教訓は明白である。すなわち，分派的教義は悪魔の道具にほかならない。人間の前向きの資質を憎むべき罪悪へと変えてしまうこともできるのだ。

　しかしよきカルヴィニストとしてメリットは，会衆に対して話をここで終わりにするわけにはいかなかった。パリントンの罪は，人間の根源的な間違いを反映したものだったので，自然の成り行きだった。穏やかにではあるが，彼は，安心から不安へ，悪を前にしても保証された安心から，彼ら自身の罪への劇的な気づきへと，聴衆を導いていった。事件はこうして，いやでもパリントンの隣人たちに，人間の堕落，命のはかなさ，最も近しく愛しい人々を含めてあらゆる世俗的なものを信ずることの愚かさを，改めて実感させたのであった。「我々は盗人や強盗に対し，扉にかんぬきをかける。しかし我々の人生の安全にとってかんぬきは，役に立たない——暗殺者は内に潜んでいるのだ」。

340

　このように言うのは，友人や血縁者たちの間に警戒心や恐怖の念を起こ
させようとしているのではなく，また夫と妻，両親と子どもたちが当然
のこととして互いに抱く人間としての信頼感を壊そうとするためでもあ
りません。ただ単にあなた方の置かれている本当の境遇を知ってもらう
ためであり，至上の信頼を正しく神に対してのみ持つようにしてほしい
からです。

　メリットは聴衆ひとりひとりが，この事件のただひとりの生存者である
ジェームス・パリントンの父親あるいは母親，兄弟姉妹になってやってほし
いと訴えたが，同時にジェームスに対しては，誰よりも神に最も厚い信頼を
置くように助言した。彼はまたジェームスに対し，親兄弟が全員亡くなった
となるとほどなく相当な財産を受け継ぐことになるが，「私は君が自分の身
にまつわる危険性を自覚してほしいと思う…長男，そしてパリントン大尉一
家のただひとりの生存者である君が放蕩者になってしまった，と人に決して
言われないようにしてほしい」と付け加えることを忘れなかった[11]。
　メリットの批判に対し反論する機会を与えられたとすれば，普遍救済論者
はきっと，普遍救済の教義は罪悪ではなく正義を高揚するものであり，彼ら
の教理がパリントン殺人事件に関係ないことは，13年前のヘンリー・マッ
コーズランドによるアビゲイル・ウォレン殺しに組合派教会が無関係であっ
たのとまったく同じだ，と反論したであろう。普遍救済論者は，カルヴィニ
ストが聴衆の心に恐怖の念を植えつけようとあれこれ努力するのを，軽蔑の
念をもって見ていたことだろう。彼らに言わせれば，まちがいなく，神の愛
の本当の意味は，神の怒りに対する見当違いの恐怖心ではなく，人を善行へ
と強力に突き動かす力であった[12]。しかし力点の置き所の違いにもかかわら
ず，両グループの議論は，同一地点——救いの予定説——で始まり，同じ慰
め——神の恩寵に対する究極の信心——で終わった。
　普遍救済論についての口伝は，ある自殺者の葬儀を組合派の牧師がことご
とく拒否したときに，メイン地区ポーランドのバーンズ神父が意気揚々と
行った説教のことを伝えている。バーンズの行った説教のテーマ——「神の
摂理が一見悪の外見をとるときも，神の慈悲の目的を理解すれば，今は暗黒

のものも光明に変わる」——これは結局のところ，メリットの提示した論点と変わらない——すなわち，「予防しようとすればできたはずの罪悪が我々に襲いかかるのを神が黙って見過ごすとき，我々は神が自らにふさわしいなんらかの賢明で善意に基づく原理に従って行動していると悟るのだ」[13]。神は全能で善意そのものだ。我々は神の判断に身をまかせるしかない。マーサの日記の底流にあった宗教的感情は，まさにこのような神学に他ならなかったのである。「無限に善なる神よ，我らがかくも恐ろしい行為を心にとどめ，そこから知恵を学びとることができるようお導きください」。

パリントンの悲劇は日常性を奇怪かつ異様に拡大させた事件であった。ティモシー・メリットは，いかにして当たり前のことを奇異なことにつなぎ合わせるか，いかにセンセーショナルなことの裏を読んで，暗い——しかしありふれた——人間の真実を見るか，を心得ていた。ジェームス・パリントンは恐ろしい罪を犯した。神なくして我々はすべて堕落してしまう。パリントン夫人と子どもたちは非業の死を遂げた。我々人間はみな突然の死に見舞われる可能性を持っている。突如夫が妻に襲いかかる。あるいは父親が子どもたちを突然攻撃する。すべての人間関係は神との関係に比べると，2次的なものにすぎない。

メリットのやり方は，彼の真意を超えてゆく。別の原理によってみれば，パリントン殺人事件からは異なる意味を引き出すことができる。全体を包括する問題が神と人間との関係ではなく，男と女との関係だったらどうだろう。フェミニスト的注釈をこの殺人事件につけるとしたら，こうなるのではないだろうか。すなわち，夫が妻と子どもたちを殺した。家父長的家族にあっては，家族のメンバーは父親の意志に従わねばならない。エリザベス・プレックは「家庭内暴力対策にとって最も手ごわい壁は，家族の理想像そのもの」，つまり個々の家族のプライヴァシーを肯定し，家族構成員の間に階層的順位を想定し，結婚の解消を認めないといった一連の考え方なのだ，と論じている。家族の理想像は権利とともに互いに対する責務を命じているが，実は国家が個人に対して行使する権力より，いっそう完全な形の専制的

力を認めている。今日でさえも，「法のきわめて多くの領域で，赤の他人の方が家族の構成員より手厚い法的保護を与えられている」と彼女は説明する[14]。この殺人事件をこのように解釈するためには，そこに至るまでに執拗な肉体的暴力の繰り返しがあって，それが高じて惨殺に至ったと考える必要はないだろう。もっともそうした可能性もありうるが。パリントンという人物が堅実で着実であったこと，資産持ちであったこと，また家族思いであったことなどが，この議論と符号する。父親の基本的義務は家族に経済的基盤を確保することで，妻や子どもたちの基本的義務は愛し，敬い，従うことであった。妻は夫が手招きすればそこへ行くのだ——たとえ死に向かってでも。イーズのパンフレットの巻末の注には，惨劇の前の日曜日にパリントンが書いたとされる自殺前の遺書が載っている。

> 愛する兄弟たちよ。この一文は私がこれから長い旅路につこうとしていることを知らせるためのものだ。また私の所有物は売却し，その資金を投資してほしいこと，息子たちを商売見習いあるいは船員見習いに出してほしいことを伝えるためのものだ。
> 私は自分の家族が困窮するのを見るに忍びない——私の悲しみは神のみぞ知る——私としてはナサニエルをパリントン叔父のところへやって皮なめしを見習わせてほしい——ジェームスは店で働けるだけの勉強をするよう学校へやってほしい——ベンジャミンは鍛冶屋，あるいは君たちが最善と思うところへやってほしいと考える——いずれにせよ，息子たちには何かを習って身につけさせてほしい。たとえそれで財産が全部消えてしまおうとも——残ったものがあれば全員に分配してやってほしい。私はもういないのだから。ジェームス・パリントン[15]

　息子たちを捨てながら，パリントンは彼らの将来を準備する義務（あるいは必要性）を捨てきれないでいる。彼は情け深く愛情細やかである（彼らの苦痛は彼の苦痛である）。同時に彼は，自分自身の苦悩を耐え忍ぶことにしか目が向いていない。責任を兄弟に委ねることが，明らかにジレンマの解決策だったのである。この遺書に関して驚くべきなのは，妻と娘たちが完全

第 9 章 　1806 年 4 月

に無視されていることである。彼が定義する「自分の家族」はナサニエル，ジェームスおよびベンジャミン，つまり 8 歳以上の 3 人の男の子によって構成されているのである。5 歳のネイサンさえ眼中にない。法によって妻は，遺産の 3 分の 1 を自由にすることができ，その他の子どもたちにもなんらかの分け前が与えられることを，パリントンが知らないはずはない。しかし彼らの存在を認める彼の言葉はそっけない最後の一言，「残ったものがあれば全員に分配してやってほしい」だけだった。

　イーズによると，惨劇の直接のきっかけになったのは，娘が父親の遺書を見つけたことだった。何を書いているのかと彼女が父親に尋ねると，「彼はなんでもないと答え，そのすぐあとに肉切り包丁を持ってくるよう娘に言いつけた。彼はよく砥いでおきたいと言った」。彼女が包丁を持ってくると彼は「念入りに砥いだ」。それから彼は姿見の前に立って，包丁で自分の喉を切るようなしぐさをしたのである。彼女はびっくり仰天して，母親に知らせたのである。母親は遺書を探した。大尉は自殺を考えているわけではないが，ただ「自分の死が近いことの予感」がすると静かに説明した。パリントンに自分だけが死のうという最初の計画を変えさせたのは，女たちが「恐れと警戒心」をあらわにしたからだとイーズは結論づけている。「彼女たちのおののくさまを見て，彼が死んだら彼女たちがどんなに悲嘆にくれるだろうと考えて，彼は自分とともに全員を道連れにしようと決意したのは疑いのないところである。そうすれば彼らは一瞬の激痛だけで，悲しむこともなく，永遠に彼とともに幸せでいられる」[16]。

　イーズによるこの事件の再構成は，一貫して家族の理想像によって塗り固められている。そこにはパリントンが娘に恐怖心を起こさせるために故意に肉切り包丁を持ってこさせたとか，妻に遺書を見つけさせたいと考えたとか，また，妻を操縦したり思うように動かしたりするためにわざと自殺をちらつかせたというようなことを示すヒントは何もない。この説明において，彼は思い違いをしていたとしても，愛情細やかな父親である。近年家族をボードインハムからオーガスタへ連れてきたように，今度は彼らを天国へ連れてゆこうと決意したものと見える。皮肉にもイーズは，母と娘には自身の死に責任があるとしている。殺人事件は，パリントンが彼の意志と彼らの意

志を区別できなかったからではなく，彼女たちが仰天してうろたえたことが
きっかけとなって起こったのだった。

　ジェームス・パリントンが何を信じていたのか，何を感じていたのか，
我々には永久に分からない。彼を突き動かしていたのは普遍救済論だったの
かもしれない。あるいは極端な家父長的思想だったのか，あるいは家族に対
する家長としての責任と個人としての絶望感と葛藤だったのか——あるいは
我々には窺い知れない別の原因だったのかもしれない。事件にコメントした
人々は何人もいたが，奇妙なことに，殺人事件が起きたとき，彼の聖書のエ
ゼキエル書9章が開かれていたという事実にふれた人は誰もいない。

　　この方は私の耳に大声で叫ばれた。破壊する武器をそれぞれ手に持っ
　　た，この都を罰する者たちを連れてこい。…憐れみをかけてはならな
　　い。惜しんではならない。年寄りも，若い男も，若い娘も，幼子も，女
　　たちも殺して滅ぼせ。しかし，印がつけられた者には，誰にも近づいて
　　はならない[17]。

　この出来事から様々な教訓を引き出し，明快な解釈を加えたあげくに残さ
れたものは，結局黙示録的な残像と説明のつかない惨劇の事実のみだ。

　「ポリー・パリントンが来た」。マーサが春のうららかな日に書きとめた何
気ないこの一言は，そのあとに続く恐怖を考えると，怪奇的で陰惨な中世的
雰囲気を帯びてくる。「ポリー・パリントン」は，子どものお話に出てくる，
家事をする猫の名前であるかのように，ほとんど滑稽な心地よさを持ってい
る。ポリーが殺されたり傷を負ったりした姉妹とともにベッドで死んでいる
光景を想像するのは，やり切れない思いがする。彼女はパリントン家の長女
であった。彼が斧の刃を研いでいる間に，母親に付き添って教会へ行ったの
は彼女であった。隣人たちはあの恐怖の夜に，何が起ころうとしているかを
彼女はうすうす感づいていたのではないかと考えている。イーズの説明によ
れば，「長女と次男は身体の方々に多くの傷を負っていた。それはおそらく

第 9 章　1806 年 4 月　　　　　　　　　　　　345

彼らが抵抗したからであろう」[18]。

　あの夜ポリーと一緒のベッドに寝ていたマーサ・パリントンは，生きて，事件の詳細を伝えることができた。彼女によると，姉に対して加えられた打撃で彼女は目を覚ました。寝具にくるまって丸くなっていた彼女は，自分の頭や腕に打撃を感じた。「それから父親がその場を離れていったが，そのときには誰だったのか知らなかったし，考えもしなかった。彼女はベッドの縁に頭を乗せていたことを記憶している。その間（彼女の表現を使うと）血がまるで小川のように床に流れ落ちるのを聞いていた──そして姉の傷口から流れ出す血をさわってみて，彼女は死んだと分かった」。ジョナサン・バラードがやってくるのを聞いて彼女は，「神に栄光あれ！　私をもう 1 度殺して」と叫んだ[19]。

　マーサはジョナサンの家に運ばれた。そして日記にあるように「ただちに外科的支援が求められた」。彼女が回復する望みが少しはあったらしい。葬儀の翌日，財産を調べに来た査定人たちは，彼女のために長靴下 1 ダース，スカート 5 着，「女性用ガウン」3 着，「短くてゆったりしたガウン」4 着，袋 4 個，短いマント 1 着，ショール 2 枚，麻のハンカチ 4 枚と絹 1 枚，オーバーコート 1 着，絹の婦人用長手袋 1 組，ミトン 2 組，婦人用ボンネット 3 個，青いペチコート 1 着，金の指輪 1 個，これらの品物を入れるためのタンス 1 棹を保留している[20]。彼女はジョナサンとサリーの家で 3 週間寝ていた。彼女の祖父母にあたるベンジャミンとアンナ・クリフォードはできるだけの助力はしたが，たぶんサリーが看護の責任を担ったものと思われる[21]。

　マーサ・バラードは別の一連の責任を担った。葬儀の翌日，彼女は日記にその日の仕事を要約している。「パリントン氏，彼の 2 人の娘とジェームス・P. がうちで朝食をとる。彼［とジェームスは線で消されている］は夕食もとる。彼とジェームスは夕食後うちに泊まる」。頭数を注意深く数えておくことは，いずれ遺産から「宿泊費・食費」を払ってもらうことになるマーサとイーフレムにとっては必要なことであった。このパリントン氏は，大尉の兄弟，ヒゼキアである。一団は翌日またやってきた。マーサは彼らに夕食を出したところで「一時は，すっかりくたびれ果ててしまった」。それでも

彼女は元気を出してジョナサン宅へ行き，シーツを2枚とその替えを2組
受け取った。「死者を安置するのに私が持っていったもの」と取り換えるた
めであった。その日は晴天で，料理をするにも歩くにも暑くて不快だった。
この4日ほどパリントン家の騒ぎのせいで，マーサは自分の時間をほとん
どとられてしまっていた。そしてその後の数日間は引き続き彼女のエネル
ギーは吸い取られてしまう。日曜にヒゼキアとジェームスは彼女の家にまた
泊まった。彼女は2人に夕食の準備をし，翌朝は朝食を出した。朝食の後，
彼らは「ここを出発してボードインハムへ向かった」。その日残された時間
を，彼女は遅れていた乳製品作りにあてた。攪拌機をまわしてバターを3ポ
ンドとチーズを作った。

　火曜日に彼女はジョナサン宅を訪ねた。「行ってみるとマーサの容体はよ
くない。老クリフォード氏が付き添っていた。私は身体に力が入らない感じ
だったが，畑にバケツ1杯の水をまいた」。ジョナサンの家で怪我人の不寝
番が続いているなかで，マーサとイーフレムは自分たちの生活を建て直そう
と努めていた。彼は水車小屋に「トウモロコシ畑の柵を作るための板材を見
に」行った。彼女は家事をし「黒パンと白パンを焼いた」。彼は船が進水す
るのを見に行き，彼女は地下室の掃除をした。彼女がマーサ・パリントンの
看護に関わっていないのは，驚きである。マーサが距離を置いているのは，
サリーが看護婦として腕をあげてきた以外に，2人の女性の間の冷たい関係
が続いていたことがあるだろう。7月23日，出産から帰宅して，マーサは
また息子の家へ出かける。彼女のコメント――「私はマーサ・パリントンの
傷の包帯を見た」――はっきりしないこの一言はどういうことだろう。見た
という動詞は，傍観者の立場で言っているのだろうか，それとも監督者の立
場で言っているのだろうか？

　その後彼女は再びそこを訪れることはなかった。この若い女性の死は，彼
女の記述の中では2次的な扱いになっている。すなわち，7月28日，「マー
サの容態はちっともよくならないとのこと」。7月29日，「マーサ・パリン
トンの生命は終わりに近づいているとのこと」。7月30日，「マーサ・パリ
ントンは今朝3時に亡くなる」。7月31日，「私はとても具合が悪かったが，
マーサ・パリントンの亡骸を見に息子ジョナサン宅へ行く。パティ・タウン

が行って，私の娘の縫い物を手伝った。パリントン氏と息子がうちで夕食をして泊まった。パティは上の部屋で寝た」。そして8月1日，この若い女性の葬儀の日，

> パリントン氏は朝食をすませた。彼らとクリフォード氏，グレッチェル氏，それにグレッチェル氏と同居している青年が夕食をとった。娘ポラード，パティとジョナサン・バラード2世も夕食をともにした。我々は全員マーサ・パリントンの葬儀に参列した。メリット氏がヨブ記1章20-21節をもとに説教した。このとき，ヨブは立ち上がって上着を引き裂き，頭を剃り，地にひれ伏して礼拝し，そして言った。私は裸で母の胎から出てきた。また裸でかしこに帰ろう。主は与え，主は取られる。主の御名はほむべきかな。

マーサにとって牧師の読んだこの聖書の一句は，心の奥深くに響いた。彼女は助産婦として，生まれくるものと帰りゆくものの双方を知っていたのだ。

町のほとんどの人々にとって，パリントン事件はそこで終わりになった。しかしマーサの隣人にとっては，この出来事は長らく忘れられることはなかった。イーズの出版物はこの家族に関するすべてを公にし，ボードインハムやオーガスタにおける隣人たちのいろいろな議論を体系化して整理し，大尉の物語をまとめたが，彼らのことをよく知る女性たちにとって，物静かな男とその家族を忘れ，恐ろしい殺人とそれ以前の数ヶ月における彼らの表面的には普通の行動を結びつけるには，長い時間が必要だった。事件の2週間後，まだマーサ・パリントンがジョナサンの家で死の床にあったときに書かれた短くそっけない日記の記述は，多くの人々が経験したはずの不安と罪の意識を示している。「ハートウェル夫人が誰かに，逃げてーと叫んだ。というのはギルバード〔ギルバート〕が自分の妻を殺さんばかりだったからだ。私は現場に駆けつけたが，誰も殺されてはいなかったし，傷を負わされた人

348

もいなかった。しかし，いつものごとく酒が見えた」[22]。

　7月9日には，ハートウェル夫人とギルバート夫人が，パリントン家の死を知らせに一緒にバラード家にやってきた。今ではひとりの女性がもうひとりの女性の身の安全を気遣い始めた。マーサがこの話をあっさり切りあげたのは，問題を一般化して，ある家での悲劇を別の家での同様な可能性に置き換える気がなかったことを示唆している。「ギルバート家では大騒ぎがあった」と彼女は殺人の起きる前の6月10日に書いている。近隣での困りごとのひとつは，酒の上での喧嘩騒ぎであった。しかし日記のより広い範囲の記録，すなわちその後数ヶ月にわたる人々の日常的行き来の淡々とした記録の連続は，彼女が自覚していたよりもこの事件に深く影響されていたことを示している。

　1805年から1806年にかけてマーサの家を最も頻繁に訪れたのは，ワイマン夫人とハートウェル夫人であった。対照的に，殺人事件以前の丸1年間にギルバート家の家族の誰かが日記に現れるのはわずか5回である。しかし事件後の5ヶ月間に彼らは12回現れる。7月24日にハートウェル夫人がマーサを呼びに来る以前には，マーサはギルバート家には1度も行ったことがなかった。その後の数ヶ月間にマーサはこの家を2度訪ねている。より重要なことは，ハートウェル夫人が，マーサがなるべくギルバートの妻を訪ねるように，いろいろな方法で仕向けていることである。特に注目されるのは，通常この時期のマーサが家をあけるのは医療関連の仕事のためなのだが，ギルバート家へのこの2回の訪問では，マーサはただ座って時を過ごすために出かけていったらしいという点である。「私は午後，ギルバート夫人のキルト作りを手伝うために出かけた」と彼女は9月26日に，長年やっていない針仕事にふれている。意識的であったにせよ，そうでなかったにせよ，マーサは悩みのある女性を近所の仲間になじませようとしていたのである。「ギルバート夫人が来て，私の黒いマントを持ち帰った。彼女はそれを繕って［インクのしみで不明］，家へ持ってきた。請求額は1シリングだった。私は1.6〔シリング〕あげた」[23]。12月6日，「ギルバート夫人はオレンジ1個，ケーキとチーズを少しプレゼントしてくれた」というのも不思議ではない。いつものように，マーサは言葉によってではなく，行動によってより

第9章　1806年4月

多くのことを伝えてくれる。

1806年12月19日，マーサは書いている。「今日は私の51回目の結婚記念日だ。あの日から今日まで，ああ，なんといろいろな光景を目にしてきたことか。そのことをつくづく考えながら寝についたが，ほとんど眠れなかった」。半世紀の間に彼女は幾多の激動を経験していた──幼い娘たちを奪った喉の病気，独立革命最中のケネベックへの移住，ノース判事の裁判に出廷するためのポウナルボロへの旅，イーフレムへの襲撃，そして全部思い出せないほどの誕生，病，死，雹の大嵐，吹雪，洪水など。そして今，近所での「恐ろしい光景」である。

それには続きがあった。3月15日，パリントンの虐殺のちょうど8ヶ月後，マーサは川向こうから急ぎで呼ばれた。

> 私たちの友人チャールス・ギルが自分の喉を剃刀でひどく切り裂いたので助かる見込みはないと，今朝10時頃知らせがあった。無限に善なる神よ，この恐ろしい試練の時に，彼の妻とすべての親族を支えたまえ。私は1時頃彼の家に駆けつけたが，彼はすでに事切れていた。彼には常識があったから，遺書を残していた。ギル夫人の試練はほとんど耐えられそうにないものだった。

ギル夫人とはベッツィ・バートンだった。つまり，10年前にバラード家でチャールス・ギルと結ばれたマーサの姪であった。ベッツィは9人の子持ちであった。2人は前夫との子，7人はギルとの間の子どもだった。ギルは破産状態で亡くなった。それなのにマーサは，この男を非難しようとはしていない。彼女の心配の中心には，ベッツィがいた。「彼女の試練はほとんど耐えられそうにないものだった」と書き，ベッツィあるいはマーサ自身の信仰を捨てようとしなかった。

近くに住む隣人であったヘンリー・スウォールはこの出来事を次のように記述している。

> 朝8時頃，この近所は，殺人！という叫び声を聞いて緊張が高まった。

チャールス・ギル氏がドローナイフ〔細身の刃物の左右両端に曲がり柄を取りつけた木工具。両手で引いて樹皮などを削る〕を使ってまことにショッキングなやり方で自分の喉を切ったのだと分かった。私はこの恐ろしい出来事の後，彼に会った――そして彼の平静さ――というより愚かさに一驚した――彼の冷静さは最後まで変わらなかった。彼は一切悔い改めることなく1時頃死んだ。

　マーサは一晩中姪とともに過ごし，彼女の孫であるバーニーおよびルーシー・ランバードを伴って帰宅した。「小学校の校舎が火事で焼失」と彼女はその日の日記の余白に書き入れている。3月17日，スウォールは「ギル氏は埋葬された。検死陪審員団の評決は，故意の計画的殺人というものであった」。マーサは簡潔に書いている。「息子サイラスが帰宅してきた。彼の父親，彼およびアリン・ランバードが葬儀に参列する。私は具合が悪くてとても列席できなかった」[24]。

　その翌日，さらに悪い知らせが入る。すでに積もりに積もった宗教的感情に押し潰されそうになっていたマーサを打ちのめすに十分な衝撃をもたらした。「ハートウェル氏が，ベンジャミン・ペティが死んだと知らせてきた。ナサニエル・ディングリーに死ぬほど殴られたためだ。この東部の世界はいったいどうなってゆくのだろう？」この問いかけは，その後の5年間に彼女が繰り返し繰り返し自問したであろう問いだった。しかし，彼女自身の生涯が終わろうとしていたときにも，マーサは隣人たちへの英雄的な献身と自分が面倒をみていた小さな畑に大きな情熱を傾けることに，心の平穏を見つけたのである。

第 10 章

1809 年 5 月 「私の畑で働く」

1　2　ジョン・ショー宅へ行く。今年 2 番目の出産。6 月 16 日，ショー氏より 7 シリング 6 ペンス受け取る。
晴れ。夜半頃，産気づいたジョン・ショーの妻に呼ばれる。彼女は今朝 8 時頃第 2 子，娘を無事出産。私は正午頃帰宅。バラード氏は町の集会へ行く。州議会に送る町の代表者としてサミュエル・ハワード少佐が選出された。
ジョン・ショーの娘誕生［判読不能］。

2　3　家にいた。具合が悪い。パティ・T. 来訪。
晴れ。私は石鹸作りの仕事をした。身体に力が入らない。夫はハロウェルへ行く。夕方，パティ・タウンが来訪。

3　4　家にいた。娘バラードがチーズ 4 1/4 ポンドを贈ってくれる。
晴れ，暖かい。私は家事を手伝う。パティが洗濯し寝室の掃除をしてくれた。私たちはサイラスのベッドとタンスを 2 階の部屋に上げた。スミス夫人とブルックス夫人が来訪し，モシアー夫人が重病だと知らせてくれた。

4　5　娘ランバードのところとモシアー氏宅へ行く。
曇り，少し雨。私は娘ランバードのところへ行く。モシアー夫人を診るよう呼ばれる。病状は重い。

5　6　娘ランバード宅。講演会へ，それから息子イーフレムのところへ行く。

一時雨。私は娘ランバード宅から講演会へ行く。それから息子イーフレム宅へ向かう。そこに泊まる。

6　7　息子イーフレム宅およびハムリン氏宅。モシアー夫人の容態は悪化したとのこと。

晴れ。私は息子イーフレム宅，それからハムリン氏宅。そこでフェアウェル〔ファーウェル〕夫人，娘ランバード，テオフィラス・ハムリンの妻，彼女の娘サリー，カーター夫人たちとお茶を飲む。私は息子イーフレム宅で泊まる。

7　8　息子イーフレム宅。パイパー夫人と娘ランバード。今年3番目の出産。今月24日にバブコック宅で9シリング受け取る。

一時晴れ。今朝早く，息子イーフレムにパイパー氏宅へ行くよう呼ばれる。彼の妻が産気づいたのだ。12時，彼女は息子，第5子を出産。そこで夕食をすませてこの家を後にし，娘ランバード宅へ向かう。そこで一晩中病人に付き添う。ヘンリーは夜中ひどく患った。私は服を着たまま少し眠る。ソフィア・ギルもこの家に泊まった。私の娘はモシアー夫人の様子を見に行った。彼女の容態はとても重い。

パイパー氏の息子，第5子誕生。XX

8　2　娘ランバード宅，息子ジョナサン宅とパイパー氏宅。

雨。午前中娘ランバード宅。馬で帰宅。息子ジョナサン宅に顔を出す。お茶を飲む。バラード氏も一緒。イーフレムとウィリアムはここに泊まる。ジャックは私たちがベッドに入ったあとになってやってきて泊まる。

9　3　家にいた。私は畑で働く。ソフィアとドリーが泊まる。

一時晴れ。私はカブとキャベツの芯を植えた。娘バラード来る。彼女の息子ジョナサンが来て，船でリヴァプールへ行くと言う。出発は明日とのこと。

第 10 章　1809 年 5 月　　　　　　　　　　　　353

ソフィア・ギルとドリー・ランバードがうちに泊まる。

10　4　家にいた。エムリー〔エメリー〕夫人来訪。女の子たちは朝食後帰宅。ジョナサン・バラードは船を出す。
ほとんど一日中曇り。私は家事をする。キュウリと 3 種類のウリ（squash）〔本章ではウリ類を指す〕を植えた。家の盛り土を取り除くなどする。少し編物をする。エムリー夫人が私に会いに来る。今朝，女の子たちは帰る。エムリー夫人とウィリアム・ストーンの娘 2 人が野菜の種を買った。バラード氏は息子ジョナサンのところで働く。ジャックは海に出発する。

11　5　家にいた。ビールを作る。
曇り。私は家事をする。ビールを作る。バラード氏は午前中，息子ジョナサンのところで働く。午後は娘ランバードのところへ樽のたがをはめに行った。パティは手がとても痛んでいるとのこと。

12　6　家にいた。パンを焼いてウリとキュウリを植える。
ほとんど一日中曇り。家事をする。黒パンを焼く。具合がよくない。バラード氏は畑の周りの柵を修繕する。イーフレムとウィリアムがうちに泊まる。

13　7　家にいた。バラード氏はハロウェルへ行く。ラッド氏から茶 1/2 ポンド，砂糖 2 ポンド，エールワイフ〔ニシン科の魚〕6 尾購入。死。
ほとんど一日中曇り。ベッドを整え，ウリの種をまき，家の東側の盛り土を取り除く。バリン氏来訪し，彼の息子ジェシーが昨日，一番下の子を埋葬したとのこと。ローダ・ポラードがうちに泊まる。そして老ビスビー氏が亡くなったことを知らせてくれた。パティ・タウンはとても衰弱している。ハンナ・バラードとウィリアムがうちに泊まる。

14　1　家にいた。ローダは夕食後帰る。
一時曇り，少し雨。バラード氏は礼拝に行く。ストーン牧師がローマ人への手紙 1 章 28 節をもとに説教する。ハンナ・バラードとゲッチェルが来訪。

イーフレムとウィリアムが泊まる。

15　2　家にいた。ジョナサン・ジュニアが戻ってくる。船乗りになる
チャンスがなかったとのこと。
一時晴れ，午後にわか雨。私は家の西側を耕す。家の東側にウリ，キュウ
リ，マスクメロン，スイカを植える。3 時以降大量の洗濯を始め，それを
すっかり片付ける。とても疲れた。息子ジョナサンがうちの畑を耕す。夫も
手伝う。

17　4　家にいた。息子タウンは今朝ここを出発する。バラード氏は今日
84 歳になる。ハインズ氏亡くなる。
晴れ，暖かく春のようだ。私の畑で働く。豚小屋の脇に長ウリを植えた。
ペッパーグラス（peppergrass）〔コショウソウ〕の種をまき，セージその他の根
を植え込む。バラード氏は茂みを刈り，畑を耕す。私は夫とサイラスの古い
オーバーコート，私のガウンその他を洗濯する。息子ジョナサンは強制執行
で雄牛 6 頭を持っていかれる。なんとかしてやりたいとは思ったが，どう
にもならなかった。イーフレムとウィリアムが泊まる。

18　5　家にいた。モシアー夫人の容態はちっともよくならないとのこと。
晴れ。私の畑で働く。豚小屋の脇にパセリとマルメロの木 3 本を植える。少
し編物などをする。バラード氏は畑を耕し，ホップの支柱を立てる。イーフ
レム泊まる。

19　6　家にいた。［インクのしみ］氏
晴れ，暖かい。私は畑で働く。少し編物。石鹸を作る。ジョナサン・ジュニ
ア泊まる。ワイマン氏が魚 12 尾をプレゼントしてくれる。

20　7　家にいた。多くの人が集まった。ジョナサンの妻がバターをく
れる。
晴れ。私はアイロンがけをして畑で働く。娘ランバードが豚肉 3 ポンドを

届けてくれる。フェアウェル夫人，娘バラードと 3 人の子ども，パティ・タウンがうちでお茶を飲む。

21　1　家にいた。息子イーフレムの妻とパティ・タウン来訪。
晴れ，暖かい。バラード氏，礼拝に行く。散歩する。息子イーフレムの妻，正午前に来る。彼女とパティ・タウンはうちで一緒に食事する。モシアー夫人は次第によくなっているとのこと。パティの手もよくなりつつある。聖句はヘブル人への手紙 12 章 3 節，午後は詩篇 62 篇 8 節。

22　2　家にいた。洗濯をして畑で働く。
曇り，少し雨。私は洗濯をして畑で働く。マルメロの木 2 本，リンゴの木 1 本を植える。ルークのジャガイモの一部とレタスとイチゴを植えた。家の東側の苗床にウリとキュウリを発芽させた。

23　3　家にいた。サヤエンドウをまく。
朝方曇り，そのあとほとんど一日中，日が照る。私は家事をして少し私の畑で働く。正午前，ジョーンズ夫人来る。私の畑の北端にサヤエンドウをまく。バラード氏は息子ジョナサンのところでバター 1/2 ポンドをもらう。ジョナサン・ジュニアが泊まる。

24　4　家にいた。私の畑で働く。
晴れ。私は家事をすませて畑を耕す。豆などをまく。バラード氏は息子イーフレムのところへ行く。息子は 7 1/2 ポンドの新鮮な豚肉を届けてくれる。息子ジョナサンは生チーズと米を少しくれる。イーフレムがうちに泊まる。

25　5　ジェームス・カトン宅。今年 4 番目の出産。帰宅途中落馬する。ウィリアム・バブコック宅で 9/ 受け取る。
晴れ。今朝 2 時 30 分，カトン氏に妻を診るよう呼ばれる。日が昇る頃家に着いてみると，もう男の子が生まれていた。彼女の第 11 子，しかし，問題があった。私は必要な処置をして産婦がなるべく楽なようにしてこの家を後

にする。10時前に家に帰り着き，ハーブその他の品を送る。
ジェームス・カトンの第11子誕生，5番目の息子。XX

26　6　家にいた。豆を植える。
晴れ，気温低く，風あり。家事をして私の畑で働く。クランベリー，ブラウン豆，そしてハンドレッドツーワン豆（hundred to one beens）〔つづりは原書ママ〕を家の南側に植えた。ジョナサン・バラード・ジュニアが泊まる。

27　7　家にいた。ビールを作り，畑で働く。
晴れ，風強し。私の畑でキュウリの移植その他の仕事をする。バラード氏はハロウェルへ行く。娘ランバードを訪ねる。彼女は子牛の肉63/4ポンドをことづけてくれる。ルフェット〔デラフィエット〕はうちの畑の南端のところを耕してくれる。

28　1　息子ポラード宅。今年5番目の出産。
一時晴れ。今朝2時30分に息子ポラードに，妻を診てほしいと呼ばれた。私たちは朝5時前にはそこに到着。6時に私の娘は立派な娘を出産。彼女の第9子，経過順調。赤ん坊は体重11ポンド。サリー・クラークとプリューダ・スノウが夕方来て，夜中いた。
息子ポラードの子誕生，娘，第6子。

29　2　昨日に同じ。
雨。私の娘と赤ん坊は順調。プルーダ〔プリューダ〕が洗濯を手伝ってくれた。サリーも手伝う。彼女は一晩中付き添う。みな健康。息子ポラードはウォーターヴィルへ行く。

30　3　昨日と同じ。息子ジョナサン宅。
一時晴れ。私は娘を起き上がらせてリネンを交換し，8時にそこを出る。11時に帰宅。家には誰も［いなかった］。娘ポラードはケーキと豚肉23/4ポンドをくれる。私は息子ジョナサン宅へ行く。ハーブその他のものを娘ポ

ラードに届けてくれるよう，パティ・タウンに渡す。畑の東側にウリを植えた。

31　4　家にいた。畑で働く。モシアー夫人の容態はちっともよくならない。
晴れ。私は家事をして，ウリやキュウリを間をあけて定植した。スミス大尉とルフェットがうちの畑を耕してくれる。サイラスは羊の毛を刈った。アリン・ランバードがジャガイモと豆を採りに来た。娘バラードがバター 13 オンスを届けてくれた。

　マーサの日記を熟知していないと，1809 年 5 月の日記を見て，ゆっくり移ろいゆく季節の他に何か際立ったもの，あるいは変わったことを見つけ出すのは容易ではないだろう。この月も他の多くの月と同じように誕生の記述で始まっている。「夜半頃，産気づいたジョン・ショーの妻に呼ばれる」。この記述は 1788 年に書かれていたかもしれない――実際書かれていたのだが――「私は陣痛の始まったジョン・ショー中尉の奥さんのところに呼ばれた」と書かれている。あるいは，1812 年には「私はジョン・ショー宅に呼ばれた。彼の妻は夜 9 時に彼女の第 4 子，2 番目の息子を出産した」[1]。
　しかし，年々の季節の繰り返し，毎年同じ種，同じ言葉，同じような天候の移り変わりの背後では，年老いた生命が去り，新しい生命が始まっていた。1809 年 5 月 1 日に彼の第 2 子を喜び迎えたこのジョン・ショーという人物は，1788 年に妻がはじめての子を出産し，その 10 年後に第 5 子を迎えた人と同一人物ではない。ショー家で子どもが誕生したその日に町役員会で州議会への代表に選出された「サミュエル・ハワード少佐」は，同じ姓を名乗るハロウェル 3 代目のリーダーであった。サミュエルの叔父と，大叔父である初代のサミュエル・ハワードは，ともに亡くなって久しかった。父，ウィリアム・ハワード大佐は存命ではあったが，心神喪失者として遺言検認裁判所の認定が出されていた[2]。

「ジョナサン・バラードは船を出す」とマーサは5月10日，孫の名をいつもの「ジャック」ではなくフルネームで書いている。このジョナサンは彼の父親，そして曾祖父（ともに名はジョナサン・バラード）同様，新天地で運試しをしてやろうと張り切っていた。孫娘たちも成長していた。パティ・タウンは祖母が日記を書き始めた頃にはよちよち歩きをしていたが，今や「洗濯し寝室の掃除をしてくれた」。ちょうど15年前に彼女のおばハンナやドリーがしたと同じように[3]。この5月の初めにドリーのドリー，ハンナのローダ，そしてジョナサンのハンナは，ジョナサンの幼い息子イーフレム・バラードがそうしたように，祖母の家にしきりに出入りしている。

新顔になじみの名前。新しい名前に昔ながらの行動パターン。84歳のイーフレム・バラードは，今も町役員会に出かけてゆく。74歳のマーサ・バラードは今も夜中に起き出して病人を介護し，赤ん坊を取り上げ，家事と格闘している。「3時以降大量の洗濯を始め，それをすっかり片付ける。とても疲れた」とマーサは5月15日に書いている。「息子ジョナサンがうちの畑を耕す。夫も手伝う」と彼女は付け加えている。

この日記のような記録に見られるものは，多くの学者が初期のニューイングランドに関連づけたような，保守的で，血縁関係中心の田園的静寂である。「豚小屋の脇にパセリとマルメロの木3本を植える」とマーサは5月18日に書いている。彼女はパセリを育て，冬に備えて豚を飼う。さらに次の世代のためにはマルメロを植える。この継ぎ目のない世界も変化がないわけでも，確実なものでもなかった。「息子ジョナサンは強制執行で雄牛6頭を持っていかれる」とマーサは5月17日の日記で続けて記している。「なんとかしてやりたいとは思ったが，どうにもならなかった」。牧歌的な記述は生活環境の反映であるとともに，価値観の反映でもあったのだ。彼女はジョナサンの苦境に何もしてやれなかった。しかし自分の小さな宇宙に自分の秩序を与えることはできた。5月22日，「ルークのジャガイモの一部とレタスとイチゴを植えた」と彼女は記している。「家の東側の苗床にウリとキュウリを発芽させた」。

表面的にはまるで時間の流れが止まってしまったようなマーサの日記とは対照的に，この1809年という年は公の歴史の面では多事な年であった。

第 10 章　1809 年 5 月

ジェームス・ノースの『オーガスタの歴史』の中で費やされた紙幅によって
判断するなら，1809 年は町の歴史の中で最も重要な 3 つの年のひとつにあ
たる。すなわち，1809 年という年は，オーガスタがハロウェルから分離し
た 1796 年や，ケネベック橋が完成した 1797 年よりは重要な年であった。
また，オーガスタがメイン州の首都になった 1827 年や，不満を抱いたロブ
スターの行商人が放火したため町の中心部の商業地区にあった銀行・乾物
商・法律事務所などが焼失した 1865 年よりは劣る，という程度に重要な年
であった[4]。この年は，ケネベック郡で反乱，あるいは反乱になったかもし
れない出来事が起きた年である。歴史家たちはその発祥の地であるメインの
小さな町の名にちなんでマルタ戦争と呼んでいる。この反乱を指導した人々
の中に，マーサの甥イライジャ・バートンもいたのである。

　バートン一家には，メイン地区に根を下ろすかどうかについて迷いがあっ
た。すでに見たように，ステファンとドリー・バートンは年長の娘 3 人，パ
メラ，クラリッサおよびパルテニアを残して，1788 年にヴァッサルボロを
去ってオックスフォードに戻っている[5]。1801 年に彼らはメインに戻ってく
る。マーサはその年の 5 月 18 日に「兄弟バートンと妹バートン〔バートン夫
妻を指す〕とルークは，クレイジェス氏の店に落ち着いた」と記している。
その年の秋までにはバートン一家は再びヴァッサルボロに戻ったが，彼らは
まもなく，さらに西のマルタ（現在のウィンザー）に移っている。この未測
量の入植地はプリマス会社の係争中の土地にあった。1802 年 10 月 14 日付
の手紙でステファン・バートンは，当時まだオックスフォードにいた長男ス
テファンに宛てて，ここへ来て一緒に住むようにすすめている。

　　我々は土地をいくらか手に入れようとしている。また来週以降，ここか
　　ら 5 マイルほど移動しようと思う。そこには 1 マイル四方に，フクロ
　　ウその他を除けば隣人はいない。しかし，お前たちが懸命に働けば農場
　　を持つことができる。私としてはお前がモホークに来て住むつもりなの
　　かどうか，なるべく早く手紙を書いて，郵便あるいは他の手段で知らせ
　　てほしい。その気がないかもしれないが，1 度こちらに来てケネベック
　　の様子を見るのがよいと思う[6]。

「お前たち」とはイライジャ 18 歳とギデオン 16 歳のことで，2 人ともメイン地区で生まれ，1769–1770 年のジフテリアの流行によって亡くなった兄弟たちの名をもらっていた。

1804 年 10 月 21 日，ステファン・バートンは亡くなった。「神が残された妻，子どもたち，親戚とともにあらんことを。そして我々もそのときのために備えさせたまえ」とマーサは書いている。バートン家の伝承によると，亡くなった医師は，息子たちとマルタにはじめて旅したときに発見した巨岩の傍らに埋葬された。ギデオンのノートにはこれを確認する記載がある。すなわち「ステファン・バートン医師と彼の 2 人の息子，ギデオンとイライジャはこの岩の恩恵を受け，バートンは自身の希望により，岩の傍らにクリスチャンとしての眠りについている」[7]。

1806 年，オーガスタの法律事務所ウィリアムズ＆ブリッジスは，オーガスタの東に広がる未分割地域の不法侵入者をつきとめるために彼らが払った労力について報告している。この調査の結果，大量の松が切られ，オーク材，レッドオーク板材，それに製材用の丸太も数本，伐採されていると報告されている。「調査によると，60 人ほどの人間が略奪に関係しており，一部の人々は損害賠償請求に対する支払能力がある。その他の人々は不法行為に対する損害賠償支払いをするための資産も手段もまったく欠いている」（入植者の観点からはもちろん，彼らは木材を略奪したのではなく，荒野の土地を切り開き，自分たちのための農地を作ろうとしていたのである。彼らは自分たちの汗の結晶である労働は，不在地主の紙切れだけの所有権にまさると信じていた）。不法侵入者の一部はただのならず者であった，と法律家たちの報告は続く。加えて彼らはこうも言っている。そこには同時に一群の「それほど悪意のない者も含まれており，彼らは占拠した土地を改良する能力を有すると思われる」。これら一群の人々の中に「バートン医師の相続人たち」も含まれていたのであった[8]。

1807–1808 年，英仏による対米通商妨害に対抗して，14 ヶ月に及ぶ通商禁止法が制定され，土地所有者と入植者との間の緊張はにわかに高まった。この通商禁止法はメインの連邦派が「ジェファーソンの通商禁止法」と見下した法令であった〔ナポレオン戦争を戦っているイギリスとフランスに対抗して，ア

メリカからの輸出を禁止したもの〕。木材在庫の山がどんどん大きくなるなかで，貿易商や商人が自分たちの破産を見越して，代金の全額をすぐに支払うよう要求しはじめると，プリマス土地所有者〔原書ママ。ケネベック土地所有者組合？〕たちは入植者の立ち退き訴訟を始めた。法による救済を諦めた入植者たちは，土地所有者たちの意志を執行するために派遣された測量士，法の執行者，保安官などに抵抗するために結束した。土地所有者の代理人やその支持者に対する襲撃は，1805–1806 年の 12 件から 1807–1808 年の 36 件へとエスカレートしていった。暴力行為の儀式は次第に手の込んだものになっていった。抵抗者たちはインディアンの装いを身につけただけでなく，当時この地域で男性文化の一部として重要性を増しつつあった軍隊の儀式を滑稽に真似たのであった[9]。

　オーガスタでは男たちは長らく市民軍での肩書きを，ハワード大佐，ショー中尉などといった具合に，日常生活に使っていた。ヘンリー・スウォールの説明によると，1798 年には彼らは「日曜日やその他の公の行事において市民軍の制服を着ること」を始めた[10]。女性たちもこの軍隊式祭典に巻き込まれた。1806 年，オーガスタの新しい裁判所の建物で催された儀式において，数人の「愛国的女性たち」は，白絹でできた高雅な連隊旗に目にも鮮やかな赤色で「勝利さもなくば死」と描いて，新たに組織された軽歩兵隊に寄贈した。旗を捧呈するにあたって，市民軍の大尉を父に持つサラ・ウィリアムズは，女性たちを国の存亡の機に際し男たちを勝利へと導いた「古代ローマの婦人指導者たち」になぞらえた。「国が外国の野望や内部分裂の犠牲になって滅亡するというその時が来たら——この旗を翻せ——汝の命をもってそれを守れ——退却せしめよ，そして降伏文書はその名によってのみ汝らに知られるものとせよ——そして復讐の心をもって誓え，汝らはここに銘された断固たるモットーを全うすると」。この軍事訓練に続いて「すばらしい舞踏会」が繰り広げられた[11]。

　ステューベンのマニュアルを基礎に，ソロモン・ヴォースが独自のやり方で行った軍事訓練を受け，男たちは活躍の時やいまや遅しと勇み立った。1807 年 9 月，ジェファーソン大統領が戦争に備えて総勢 10 万の兵士を集めてほしいと方々の州知事に要請したとき，ヴォースはケネベック連隊の少将

であったヘンリー・スウォールに宛てて，将校たちは「ぎょうぎょうしい正式な部隊派遣命令など待つまでもなく，国のために全員心をひとつにして馳せ参ずる。彼らはいつでも行動を開始する用意がある。彼らは武器や装備を整え，敵との接触の最初の瞬間を捉えて，上官の命令一下，ただちに行動を起こす」と書き送っている[12]。スウォールはまもなくこの書簡に応える機会を持つことになったが，その機会を作ったのは「外国の野望」ではなく「内部分裂」であった。

　1808 年の初冬，不法入植者たちがオーガスタを襲撃する計画があるとの噂が，ケネベック郡保安官のアーサー・リスゴウのもとに達した。1 月 19 日，スウォールは「保安官からの書面による要請に応えて，職務遂行を助けるために，この地の 400 人の市民軍兵にいつでもただちに出動できるよう待機せよと命令した」。郡の中心地を攻撃するために，入植者の一団が奥地で集結しているとの噂が町にもたらされた。1 月 28 日，保安官代理のピット・ディリンガムは入植者たちと交渉するために，シープスコット地区へ馬を乗り入れた。フェアファックスのブロードの居酒屋兼宿屋の付近に集まった大群衆の前に彼が立ったとき，覆面をし，武装した 75 人の男たちが近くの丘の上に現れた。彼らはよく訓練された軍隊のように「優雅な旗」を先頭にして，1 列縦隊で居酒屋兼宿屋に向かって進んだ。耳をつんざく礼砲を空に向けて撃ちながら，男たちは彼を半円形に取り囲んだ。男たちは毛布を身にまとい，モカシンを履いて 3 フィートもある高い帽子をかぶり，熊皮あるいは鹿皮の覆面をつけていた。「一部の男たちは覆面の上に豚毛をつけていた」。ディリンガムは（「野蛮人のような外見は，最も勇敢な男でも恐怖に襲われるほどのものだった」と後に書いている），居酒屋兼宿屋にあらかじめ掲示することなしに保安官が財産に関わる法令を執行することはしない，となだめるような口調で話した。これは，法令の適用対象になる人が逃亡する暇を与えるための戦略だったのだろう。入植者たちは真似事のような芝居を最後まで続けて，保安官の提示した条件を考慮すると約束し，1 時間後に戻ってきて「俺たちインディアンはお前の話が気に入った。俺たちインディアンは全員，お前の言うことに同意する」と返事した[13]。

　ボストンでは，サリヴァン知事は，白人インディアンのことより，リスゴ

第 10 章　1809 年 5 月　　　　　*363*

ウとスウォールが権限を越えて行動しているのではないかと心配していた。状況は軍隊を動かすほどのものではなかったばかりか，郡の行政官は 1786 年のマサチューセッツ反乱法に示された手続きを踏んでいなかったのだ。2 月 5 日，スウォールは日記に「本日 1 日付で保安官の指揮下にある分遣隊を即座に解散せよとの全部隊宛一般命令を至急便で受け取る。部隊命令をこれに付け加えて，ハワード少佐が全部隊に周知した」と書いている。

　市民軍を動かすことを拒否され，オーガスタの支配層は，「用心は我らの守り」という合言葉のもとに自衛パトロールを組織した。入植者たちによる襲撃の噂がおさまらないことを懸念して，彼らは毎日午後 11 時から翌朝まで，町の中心部を見回った。パトロールは川の西岸にあるバートンの宿屋を出て，裁判所，集会所兼礼拝堂，監獄を通り，ブリッジ判事宅からケネベック橋を渡ってコニー，リスゴウ，スウォール邸を通り，ウェスタン砦をひとめぐりして橋に戻った（チャールス・ヘイデンの地図はこの当時，ウェスタン砦の付近には堂々たる邸がいくつも建っていたことを示している）。こうしたパトロールにもかかわらず，1808 年 3 月 16 日，オーガスタの監獄は全焼した。「みなこれは意図的に行われたことと思った」とマーサは書いた。さらにスウォールは次のように書いている。「その夜要請があってヴォース大尉の軽歩兵隊によって見張りが行われ，囚人と放火未遂のあった裁判所を守った」。翌日，郡の「行政官と有力者」の主だった人々が裁判所に集まり，役所の記録や囚人を守るために，市民軍の動員を発令したのは正しい判断だったという統一見解をスウォールがまとめた。ジョセフ・ノース，トーマス・フィルブラウン，ジョン・デイヴィス殿はこのことを知事に報告するように要請された[14]。

　その間，土地所有者たちが権利を強引に押し通そうとするにつれて，奥地では暴力沙汰が増えていった。4 月にはネイサン・バーロウという宗教的神秘主義者に率いられた入植者たちが，フェアファックス近くの森の中で巡査を包囲し，執行しようとしていた令状を取り上げ，近くの家に連れ込んで衣服を剥ぎ取って切り刻んだうえに殴りつけ，裸のまま夜の闇に追放した。バーロウは逮捕されてオーガスタに連行された。マーサは「この夜兵隊が一晩中，いわゆるインディアンの見張りにあたった」と 1808 年 5 月 31 日に

記している。そして6月2日,「バラード氏とサイラスはバーロウの裁判を傍聴しに行った。彼は有罪となった」と書いている。リーダーを救出するためにオーガスタに押し寄せてくるかもしれないという懸念にもかかわらず,バーロウは30日間の独房禁固およびマサチューセッツ州チャールスタウンの州刑務所での2年の重労働という判決を受けた[15]。バーロウの投獄は一時的平穏をもたらしたにすぎなかった。「収税人の馬が今週ベルグラードで銃撃され,またディリンガム氏が変装した男たちに銃撃された,とサイラスが知らせてくれた」とマーサは6月18日に書いている。

　マーサのこうした事件の記述は,以前のイーフレムに対する襲撃の記載と同様,より平穏な事柄が織りなす日記の布地のところどころに織り込まれているのである。「兵隊の見張り」という彼女の記述は,「私は数種類のウリを植えた」との語句で始まる一文の余白に書き込まれている。バーロウの有罪判決のあとには「私は畑にウリを植えた」という記述が続く。収税人の馬に対する銃撃事件についての記述は,「私はキャベツの苗を60本植えた。草を刈った」という一文と「私は畑でよく働いた。トウモロコシ,キュウリを植えた。タマネギ畑の半分で草取りをした」という一文の間に挿入されている。この東側の世界で起こった紛争に彼女ができることは,それまでずっとやってきたように,自分の畑の世話をする以外に何もなかった。

　皮肉なことに,自称インディアンたちが森を囲い込もうとしていた頃に,彼女は本物のインディアンと友達になった。それは1809年の冬にこの付近にどこからともなく現れた少女であった。「インディアンの少女が来た」とマーサは2月13日に記している。2週間後,彼女は次のように報じている。「インディアンの少女が私にバスケットをくれた」,それから次の3週間の間,規則正しく週に1度,「エリザベスがうちに泊まる」,「エリザベス来る」,「インディアンのエリザベスが来訪。ジャガイモをあげる」と書かれている。かつては彼らのものであった土地を白人同士が奪い合っている間に,ケネベックに残された数少ないインディアンたちは,なんの痕跡も残さずに闇の中に消えていったのである。エリザベスもやってきたときと同じように,音もなくマーサの日記から消えていった。

　1809年,国際的事件が舞台の中央に陣取ることになる。ジェファーソン

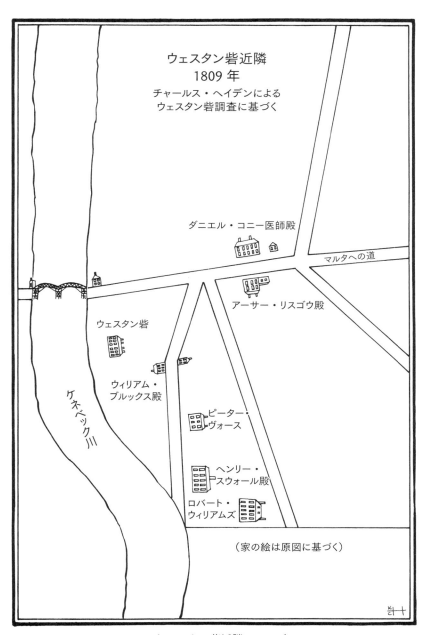

ウェスタン砦近隣，1809 年

の通商禁止法の網を潜り抜けて若干の荷動きはあったものの，通商禁止によって，世の中のお偉方にとっても一般庶民にとっても，深刻な問題が生じた（ジャック・バラードが船乗りになろうとしたというマーサのちょっとひねった記述は，このことと関係があったのである）。1809年1月の町役員会でオーガスタの指導者たちは，ジェファーソンの政策に抗議する決議草案を作った。通商禁止法が撤回されなければ内乱が起こるかもしれないとの予想のもとに，彼らは「自由の大義と真の共和制を守る」という町の決意を確認した。そして「マサチューセッツ州が1775年のときと同じように，再び暴政と庄政を打ち砕き自由への扉を開け放つ」ようにと祈った。1809年にあって，暴君は大英帝国ではなく，フランス帝国であり，すべてではないが一部のオーガスタの人々にとって，それはますます専制的になりつつある連邦政府と映った。たぶん連邦主義者と穏健なジェファーソン派との妥協の産物であったと思われる町の決議案は，86票対23票で可決された。現存する決議書はジョン・ヴァッサール・デイヴィスの筆跡である[16]。奥地では，入植者たちの関心は，国レベルの政治的かけひきよりも，そこから自分たちを追放しようとやっきになっている土地所有者に向けられていた。彼らも1775年の頃を思っていたのであった。

　マーサは1月の集会には気づいていなかったが，1809年6月10日に次のようにさりげなく書いている。「通商禁止法の撤廃で入植地はお祭り騒ぎであった」。お祝いの週の間，彼女は男たちの関心事より，腫れて痛む左足の膝に気をとられていた。5月25日の落馬が原因だったにせよ，長期にわたる畑での奮闘が原因であったにせよ，大変な苦痛だった。「ハンナ・バラードは脚浴のための強い酒を持ってきてくれた。私は黒い羊毛も患部にあてた」と6月7日に書いている。しかし翌晩，彼女は脚のあまりの痛さに眠れなかった。「私はまだ足が不自由だ」と彼女は翌朝記している。「しかし一日中畑で働いた」。自由の土地での生活は，別の種類の勇気をも必要としたのであった。

　1809年5月の日記はこの頃の政治的・経済的混乱をほとんど伝えていな

いが，鮮やかな色彩にいろどられた春を描写している。1809年4月28日，大地は硬く凍結していた。しかし，5月9日にマーサは「カブとキャベツの芯を植えた」。その前の週の暖かい天候と優しい雨で，前年のキャベツの根（地下室で冬越ししたもの）を畑に植えたり，キュウリやウリをまいたりできるようになった。1年また1年と時がたつにつれて，ヒヤシンスではなくキャベツの芯が春の前ぶれとなっていった。マーサは冬の厳しさが和らぐやいなや，野菜の根を植えつけはじめた。1801年には彼女は4月18日にこの仕事を始めている。その年には165本のキャベツの芯を畑に植えた。1806年には5月4日に植えつけて，2週間後には野草に加えて先に植えた株から伸びた芽の最初の収穫をしている。「私は豚肉，ワセスイバ（patience），キャベツの芽，セイヨウノコギリソウ（yerrow）とナズナ（shepherds）の芽を料理した」と彼女は記している。その間，彼女はトウモロコシ，キュウリ，カボチャ，ウリ，メロンをまき，セージとビートの根を植えつけ，「外の便所の裏から肥やしを運び」，「畑でその他諸々の仕事をした」。キャベツ，カブその他の根菜類は，2年目には成熟した野菜は収穫できないものの，食べられる緑の葉を茂らせ，さらに翌年のための種をつける。マーサのような古風な農婦にとって，植えることは，パンを焼くときに少しとっておいた生地で次のパンを膨らませるのと同じように，際限なく繰り返されるサイクルだった。つまり，ある年の収穫の断片が次の年の収穫を確かなものへと連結させるような鎖であった。

歴史家たちは初期アメリカにおける農業に関して多くの文献を残しているが，女性のものとされた複雑な園芸術については十分な研究がない。それは耕作と，ひとつの季節のものを次の季節にまで延伸することを可能とする保存の作業を伴う，厳しい労働だった[17]。マーサはある年，7月11日という早い時期にミルクパンいっぱいの「ポーランドキング（Poland King）」豆を収穫し，別の年には10月4日に秋植えのグリーンピースを収穫してご満悦だったし，12月17日に「グレービーソースに入れるための新鮮で緑いっぱいの」パセリを畑からとっている。また3月13日，すなわちその年の農作業のサイクルを始めるわずか6週間前に，地下室に保存していたキャベツを食卓に供したことを得意げに記している[18]。

5月10日，マーサは野菜の種をまいたこと，種を売ったことを記録している。すなわち，エメリー夫人とウィリアム・ストーンの子ども2人が「私の種を買った」と記している[19]。しかし，町にはより野心的な種商人がいた。毎年春になるとオーガスタのどの新聞も「ジョセフ・ノースによる各種野菜の種の取り合わせセール」という広告を掲載した[20]。ノースの種取引を記録した小規模な帳簿が現存している[21]。マーサの自家製の種は大安売りであった。マーサがパースニップの種1オンス〔約28.3g〕を2シリング，およそ45セントで売っていたのに対して，彼は1/2オンスの種に70セントの値をつけていたのである。彼の種は疑いなく専門業者が育成した輸入品であったであろう。しかし，彼の簡略な帳簿には種の種類についてはなんの記載もない。ほとんどの記入項目は「野菜の種」とだけしか記されていない。しかし例外的に「黄色カブ（Yellow Turnip）〔つづりは原書ママ，以下同様〕」，「ラディッシュ（Redish）」，「ピーマン（peper）」，「メロン（millin）」あるいは「キュウリ（Cuwcomber）」などと書かれている。ノースの綴りもマーサのそれと同じくらい多様であり，想像力豊かなものである。ノースはリンゴの苗木も売っていた（彼はある客に13本の苗木に対し1.80ドルを請求している），また彼は当時富裕層に人気が出始めていた「Lambar popels」，おそらくは「セイヨウハコヤナギ（Lombardy poplar）」も売っている[22]。

イーフレム・バラードの名前での取引記録が，ノースの帳簿に1回だけ記されている。1807年5月29日の野菜の種25セント分の取引である。マーサはこの種の購入については何も記していない。しかし5月30日，「バラード氏は畑に豆をまいた。彼は昨日トウモロコシとカボチャをまいた」と書いている。もしイーフレムがノースから購入した種が本当に豆，トウモロコシあるいはカボチャであるとすれば，バラード家にすでにあったものとは違った，珍しい品種であったに違いない。この日記の記述がこれまでと違う唯一の点は，イーフレムが畑仕事に手を出したという点である。彼はこれまでも時として畑を耕すのを手伝ってはいたものの，種をまいたり苗を植えたりするのはほとんどいつもマーサだった。

彼女は最初の種を家の日当たりのよい側の畑に畝を作ってまいた。土地が暖かくなってくると，そこに育ってきた苗を広い畑に植え替えた[23]。几帳面

第 10 章　1809 年 5 月

で熱心な栽培者として，彼女は土壌にも関心を示している。早春の頃，土地に肥やしを加え（肥やしの一部は屋外の便所からシャベルで運んだものである），木灰や石膏の粉末の形で石灰分を土に混ぜた[24]。

　畑作りに関する彼女の記述は，同時代のオーガスタの他のどの資料よりもはるかに詳しい。ヘンリー・スウォールは，トウモロコシや小麦の植えつけにふれてはいるものの，畑作りの実際についてはほとんど何も書いていない。畑作りはタビサの仕事であったからであろう。この時期に断片的な日記を残したダニエル・コニーは，季節の移り変わりを示すために畑仕事を目安にしている。1808 年 4 月 5 日「アスパラガスの畑を耕した。最初の船が来た。農民は畑を耕している」。1808 年 5 月 5 日「スモモの花が満開だ」。7 月 4 日「グリーンピース，たくさん」[25]。しかし彼の畑に何が植わっていたかを示す記録としては，この医師の日記はまったく役に立たない。

　マーサは豆，キャベツ，レタス，パースニップ〔アメリカボウフウ〕，ニンジン，カブ，ビート，キュウリ，ハツカダイコン，タマネギ，ニンニク，ペッパー，「ペッパーグラス」，「フランスカブ」，ウリ，「サヤエンドウとサヤインゲン」，マスクメロン，スイカ，カボチャ，それに医薬用・料理用の各種ハーブ類（セージ，サフラン，コリアンダー，アニス，マスタード，マリゴールド，カモミール，パセリ，その他多数）を育てた。しかしアスパラガスのことにはふれていない。彼女の日記に出てくる豆やウリといった昔の主要産物には，それぞれいくつかの種類があった。「キュウリと 3 種類のウリを植えた」と彼女は 1809 年 5 月 10 日に書いている。また 5 月 17 日には「豚小屋の脇に長ウリを植えた」。日記には「バニービス豆（Bannybiss beens）」，「クランベリー，ブラウン豆（Brown beens），それにハンドレッドツーワン豆」，「黄色のツルナシインゲン（yellow Bush Beans）」，そして「雁豆（wild goos beens）」といった具合である[26]。ある年にイーフレムは「8 種類の豆をトウモロコシ畑の南端に」植えた[27]。そして 1801 年 7 月 9 日には，たぶんちょっとした気まぐれから，マーサは「イエローアイ豆（yellow-eyed bean）を 1 粒岩の上に」植えたりしている。おそらくその岩は氷河期の名残をとどめるニューイングランドでは珍しくない，地面から露出している大きな花崗岩で，その上部にある土がたまったくぼみに植えたのであろう。トウモロコ

シとジャガイモはそれぞれ色で区別される2種類の変種があった。マーサは1807年6月16日，「紫」コーン，そして「スイート」コーンを植えている。そして「私がはじめて植えてみた青いジャガイモが育ってきた」と付け加えている。

　7月までには，フサスグリ（currant）の茂みは地面に届かんばかりにたわわに果実をつけた。その実は鮮やかな赤色の液体で満たされた宝石のような小さな球体で，ピリッとするやや渋みのある酸っぱい味がした。彼女はそれを生でパイやタルト，ソース，薬用のシロップなどに用いた[28]。バラード一家がこの地に越してきたときにはすでに，何本かの果樹は実をつけていた。1801年7月10日，この土地に来て2年目にマーサは次のように書いている。「リンゴ，サクランボ，フサスグリのタルトと白パンを焼いた」。その後彼女はイギリススグリ（English gooseberry）の木を果樹園に加えた。そして1806年の5月にはスモモとリンゴの若い苗木を植えた。果樹や潅木は食卓に変化をもたらしてくれただけでなく，取引用の商品の手持ちを増やしてくれた。「マーシャル・エドソンの妻がサクランボを買いに来た」と1806年7月21日に記している。またその4日後には，「ハワード夫人の女中とフラー氏がサクランボとスグリの実を買いに来た」[29]と書いている。1811年7月27日，つまり彼女の最後の夏には，「ウォリン・ストーンの妻が来て，うちのサクランボを採ってくれた。22クォートあった。彼女の取り分は半分だ」と書いている。それに続けて，「彼［イーフレムと思われる］が1クォート6セントで売った」と記録している。イーフレムがサクランボを売る仕事を自分の責任として行ったのか，あるいは単にマーサの代わりに町までサクランボを運んだだけなのかは分からない。

　フサスグリやサクランボの熟した果実は，圧倒的に緑色に支配されている畑にいろどりを添えるものであった。意図的な装飾は何も施されていなかった[30]。マリゴールドでさえも，植えられたのは薬用としての有用性のためであった。もっともその鮮やかな黄色は魅力的であったに違いない。しかしウリの蔓が這い，キャベツが大きく育って，マーサの畑は旅人が「きれい」と感ずるような畑であった。すなわち，美しく生産的であり，背後の荒々しい森に対して秩序あるオアシスであった。ある巡回牧師はケネベックの入植地

のひとつについて「畑は，新しい場所にしては稀であった。」と書き残している。加えて説明のために「タマネギ，ビート，パースニップはすばらしい」と記している[31]。

子孫のひとりによると，ジョセフ・ノースは「花が非常に好きだった」とし，彼は自分の庭に「土地の気候に合うほとんどすべての草花を」植えたという。しかし，種を記録した彼のノートには，そのことを裏付ける資料はない。ダニエル・コニーは，少なくとも花に関心を示している。「干草作りに理想的な天気だ」と彼は1808年7月25日に記している。「バラは6月20日から7月15日まで満開だ。このシーズンは引き続き雨が多い——7月14日まできわめて雨が多かった。牧草は大いに繁茂している」。彼にとってバラはアスパラガスと同様，季節の表象であった。ケネベックにおいて完全な記録の残っている唯一の，実用向けではない庭園は，ハロウェルのベンジャミン・ヴォーガン医師のものである。

この一家に伝わるメモによると，この医師は「数エーカーに及ぶ広大な庭園をセンスよく配置し，その中に幅広い道や数多くの小径をめぐらせ，それらの道の縁は花で飾られ，スグリの潅木や果樹，低木によって木陰になっていた。イギリス人の庭師が庭園のすべてを世話していた」[32]。ティモシー・ドワイト〔1752–1817，アメリカの聖職者・教育者・詩人〕は，ニューイングランド各地を訪ねてまわった有名な旅でハロウェルを訪ねて，次のように結論づけている。

> この場所よりロマンティックな場所を探すのは容易ではないだろう。この場所に町の名前の由来であるハロウェル氏の子孫，Ｖ氏の屋敷が建っている…裏には川から遠ざかった家のそばに…素晴らしい庭園がある。この季節でも土壌の肥沃さを十分示している。庭園の背後には人の手の入らない人気のない谷があり，その底に小さな川が流れている…この谷川の両側は堤のようになっていて，相当な高さがあり，所々に木の生い茂る険しい地形をなしている。この辺りにはコケの生えた岩石がまったく自然の状態で見られる。小川に沿って歩くのに都合がよいようにＶ氏は小径をつけているが，人の手を加えたというより，まるで野生動物

のけもの道のようである。小径は曲がりくねっていくつかの石橋を渡るが，橋ははなはだ荒削りで，人工の建造物とは見えない。人々の労働によってできたというよりも，まるで偶然の仕業のようである[33]。

　人々が耕し——そして上のように描写された——畑は強い願望を示していた。ダニエル・コニーにとっては「畑を耕す農夫」は経済効果を予見させるものであった。豊かな実りは地代や訴訟費用のすみやかな支払いを意味した。1808–1809 年の農業に関する彼の記述に時折現れるのは，入植者の暴動についての短くそっけない記録である。「標的が燃やされた」と彼は 1808 年 3 月 16 日に書いている。それ以上のことや説明は何も書かれていない。彼がプリマス会社の代理人として，不法占拠者たちとの紛争解決に力を注いでいたことを示す唯一の手がかりは，1809 年 8 月 5 日付の日記の記述，「27 件の契約書と権利書がコニー少佐によって T. L. W. 殿に宛てて送られた…またチャールス・ヘイデンの図面と現地レポートの写しも送られた」という一文である（T. L. W. 殿というのはボストンのトーマス・ウィンスロップであり，チャールス・ヘイデンは測量士である）。マルタ戦争に関する記述はさらにいっそうそっけないものである。「武装した男たちが，囚人を解放しようとして町へやってきた」。

　ノースの帳簿においては，政治も農業と同じように金額に還元されてしまっている。牢破りの試みがなされたあと，彼はケネベック郡に対してその修理費の請求を項目別に作成している。「先のとがった鉄の杭」，「シーダー材の柱購入費」，「海岸から厚板と根太など」を運ぶ費用，そして「丸天井に 1 日」。それと並んで「マッコーズラン〔マッコーズランド〕のシャツ」などと記されている。彼は当時なお，最も人目を引く囚人だったのである[34]。コニーとノースにとっては，1810 年に出版されたオーガスタに対する詩的賛歌は最もぴったりくるものであったに違いない。郡都の「健康的な」空気の中で，法と正義が支配している，とこの詩は歌っている。

　　そこでは生来の勤勉さが
　　貴い労働によって土壌を肥やし，

第 10 章　1809 年 5 月　　　　　　　　　*373*

彼の辛抱強い牛馬たちが
労働の成果を運び出す
商人は 10% の利潤を確保する
こうして彼は儲けて物を売る
そして品物を有用な現金に換える
それこそ我らが悲哀を慰めてくれるもの
それこそ波乱万丈の人生を乗り切るときの
優しい道連れなのだ[35]

「有用な現金」こそオーガスタの最良の収穫物だったのである。

ベンジャミン・ヴォーガンの理想は，ティモシー・ドワイトが報告するところによるとすれば，もっとユートピア的なものであった。彼の整然と配置された花壇と「人の手の入らない人気のない谷」は芸術と自然のロマンティックな調和を象徴するものであり，たぶんその延長上にはイギリス風の洗練された優雅さとメインの荒々しい森との間になんとか折り合いをつけたいという気持ちがこめられていたのであろう。「これは恋人たち，聖者，そして哲学者の聖域だ！」とイギリスの訪問者は感情をほとばしらせている。しかし，不幸なことに，現実の森には土地不法占拠者や山師たちが住みついていたのであった[36]。

コニーやノースの簡単明瞭な記録やケネベックを旅した人々の感情の発露とは対照的に，マーサの日記は，はるかに広い範囲をカバーする記録であった。それは平凡な畑作りの仕事，すなわちそれぞれの季節で必要とされる，日常的でますます増えていく仕事に焦点をあてていた。1809 年 5 月，彼女は少なくとも 6 ヶ所以上の場所に「種をまいた」，「定植した」，「植えた」，「移植した」。5 月 15 日には「家の西側」を耕し，同じ日に「家の東側」でウリ，キュウリ，マスクメロン，スイカを植えている。彼女は「豚小屋の脇」に 5 月 16 日と 18 日に植えつけをし，5 月 23 日には「畑の北端」にサヤエンドウをまき，5 月 26 日には「家の南側」にも植えつけた。彼女が 3 つの方角で示した区画は間違いなく土盛りがしてあり，十分施肥されて肥えた土で，まだ寒いうちから種まきが始められていたのであろう。畑そのもの

は柵がしてあった。この柵をイーフレムは5月12日に補修している。柵に囲まれた畑が「豚小屋の脇」の区画を含んでいたかどうか分からない。マーサが世話をしていた区画は、ジョナサンが5月15日に、またデラフィエットとスミス氏が5月27日と5月31日に鋤き起こした「農場」とは明らかに区別されていたのである。

　マーサのは普通の畑であった。家族に食糧や医薬品を副次的に生産供給する場であった。5月17日、彼女は「私の畑で働く」と記している。私のという所有格は、彼女が自分の仕事に唯一感じていた所有の感覚を示唆するものである。土地の正式な所有者は彼女の夫、あるいは息子、あるいはハロウェルやオーガスタの銀行であったかもしれないが、畑はまぎれもなく彼女のものであった。「家の東側の苗床にウリとキュウリを発芽させた」と彼女は5月22日に書いている。この畑はたしかに彼女のものに違いなかった。なぜなら彼女が土地を掘り起こし、種をまき、まるではじめての出来事であるかのように、毎年繰り返される春の奇跡について、日記に記録をつけ続けてきたのだから。

　1809年5月、ダニエル・コニーがアスパラガスを収穫し、マーサが畑を耕していた頃、マルタのポール・チャドウィックは100エーカーの土地を無償でもらえるという誘いに乗って、プリマス会社のために町の測量を手伝うことを申し出た。イライジャ・バートンの白人インディアンたちは、6月半ばの最初の測量の試みはなんとか喰いとめた。しかし8月までには5人の不法占拠者に対する立ち退き訴訟が始められ、測量士たちがまたやってくるようになった。9月8日の午後3時か4時頃、チャドウィックがチョートの土地で測量助手として働いていたとき、8人の覆面をした男たちが突如森から飛び出してきた。「こん畜生！　なんだってこんなことしやがる。お前のような奴はこれでも喰らえ」と1人が叫んだ。他の3人が至近距離からマスケット銃を発砲した。チャドウィックは3日間、生命を保った。

　9月12日に書かれた、これらの出来事を伝えるマーサの記述には息もつかせない切迫感が滲み出ている。

第 10 章　1809 年 5 月

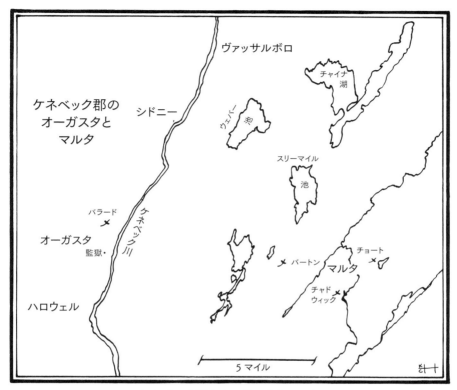

ケネベック郡のオーガスタとマルタ

　イライジャ・バートンが今月 9 日に，〔空白。彼女は明らかにその場所をここに書き入れるつもりだったのだが，地名を思い出せなかったのか，知らなかったのだ〕の雑草のはびこる荒れ地で測量士の手伝いをしていたチャドック〔チャドウィック〕氏を銃撃したかどで拘引されたとのこと。3 つの銃が発射された。この犯人たちは覆面をしていた。恐ろしいことだ。

　9 月 16 日，彼女は「イライジャ・バートン他 7 名がチャドックス〔チャド

ウィック〕氏殺しに関連して牢にいる。妹よ，私は彼女にかける言葉もない」と書いている。チャドウィック殺人事件の知らせに対するマーサの最初の反応は，彼女自身が森で襲われた測量士の妻であったことに影響されていた。甥が関係しているというニュースに彼女は度を失った。しかしイライジャと何人かの仲間が牢にいると知らされたとき，彼女の脳裏にひらめいたのはドロシーへの思いであった。癲癇持ちの息子の衝動的な振る舞いに泣かされてきた彼女としては，妹の悲しみを我がものとして共有できたのである。彼女は1804年3月17日にあの気の滅入るような光景，ジョナサンが若いレミュエル・ウィザムを家から叩き出し，「口汚く罵りながら彼を突き倒した」こと，2人の雇い人たちがその若者が「殺されないように」2人の後を追って阻止したこと，を思い出さずにはいられなかったのだ。

　また彼女の心の中には，ジョナサンが破壊行為，喧嘩，飲酒などで数々のトラブルを起こした昔の思い出がしまい込まれていた。妹の息子は1809年には25歳であった。ジョナサンが居酒屋兼宿屋の経営者エイモス・ポラードによって店から放り出されたときの年齢と同じだった。マーサは「男たちは理性的に行動することができない。不思議なことだ」と以前に書いている。コメントはこの瞬間にもそのままあてはまるものだったろう[37]。チャドウィック殺人事件の状況――つまり，偽インディアンの装い，測量士に対する奇襲――は不法土地占拠者の抵抗という，昔からのおなじみの舞台において見ることができる。通常それは劇的ではあるが，滅多に暴力沙汰にはならないデモンストレーションであり，奥地の入植者が将来の地主を気取る連中をびっくりさせ，ひるませる常套手段だった。しかし遭遇した際の心情によっては，酒の勢いもあって激情となり，それはマーサがしばしば見聞きし，嘆かわしく思っていた光景であった。

　証人のひとりは襲撃の少し前に，イライジャ・バートンが彼に「チャドウィックはひねくれた目つきをしているじゃないか。あん畜生をまともにしてやろうじゃないか」と言ったと証言した。チャドウィックの義父であるデイヴィッド・リーマンは，殺人のすぐあとに彼はイライジャ・バートンとジェイブズ・メイグスがジョン・リンの店にいたこと，そして納屋から母屋へ行こうとしていたと述べた。そのあと彼は「母屋で飲み騒ぐ声が聞こえ

第 10 章　1809 年 5 月　　　*377*

た。彼らは床の上で跳ね回って大声をあげていた。彼らの声は酔っ払いの声のようだった。私は 1 人の男が「神にかけて俺はあいつを消そうと思ったんだ」と言ったのを聞いた。その直後,「神にかけて俺はあいつを消すべきだと思ったんだ」,そして「神様,俺は本当にあいつを消したんだ」という声を聞いた」と述べている。神を冒瀆するような言葉は,日常生活では一般的に広く使われていたとはいえ,この場合には容疑者たちにとってきわめて不利な証拠であった。当時まだ大昔の形式に従って処理されていた神の冒瀆についての有罪判決は,被告人の罪を「目前の神に対する畏怖の念の欠如,そして悪魔の煽動によって操られたこと」に帰していた[38]。

　チャドウィックの母親は,被告人のひとりであるジェイブズ・メイグスと彼女の息子の間に,過去 3 年にわたってトラブルがあったと証言した。被告側弁護士は彼女の提出したこの証拠を嘲笑して尋ねた。「すばらしい議論ですが,それが何だってんです?」と。

　　3 年前に納屋の骨組みを立ち上げるときにどんな争いがあったというのか。証人がこの話はあまりに古いことだと悟って,より最近の別のことを述べようとしたのに,適当なことを思いつかなくて,結局思い出せたのは,メイグスが死者との共有財産であった櫃を持ち去ったということだけではなかったか。両人がこの櫃に関して,同等の権利を有していたことは明らかである。他の証人たちは,2 人は十分理解しあっていたと言っている。さらに母親は,この致命的な事故がなければ,2 人は井戸の石積みを一緒にやっていただろうことを認めている[39]。

　これは巧妙な心理作戦であった。殺人を「致命的な事故」と片付けてしまうことで,被告側弁護士は陪審員たちに,被告人らは彼らと同じような人間であり,激情に駆られて衝動的に行動することがあっても,計画的暴力の行使などできないと,それとなく思い込ませた。ここではパリントン殺人事件の時にティモシー・メリットが用いた,奇怪な出来事をありふれた普通のことに結びつける方法を,逆転させたのであった。そうしておいて,弁護士は,よくある争いごと,納屋の骨組み立ち上げにおける喧嘩,共有財産を

めぐる争い，何事もなければ互いに依存して暮らしている男たちの間の行き違いはこのような凶悪な殺人事件に発展しないものだ，と陪審員たちに請け合ったのであった。殺人が行われた事実は誰も否定できなかった。しかし，攻撃者たちは覆面をしていたので，誰が実際に発砲したかを確定することは誰にもできなかった。弁護士は殺人を恐ろしい「事故」と述べ，陪審員たちの前に座っている男たちは彼らと違わぬ農民であって，どのような意味においても犯罪者などではないと強調した。

　検察官は反対の方針をとった。被告人たちを粗野な男たち，無教養で手に負えないならず者として描こうとした。しかし，彼は伝統的な宗教的議論は採用しなかった。その代わりに，人間と戸外の自然との関係についての新古典派的アプローチを用いた。殺人は森の中で「心地よい暖かさと森の緑が人々を戸外に誘い出し，自然の働きを眺め，それについて思いをめぐらせたくなるような」日に起こった。この背景が犯人たちの真の性格を暴露するのだ。

> このような自然の景色は心穏やかで，優しく，そして情け深い愛情を人の心に呼び起こすものだ。しかし気の毒なチャドウィックの命をねらう野蛮な人間の心には，自然の影響は及ばなかった。彼の血以外で彼らの怨嗟の念を晴らすものはなかったのだ――バートンとその一派は罪の意識と罰への恐れから，根城を捨てて森の野獣とともに野蛮人のような暮らしをするようになったのだ[40]。

　議論が陪審員たちにどのような影響を与えたのか，知る由もない。田園主義のレトリックはたぶん，彼らの生活とはベンジャミン・ヴォーガンの庭と同じくらい無縁なものであったろう。日々木材を商い，蚊の大群と闘い，商人の「10％」という現実に対処していた人々なのである。「野蛮人のような暮らし」に対するあてつけは，さらに問題含みだった。なぜならこの地方では，法令の執行者や測量士にいやがらせをしようとする白人インディアンに，共感する人も多かったからである。

　「今日は軍事教練の日だ。分かれ道のところでパレードがあった」とマー

サは 9 月 22 日に書いている。町を駆けめぐる噂が信用できるものなら、マルタのインディアンたちも教練をやっているはずだった。10 月 2 日、保安官によって情報収集のためにマルタ方面に派遣された人は、男たちが集結しつつあり、「牛が 1 頭森に追い込まれて彼らの支援のために殺された」と報告した。10 月 3 日、マルタに通ずる道路で働いていた人が、マスケット銃で武装した 15–20 名の一団と 9–10 名の徒歩の男たちを目撃したと報じてきた。10 月 4 日、アブナー・ウィークスは、オーガスタの川の東岸をパトロールしていて、マルタから来たと思われる武装した男たちを発見した。彼は、8 マイルくらいの距離を森の奥に連れ込まれ、銃剣で小突かれたうえ、オーガスタへ行って囚人たちを釈放せよ、さもないと町を焼き討ちにする、と裁判所に通報せよと言われた[41]。ある出産のためにその前の夜、一晩中起きていて、この日マーサは夕暮れに家に帰り着いた。「インディアンと呼ばれる一団が現れて、町は上を下への大騒ぎだった」と彼女は書いている。町の中心部で暴力沙汰が始まるのではないかとの心配から、ドリー・ランバードは 10 月 5 日、母親のもとに戻ってきた。「娘ランバード、ルーシー、ウィリアム、それにヘンリーとサラがうちに泊まる」とマーサは記録している。「宇宙を支配する偉大なる神よ、敵を鎮めたまえ、彼らに自らの義務を自覚する正気を与えたまえ」。ここでもマーサは彼女らしく、民兵ではなく神を頼りにしている。

　10 月 6 日、サミュエル・リヴァモア宅でお産の始まるのをむなしく待ち続けて一夜を明かしたあと、マーサは息子イーフレム宅に休憩のために寄った。「妹バートン、ベンジャミン・ポーター、彼の妻と義理の息子が来ていた」と彼女は書いている。「彼らは監獄にイライジャの面会に行った。妹と私はまたリヴァモア宅に呼ばれた。産婦は今朝 5 時 30 分息子を出産し、続いて 6 時 20 分、娘を出産した。彼女の状況はよくなかったが、神の恵みによって彼らは健やかだ」。姉妹にとって、暴力事件が身近で起こっている傍らで看護の仕事をともにするというのは、おなじみのことだったが、やはり強烈な経験ではあった。35 年前、オックスフォードでドロシーの夫がイギリスの課税に反対して隣人を指揮して反対運動を繰り広げていた傍らで、2 人は病人にお茶を入れていた。その同じ年には、インディアンに変装したボ

ストンの若者たちが夜間集結した。2人の女性にとって，そのときも今も，病人のニーズや家族に対する責務は，いかなる政治的忠誠にも優先したのである。

10月を通じてバートン一族の行き来は激しかった。時には町に住んでいた若いイーフレムの家やランバード宅に泊まり，時にはバラード農場に立ち寄ったりしている[42]。その間マーサはポーランドキング豆を収穫し，ホップを集め，ダムソンプラムを採り，羊毛を紡ぎ，ピクルスを作り，その年最初に収穫した小麦でパンを焼き，リンゴ酒を地下室に仕込んだ。「妹とパティが洗濯をしてくれた」と彼女は10月6日に記している。そして10月21日には「妹バートンと私はホッジス氏宅を訪ねる。彼の妻と娘はとても具合が悪い」と書いている。

11月16日，裁判が始まった。「バラード氏は裁判を傍聴に出かけた。法廷は陪審員を選んで閉廷した」とマーサは記している。11月18日には2人の弁護人は論議を始めた。法廷での証言は土曜日に一日中続き，その日はイライジャの弟たち，ギデオン，ステファン，そして彼らの義理の弟，ベンジャミン・ポーターがマルタから出てきて，バラード家に泊まった。法廷は安息日には休み，証言は月曜日に再開され，木曜日まで続いた。その時点から陪審員が法廷に出席するようになった。「私はアップルソース作りを終えた」とマーサは土曜日に書いている。「陪審は無罪の評決を出したとのこと。彼らの良心に違わないものでありますように」。12月3日，ドロシー・バートンと彼女の4人の息子たちがマーサ夫妻と夕食をともにした。イライジャは泊まった。どこから見ても，彼は親戚のひとりであり，他の訪問者とちっとも違いはなかった。

マーサが一方ではマルタの抵抗者グループを「敵」とみなし，同時にイライジャ・バートンを自分の家に歓迎することは，彼女の人生観に照らせば整合的なことだった。彼女は自分の甥の行動には慨嘆したであろうが，同時にジョナサンに対してしばしばそうであったように，彼を受け入れたのであった。彼女が妹のドロシー・バートンとマルタ事件の政治的意味合いを話し合ったかどうか分からない。また彼女がオックスフォードの兄弟コリンズや姉妹ウォーターズにこの裁判のすぐあとに書き送った手紙の中で，自分自身

の心の内を打ち明けたかどうかも分からない。しかし，マーサにとっては，個人的友情に伴う義務を果たさなければならないということだけは明白だった。彼女は自分の生涯でいやというほど，抗争や宣誓や人の死を目のあたりにしてきた。終局の裁定を神にまかせて，少なくとも自分自身の世界の中では平和を作り出すことができたのである[43]。

　マーサは自分自身の戦いを戦ってきた。いつ果てるともない雇い人たちとの戦いをしのいできたし，イーフレムとのぎくしゃくした離反や，家の所有権をめぐるジョナサンとのいさかいなどに苦しんできて，この頃にはある種の和解が成り立っていた。年齢は偉大な教師であった。「私はちっとも身体に力が入らない」と彼女は1807年8月3日に書いている。「夫も同じようなことを訴えている。我々は弱々しい夫婦になってしまったようだ。我らの天なる父よ，我らの生涯を通じて我らを支えたまえ。そして彼の意志に従うことこそが，この取るに足らないしもべの望むところなのです」。自身のことを「取るに足らない」と表現するのはもちろん慣例に従ったものだ。しかし，彼女の宗教的感情は，パリントン殺人事件以後，一段と高まった。この出来事の恐ろしさに対する反応というよりも，自分の命が尽きるときが近いという，日増しに強まる自覚によるものであった。彼女は1807年の大晦日に「こうして私は生きてこの年末を迎えた。過去の生涯を振り返り，新しい道を求めて努めよう」と記している。日記は「彼女の生涯を振り返る」手助けになったであろう。マーサはきっとそのように考えていたはずである。彼女が隣近所で目撃した極端な感情の爆発，国中をゆるがせ戦争へと高まる世論，通商禁止法，軍隊の集結，測量士に対する執拗ないやがらせといったことは，おそらく，彼女が家族内トラブルを，より大きな舞台において客観的に捉えることを可能にしたであろう。

　ジョナサンとサリーの新しい家は，マーサと子どもたちとの間の争いの直接的原因を緩和した。1809年5月の日記は，2つの世帯の間に新しい折り合いが成り立っていたことを示している。ほとんど毎晩，マーサとイーフレムの家には1人か2人の孫が来て泊まるようになっていた。家の狭さ対策

でもあったが，同時に，年老いた夫婦に手伝いと支援を送ることでもあった。しかしこの客観的状況だけでは，日記に表れる変化をうまく説明できない。1808 年 4 月 2 日，つまりドリーとバーナバス・ランバード，および彼らの 6 人の子どもたちがこの両親宅に居候になっていた多難な時期に書かれた日記は，マーサが家族内トラブルを意図的に日記には書かないようにしていたことを示している。「私は息子ジョナサン宅に行って，彼女がベッドキルトを刺すのを手伝った」と彼女は書き，そして「私が耐え忍んだ他のことは書きたくない」と付け加えている。以前彼女は，口論の直接の原因についてではなくとも，自分の落胆や失望の気持ちを詳しく書いていた。その 1 週間後，もっぱら編物について書かれた日記の余白に，彼女は次のように書いている。「とてもつらいことがあった」。それ以上のことは何も書かれていない。

　マーサは，自分がすべてを支配することのできるひとつのことに力を集中した——日記である。現実の生活では往々にして失われる秩序と抑制を，日記の中で打ち立てたのである。彼女は「私は，どのようにしたら耐えられるか分かっているよりも多くの困難を抱えている」と 1808 年 5 月 11 日に書いている。「しかし神様は，私に力と強さを与えたもう」。彼女は心を滅入らせるような事柄を日記から削除し，さらにそれ以上のことをした。彼女は読むにしても記憶するにしても，もっと楽しい事柄を日記に取り入れたのである。

　1808 年 5 月 5 日「私は私の畑で働いた。バラード氏と私は息子ジョナサン宅で食事をした。すばらしいライスプディングと子牛の頭，それに臓物という献立だった」。

　1808 年 10 月 18 日「娘バラードが羊肉 1/4 を送ってくれた。日曜日には彼女はパンを持ってきてくれた。とてもよくしてくれる。どんな欠点があろうとも，サリーは料理上手だ」。

　1809 年 3 月 19 日，違ったメニュー。「息子ジョナサンが使いを寄こして父親と私に食事に来るようにとのこと。私たちはムース肉のステーキを食べた」。

　1810 年 3 月 12 日，田園的賑わい。「娘バラードが来訪。私は彼女と一緒

に納屋に行き，2度，牛のミルクを搾った」。

1811年6月19日，引き続きジョナサンに降りかかるトラブルに対する心からの同情。「息子ジョナサンが負債のために牢に入れられる。川の水かさが上がって彼の上流の材木が危なくなる，この時期にこんなことになるとは不幸なことだ。すべてのことが今すぐ，あるいは将来，彼に有利になってほしいというのが，この子を愛する私の願いだ」。

マーサは，ジョナサンとサリーとの間に，日々の生活レベルで強い絆を築くことがついぞできなかった。この時期の日記において目につくのは，彼らの子どもたちであり，彼らの両親のどちらも影が薄い。しかし，彼女は時折彼らが差し出す，心のこもった小さな贈り物や親切をありがたく受け取ることを学んだのであった。家庭におけるサリーの負担はきわめて大きかったが，ハンナや男の子たちは手伝いができるまでに大きくなって，軽減されつつあった。

こうしてすべてが再生しつつある時期，神はマーサに予期せぬ贈り物をしてくれた。彼女は自分の天職を再び始める力を授かったのであった。すでに見たように，バラード家がこの農場に移転してきてからは，彼女の助産婦としての仕事は激減した。1801年5月1日から1809年4月30日までの間に，助産婦としての仕事は平均月1回以下であった。1808年には1年間を通じてわずか3つの出産に立ち会っただけであった。1809年5月に突然，この傾向は逆転する。読者がこの章の冒頭で読んだ部分の日記はショー家の出産で始まっているが，それはわずかにその年の2つ目の出産であった（この年最初の出産は4月1日，娘バラードのお産であった）。しかし，この月の終わりまでには彼女はさらに3つの出産を手がけ，年末までにはさらに21の出産の介助をしている。

注意深く読む必要があるが，突然の変化の理由は，5月の日記の中に見出すことができる。5月3日，スミス夫人とブルックス夫人が家に訪ねてきた。「モシアー夫人が重病だと知らせてくれた」。マーサは翌日，その人を診に行った。こうしてマーサは月の終わりまで，この病人に付き合うことになる。5月7日，「私の娘はモシアー夫人の様子を見に行った。彼女の容態はとても重い」。5月18日，「モシアー夫人の容態はちっともよくならな

い」。5月21日，「モシアー夫人は次第によくなっているとのこと」。5月31日，間違った期待は訂正される。「モシアー夫人の容態はちっともよくならない」。

6月1日の時点でモシアー夫人はいまだ「重病」だった。安息日にマーサが診に行ったときには，彼女は「なお生きて」いた。しかし，6月5日午後1時，彼女は亡くなった。「モシアー夫人の亡骸はシドニーに運ばれて，今日の午後そこで埋葬された」とマーサは翌日記している。

注意深く日記を遡ってめくってゆくと，アン・モシアーが助産婦であったことが分かる。彼女は1743年にマサチューセッツ州ダートマスに生まれ，ハロウェルのオーガスタ地区に夫と家族とともに移り住む1795年以前のある時期，ウィンズローに住んでいたことがある[44]。日記に彼女が最初に登場するのはその年の8月24日のことで，そのとき彼女はマーサを手伝って埋葬のために子どもの亡骸を整えたのであった。その4年後に助産婦としての彼女について，はじめての記述が見られる[45]。そのとき彼女は52歳であったと思われる。1800年3月15日，いたるところに名前が現れるジョン・ショーの妻が「モシアー夫人の手で娘を出産した」。そしてその年の6月9日，陣痛が本物ではないと分かってマーサがある妊婦を残して帰ったあと，その夜になってモシアー夫人が呼ばれたことを彼女は聞いた。アン・モシアーは，マーサの日記の中では強烈な存在ではない。しかし，1809年5月の記述を除くと，彼女はいつも助産婦あるいは看護婦として登場する。

マーサと同じように，アン・モシアーは人生のなかばにオーガスタに移り住んだ。彼女はそれ以前に，マーサの代役が十分務められる程度の助産婦としての経験を積んでいたのではなかろうか。それで1799年5月30日，折しもマーサが出産の介助をしているバータン〔バートン〕家に，男がやってきてマーサを頼むことができないと分かって，「モシアー夫人を探しに行った」のだ。マーサの助産婦としての仕事が減少するにつれて，モシアーの方は忙しくなった。ベンジャミン・ページは1800年以後フックにおいて活躍していたに違いないし，オーガスタではコニー医師にエリス医師が加わって出産を引き受けていた。他の方法ではオーガスタの歴史に名を残すことはなかったアン・モシアーが，おそらくマーサの仕事の大半を引き継いだ人物

だったのである[46]。

彼女の予期せざる死は，新しい問題とチャンスを作り出した。1809年6月25日，彼女の葬儀の数週間後にマーサは書いている。

> 私は息子イーフレムに今朝3時30分に私の愛する娘ランバードを診るよう呼ばれた。彼が私のところに来る前に，彼女は第8子，3番目の娘を出産した。出産の瞬間にはパイパー夫人以外は誰もそばについていなかった。そのあとはエリス医師が面倒をみてくれた。神の偉大な恩寵により，私が行ってみると，彼女はこのうえなく健やかであった。息子イーフレムは弟らしい親切さで出かけていって道具を運んできて，それから息子ポラード宅へ行き，またポリー・タウンをおばの看護のために連れてきた。私は夜になるまでには帰宅し，家事をした。

エリス医師はマーサよりランバードの住まいに近いところに住んでおり，赤ん坊が予想より早く出てきて彼が呼ばれたのは，驚くことではない。しかしこのことは今や町の中心部に助産婦が他にひとりもいないということを示している。明らかにパイパー夫人は，経験を積んだ助産婦というより頼れる隣人であった。

アン・モシアーの死は，マーサに仕事を再開するきっかけを与えた。他の助産婦は何度か不景気を経験したかもしれないが——マーサの手がける出産は1810年と1811年には減少した——彼女の仕事量が1808年の低い水準にまで落ちることはなかった。実際，彼女は人生の最後の4ヶ月間に，日記の最初の年とほとんど同じくらいの数の出産をこなしている。家計の窮迫は続いていたから，臨時の収入は歓迎されただろう。1810年2月13日，「ペテンゲール〔ペッティンギル〕氏が税金の代わりに我が家の雌牛を連れていった。どうすればよいのか，神のみぞ知る」とマーサは書いている。ジョセフ・ノースの出納帳は，この問題がどのように解決されたかを説明してくれる。2月17日，イーフレム・バラードの名前で「競売でベンジ・ペッティンギルから12.50ドルで買った雌牛を彼に貸す。彼は牛の使用料として年5.00支払うことに同意する」とある。3つの出産をこなせば，雌牛の賃借料

を払うことができるであろう。

マーサは必要とされていた。疑いなく，町には看護に経験のある女性たちが他にいたに違いない。しかしアン・モシアーの死後，この分野ですぐれていることを明確に主張できる人は他にはいなかったのである。老助産婦の後継者は論理的には彼女自身の娘あるいは義理の娘であるが，ハンナ，ドリー，それにサリーは全員，この仕事を本格的に始めるにはまだ幼い子どもたちが負担だった。1810 年 11 月 14 日，マーサはエベネザー・ハーヴィを伴って，彼の妻の出産に向かっていた。その途中で彼女は「ジョエル・サヴェージが同じ用事で歩いているのに出会った」。後になってマーサは，サヴェージ夫人が「カーター夫人の介助で出産し，経過は良好」と人づてに聞き安堵した。カーター夫人というのは明らかに新しい助産婦である。最初に呼ぶのは医師だという家もあった。1811 年 8 月 6 日，マーサはモーゼス・パートリッジの妻の 2 番目の男の子を取り上げている。マーサは「P 氏は 3 人の医師に声をかけた。3 人とも都合がつかなかったので私を呼んだ」と書いている。

マーサは需要に応えるために奮闘した。1812 年の最初の 4 ヶ月間に，彼女は 14 人の赤ん坊を取り上げた。これはその前年 1 年分の数に相当する。1812 年 3 月 27 日の出産についての記述は，彼女と医師たちとの間には奇妙な競争関係が存在していたことを示唆している。

　　私は午前 10 時に，産気づいた妻を診てほしいとエドワード・サヴェージに呼ばれた。私はそこへ行く途中転んだが，たいした怪我はなかった。行ってみると，妊婦は私を呼ぶ前に 2 人の助産婦とエリス医師に診てもらっていたことが分かった。彼女としてはコニー医師に診てほしかったのだ。彼も呼ばれたが，神の摂理により，彼女は私を介助に呼んだ。お産は私が面倒をみた。彼女は午後 8 時 30 分，息子を出産，経過は上々であった。私はジェリー・バブコック氏宅に泊めてもらった。夜中に苦しくて寝返りをうった。

この女性が 3 人の助産婦と 2 人の医師を呼んだということは，女性の助

産婦がいまだに重要な意味を持っていたことを示す。マーサは，医師は名前で書いているのに，助産婦はそうしておらず，医師に敬意を払うという昔からの習慣を示している。同時に妊婦に選ばれて出産の介助を依頼されることに対する誇りの気持ちをそれとなく示している。

　このように精力的に活動することは，コニー医師も気づいたように，マーサの肉体に負担を強いた。彼はこのあと彼女の様子を見に立ち寄っている。「彼はヒエラピクラ（hierapicra）〔アロエとカネッラ（ワイルドシナモンの内側の樹皮）から作られた温かい下剤〕とカンファーを処方してくれた。私は横になって午後いくらか睡眠をとった」。その翌日，彼女の具合はとても悪かった。さらにその翌週，状況はほとんど変わらなかった。しかし，4月4日，彼女は午前1時に起き出してクラーク夫人の出産に立ち会った。「私は鞍なしで馬に乗っていった。とても疲れた。妊婦は午後3時，第5子を出産，私は産婦に付き添って夜を明かした」。

　4月18日，彼女はサリー・フォイの出産の介助をし，その翌日「2度にわたって悪寒の発作」に見舞われたが，それでも暴風雨の中をウィリアム・サンダースの妻の出産に出かけた。彼女は3人目の娘，第4子を出産した。「私は横になっていくらか睡眠をとった」と彼女は書いている。それからサンダース一家と朝食をとり，別の妊婦を診にその家に立ち寄ったあと帰宅した。「それからアイロンがけをし，いくらか繕い物をしたが，身体から力が抜けてしまったような気分だ」。4月24日，彼女はヒース夫人を診るように呼ばれた。その日は1日，夜まで彼女に付き添い，長引いて夜中に及び，さらには翌朝まで続いた。「我々は少し眠った。昨日，今日と私は悪寒の発作に見舞われた」。ヒース夫人の陣痛は，4月26日の夜中以降ひどくなった。「とても激しい」陣痛のあと彼女は午前4時30分，無事に出産した。マーサは産婦を母親にまかせて正午前には帰途についた。

　「私はとても具合が悪い」とマーサは翌日，そしてその次の日もまたその次の日にも書いている。5月4日「晴れ，バラード氏は町役員会に行く。ドリー・ランバードが手伝いに来てくれる」。5月5日「雪，とても寒い。私は身体から力が抜けてしまったような気分だ」。5月6日「暴風雨のような日だ。私の具合はちっともよくならない」。春が来るのはとても遅かった。

マーサにとっては，この年はもはや畑の植えつけはなかった。5月7日，

> 一日中ほとんど晴れ。とても寒く，風が強い。娘バラードと彼女の子ど
> もたちが大勢やってきた。パートリッジ夫人とスミス夫人も来る。タッ
> ピン牧師も来て優しく話しかけ，私のために祈ってくれた。

　日記はここで終わっている。マーサはたぶんこのあと3週間ほど生きて
いたと思われる。しかし彼女が記録した生涯は，おそらく彼女が望んだよう
に，部屋いっぱいの見舞い客と祈りのうちにここで終わっている。「オーガ
スタでバラード夫人の葬儀」とヘンリー・スウォールは5月31日に記して
いる。6月6日，ジョセフ・ノースは，貸した雌牛の名義をイーフレム・バ
ラードからバーナバス・ランバードへと移す手続きにおいて，意図せざる形
で彼女の死を書類上の記録に残した。これは男たち3人の間の書類上だけの
形式的手続きであったが，同時に母親から娘への管理権の移譲は不明確にさ
れた。6月9日，『アメリカン・アドヴォケイト』はわずか1行の死亡告知
記事を掲載した。いわく，「マーサ夫人，イーフレム・バラード氏の配偶者，
オーガスタにて死去，享年77歳」。
　タッピン牧師がマーサの葬儀で説教をしていたとしても，それは残ってい
ない。1739年にコネティカット州の牧師であったジャレド・エリオットが
キリングワースの年老いた助産婦エリザベス・スミソンのために書いた以上
の賛辞を，彼はマーサのために書くことはできなかったであろう。エリオッ
トはまず，この世に現存する偉大さについての「偽の光や間違った考え」を
攻撃することでこの賛辞を始めている。「他人の平和を乱す者どもが歴史上
あがめられ，称揚され賛美されて」いるのは何故か。その一方で「真に価値
あるものが無視されてきた」のではなかったか。故人は，と彼は続ける，真
に丘の上の光だった。

> 彼女は謙虚な人，人あたりのよい人，親身の人であった。そして他人に
> は親切に，という掟が口をついて出る人であった。彼女の耳は病める者
> の訴えに対して開かれ，彼女の手は貧しい者への支援に差しのべられた。

第 10 章　1809 年 5 月

たとえ世間の人々が不幸のあまり党派に分かれて争い，あげくに焼き討ちなどの手段に訴えるとも，彼女はすべての人の友であり続けた…。

彼女は病める者の中で有用の人であり，全力を尽くして彼らのために働く用意ができていた。

助産婦として彼女は卓越した能力と技能を有し，それは最も難しいケースにおいて経験によって示された…。

彼女は金持ちに対するのと同じように貧者にも対した…。

苦悩する人々を救うために，彼女は自らに対し睡眠も休息も拒否し，自分の技能を惜しみなく与え，自らの苦痛を顧みることがなかった。

彼女における練達の最終段階で，彼女はついに力尽き，強さは失せた。

彼女は異常で明らかに絶望的なお産でも，いつもの巧みさで成功をおさめた。

イスラエルの母たち，これらの町で有能な助産婦として仕事についていた彼女たちは，私が箴言 21 章 29 節の言葉を持ち出すことを許すだろう。あなたがた多くの娘たちは，立派に務めを果たしたと。しかし，故人について私は言おう，彼女は誰よりも卓越していた，と[47]。

　エリオットの説教が広げようとしていた理想像は，マーサが生まれたときにはすでに古くからあったものであったが，それが彼女の生涯――そして彼女の日記を形作った。隣人たちの罪を記録することに控えめであること，自らの罪を認めることに謙虚であること，彼女の気前のよさ，さらに苦痛や自己憐憫の情さえもが，このいたわりの倫理によって支えられていたのである。何千人という助産婦や一般のクリスチャンが同じ基準によって生きたのだが，彼らと違って，マーサ・バラードは決して忘れられることのない人生の足跡を残したのである。

　キリスト教の伝統では，助産婦は日記を残すべきとはされてはいない。事実，エリオットを含むほとんどの人は，女性の仕事は神には見えていたとしても，人々の目には見えないものだ，と考えていた。マーサ自身にも分からなかったろうが，なんらかの複雑な理由により，マーサは強烈な欲求に突き動かされて，日記の中で自分の日々の生活を再現せざるをえなかったのだ。

その結果彼女は，ニューイングランドのどんな牧師も説くことができなかっ
たような神への賛辞を，後世に残すことになったのであった。

　彼女は自分の祈りや睡眠不足，慈愛と同情に基づく行動を文章にしただけ
ではなく，日々の生活における取るに足らぬ争いや小さな親切を味わい，書
きとめた。日記は自分の生涯の身の証を立て，理解したいという彼女の心的
欲求によって編まれた，精選された記録である。しかし，驚くほど率直な記
録でもある。この日記を通じて，我々は彼女が，シオンの娘としてシャベル
で肥やしを運んだり，猫の血をとったりしたこと，良心に従い謝金をありが
たく受け取る信心深い助産婦であったこと，また，時には心ときめかしつつ
新しいティーポットやドレスを買う人でもあったこと，娘たちが洗濯してく
れている間に束の間の午睡を楽しむ自己犠牲的精神にあふれた隣人，不品行
なことをしでかした雇い人を叱責する人，そして時には夫と口論する人でも
あったことを知るのである。マーサは熱烈なクリスチャンであり，謙虚な看
護婦であった。彼女の知性は時に教会の礼拝に出席したり，町の医師に敬意
を表して譲歩したりすることを困難にした。また，彼女は自分の家の所有
権をめぐって公然と争う慈しみ深い母親でもあったし，時には人に顧みられ
ず，ありがたがられもしないと感じてふさぎ込む人でもあったのだ。彼女は
義務の観念とともに人体に解剖学的関心を持つ心優しい女性であり，死後
解剖を見学に行くと同時に死者に涙する人でもあった。彼女は勇気ある女性
であったが，馬から落ちないための技術はついに身につけられなかった。彼
女は鋭い観察眼を持つ実務的な人であり，自殺・殺人・戦争といったこと
にたびたび遭遇しながらも，究極の正義を固く信じて疑わなかった人でも
あった。

　このような生涯を顕彰することは，書かれた記録の威力——そしてその貧
しさ——を思い知ることでもある。自身の日記の他には，マーサは歴史上に
記録を持たない。彼女は自分を家計に責任を持つまったく対等なパートナー
として「家長」だと考えていたのに，彼女の仕事の独立した記録というもの
は存在しない。センサスや納税者名簿，それに町の商店の取引明細書に表れ
るのは彼女の夫の名前であって，彼女の名前はどこにもない。彼女が困窮者
の救済にも関わっていたことを我々は知っているが，彼女の名前はハロウェ

ルの互助記録にも見られない。また彼女は教会員であったのに，オーガスタ
第一教会の最も早い時期の会員名簿にも，彼女の名前は見られない。また，
彼女が未婚の母たちから聞き出した証言を記録した裁判所の記録もまったく
現存しない。ノースレイプ事件における証人名簿に彼女の名前は載っている
が，彼女が法廷で何を証言したかの記録を保存している人は，彼女自身を除
いて他にいない。ヘンリー・スウォールの日記の中には，マーサについて
の記載が 5 回見られる。4 回は人の誕生に関して，そして 1 回は彼女が亡く
なったときのものである。しかし，彼は彼女が助産婦であったと明確に述べ
ていないし，助産婦としての彼女に謝金を支払ったことを認めてもいない。

　この日記がなかったら，彼女の氏名さえも定かではなかったろう。オック
スフォードの町の記録は「イライジャとドラータ・モーアの娘，マーサ」の
洗礼を記録しているが，マーサは結婚によって姓も名前も失ったのだ[48]。彼
女は 77 年の生涯のうち 58 年間は「バラード夫人」として人に知られてい
た。死の直前に彼女に「優しく話しかけ」た牧師，ベンジャミン・タッピン
でさえ，彼女の名前をはっきりと知っていたわけではない。1830 年以後の
ある時点で，彼はオーガスタ第一教会の初期の記録を整理・修正することを
思い立った。「女性メンバーについては記録がまったく作られなかったらし
い」と彼は書いている。「しかし，数人の女性に関しては，会員であったと
考えるに十分な証拠がある。したがって私は自分の裁量において彼女たちの
名前を教会会員名簿に加えることにする」。イーフレムの名前のそばに彼は
「ドロシー・バラード」と書き入れた[49]。オーガスタの 19 世紀の歴史家であ
るジェームス・ノースは，彼の著作の中では彼女のことを「イーフレム・バ
ラード夫人」として書いているが，彼が作成したバラード一族の短い家系図
の中では「ハンナ」としている[50]。幸いにも自作のノートの 1 冊において，
彼女は最後のところにしっかりと「マーサ・バラード　彼女の日記」と書く
だけの才気を持ち合わせていたのであった。

　イーフレム・バラードは森の土地に世襲財産を確立するために，1775 年
オックスフォードを去った。彼は最終的には目的を達した。ジョン・ジョー
ンズの水車小屋の敷地はオーガスタの 20 世紀の錯綜の中に失われ，古いハ
ワード農場は 19 世紀に鉄道が真中を貫通して，現在では市の汚水処理場に

なっている。バラードの分岐点は今も残っており，イーフレムが作成した町の最初の図面にあるのとほとんど同じところを今日も通っている。1805 年にジョナサンとサリーが家を建てた地点の近くに，オーガスタの市会議員でイーフレム・バラードと名乗る彼らの孫が，19 世紀の初めに建てた住まいがある。

　マーサの夫イーフレムは 1821 年に，3 代にわたる子孫たちに囲まれて 96 歳で亡くなった。1830 年代になっても，彼の孫や曾孫たちはいまだに近所に水車小屋の土地を増やそうと奔走していたし，家の女性たちはいまだに自分たちの自立性を確立しようとやっきになっていた。1838 年にジョナサンが亡くなったとき，サリーは「寡婦産の代わりに」住居の一部を「独占的に使用する権利と前記の家屋から出る西側のドアの専用利用権」を贈られている。そして家屋の残りの部分はデラフィエットの寡婦と彼女の 2 人目の夫に与えられた。サリーが共同所有の家にマーサより要領よく適応できたかどうかは分からない。しかし，記録の付加的記載に見る限り，そうではなかったようだ。すなわち，そこには「前記のサリー・バラードは，南側のドアおよび出入りに対する権利と利用権を放棄した」とある[51]。

　マーサは農場を残すことはなかったが，27 年間にわたって営々と一貫して記されたひとつの生涯の記録を残した。彼女の名前を刻んだ墓標はどこにもない。しかし，ベルグラード通り沿いのどこかの空き地には，今も彼女の畑から逃げ出したカモミールやナツシロギク（feverfew）が小さな藪をなして生い茂っているかもしれない。

結　び

　マーサ・バラードが日記をつけたということは，ひとつの小さな奇跡である。そして彼女の子孫たちが長年にわたって保存してきたということは，もうひとつの奇跡であろう。彼女の玄孫娘にあたるメアリー・ホバートが1884年に日記を相続したとき，それは「ページの順序もばらばらな，どうしようもない紙の山」だった――しかし，日記は完全な形であったのだ。この日記はオーガスタに60年以上も，おそらくはドリー・ランバードの家族によって保管されたのであろう。この人は賃借した雌牛とともに，母親の書類の類を引き取ったようだ。1861年にドリーが亡くなって，日記は彼女の娘たち，サラ・ランバードとハンナ・ランバード・ウォルコットに引き継がれた。ジェームス・ノースは間違いなく，オーガスタのチャペル通りにあったサラ・ランバードの家で，この日記を見せてもらったのだ。彼は自分の『歴史』に日記から何行か引用している。

　メアリー・ホバートは，彼女の曾祖母ドリー・ランバードが亡くなったとき10歳であった。彼女の大叔母サラとハンナが彼女にこの日記を渡したのは，彼女が33歳で医学部を終えて間もない頃であった。「この日記を残した人が開業医だったので」と彼女〔サラかハンナのどちらかと思われる〕は後に説明している。「医学的関心事であふれているこのバラード日記は彼女に受け継がれるのが自然なことだと思えた」。1930年にホバートは，この日記をオーガスタのメイン州立図書館に寄贈した。そのとき書かれた書簡で，彼女は自分の生涯を歯切れのよい短い文章に綴っている。その中で彼女は自分の

ことを三人称で表現している。

> 有能であった先祖から自分の肩にマントが着せかけられたと考えたいこ
> の医師は，1851 年ボストンに生まれました。彼女はニューヨーク診療
> 所付属の女子医学専門学校を 1884 年に卒業しました。そして 1913 年
> まで医療に携わってきました。この年彼女は引退し，マサチューセッツ
> 州ニーダムハイツに居を定めました。30 年にわたる職業生活の間，彼
> 女はボストンのニューイングランド女性・子ども病院に勤務しました[1]。

　メアリー・ホバートが先祖の生涯にインスピレーションを感じ取ったのは
驚くにあたらない。彼女自身もパイオニアだったのである。

　ホバートは，よく知られたニューヨーク女性・子ども病院で職業生活を始
めた。この病院はアメリカで医学校を卒業した最初の女性である，エリザベ
ス・ブラックウェル医師が設立したものである。ブラックウェルは他の女性
も自分の後に続いてほしいと願ったが，彼女の母校ジュネーブ・カレッジを
含む既存の医学校が女子学生に門戸を閉ざしてしまうに及んで，自分で医学
校を開設することを迫られたのであった。ブラックウェルの努力と，志を同
じくする人々のおかげで，女性医師は 19 世紀末には医師人口の約 5% を占
めるようになった。その状況は 1960 年代までほとんど変わらなかった[2]。メ
アリー・ホバートはそのあとの職業生活をもうひとつの記念碑的病院，すな
わちニューイングランド病院で過ごした。この病院は 1862 年にマリー・ザ
クルシェフスカ医師によって設立されたが，一切が女性によって運営される
女性のための病院としては，アメリカで 2 番目のものであった。公然と分
離主義の立場を貫いて，この病院は高い専門的水準と女性によるコントロー
ルを維持しつつ，20 世紀の半ばまで生き延びた[3]。

　メアリー・ホバートが日記を引き継いだ年は，ボストンの女性医師たち
にとっては重要な年であった。1884 年 6 月 10 日，30 年以上議論した末に，
マサチューセッツ医学協会は投票の結果（63 票対 47 票），女性を正式に会
員として受け入れることを決めたのであった。マリー・ザクルシェフスカは
1852 年にはじめて，女性の入会を認めるよう，陳情している。繰り返し何

度も拒否されて（男性指導者たちは，医学的事柄を男と女が話し合うのは不道徳だと感じたのである），彼女は諦めた。そのとき彼女は，医学協会がいつの日か，女性に門戸を開くことがあっても，自分は無視すると固く誓ったのであった。それでもようやく機会が訪れたとき，彼女は若い同僚が入会を申請するのを止めはしなかった[4]。メアリー・ホバートはすぐさま入会した。

　6月16日，医学協会での投票から1週間もたたないこの日に，サフォーク地区医学協会のチャールス・グリーンは，州医学協会のフランシス・ゴス医師に，2人の女性，そのひとりは「メアリー・F. ホバート，医学博士」，が入会の申請を行ったと報告している。「これらの女性たちの資格認定書類を調べる前に，どのような資格なら入会を認めるのかを指示していただく必要があります」。彼はそれに加えて，「もちろん，公認された医学教育機関のリストには，女子医学校はひとつも載っていません」と書いている。彼は書簡を「敬具，むかつきつつ」と結んでいる[5]。

　歴史における自らの立場を意識して，メアリー・ホバートは先祖の日記に惹きつけられたのであった。彼女の従姉妹ルーシー・ランバード・フェッセンデンは，ページがばらばらに乱れていた日記を順序正しく整理し，自家製の麻のカバーをつけた。メアリーはいまや2巻になったこの日記を収めるために，マホガニーの箱を作らせた。「彼女の現役時代，この日記は家族にとってはもちろん，彼女の同僚たちにとって重大な関心の的でした」と彼女は州立図書館の司書に語っている。時あたかも古い分離主義の伝統が少しずつ改められ，男性だけの医学校や病院が女性にも開かれようとしていた時期であった。前世紀〔19世紀〕末の20–30年間はごたごたが多かったのだが，その頃，ニューイングランドの病院で女性医師たちが古い日記のページをめくっている情景を想像されたい。彼女たちはこの色あせたページから，どのような教訓を引き出したのだろうか。

　メアリー・ホバートはその点，何も言っていない。しかし，ホバートを，彼女の親戚のひとりであるドロシー・バートンの孫娘クララ・バートンと比較することで，19世紀の女性たちが過去に対してとった複雑な態度を理解できる。1882年にメアリー・ホバートがまだニューヨーク診療所で勉強していた頃，バートンは連邦議会に対して，ジュネーヴ条約を支持するようロ

ビー活動に力を入れていた。アメリカ赤十字の設立を可能にするためであった。伝記作家によると，この目標が達成されたことは「人道主義者の基準で測られるだけでなく——その点では驚くべき成果であった——外交的努力という点からも評価されるべき」成功だったのである[6]。

ホバートと違って，バートンはメインの自分の先祖を直接，個人的に知っている世代であった。クララが子どもの頃，彼女の祖母ドロシー・バートンは晩年をオックスフォードで過ごした。クララは祖母が好戦的で反逆的なことに目を見張った。また彼女は自分の戦場での冒険の数々を説明するのに助けとなる，父や祖父の戦争の話に共鳴した。南北戦争のとき，彼女はワシントンD.C.の特許局における事務員の職を投げうって，フレデリックスバーグ，ハーパーズフェリー，ブルランといった戦場に駆けつけ，包帯やろうそくを軍医のために運び，看護の仕事を手伝い，医師が見つからないときには血の海に立って自分のポケットナイフで弾丸を摘出した。アメリカの女性史を書くようにすすめた同僚に手紙を書きながら，彼女は自分自身のこと，そして自分の祖先のことを考えていたのではないだろうか。「暴風雨にさらされているメイフラワー号の甲板から…今の時点まで，女性は人の福祉のため，国の栄光のため，岩のごとく立っていました。そしてこのことも付け加えてよいでしょう…そうした女性たちのことはどこにも記録されず，報いられることもなく，ほとんど気づかれもしなかったのです」[7]。

バートンは同世代の女性たちの優しい女らしさに反逆して男と同じ土俵にのぼり，国の栄光のために心底尽くすことで，彼女なりのヒロイズムを証明しようとしたのだ。自己犠牲的「戦場の天使」という表向きのイメージとは違って，彼女は意識してフェミニストであり，女性の権利や参政権を生涯支持しつづけた人であった。同時に彼女は，男性の価値体系を受け入れるという点では多少旧弊なところがあった。彼女は独立戦争時の茶のボイコット運動に祖母が反発したことを憶えている。しかし，彼女は，父や祖父が戦争を全面的に支持することに異論を唱えることは決してなかった。彼女はケネベック川を「暴風雨にさらされながら」カヌーを漕ぐことで得意がるけれども，成長するにつれて生まれた土地の狭い舞台には飽き足らなくなるといったタイプの女性だったのだ。

結　び　　　397

　これに対しメアリー・ホバートは，ヒロイズムより高祖母の人生のプロフェッショナリズムに惹かれた。彼女にとってマーサは「才能に恵まれた」女性であり，熟練した療法士であった。謝金についても注意深く，治療法は確かであった。ある意味ではメアリー・ホバートは先祖のマントを自らすすんで羽織ったのであった。彼女と高祖母とはともに自立した，そして才覚のある女性であった。2人とも女性と子どもたちの面倒をみた。2人とも同時代の医師社会と問題含みの関係にあった。しかし，この2人の間には重要な違いもある。マーサは古から認められた女性の職業において熟練した専門家だった。これに対してメアリーは，それまで女人禁制の世界に飛び込んだ人だった。マーサの権威は地域社会の女性の中に根ざしたものだった。メアリーは自身の専門的職業とアイデンティティを，新しい時代のフェミニスト的シスターフッドに支えられた。マーサはそれぞれの家庭にいるあらゆる社会階層の女性たちの面倒をみた。メアリーは公共の病院で貧者の面倒をみた。マーサは結婚し9人の子どもを持った。メアリーは自分の選択により，また必要に迫られて独身を通した。高祖母の世代の女性たちと異なり，彼女は経済的には自立できたが，やはり結婚かキャリアか選ぶことを求められた[8]。

　メアリー・ホバートは祖先の日記を大切に保管した。彼女は，「より広範囲の古書研究家たちに閲覧しやすく」したいという思いと，自分の木造の家では安全性が十分ではないのではないかという危惧から，1930年にメイン州立図書館への寄贈を急いだ。図書館はそのお返しに，日記のオリジナル原稿をタイプで打ち直したものを彼女に贈ると約束した。彼女はそれを受け取ることはついぞなかったが，2年後，図書館は日記をチャールス・エルヴェントン・ナッシュが要約したものの抜き刷りを彼女に贈った。日記のナッシュ版は，オーガスタの歴史2巻本として提出されたものの一部として，1904年以前のある時期に完成していた。彼が亡くなった際，第1巻の大部分は印刷に付されたが，綴じられて出版されることはなかった。裁断されないままの折丁は，ほとんど60年間，子孫の家の木箱の中に眠っていたのである。州立図書館の司書は，どうもその存在を嗅ぎつけて，ホバート博士のために日記の部分を確保したようだ。彼は日記すべてをタイプで打ち直した

原稿を約束通りに贈らなかったことを詫びて，ナッシュ氏が「日記の最も重要な部分はほとんど写し取っていること，そしてきわめて多くの重要で価値ある脚注をつけたこと」を請け合った。

ホバートは当然ながら失望したものの，贈り物に丁重に謝意を示した。

　　あなたがこの抜き刷りを入手するために多大の努力をされ，私に贈ってくださったことに深く感謝しています。もちろん現代的に印刷したものなので，古い時代の紙や，古風な筆跡，とくに私の高祖母が患者さんたちからいただいたいろいろな「お礼」について書いた余白の書き込みがないのは寂しい気がします。それに私は，これが完全なものであるとは感じられません。というのは，多くの資料が省かれているからです。しかし，私自身も私の子孫――いえ，より正確に言えば――相続人たちも，こんなに立派な原稿を得られてとても幸せだと思います。それにあなたがおっしゃるとおり，ナッシュ氏の序文と脚注はこの原稿の価値を高めるものです[9]。

　多くの重要な部分が確かにこの日記からは欠落している。すでに見たように，ナッシュはオリジナルの約3分の1は取り上げている。ナッシュの要約に含まれているのは，1789年にマーサがケネベック川を横断したときの劇的な旅，すなわちこの本の冒頭の旅，パリントン殺人事件についてのマーサの記述のほとんどすべて，それに彼女が時々思い出したように記した公の出来事などである。しかし出産については，家系に関することは残し性に関することは意図的に削除した，編集されたものしか提供していない。彼は死後解剖についてふれてはいるが，マーサが残した詳細な記述は省いている。彼女の仕事については代表的な例を示しているが，家庭内トラブルに関する記述は削除するか大幅に縮めている。また，ノースレイプ裁判の記述はすっかり削除し，そして彼女の訪問客リスト，購入品，外出のこと，家での仕事，畑仕事，布地生産についてはぎりぎりまで縮小している。

　とはいえ，多忙な人がボストンまで出かけてゆき，読みにくい日記を何百ページも手書きで写し取るのは，この日記に対する正真正銘の傾倒の気持ち

がなくてはできないことだ。与えられた状況のもとでは，キュウリ畑の草取りとか，布の漂白作業とかいったごくありきたりの記事を省いた点に関して，ナッシュは許されるだろう。スキャンダルを載せないことで，町における自分の名声を保とうとする配慮も理解できる。19世紀における先人とは違って，彼はマーサの名前を知っており，自分の作品の中で，長い間否定されてきた彼女の日記をはじめて賞讃した。彼の脚注と索引とは確かに役に立つ。しかし，もし彼が索引に男性の名前だけではなく，女性の名前も含めていたなら，さらに有用であったろう。

　ナッシュの仕事はもっと幸運に恵まれてもよかったであろう。第1巻のほとんどは，彼が亡くなったときに活字に組まれ，印刷されたが，作業を完成させて綴じる価値があると考えた人は，その当時もその後の50年間にもいなかった。1958年，彼の子孫にあたる人のひとりがメイン州立図書館に連絡してきた。原稿を収めてある箱が保管されている納屋の土台を取り替えなければならないが，州立図書館は原稿を引き取る意志があるかとの問い合わせであった。イーディス・ハリーにはもっとよい考えがあった。2人の女性の助けを借りて，彼女はナッシュの原稿を分類し，ページ順を揃えたうえ，この古い紙を試しに綴じてみてもよいという出版者を探した。こうして1961年に『オーガスタの歴史——最初の入植と初期の町，マーサ・モーア・バラード夫人の日記を含む（*The History of Augusta: First Settlements and Early Days As A Town Including The Diary of Mrs. Martha Moore Ballard*)』として出版された。「この原稿はバラード夫人が加わることで変わりました」と彼女は説明した[10]。

　ハリーの努力により，新世代の学生，学者そして一般の読者がこの日記を知ることになった。しかし，メアリー・ホバートに対してなされた約束はいまだに実現していない。マーサ・バラードの日記は，メイン州立図書館の書庫に安全に保管されている。これは非凡な生涯の記念碑であり，世代と世代とをつなぐ繊細な織物の証でもある。

注

略　号

ATR　　Augusta Town Records, Maine State Library, Augusta

HS　　Diary of Henry Sewall, 1776–1842, Massachusetts Historical Society, Boston

HTR　　Hallowell Town and Vital Records, I, 1761–1812. II, 1797–1824. Microfilm, Maine State Archives, Augusta

KCCCP　　Kennebec County Court of Common Pleas, Records and Files, Maine State Archives

KD　　Kennebec County Deeds, Kennebec County Court House, Augusta, Maine

KPR　　Kennebec County Probate Records, Kennebec County Court House, Augusta, Maine

LCCCP　　Lincoln County Court of Common Pleas, Records and Files, Lincoln County Court House, Wiscasset, Maine

LCD　　Lincoln County Deeds, Kennebec County Court House, Augusta, Maine

LCSJC　　Lincoln County Supreme Judicial Court, Records and Files, Office of the Clerk of the Supreme Judicial Court, Suffolk County Court House, Boston

MMB　　Diary of Martha Ballard, I (1785–1799), II (1800–1812). Maine State Library, Augusta

MSA　　Massachusetts State Archives, Boston

MHS　　Massachusetts Historical Society, Boston

MeHS　　Maine Historical Society, Portland

MeSA　　Maine State Archives, Augusta

MeSL　　Maine State Library, Augusta

MeSM　　Maine State Museum, Augusta

Nash　　Charles Elventon Nash, *The History of Augusta: First Settlement and Early Days as a Town, Including the Diary of Mrs. Martha Moore Ballard (1785–1812).* Printed by Charles Nash and Sons, 1904, bound and published 1961 by Edith Hary

NEHGR　　*New England Historic and Genealogical Register*

North　　James W. North, *The History of Augusta.* Augusta, 1870; rpt. Somersworth, N.H.: New England History Press, 1981

WMQ　　*William and Mary Quarterly*, Third Series

序

1. William Avery Baker, *A Maritime History of Bath, Maine, and the Kennebec River Region* (Bath, Me.: Maritime Research Society of Bath, 1973) I, pp. 120, 154, 155, 177, 179; North, pp. 240–241, 274–277; The Tocsin (Hallowell, Me.), February 26, 1796, December 31, 1796; MMB, May 6, 1785, August 3, 1785, November 24, 1785, February 7, 1786, April 20, 1786, June 13, 15, 1785, July 15, 1786, August 7, 1786, November 16, 1786, December 13, 1786, May 6, 1787, July 19, 1787, April 27, 1789, February 12, 1791, September 28, 1791, October 21, 1789, August 11, 1795.

2. MMB, November 25–26, 1790.

3. MMB, April 22–30, 1785, and May 3–6, 1785; North, pp. 90–91, 198, 884; さらに川開き, 川じまいの重要性全般については，MMB, March 18–21, 1786, November 23, 1786, April 7–8, 1787, December 15–17, 1789, April 17, and 29, 1790, April 1–3, 1791; John Sheppard to Charles Vaughan, November 18, 1791, John Sheppard Letter Book, I: 1, New England Historic Genealogical Society; Deposition of Solomon Park, Files, LCSJC, 912:60.

4. MMB, April 10–13, 1797, April 24–25, 1785.

5. MMB, December 2, 1792, December 30, 1787, December 16, 1789, April 1, 1791.

6. Franklin P. Rice, ed., *Vital Records of Oxford, Massachusetts, to the End of the Year 1849* (Worcester, Mass., 1905), pp. 13, 14, 268; North, p. 804; American Advocate (Hallowell, Me.), p. 3.

7. "Narratives of the Captivity of Mrs. Mary Rowlandson, 1682," in Charles H. Lincoln, ed., *Narratives of the Indian War, 1697–1699* (New York: Charles Scribner's Sons, 1913), pp. 130–131. "A Narrative of Hannah Swarton," in Cotton Mather, *Humiliations Follow'd with Deliverances* (Boston, 1697), p. 59.

8. 初期の日記の民俗的側面についての有用な情報源としては Marilyn Ferris Motz, "Folk Expression of Time and Place: 19th-Century Midwestern Rural Diaries," *Journal of American Folklore* 100 (1987): 131–147. マーサの日記は，年代順の記述や簡潔さにおいては，モッツが調べた日記と類似しているが，その他の点ではより複雑で多様性がある。

9. North, p. 297; Nash, p. 234; Richard W. Wertz and Dorothy C. Wertz, *Lying-In: A History of Childbirth in America* (New York: Schocken, 1977), p. 9. ウェルツ夫妻はナッシュ版に依拠している。その点では，私が知るその他の現代の著者たちも同様である。ジューン・スプリグは，ナッシュ版の日記を最大限に活用した。June Sprigg, *Domestic Beings* (New York: Alfred A. Knopf, 1984) において，自身が描いた家庭用品の挿絵とともに，マーサ・バラードやその他 18 世紀の 6 人の女性たちの書いたものを所々に引用した。また短い文章を引用した作品としては次のものがある。Nancy F. Cott, *The Bonds of Womanhood: "Woman's Sphere" in New England, 1780–1835* (New Haven: Yale University Press, 1977), pp. 19, 29; M. Lelyn Branin, *The Early Potters and Potteries of Maine* (Middletown, Conn.: Wesleyan University Press, 1978), pp. 208, 234; Lee Agger, *Women of Maine* (Portland, Me.: G. Gannett, 1982), pp. 115–119; Judith Walzer Leavitt, "'Science' Enters the Birthing Room: Obstetrics in America Since the Eighteenth Century," *The Journal of American History* 70 (September 1983): 281–304.

10. Ebenezer Learned Estate, Worcester County Probate Records, A: 36615, Elijah Moore

注　　　　*403*

Estate, A41335, Worcester County, Court House, Worcester, Massachusetts.

11. George F. Daniels, *History of the Town of Oxford, Massachusetts* (Oxford, 1892), pp. 257, 619–620; Clifford K. Shipton, *Sibley's Harvard Graduates: Biographical Sketches of Those Who Attended Harvard College*, 15 (Boston: Massachusetts Historical Society, 1970), pp. 80–82; Jonathan Moore Papers, Houghton Library, Harvard College, Cambridge, Mass. ジョナサン・モーアの（ハーヴァードにおける）遺言は「綴じ込み式の暦日記」のことにふれているが，私は所蔵場所を特定していない。

12. 初期のニューイングランドにおける女子教育については，ほとんど知られていない。識字能力についての初期の研究は，もっぱら自分の名前を署名することができるかどうかという点を中心に行われている。最近のある研究は，女の子は多くの場合，読むことは教えられるが書くことは教えられなかったという点を強調している。この点についての要約は次を見よ。David D. Hall, *Worlds of Wonder, Days of Judgement: Popular Religious Belief in Early New England* (New York: Alfred A. Knopf, 1989), pp. 32–34. 女性の署名に関して非常に精緻な研究を行った　グロリア・メインは，女性の文章力は 1726–1750 年の期間に顕著な進歩を見せたとしている。Gloria Main, "Female Literacy in New England," unpublished paper, University of Colorado, Boulder.

13. Rice, *Vital Records of Oxford*, pp. 15–16; Elizabeth Brown Pryor, *Clara Barton: Professional Angel* (Philadelphia: University of Pennsylvania Press, 1987), p. 3. 1761 年および 1772 年のオックスフォードの洗礼記録を見ると，この種の名前がきわめて珍しいことが分かる。これらの記録にはもうひとりの「トリフィーネ」，1 人の「ローラナ」，1 人の「ビアレタ」がいるが，この頃好まれたアビゲイル，エリザベス，ハンナ，サラそしてメアリーといった名前が圧倒的多数を占めている。Church Record Book, MS, First Congregational Church, Oxford, Mass., pp. 222–230. 「パメラ」と「クラリッサ・ハーロー」といった名前がどのように使われていたかについては次を見よ。Leslie Dunkling and William Gosling, *The Facts on File Dictionary of First Names* (New York: Facts on File, 1983), pp. 51, 217, そして新古典主義については，David W. Dumas, "The Naming of Children in New England, 1780–1850," NEHGR 132 (1978): 196–210.

14. Daniels, *Oxford*, pp. 619, 390. Stephan Burton's account book, MeSL は医療関係の項目を含んでいる。このことは特にバートンがメインのヴァッサルボロに住んでいた頃にあてはまる。ダニエルズによると，バートンは「〔マサチューセッツ州の〕レスターのグリーン博士について学んだ」，また彼はオックスフォードにおける「「社会図書館」の設立に関わった主要メンバー」のひとりだとのことである。この事実は，彼が娘たちに文学書からとった名前をつけたことと無関係ではないかもしれない。

15. Anonymous Barton Family History, typescript, Clara Barton Papers, American Antiquarian Society, Worcester, Massachusetts.

16. Clara Barton to Bernard Vassal, November 22, 1890, quoted in Pryor, pp. 4–5.

17. MMB, April 14, 1785（膏薬），July 23, 1787（シロップ），August 19, 1786（錠剤），May 27, 1786（茶），April 6, 1792（軟膏），October 23, 1786（油乳剤），October 8, 1785（湿布），August 19, 1785（火傷），October 11–17, 1785（赤痢），September 13, 1786（喉の痛み），November 28, 1786（霜やけ），January 15, 1791（はしか），November 13, 1791（百日咳），September 4, 1792（百日咳），August 1, 1793（舞踏病），June 15, 1789

（舞踏病），April 17, 1788（湿疹），March 17, 1786（かゆみ），February 1, 1786（舌小帯短縮症），October 9, 1785（浣腸），August 4, 1788（乳房の膿瘍），November 14, 1786（発疱剤），April 5, 1790（嘔吐）。18世紀の医術の有効性（ないし無力さ）については次を参照。J. Worth Estes, "Medical Skills in Colonial New England," NEHGR 134 (October 1980): 159–175.

18. それに加えて，彼女がオックスフォードを後にした時点で，彼女の実母も義母も存命であった。彼女の祖母モーアは1760年まで存命であった。Daniels, *Oxford*, pp. 618, 587.

19. Sarah Stone, *A Complete Practice of Midwifery* (London, 1737), p. xiv.

20. Boston Evening Post, October 16, 1769; Rice, *Vital Records of Oxford*, pp. 268, 297–298; Ernest Caulfield, "Some Common Disease of Colonial Children," *Publications of the Colonial Society of Massachusetts* 35 (1942–1946): 24–36.

21. MMB, June 17, 1789.

22. 子どもたちの死が，マーサとイーフレムにオックスフォードを去ることを促したと思われるかすかなヒントが，一族の歴史記録の中に見られる。その50年前にはイーフレムの父ジョナサン・バラードが，得体の知れない病が18日間に彼の母親，3人の姉妹の命を奪ったあと，マサチューセッツ州アンドーヴァーの町を去っている。Charles Frederic Farlow, comp. Charles Henry Pope, ed. *Ballard Genealogy* (Boston, 1911), p. 72; *Vital Records of Andover, Massachusetts to the End of the Year 1842* (Topsfield: Topsfield Historical Society, 1912), pp. 382–383; Daniels, *Oxford*, p. 379.

23. バラード一族は，今ではアンドーヴァーの古典的研究で知られるグレーヴェンが取り上げた家族のひとつである。 Philip Greven, *Four Generations: Population, Land, and Family in Colonial Andover, Massachusetts* (Ithaca, N.Y.: Cornell University Press, 1970), pp. 47, 84–85, 146, 162–163, 186.

24. サミュエル・ハワードは1768年5月に「ケネベック河畔，ウェスタン砦より川上」の土地をネイサン・モーアに売却した。LCD, I:323.

25. Daniels, *Oxford*, pp. 122, 587–589, 619–620, 725; Ira Thompson Monroe, *Hisory of the Town of Livermore* (Lewiston, Me., 1928), pp. 24–25; "Journal of Thomas Fish," in [Israeil Washburn, Jr.], *Notes, Historical, Descriptive, and Personal of Livermore, Maine* (Portland, LCD, 1874), pp. 141–143.

26. LCD, I:321, 322, 323, 325, 345; LCCGSP, Records, I:143; Alma Pierce Robbins, *The History of Vassalborough, Maine* (n. pub., n.d. [1971]), pp. 15, 16; North, p. 146; Daniels, *Oxford*, pp. 619–620, 725.

27. Alan Taylor, *Liberty-Men and White Indians: Frontier Migration, Popular Protest, and the Pursuit of Property in the Wake of the American Revolution*, Ph.D. dissertation, Brandeis University, 1986, pp. 53–70. 植民地時代の背景については次を見よ。Gordon E. Kershaw, *The Kennebec Proprietors, 1749–1775* (Portland: Maine Historical Society, 1975).

28. James Phinney Baxter, ed., *Documentary History of the State of Maine* (Portland: Maine Historical Society) 14:242; North, *Augusta*, pp. 45–47; "List of lands to be sold," Gardiner, Whipple, & Allen Papers, MHS, 2:29, Boston. ガーディナーはイーフレム・バラードに，ジョン・マケクニーへの紹介状を与えている。マケクニーという人物は，入植希望者の土地請願書を認定する責任者であった。独立戦争騒ぎがなければ，イーフレムがこのポ

ストについていたものと思われる。ウェスタン砦に土地を持っていたジョン・ジョーンズは——後にバラードがこの土地を借りるのだが——1773 年から 1776 年 6 月までの間，ハロウェルで同様の役割を果たした。Petitions for Grants, 1751–1818. Kennebec Purchase Company Papers, Box 1, MeHS.

29. Mary De Witt Freeland, *The Records of Oxford, Mass.* (Albany; N.Y.: Joel Munsell's Sons, 1894), pp. 370–387; LCCGSP Records I:143. ラーニドはちょっとした英雄だったが，彼の兄弟ジェレマイアは，イーフレム・バラードと同じく，独立戦争を支持することにはためらいがちだった。自分は国王からいくつかの職権を委任されているので，職務の宣誓に反することはできないとジェレマイア・ラーニドは言っている。Daniels, *Oxford*, p. 590.

30. John Joseph Henry, "Campaign Against Quebec," in Kenneth Roberts, ed. *March to Quebec: Journals of the Members of Arnold's Expedition* (New York: Doubleday, Doran, 1940), pp. 303–305.

31. James P. Baxter, ed., *Documentary History of the State of Maine*, 24 vols. (Portland Me.: Maine Historical Society, 1869–1916), 24:407–410（以後この資料は Doc. Hist. Me. とする）; *Acts and Resolves, Public and Private, of the Province of the Massachusetts Bay, 1775–1776* 19:793 (Boston, 1918).

32. North, p. 140; HTR, I:19; Records, LCCGSP, I:158–161; LD, I:255, II:525–526, 574–576. ジョーンズは 1772 年にポウナルボロのジョナサン・ボウマンからこの水車小屋用地を購入した。彼はこの土地をハロウェルにある他の所有地とともに 1779 年 5 月 29 日，正式に自分の義父にあたるコンコードのジョセフ・リーの名義にしている。この土地についての記載事項には「バラードの借地権」以外はすべての権利を移譲するとある。この同じ月にジョーンズはイーフレム・バラードに自分の義理の兄弟ジョナス・リーの関わるコンコードでの訴訟事件について，自分の不動産の評価を依頼している。ジョナスの義理の父親はコンコード治安委員会との間に自分自身のトラブルを抱えていた。Robert A. Gross, *The Minutemen and Their World* (New York: Hill and Wang, 1976), pp. 138, 168.

33. *Doc. Hist. Maine* 18:45; HTR, I:30–32, 33, 35, 36; North, *Augusta*, p. 156. 1777 年，ジョナサン・バラード，エベネザー，レビそしてコリンズ・モーア，さらにトーマス，エドワード，そしてソロモン・タウン，これらの人々は全員マーサおよびイーフレム・バラードの親戚だが，彼らはアメリカの「権利と自由に有害」であると公に非難されている。しかし，この件は結局途中で取り下げられた。LCCGSP Records, I:154, 155, 159–161. また，この裁判のきわめて誇張された叙述は以下。William S. Bartlet, *The Frontier Missionary: A Memoir of the Life of the Rev. Jocob Bailey* (Boston: Ide and Dutton, 1853), pp. 263–264.

34. MMB, October 14, 1797.

35. A Register of Marriages Intended, HTR, I:17.

36.「あなたの父親 バラード」と書かれているこの書簡は，イーフレム・タウン，つまりバラード家の娘婿に宛てられたものである。この人はイーフレムとマーサが水車小屋に引っ越したのち，川下の土地を借りたのである。Towne Papers, 6:2, MeSM.

37. MMB, November 15, 1785. ジョーンズがハロウェルの納税者名簿に現れるのは 1749

年のことである。Hallowell tax list in 1794: Invoice of the rateable property in possession of Middle Parish in Hallowell, 1794, MeSL.

38. Interview with Miss Della Towne by, October 25, 1972, Towne Papers, 2:39, MeSM.

39. MMB, May 22, 1790, June 13, 1786, July 17, 1790, July 27, 1786.

40. MMB, January 27, 1786, June 5, 1785, July 12, 1788, May 18, 1786, March 17, 1791, June 29, 1788, July 12, 1788, April 2, 1788, November 25, 1787.

41. MMB, September 29, 1789, April 28, 1786.

42. MMB, e.g., July 15, 1786, October 24, 1788, July 7, November 9, 1789, April 26, 1790.

43. MMB, September 29, 1789, April 28, 1786, November 17, 1785, October 6, 1789, May 12, 1786; Edward P. Hamilton, *The Village Mill in Early New England* (Sturbridge, Mass.: Old Sturbridge, Inc., 1964), pp. 3, 15; R. W. Dyer, "Weare Saw Mill, Hampton Falls, N.H.: Historic American Buildings Survey, N.H., 34D, typescript, Diamond Library, University of New Hampshire, Durham.

44. *Collections and Proceedings of the Maine Historical Society*. 2nd Ser., 4 (1893): 217–218; *Vital Records of Nantucket, Mass.*, 5: 185–192. (Boston: New England Historic Genealogical Society, 1928).

45. Baker, *Maritime History*, p. 92.

46. オービド・ハッシーの投獄について，現存する裁判所記録は何も見つけることができなかったが，1792 年に彼の債権者たちは，未亡人から 564 ポンドを取っている。1800 年までには彼女はこの金額を取り戻し，ハロウェルにおいて当時最も富裕な納税者のひとりになっている。LD, II:72; III:393, 481; VI:34; VI:35, III:369–370, 385; Mary Hussey Estate File, KPR.

47. MMB, June 28, 1787. 1787 年 3 月 31 日にエベネザー・ヘウィンズとジルファ・カミングスは結婚の意思を表明し，1787 年 6 月 28 日に結婚した。HTR, I:n.p.

48. こうしたテーマを研究した最近の業績には，次のものが含まれる。Judith Walzer Leavitt, *Brought to Bed: Child-Bearing in America, 1750–1950* (New York: Oxford University Press, 1986), chapter two; Ruth Bogin, "Petitioning and the New Moral Economy of Post-Revolutionary America," WMQ 45 (1988): 391–425; Alan Taylor, "A Kind of Warr': The Contest for the Land on the Northeastern Frontier, 1750–1820," WMQ 46 (1989): 3–26; Jan Lewis, "The Republican Wife: Virtue and Seduction in the Early Republic," WMQ 44 (1987): 689–721; Cathy N. Davidson, *Revolution and the Word: The Rise of the Novel in America* (New York: Oxford University Press, 1986), Chapter 6.

49. Mary Beth Norton, *Liberty's Daughters: The Revolutionary Experience of American Women, 1750–1800* (Boston: Little, Brown, 1980), and Linda Kerber, *Women of the Republic: Intellect and Ideology in Revolutionary America* (Chapel Hill: University of North Carolina Press, 1980). ノートンとカーバーの著作は，ナンシー・コットの結論を改めるものとなった。コットはこの新しい家庭の美徳という思想の始まりはもう少し後の時代だとし，またその源は信仰復興運動と市場経済社会の到来にあるとしたのであった。Cott, *The Bonds of Womanhood*, pp. 58–62, 157–159, 197–206.

50. North, p. 4; Jeremiah Barker, "History of Diseases in the District of Maine," chapter two, MeHS. Daniel Cony to Joseph Whippe, November 1, 1801, Francis A. Countway Library of

注　　　*407*

Medicine, Boston, Mass.

51. James Thatcher, *American Medical Library* (Boston, 1828), p. 45.

52. Daniel Cony, An extraordinary case in Midwifery, Read April 1788, File No. 47, in Documents Illustrative of the Early History of Massachusetts Medical Society, II:22, Countway Library of Medicine.

53. North, pp. 86–90, 883.

54. Samuel and William Howard Account Book, 1773–1793, MeHS.（他に現存する唯一のハワードの取引明細記録は 1770 年代を記録するもので，サミュエルの名前しか記載されていない。これは現在メイン州立図書館に収蔵されている）

55. MMB, e.g., September 22, 1786, May 14, 1791, March 14, 1785, May 19, 1786, March 9, 21, 26, 1788（男性の活動）; June 16, 1788（除草）; August 10, 1786（収穫）; May 11–14, 1785（梳き）; August 17, 1785（紡ぎと漂白）; April 8, 15, 1786（糸より）; March 23, 1786（煮る）; November 17, 1786（糸巻き）; June 23, 1791（クイリング）; April 29, 1788（スプーリング）; October 26, 1787（生地打ち）.

56. MMB, April 5, 19, 25, 1786, June 9, 1786, July 1, 1786.

57. MMB, April 20, 24, 1786.

58. North, p. 934.

59. HS, April 23, 1787. ワシントンの大統領就任を祝う式典についてのスウォールの日記の記述は 4 月 30 日まで続く。

60. MMB, March 6, 1790.

61. MMB and HS, December 31, 1786, April 2, 1788, November 13, 1790, May 11, 1792, April 5, 1794, January 17, 1797, March 26, 1798, October 23, 1799, and contiguous entries. ボンネット作りについては MMB, March 6, 1790. 興味深いことには，1789 年にウィリアム・ハワードはヘンリー・スウォールに対し，合板紙とバックラム〔糊，にかわなどで硬くした亜麻布，衣服の芯や製本用〕（いずれもボンネット作りの材料）を掛け売りしている。Howard Account Book, p. 156 を見よ。

62. HS, February 22, 1800. Nash, p. 203 はこの若い女性たちの名を記している。

63. North, pp. 86–90.

第 1 章

1. 医学の社会史について，様々な観点からなされている最近の評価に関しては次を見よ。Gerald N. Grob, "The Social History of Medicine and Disease in America: Problems and Possibilities," *Journal of Social History* 10 (1977): 391–409, and Ronald L. Numbers, "The History of American Medicine: A Field in Ferment," *Review of American History* 10 (1982): 145–163. これらの論文は，ともに初期アメリカの研究が乏しいことを示している。最近注目すべき次の 2 つの著書は，この分野における研究の将来は明るいこと，および残された研究課題を示している。Robert I. Goler, *The Healing Arts in Early America*. これは同じ名称で開催された Fraunces Tavern Museum, New York City (1985) での展示会に際して出版されたものである。もうひとつは *Medicine in Colonial Massachusetts, 1620–1820*, ed. Philip Cash, Eric H. Christiansen, J. Worth Estes, Publications of the Colonial Society of Massachusetts, Vol. 57 (Boston, 1980) である。助産婦に関する鋭い視角の文献目録とし

ては次を見よ。Judy Barrett Litoff, "Midwives and History," in Rima Apple, ed., *Women and Health in America* (New York: Garland, forthcoming). 論文を提供してくださったリトフに感謝申し上げる〔この論文を収めた書籍は、その後以下のタイトルで発行された。Rima D. Apple ed., *Women, Health, & Medicine in America: A Historical Handbook* (New York and London: Garland Science, 1990)〕。

2. ある医学史家によると、相当な規模のしょう紅熱の流行が、1783 年から 1791 年の間にメリーランドからメインに至る各州に見られたという。Ernest Caulfield, "Some Common Diseases of Colonial Children," *Publications of the Colonial Society of Massachusetts* 35 (1942–1946): 24–36. また次を見よ。Hall Jackson, *Observations and Remarks of the Putrid Malignant Sore Throat* (Portsmouth, N.H., 1786), pp. 8–10; J. Worth Estes, *Hall Jackson and the Purple Foxglove: Medical Practice and Research in Revolutionary America 1760–1820* (Hanover, N.H.: University Press of New England, 1979), pp. 124–125; W. Barry Wood, Jr., *From Miasmas to Molecules* (New York: Columbia University Press, 1961), pp. 32–37. 1794 年の疫病流行時の死亡率 6.9% という水準を、ある現代の観察者は「致命的にひどい」としている。次も見よ。William Baylies, "An account of the Ulcerated Sore Throat, as it appeared in the Town of Dighton, County of Bristol, in 1785 and 1786," in *Medical Papers Communicated to the Massachusetts Medical Society*, I (Boston, 1790), pp. 41–48.

3. HS, June 9–19, 1787.

4. HS, July 28, 1787; MMB, July 14, 30, 1787.

5. MMB and HS, August 4, 1787.

6. MMB, June 3, 1787, August 4, 1787, May 24, 1787. ジェームス・ハワードの死に関しては、彼女は次のように書いている。「突然の変化。彼は今元気だったと思ったら、3 時間もしないうちに死んでいた」。

7. マーサがこの母親の死についてコメントしていることで、この日記が書き始められる前の 177 の出産を、1785 年 1 月から 1787 年 8 月までの日記に記録された 81 の出産に加えることができる（この数字は日記を遡ってみることで得られる）。ということは、マーサが手がけた 258 の出産において、母親が死亡したケースはただ 1 件であったことが分かる。これは卓越した記録ではある。しかし、このような幸運は長続きしなかった。1789 年には、マーサが介助した出産で母親と新生児がともに亡くなるという事態に見舞われる。そして 1790 年にも 3 回目が起こった。彼女の生涯を通じてみると、助産婦としての成績は抜群（200 回の出産ごとに 1 回の死亡事故）だが、1787–1790 年における記録は惨めなものというほかない。すなわち、45 回の出産ごとに 1 回の死亡事故が起こっているのである。

8. Leonard G. Wilson, "The Historical Riddle of Milk-Borne Scarlet Fever," *Bulletin of the History of Medicine* 60 (1986): 322. 死亡のタイミング——出産の 5 日後——は感染症が原因であったことを示唆している。出産時の母親の死亡原因として最も一般的な産褥熱は、多様な微生物がその原因となりうるものであった。

9. クレイトン夫人の赤ん坊に関して言えば、20 世紀の現在においてさえも、この種の感染症にかかった母親から生まれた新生児の危険性は高い。しかし赤ん坊の症状は曖昧で、決まった特徴のないのが普通である。Ezna Ziegel and Carolyn Conant Van Blarcom, *Obstetrics Nursing*, 6th ed. (New York: Macmillan, 1972), pp. 524–525, 736–737. 産褥熱と一

見無関係に見える他の感染症との関連については，メイン地区ゴーラムのジェレマイア・バーカー医師が 1784 年に（それが関連した病気であることに注目することなく）残した報告に示唆されている。すなわち，産褥熱の「流行病」と彼が「傷やすり傷…の普通ではない見た目」と考えているものとが並行的に起こるというのである。Barker, *History of Disease in the History of Maine*, chapter three, MeSM.

10. スザンナ・コーウェンとジョン・クレイトンは 1786 年 10 月 14 日に結婚の意思を届け出た。HTR, I:n.p. イーフレム・コーウェンは東 4 区画の一部に，ロバート・ケネディーは 3 区画に居住していた。LCD, 2:312, 7:123, 7:187.

11. ハロウェルにおける死亡数は 1785 年には 10 人，1786 年には 9 件，1787 年には 16 人，1788 年には 12 人，1789 年には 9 人，そして 1790 年には 15 人，合計死亡数 71 人であった。同時期の日記で，68 人の死亡に関する記述を見つけることができた。そのうち死亡原因が分かったのは一部に限られる（ハロウェルの総人口はセンサスによると 1790 年に 1119 人であった）。その他の場所での死亡率については次を見よ。J. Worth Estes, *Hall Jackson*, pp. 96–97, and J. Worth Estes and David M. Goodman, *The Changing Humors of Portsmouth: The Medical Biography of an American Town, 1623–1983* (Boston: Francis A. Countway Library of Medicine, 1986). pp. 27–31, 326–327. しょう紅熱の重要性については次を見よ。John Duffy, *Epidemics in Colonial America* (Baton Rouge: Louisiana State University Press, 1953), pp. 239–240. 20 世紀の死亡率については次を見よ。John Ross, *International Encyclopedia of Population* (New York: Free Press, 1982), vol. 2, p. 462.

12. Carolyn Merchant, *The Death of Nature: Women, Ecology, and the Scientific Revolution* (San Francisco: Harper & Row, 1980), p. 153. William Sermon, *The Ladies Companion, or the English Midwife* (London, 1671), p. 3. ここでの私の議論は，助産婦の否定的な側面のみを強調する，これまでの歴史家たちとは少し違う。助産婦の仕事と妖術とのつながりは，フォーブスが彼の論文集のタイトルにもなっている論文で紹介したのが最初であった。Thomas Rogers Forbes, *The Midwife and the Witch* (New Haven, Conn.: Yale University Press, 1966). このテーマはその後 Barbara Ehrenreich and Deirdre English, *Witches, Midwives and Nurses: A History of Women Healers* (Old Westbury, N.Y.: Feminist Press, 1973) によって，フェミニストの立場から分析された。フェミニストの立場をとる学者にとって，これは桁外れに大きな広がりを持つテーマである。西欧社会の女性嫌悪症について教えてくれるだけでなく，過去の女性たちが性や生殖についてオカルト的な知識を持っていたのを，医師や教会が抑圧したことを示唆するからである。たとえば次を見よ。Adrienne Rich, *Of Woman Born: Motherhood as Experience and Institution* (New York: W.W. Norton, 1976), pp. 128–139 and Linda Gordon, *Woman's Body, Woman's Right: A Social History of Birth Control in America* (New York: Penguin Books, 1977), pp. 29–32. 妖術と助産婦職そのものとの間の強い相関を示すものではないが，ニューイングランドの妖術について研究した 2 人の歴史家は，魔女の疑いがあると思われていた女性たちによる治療の仕事を示唆する文献を発見した。しかし，妖術と助産術それ自体についての間の強い相関性は見られなかった。John Putnum Demos, *Entertaining Satan: Witchcraft and the Culture of Early New England* (New York: Oxford University Press, 1982), pp. 80–81; Carol Karlsen, *The Devil in the Shape of a Woman: Witchcraft in Colonial New England* (New York: W. W. Norton, 1987), pp. 142–143. どこにおいても治療の仕事は広く女性の活動であったから，

410

逸脱者も含めて，一群の女性をサンプルとして選べば，どのサンプルにも何人かの治療者が含まれていた，というのが私の主張である。女性一般と同様，助産婦たちも魔女だと人に言われる可能性はあったのだが，大部分の助産婦は地域社会で大いに尊敬されていた。ワイスナーは，ニュルンベルクにおける助産婦についての研究で同様の主張をしている。Merry E. Weisner, "Early Modern Midwifery: A Case Study," *International Journal of Women's Studies* 6 (1983) I:26–43.

13. Wertz and Wertz, *Lying-in*, pp. 8–9.

14. Hall, *Worlds of Wonder, Days of Judgment*, pp. 140, 100–101. I Timothy 47, Exodus I:15–19.

15. T. Dawkes, *The Midwife Rightly Instructed* (London, 1736), and John Maubray, *The Female Physician* (London, 1724), quoted in Robert A. Erickson, "Mother Jewkes, Pamela, and the Midwives," ELH, 42 (1970): 508, 514, n. 15.

16. Erickson, "Mother Jewkes, Pamela, and the Midwives," pp. 500–516.

17. Charles Dickens, *Martin Chuzzlewit*, ed. Margaret Cardwell (Oxford: Clarendon Press, 1982), pp. 315–316.

18. Mrs. S. J. Hale, *Northwood: A Tale of New England* (Boston, 1827), II, pp. 182.

19. *Short Fiction of Sarah Orne Jewett and Mary Wilkins Freeman*, ed. Barbara H. Solomon (New York: New American Library, 1979), pp. 48–49.

20. エステスは，この地域の医師の帳簿を調べて成人男性に関する記載が際立って多いことを指摘している。J. Worth Estes, "Therapeutic Practice in Colonial New England," in *Medicine in Colonial Massachusetts*, pp. 296, 303.

21. MMB, September 18, 1786, February 5, 1791, November 5, 1793, July 3, 1794; MMB, September 9, 1791; John B. Blake, "The Compleat Housewife," *Bulletin of the History of Medicine* 49 (1975): 30–42; George E. Gifford, Jr., "Botanic Remedies in Colonial Massachusetts, 1620–1820," in *Medicine in Colonial Massachusetts*, pp. 263–288.

22. マーサ・バラードは日記の中で医学書についてはまったくふれていない。しかし，アメリカの女性たちはカルペッパーを見ていた。そして昔のバージョンが，ひとつの世代から次の世代へと受け継がれていた。Gifford, "Botanic Remedies," Fig. 68 に図示された，カルペッパーの『ロンドン薬局方（*Pharmacopoeia Londinensis*)』の原稿の題字には，「1765年3月13日，死の直前に母から贈られた，レイチェル・マーティン所有の本」と記されている。

23. MMB, October 5, 1787; Gifford, "Botanic Remedies," pp. 263–267.

24. MMB, November 20, 1788; *Culpeper's Color Herbal*, ed. David Potterton (New York: Sterling, 1983), p. 74.

25. Herbert Leventhal, *In the Shadow of the Enlightenment: Occultism and Renaissance Science in Eighteenth-Century America* (New York: New York University Press, 1976), pp. 27–47, and Barnard Capp, *English Almanacs 1500–1800: Astrology and the Popular Press* (Ithaca, N.Y.: Cornell University Press, 1979), pp. 64–65, 118–120. Daniels, *Oxford*, p. 666 によれば，1748年にオックスフォードのハンナ・ラーニドと結婚したサミュエル・ロビンソンはオックスフォード–ダドリー線沿いで「医師，占星術師であり，宿屋の経営者」をしていたという。

26. MMB, e.g., May 11, 1790, December 18, 1790, January 17, 1792. James Thacher, *The*

American New Dispensatory (Boston, 1810), pp. 203–204 は,「石鹸の洗浄効果には…いろいろな点で医学的価値がある」という間違った考えを生んだ」と言っている。Nathaniel Low, *An Almanack or Astronomical Diary for ...* 1787 はカスチール石鹸〔オリーヴ油と水酸化ナトリウムを原料とする刺激の少ない硬質石鹸〕を黄疸に処方するようすすめている。ロウは最も初期の暦では,自らのことを「占星術の教授」と宣伝している。暦のその後の版では自らを「物理学の一学徒」としている。Marion Barber Stowell, *Early American Almanacs: The Colonial Weekday Bible* (New York: Burt Franklin, 1977), p. 86.

27. E. Smith, *The Compleat Housewife: OR, Accomplish'd Gentlewoman's Companion*, 15th ed. (London, 1753, facsimile, London: Literary Services and Production Limited, 1968), pp. 267, 276, 304, 263, 256, 283. スミスの「雄鶏水」の処方箋にはいろいろなハーブ,スグリの実,干しブドウ,白砂糖のキャンデーのほか,老雄鶏が含まれていた。マーサは鶏のほか,1791 年 4 月 10 日に「ジョナサンがウサギをおとして,具合の悪かったナビー・ホジキンス夫人のところへ届けた」ときにしたように,ウサギを使っている。スミスのこの本は最初,ロンドンで 1727 年に出版された。医薬的レシピを含んだ初期イギリスの料理本を調査したものとしては,次を見よ。Blake, "The Compleat Housewife," 30–32.

28. 尿の同じような使用法については次を参照せよ。*The Diary of Matthew Patten of Bedford, N.H.* (Concord, N.H., 1903), p. 13 (March 30, 1755):「息子のジョンは午前中病状がきわめて悪く,我々はほとんど諦めかけた。しかし,午後には彼に尿,糖蜜入りオリーヴ油,牛脚油〔牛の足やすねの骨を煮てとった不揮発性油〕を飲ませたところ回復した」。牛の糞に関しては次を見よ。Rose Lockwood, "Birth, Illness and Death in 18th-Century New England," *Journal of Social History* 2 (1978): 120. また,排泄物の使用全般については次を見よ。Fanny D. Bergen, *Animal and Plant Lore: Collected from the Oral Tradition of English Speaking Folk* (Boston and New York: Houghton Mifflin, 1899), pp. 70–71.

29. MMB, October 13, 1786. この両方が普及していたことについては次を見よ。Bergen, p. 68, and Wayland Hand, *Magical Medicine* (Berkeley: University of California Press, 1980), pp. 189–190. エベネザー・パークマンは歯の痛みに牛糞の湿布をあて,子どもの火傷には猫を殺してその血を塗った。Lockwood, "Birth, Illness, and Death," pp. 119–120. (パークマンの娘はマーサ・バラードの弟ジョナサン・モーアと結婚している)

30. MMB, July 23, 1794. 魔術的療法における太陽の重要性については,次を参照のこと。Hand, Magical Medicine, pp. 2–5. 納屋へ行って牛と親密に接触する必要性は,呼吸器疾患には牛あるいは馬の吐いた息を吸い込むのがよいというイギリスとアメリカの伝統的療法から来ている。Hand, pp. 378–379. 魔術的療法を特定する難しさについては次を見よ。Neil C. Hultin, "Medicine and Magic in the Eighteenth Century: The Diary of James Woodforde," *Journal of the History of Medicine & Allied Sciences* 30 (1975): 348–366.

31. 材料やそれぞれの使い方については,MMB, July 22, 1792, June 25, 1786, August 11, 1788, December 1, 1787, June 1794 に,処方するときの詳しいやり方(茶色の紙,羊毛の布など)は [Nicholas Culpeper], *The English Physician Enlarged* (Exeter, N.H., 1824), pp. 315, 320 によった。

32. 18 世紀アメリカの植物学者カトラーは,イギリスの植物名を「別種に属するまったく異なる植物で,疑いなく異なる性質を持つアメリカの植物に」用いることの医学的結果について憂慮している。しかし,彼の「土着」の植物リストには,初期の移住者

の畑から野生化したと思われる多くの植物が含まれており，かつ，バラード日記にも見えるイギリスの植物名が多く含まれている。たとえば，モウズイカ（mellein），オオバコ（plantain），オオレン（golden thread），アマドコロ（Solomon's-seal），ヨモギ（wormwood），ヨモギギク（tansy），ゴボウ（burdock）などである。彼はヒレハリソウ（comfrey）が本当にアメリカの自生植物かどうか，確信が得られないでいる。それでも彼はマーサ・バラードと同じように，捻挫の治療に有用であることを認めている。Mannasseh Cutler, "An Account of Some of the Vegetable Productions, Naturally Growing in This Part of America", *Bulletin of the Lloyd Library*, Reproduction Series No. 4 (1903): 398, 419, 437, 459, 414, 410, 427, 434, 457, 476, 479; MMB, June 25, 1786.

33. MMB, July 21, 1785, October 11, 1801; Potterton, *Culpeper's Color Herbal*, p. 164; Cutler, "An Account," 426; Marilyn Dwelley, *Summer & Fall Wildflowers of New England* (Camden, Me.: Downeast Enterprise, 1977), p. 40. 「女性を死産させるには」ウマノスズクサ（Virginia snakeroot）〔アメリカ東部産ウマノスズクサ属の一種〕とマリゴールドの花を入れた「水」がよいとスミスはすすめている。

34. メイヤー は「コールドウォータールート（cold water root）」を *Aster puneceus* だと同定している。さらに彼はマーサ・バラードのあげている植物のうち，イギリスのハーブにはない2種類の植物を確認している。すなわち，ギレアデバーム（balm of Gilead）〔アラビアバルサムノキ，芳香性の樹脂が採れる〕は *Populus balsamifera*，およびシナノキ（basswood）は *Tilia Americana* である。Clarence Meyer, *American Folk Medicine* (New York: Thomas Y Crowell, 1973), pp. 286, 283, 284.

35. [Mary Hall Leonard], *Mattapoisett and Old Rochester, Massachusetts* (New York: The Grafton Press, 1907), pp. 118–119.

36. Lawrence W. Levine, *Black Culture and Black Consciousness* (New York: Oxford University Press, 1977), pp. 63–66; Jon Butler, "The Dark Ages of American Occultism, 1760–1848," in *The Occult in America: New Historical Perspectives*, ed. Howard Kerr and Charles L. Crow (Urbana: University of Illinois Press, 1983), pp. 59–61; Smith, *The Compleat Housewife*, p. 378.

37. サッチャーは次のように書いている。「それがどんなに医学の権威を傷つけるものであっても，最も効果的な治療法の発見のいくつかは，無学な衒学者たちの向こう見ずな試みに負っていることは，公正に認めねばならない」（Thacher, p. 232）。彼は「愛国的な医師や市民」は自生植物の同定と試験を一致団結して行うことをすすめている。

38. MMB, November 30, 1791, September 5, 1786, October 9, 1785, November 30, 1791.

39. Moses Appleton, Medical Recipe Book, Countway Library of Medicine, Boston. 本の内側には「ウォータービル，1791」の書き込みがある。アップルトンは「化学的性質」を優雅に提示することで，彼の持つ高度な知識を示している。これには火，大地，水，生石灰，タルク〔原書では talk〕，砂，その他の基本的要素の書写記号が含まれている。経験的医療，学問的医療に共通する前提については，次を見よ。Richard Brown, "The Healing Arts in Colonial and Revolutionary Massachusetts: The Context for Scientific Medicine," in *Medicine in Colonial Massachusetts*, pp. 41–42. また，次も参照せよ。Samuel Curtis, *A Valuable Collection of Recipes, Medicinal and Miscellaneous* (Amherst, N.H., 1819). また，ダニエル・コニーの師による，初期アメリカにおける医師の一般教育についての出

版物も見よ。Eric H. Christianson, "The Medical Practitioners of Massachusetts, 1630–1800: Patterns of Change and Continuity," in *Medicine in Colonial Massachusetts*, pp. 56–57 and Joseph Kett, *The Formation of the American Medical Profession: The Role of Institutions, 1760–1860* (New Haven: Yale University Press, 1968), pp. 9–14.

40. "Birth from Hallowell Records," Collections of the Maine Historical Society, 2nd Ser., 3 (1892): 332. 月の影響に対する関心を最もよく表している箇所は次の資料に見られる。すなわち、"Reverend Seaborn Cotton Commonplace Book," New England Historic Genealogical Society, Boston.「子どもの出産における月の性質と位置」と題された部分は、明らかに牧師の妻ドロシー・コットンによって書かれたものである。ちなみにこの人物は詩人アン・ブラッドストリートの娘である。

41. J. Worth Estes, "Medical Skills in Colonial New England," NEHGR 134 (1980): 265–266. 北アンドーヴァー歴史協会はカシ材でできた医療器具箱を所蔵している。それは、大変尊敬された外科医であり、マサチューセッツ州医学協会の初期の会員であったトーマス・キトレッジ医師 (1746–1818) のものだと言われている。彼の使用していた医療器具には、鍵の形をした抜歯用器具、頭蓋骨に孔をあけるための穿頭器 (刃先取り替え可能)、骨から組織をこそぎとるための道具、頭蓋骨損傷において陥没した骨片を引き出すための三脚の道具、外科用鋸の刃を交換するためのレンチ、産科用鉗子やベクティス〔眼科用器具〕、止血帯などが含まれる。キトレッジ医師はハロウェルのベンジャミン・ページ医師を訓練した人物である。ローゼンバーグが言うように、19世紀半ばにおいてさえ技術面では「専門医」と「民間療法士」の差はほとんどなかった。「上気して赤くなった顔、早い脈拍、舌苔、刺し込むような痛みを伴う下痢などは、専門医にとっても素人にとっても明白な症状だったのだ。経験豊かな医師と同じように、経験豊かな老女たちは道理に基づく予測をすることができたのである」。Charles Rosenberg, *Care of Strangers: The Rise of America's Hospital System* (New York: Basic Books, 1987), p. 70.

42. こうした態度は辺境の地のみの偶然ではなかった。ポーターは『ロンドン・マガジン』の医療費受領書の研究から次のように論じている。すなわち、イギリスにおいてさえも「医師は医学の学習をともにすることは正しいやり方だと考えていた」。医師、素人の療法士、そして患者たちはいまだに「まったく同じではないにせよ、互いに重複した認識の世界」を共有していたからこそ、そう言うことが可能だったのである。Roy Porter, "Introduction," in *Patients and practitioners: Lay perception of medicine in pre-industrial society*, ed. Roy Porter (Cambridge, Eng.: Cambridge University Press, 1985), pp. 14–15.

43. MMB, March 10, 1791; Estes, "Therapeutic Practice," pp. 318, 374, 377; Thacher, The American New Dispensatory はマンナ (manna) とルバーブ (rhubarb) を緩下剤であるとし、これは子ども、病人、敏感な女性、高齢者にも安全に投薬できるとしている。

44. MMB, July 8, 1789, January 30, 1787.

45. Leventhal, *In the Shadow of the Enlightenment*, p. 202.

46. MMB, August 1, 1788; Charles E. Rosenberg, "The Therapeutic Revolution: Medicine, Meaning, and Social Change in Nineteenth-Century America," in Charles E. Rosenberg and Morris J. Vogel, eds., *The Therapeutic Revolution: Essays in the Social History of American Medicine* (Philadelphia: University of Pennsylvania, 1979), pp. 8, 23.

47. MMB, September 27, 1789. 17世紀のマサチューセッツにおいて、ビールで煮たサビー

ナ（savine）はよく知られた人工妊娠中絶薬であった。Roger Thompson, *Sex in Middlesex: Popular Mores in a Massachusetts County, 1649–1699* (Amherst: University of Massachusetts Press, 1986), pp. 25, 46, 107, 183. 今日のメイン州の助産婦たちは ヨモギギク（tansy）は危険だと考えている。その点では Potterton, *Culpeper's Color Herbal*, pp. 166, 189 も同じである。サビーナ，メグハッカ（pennyroyal），ヨモギギク，その他のハーブを避妊薬として用いるイギリスの伝統的用法については次を見よ。Angus McLaren, *Reproductive Rituals: The Perception of Fertility in England from the Sixteenth Century to the Nineteenth Century* (London and New York: Methuen, 1984), pp. 73–75, 89–106.

48. MMB, October 4, 1791; "Bleeding Implements and Drug Chests of Colonial New England," *Medicine in Colonial Massachusetts*, Appendix II, p. 380. 当時の医師による瀉血の使用については次を見よ。Estes, "Therapeutic Practice," and Whitfield J. Bell, Jr., "Medicine in Boston and Philadelphia: Comparisons and Contrast, 1750–1820," in *Medicine in Colonial Massachusetts*, pp. 301–303, 175–176. エステスが調べたニューハンプシャーの医師たちは，患者の5ないし6%に瀉血を施している。子どもの場合は普通舌から瀉血を行ったので，日記に出てくる新生児の舌を切るという記述は，治療としての瀉血だったのかもしれない。日記では唯一の記述で，赤ん坊は生まれたばかりであったので，私は本文中でこれを文字通り，短すぎる舌小帯を切ることと解釈した。

49. Erwin H. Ackerknecht, *Therapeutics: From the Primitives to the 20th Century* (New York: Macmillan, 1973), p. 81; Rosenberg, "Therapeutic Revolution," p. 9.

50. Rosenberg, "Therapeutic Revolution," p. 6.

51. J. Worth Estes, "Patterns of Drug Usage in Colonial America." この論文は 1986 年 4 月 18 日に Fraunces Tavern Museum に提出され，*New York State Journal of Medicine* に掲載予定である。固体療法が民間療法士の間にも浸透していたことは Smith, *Compleat Housewife*, p. 287 から明白である。この本は「体液全般の荒れを軟化し，包み込む」効果と「同時にリラックスさせ，固形物質を補う」ことを期待して，緩和剤の使用をすすめている。

52. Jackson, *Putri Malignant Sore Throat*, p. 14. また彼はミルクを発酵させたパップ剤，ビールの搾りかすかイースト，さらにオートミールをすすめている（p. 24）。

53. MMB, March 26–31, 1797.

54. MMB, October 12, 1789, February 9, 1786, October 27, 1795.

55. HS, July 19, 1787.

56. MMB, August 11, 1785, December 30, 1789; North, pp. 828, 836, 817.

57. Benjamin Wait to George Thatcher, Febuary 14, 1788, George Thatcher Papers, Boston Public Library.

58. Daniel Cony to George Thatcher, March 12, 1789, Thatcher Papers, Boston Public Library.

59. LCCGSP Records, 2:79. ウィリアムズの政治的関与については，Daniel Cony to George Thatcher, June 16, 1789, Thatcher Papers, Boston Public Library. ウィリアムズの遺言による遺品調べ目録は，彼が多様な関心を持っていたことを示唆している。聖書のほか，辞書，『リア王』の複製，詳細不明のパンフレット5冊，さらに彼は4冊の書物を所有していた。すなわち，*The Laws of Massachusetts, The Trial of Atticus*（法律を題材にした風刺本），*The Practice of Physic and The Institution of Medicine*: KPR, 1:210–212 である。ウィリアムズ所有の医学書は，短く省略された題名から同定することは不可能である。北部

ニューイングランドの医師たちが所有していた本の中で，ここでの記述に該当しそうなものは，Richard Brooks, *The General Practice of Physic*, 2 vol. (London, 1754); John Allen, *Synopsis Medicinae: or, a Summary of the Whole Practice of Physick*, 4th ed. (London, 1761); William Cullen, *First Lines of the Practice of Physic* (Philadelphia, 1781).

60. MMB, e.g., December 13–14, 1785, August 26–27, 1788, October 30, 1791, November 5, 1793, July 3, 1794, June 11, 1797.

61. Moses Appleton Day Book, March 20, 1806, Waterville Historical Society, Waterville, Maine. この Historical Society にはアップルトンの日々の収支記録，会計帳簿，文書綴り，さらに1794年から1839年までの診療覚書，また，彼がボストンで医学教育を受けていた時代の日記が収蔵されている。これらの記録は系統立てて調査するに値するものである。おおざっぱに目を通してみた結果，富裕になった後年に比べて，彼の若い時代のキャリアにおいて，医学はより重要だったことが分かる。

62. *Collections and Proceedings of the Maine Historical Society*, 2nd ser., 9 (1898): 428; The Tocsin (Hallowell, Me.), July 1, 1796.

63. North, pp. 171–173; "Memoir of Benjamin Page," *The Boston Medical and Surgical Journal* 33 (1845): 176; Massachusetts Medical Society Documents, vol. 1, Countway Library of Medicine. *The Massachusetts Register and United State Calendar* (Boston, annual) は会員と役員の名簿を掲載している。すなわち，1804, pp. 49, 71; 1805, pp. 39, 75; 1811, pp. 41, 42; *Collections of Maine Historical Society* 1st ser., 5 (1857): xviii. 全般的背景については次を見よ。Kett, *Formation of the American Medical Profession*, pp. 14–15.

64. MMB, June 10, 1797.

65. 「社会的出産（social childbirth）」という表現は Wertz and Wertz, *Lying-In*, p. 2 ではじめて用いられた。有益な関連文献の検討と専門職化の問題をめぐる議論に関しては次を見よ。Barbara Melosh, *"The Physician's Hand": Work Culture and Conflict in American Nursing* (Philadelphia, Pa.: Temple University Press, 1982), pp. 15–35.

66. Florence Nightingale, *Notes on Nursing: What it is, and what it is not* (New York: D. Appleton, and Company, 1860; Dover reprint, 1960), p. 3.

67. MMB, March 23, 1788.

68. Cf. Lockwood, "Birth, Illness and Death," pp. 118–120.

69. Carroll Smith-Rosenberg, "The Female World of Love and Ritual: Relations Between Women in Nineteenth-Century America," *Signs: A Journal of Women in Culture and Society* 1 (1975): 1–29.

70. William Smellie, *A Collection of Cases and Observations in Midwifery* (London, 1764), vol. III, p. 410.

71. William Buchan, *Domestic Medicine* (New York, 1815), pp. 337–338. この版はビューチャンの1798年の改訂版の正確な複製とされている。

72. Charles E. Rosenberg, "Medical Text and Social Context: Explaining William Buchan's *Domestic Medicine*," *Bulletin of the History of Medicine* 57 (1983): 22–42.

73. Gifford, "Botanic Remedies," p. 276.

74. North, pp. 87–88.

75. ジェームスには，ジェームスと名づけられた年長の息子がいた。この人はたぶん1760

416

年代に亡くなっている。「この人はジェームス・ハワード船長の息子ジェームス」, *The Kennebec Proprietor* I (1984): 22.

76. Buchan, *Domestic Medicine*, p. 183. ニューハンプシャー州ポーツマスの死亡報告書によると, 1801 年から 1843 年までの死亡原因の 1.5% は胆汁熱, 2.24% はしょう紅熱である。Estes, *Changing Humors*, pp. 321–322.

77. MMB, October 7, 1786.

78.「贈り物」という語はこの時期の日記で他でも使われている。1787 年 9 月 26 日,「フォスター氏は絹のハンカチを贈り物にくれた」, そしてその 1 ヶ月後,「サヴェージ大尉の奥さんが来訪。私に 2 枚のハンカチを贈り物にくれた」。日記を遡って注意深く調べることによって, はじめて取引の相互性が明らかになる――7 月, しょう紅熱の流行期にマーサが〔フォスター〕牧師の看護をしたこと, そして 1786 年 8 月にはサヴェージ夫人を辛抱強く「治療」したことについては以下。MMB, July 28, 1787, August 14, 15, 17, 25, 1786 and September 3, 1786.

第 2 章

1. 織機にかけるべく整えられていまだ機にかけられていないより糸 (yarn) は糸 (web) とも呼ばれた。MMB, June 7, 1785.

2. MMB, April 23, 1788, October 16, 1790, June 26, 1788, June 4, 1787, November 29, 1791, December 15, 1788, August 20, 1788, May 3, 1788, November 28, 1794, October 9, 1788.

3. 関連文献のすばらしい要約が次に見られる。Linda K. Kerber, "Separate Spheres, Female Worlds, Women's Place: The Rhetoric of Women's History," *Journal of American History* 75 (1988): 9–39.

4. Edward M. Cook, Jr., *The Fathers of the Towns: Leadership and Community Structure in Eighteenth-Century New England* (Baltimore: Johns Hopkins University Press, 1976), pp. 23–24. イーフレム・バラードはオックスフォードにおいて 4 期, ハロウェルにおいて 5 期, 町の理事を務めている (1788 年にはニューヨークへ出かけたヘンリー・スウォールの空席を埋めている)。クックの表現で言えば, 彼は「町の指導者」としての資格があったことになる。ハロウェルにおいて 1771 年から 1800 年までの間に町の理事を務めた 40 人の人々の半数は, 1 年間の任期を務めたにすぎない。4 期ないしそれ以上の期間務めたものはわずか 15% にすぎない。任期の平均は 2.1 年であり, これはクックが調べたニューイングランドの 73 の町村のうち, 最も流動的であったニューハンプシャー州ハノーヴァーよりさらに短い。次を見よ。*The Fathers of the Towns*, pp. 53–59; Oxford Town Records, II 91, 101, 114, 128, 135, Office of Town Clerk, Oxford, Massachusetts; North, pp. 972–973; HTR, I:147–166.

5. HTR, I:155–156.

6. 私はこの点を次の論文で詳しく論じた。"Martha Ballard and Her Girls: Women's Work in Eighteenth-Century Maine," in Stephen Innes, ed., *Work and Labor in Early America* (Chapel Hill: University of North Carolina Press, 1988), pp. 83–86, and "Housewife and Gadder: Themes of Self-sufficiency and Community in Eighteenth-Century New England," in Carol Groneman and Mary Beth Norton, eds., *"To Toil the Livelong Day": America's Women at Work, 1780–1980* (Ithaca: Cornell University Press, 1987), pp. 21–34.

注　　　　*417*

7. アメリカのいくつかの場所やイギリスの織物生産地の一部では，織物生産は男性の職業であった。オックスフォードにおいても，18 世紀の初めにはそうであったのかもしれない。マーサのおじコリンズ・モーア（1749 年死去）は自らを織り職人としている。Daniels, *Oxford*, p. 618.

8. これら 3 種類の繊維は 1786 年 4–12 月の日記に頻繁に現れる。MMB, March 23, 31, April 14, 21, July 25, 29（亜麻），April 1, 4, 8, 10, 11, 19, 25, 27, May 4（粗麻）〔タウ，紡績原料としての亜麻や麻などの短繊維，くず繊維〕，June 24, July 3, 4, 10, 11, 12, 13, 18, 21, 24, 25, 26, 27, 29, August 18, 2, 8, 16（木綿），September 12, 19, 24, October 25, November 15, 17, 25, December 9（羊毛）.

9. MMB, May 19, 24, 26, 28, 1787, June 4, 6, 25, 1787. 後にイーフレムは1788 年 5 月 15 日にしたように，土を砕く作業をして亜麻の植えつけを手伝っている。

10. MMB, May 25, 1787, June 4, 1787, July 5, 18, 1787.

11. MMB, July 15, 1791, July 4, 1791, January 3, 1791, January 7, 1791, December 15–19, 1787, September 12, 1788, September 13, 1788, January 9, 1790, April 7, 1790, October 10, 1792, October 15–17, 1792, May 1, 1788.

12. Ruth Schwartz Cowan, *More Work for Mother: The Ironies of Household Technology from the Open Hearth to the Microwave* (New York: Basic Books, 1983), p. 38. コーワンは産業化以前の家族的まとまりを基本とする経済から 19 世紀の「分断された世界」への根本的変貌を見るために，過去の歴史家たちの著作を調べている。歴史家たちは 18 世紀のニューイングランド経済の性格をめぐり，10 年以上も議論を続けている。一部の人々は市場関係を強調し，別の人々は近所の相互依存関係の重要性を強調する。ハロウェルにおいては明らかにそのどちらもが重要であった。この議論をめぐるいくつかのより広い含意については，次を見よ。Innes, *Work and Labor in Early America*, pp. 34–47.

13. Daniels, *Oxford*, pp. 390–391; Stephen Barton Account Book, MeSL にはメインに関する最初の記述が 1775 年にあり，1788 年にはオックスフォードへ移行する。

14. この日記の初期には，クラリッサは再々やってきては去ってゆく。すなわち，MMB, November 6–7, 1786, April 16, 1788, January 25–28, 1790, July 28, 1790. 彼女は 1791 年 10 月 20 日，ウィンスロップのリチャード・フォスターと結婚した。パメラは 1786 年 10 月 24 日から 1787 年 7 月 21 日までバラード家で暮らした。彼女は 1787 年 7 月 18 日，ベンジャミン・ポーターと結婚している。パルテニアは 1788 年 5 月から 1791 年の春まで，引き続きバラード家に逗留していた。その後彼女は時々，数週間にわたって出かけるようになったが，それはたいてい「フット夫人」のところへ働きに行くためであった。彼女は 1792 年 1 月から 7 月まで出かけており，その年の 11 月，バラード家で結婚した（第 4 章参照）。

15. MMB, August 27, 1785, September 17, 1785, May 29, 1789, June 4, 1789, July 1, 1789, July 2, 1794.

16. 1780 年代に町は身元不詳の「黒人の子」を長期に養育することを決めている。この子はそれまでナサニエル・タイラーの家とコイ未亡人宅とを行ったり来たりしていたのである。町は 7 月にタイラーに「この黒人の子を引き取る」ことを正式に認めている。7 月 2 日のマーサの日記には「タイラー夫人がその黒人の子」をここに連れてきたと書かれている。明らかに何か医療に関する助言を求めたのだろう。1790 年 7 月 25 日付の

418

Abby Manley Sewall Scrapbook, MeSL にある 1 枚の書類には，養育する両親も扶養能力のある親戚もない貧しい 7 歳の子ども，メリー・ケリーを 18 歳になるまでジョセフ・ノースに年季奉公させる旨記してある。

17. MMB, April 27, 1785, April 17, 1786（ベッドを動かすこと）。家の改装と機の導入を結びつけることについて，私は本文中でひとつの論理的推測を行った。マーサ・バラードは家の改装についてなんの説明もしていないし，少女たちが機織りの仕事をどこでしていたかについてもまったくふれていない。しかし，1787 年以後，彼女は 2 階のスペースを「ベッドルーム」と言っていて，「部屋」とは言っていない。

18. North, pp. 820, 876, 934; MMB, March 27, 1785, April 24, 25, 1785. 12 月 15 日，感謝祭の日，彼はバラード家で「夕食をとった」。また，彼は短期間，ヘンリーとタビサ・スウォールのところに下宿している。HS, June 20, 1787, July 7, 1787.

19. MMB, September 17, 1789［強調は筆者による］。

20. 別の折にウッドワード・アリンはマーサ・バラードの助産婦料金から 3 シリングを「バラード氏に対する桶の代金」として差し引いている。MMB, October 28, 1788.

21. MMB, October 19, 1789, August 24, 1789, September 29, 30, 1789.

22. MMB, October 28, 1786, July 10, 1787, June 21, 1787, May 5, 1789, October 18, 1787, November 14, 1786, June 27, 1789, April 6, 1787, May 22, 1790, January 17, 1792, December 31, 1787, November 10, 1785, June 13, 1786, July 14, 1788.

23. MMB, April 22, 23, 1788, May 9, 12, 13, 15, 1788, June 27, 1788, July 6, 1788, August 5, 21, 22, 23, 1788. 他の記述は畑仕事，いろいろの家事仕事，亜麻，そして記述のひとつはジェームスではなく，サヴェージ氏（彼の名前はアイザック）に対する「治療」を示唆している。これは彼女の収支帳簿に記載がある。

24. LD, I:386.

25. LCCCP Files, Box 313 (1783).

26. 幸運にもこの話は アイリーン・ギルバートから口頭で（電話で）聞いた。彼女はモード・モッシャーから伝え聞き，モッシャーはパメラの娘であるパルテニア・ポーター・フォルサムの言葉を書きとめていたエセル・リチウス・キングから聞いた。初期アメリカにおいて人々の計算能力に幅があった要因をめぐる議論に関しては，次を見よ。Patricia Cline Cohen, *A Calculating People: The Spread of Numeracy in Early America* (Chicago: University of Chicago Press, 1982), pp. 27–28, 140–142.

27. William S. Bartlet, *The Frontier Missionary: A Memoir of the Life of the Rev. Jacob Bailey* (Boston, 1853), p. 190 に引用されている。

28. E. E. Bourne, "The Bourne Family" (1855), typescript. Brick Store Museum, Kennebunk, Maine, pp. 222–223; David Thurston, *A Brief History of Winthrop* (Portland, Me., 1855), pp. 20–21.

29. Hale, *Northwood*, II, pp. 178–190.

30. Tabby to Henry Sewall, Hallowell, March 3, 1789, Abby Manley Sewall Scrapbook, MeSL.

31. *Heads of Families at the First Census of the United States Taken in the Year 1790, Maine* (Washington, D.C.: Government Printing Office, 1908), pp. 38–39.

32. 1790 年代のウィリアムとサミュエル・ハワードの帳簿に貧しい寡婦ジェーン・ウェルチが登場するのは意味がある。1791 年以前には彼女の夫がライ麦，糖蜜，牛肉を買っ

て，支払いは板材を筏にして運んだり，靴の修理をしたり，それに「熊皮で モギサン
〔モカシン〕」を作ったりしていた。彼が亡くなって，つけの支払いは糸紡ぎに替わった
が，未亡人の働きではこの一家を支えてゆくことはついぞできなかった。彼女は夫が亡
くなったとき，明らかに妊娠していた。1791 年 2 月 3 日，マーサは彼女の出産に立ち
会った。「死産」であった。未亡人になったばかりの彼女のことが気がかりなマーサは，
その後数日間に数回，この家を訪ねている。2 月 8 日，ついにマーサは「彼女が薪を
持っているか見」にイーフレムを派遣したのだった。マーサやたぶん他の隣人たちも，
その後もできるだけ彼女を支援した。それは糸紡ぎや織物の仕事，あるいは家事手伝い
に対して，彼女やその娘たちに支払うという形をとるのが普通だった。1792 年，町は
この一家の家賃の支払いを肩代わりし，また生活物資を支給しはじめたのだった。

33. HS, November 13, 1790.

34. MMB, November 13, 1790.

35. Nash, pp. 527–530.

36. County Tax #3, Hallowell, 1790, Hubbard Free Public Library, Hallowell, Maine.

37. "Memoir of Dr. Vaughan," *Collections of the Maine Historical Society*, Ser. 1, 6 (1859): 85–90.
チャールズは明らかにベンジャミンよりいっそう「ケネベッカーズ〔ケネベックの連
中〕」に対して軽蔑的であった。December 15, 1797, Vaughan Papers, Bowdoin College.
一時期ハロウェルでチャールズ・ヴォーガンの代理人を務めたジョン・シェパードは，
チャールズの妻フランシス・アプスロップ・ヴォーガンのことを「山上の夫人」と呼ん
で，ヴォーガン家の人々は相手の財政状態によって付き合う友人を選んでいたと言って
いる。John Sheppard to Sarah Sheppard, December 8, 1799, Sheppard Papers, New England
Historic Genealogical Society, Boston.

38. このグループに含まれるのは ウィリアム・ハワードの息子サミュエル，サミュエル・
ハワードの息子ウィリアム，そしてサイラス・バラードなど，16 人のどこにも属さな
い労働者たちであった。

39. Jared Eliot, *The Blessings Bestow'd on them that Fear God* (New London: 1739), pp. 26–27.

40. MMB, March 6, 1792, June 1, 1793, August 2, 1793, February 2, 1795; Nash, p. 533.
フォーティスという人物は 1794 年にヴァッサルボロの女性をレイプし，殺したとし
て有罪になった男と同一人物かもしれない。マーサはこの殺人と処刑についてふれて
いる。しかし，日記に出てくる出産との間になんらの関連づけもしていない。彼女は
フォーティスのことを，日記のある場所では「ニグロ〔原書ママ〕」と言い，別のとこ
ろでは「黒人」と言っている。そしてこの犯罪について「ショッキングな罪」という以
上のコメントはしていない。MMB, May 20, 21, September 25, 1794. 彼女の控えめな描
写は，ナッシュがこの男を描くやり方とは際立った対照をなしている。以下の記述は明
らかに 19 世紀の口伝的伝承に基づくものである。「フォーティスは漆黒のニグロで巨
人だった。見るからに嫌悪感を掻き立てる顔をしており，彼を知るものは誰もが彼を恐
れ憎んだ」（Nash, p. 336）。

41. MMB, May 12, March 24, 1787.

42. Eliot, *Blessings*, p. 22; Cotton Mother, *El Shaddi* (Boston, 1725), p. 21.

43. Commonwealth of Massachusetts, *An Act of Regulating and Governing the Militia* (Boston,
1786), pp. 4–5, 9, 16.

420

44. North, pp. 71, 209, 220; William Willis, *A History of Law, The Courts, and The Lawyers of Maine* (Portland, 1863), pp. 40–41.

45. Joseph Williamson, "Capital Trials in Maine Bofore the Separation," *Maine Historical Society Collections*, Second Ser., I (1890): 159–171 は，わずか11件の重大事件しか記録していない。そのうち4件は死刑で幕を閉じている。どういうわけか彼はエドモンド・フォーティス事件を見落としている。LCSJC Files, 920: 140970.

46. HTR, I:149–150.

47. MMB, March 16, 1795.

48. MMB, May 30, 31, 1792［筆者の強調］.

第3章

1. Shipton, *Sibley's Harvard Graduates* 15: 81; LCSJC Files, 143360.

2. Jotham Sewall, [Jr.], *A Memoir of Rev. Jotham Sewall of Chesterville, Maine* (Boston, 1853), pp. 20–21.

3. HS, June 5, 1785, October 30, 1785.

4. HS, November 13, 1785.

5. Nash, pp. 145–146, North, pp. 203–204.

6. HS, July 24, 1786, August 6, 1786.

7. HS, March 5, 1786.

8. Frederick Clifton Pierce, *Foster Genealogy* (Chicago, 1899), p. 247; Bethuel Merritt Newcomb, *Andrew Newcomb and His Descendants* (New Haven: privately printed, 1923), pp. 75–76.「およそこの町に生まれた最も頑健な男」と言われたレベッカの父親は一時期，コネティカット州スタッフォードに土地を所有していたことがある。ここでアイザック・フォスターの父親は説教をしていた。

9. Martha Brewster, *Poems on Divers Subjects* (New London, 1757); Subscribers to Indian Charity School, Papers of Eleazar Wheelock, micro-film edition, Dartmouth College Library, Hanover, N.H., 765124.2. ウィーロック文書所蔵の多くの手紙は，教区の運営に女性たちが関係していたことを示している，たとえば，ハンナ・ドゥンハムからの怒りの手紙（しかも韻文で！）。様々な部族の少なくとも10人の少女たちがこの学校の生徒にはいたが，多くは地域の家庭に召使として預けられていたと思われる。Wheelock Papers, 765690, 768624. また，次を見よ。James Dow MaCallum, *Eleazar Wheelock* (1939; rpt. New York: Arno Press, 1969), pp. 54–62 and James Axtell, *The Invasion Within: The Context of Cultures in Colonial North America* (New York, 1985), pp. 204–210.

10. Nash, p. 281; MMB, February 2, 1790.

11. MMB, September 17–21, 26, 1787.

12. MMB, April 17, 1788.

13. その翌日「スミス氏は私の家で説教をすると申し出たが，フォスター氏の招待があって，説教は教会で行われた」。スウォールも出席した。HS, March 1–2, 1788. スミスはスミスで，意見を異にする主にクエーカーの人々とのトラブルを抱えていて，彼は結局1790年には職を追われることになる。Calvin Montague Clark, *History of the Congregational Churches in Maine* (Portland: The Congregational Christian Conference,

1935), vol. II, pp. 107–108.

14. MMB, May 1, 1788; HS, April 26, 1786, May1, 1786.

15. HS, June 6, 8, 1788.

16. MMB, June 22, 1788.

17. Report of an Ecclesiastical Council in the First Precinct in Rochester, November 1791; Suffolk County Supreme Judicial Court Files, 143360, Suffolk County Court House.

18. Nash, p. 147; Clark, *Congregational Churches*, pp. 101, 359, 103, 380.

19. *The First Laws of the Commonwealth of Massachusetts*, comp. D. Cushing (Wilmington, Del.: Michael Glazier, 1981), p. 251.

20. Barbara S. Lindemann, " 'To Ravish and Carnally Know': Rape in Eighteenth-century Massachusetts," *Signs* 10 (1984): 68–73.

21. Henry Sewall to George Thatcher, January 27, 1790; George Thatcher Papers, Boston Public Library.

22. Richard Welsman, *Witchcraft, Magic, and Religion in 17th-Century Massachusetts* (Amherst: University of Massachusetts Press, 1984), pp. 14–20, and passim.

23. 興味深いことに，レイプや誘惑に関わる法の基準がまさに変わろうとしていた時期に，18世紀文学はこの種のテーマに取りつかれたのであった。次を見よ。Davidson, *Revolution and the Word*, pp. 101–108; Anna Clark, *Women's Silence, Men's Violence: Sexual Assault in England, 1770–1845* (London: Pandora, 1987), pp. 52–53. この種の問題がアメリカの政治文化の性格に関する，より大きな論点と結びついていることは次の文献から明らかである。Jan Lewis, "The Republican Wife: Virtue and Seduction in the Early Republic," WMQ 44 (1987): 689–721.

24. Pownalboro Minute Book, LCSJC. 以下の議論に関連するすべての資料は断らない限り，この資料による。

25. LCCGSP Record, II, September 8, 1789; Clark, *Congregational Churches*, p. 146.

26. *Literary Diary of Ezra Stiles*, ed. Franklin Bowditch Dexter (New York: C. Scribner's Sons, 1901), III, p. 475. この記述につけられた注記はこの牧師をアイザック・フォスター・シニアとしているが，これは誤りである。

27. Robert Bolton, *The History of Several Towns, Manors, and Patents of the County of Westchester* (New York, 1881), I, p. 53.

28. Newcomb, *Andrew Newcomb and His Descendants*, p. 76; *The Eastern Shore Churchman* 5 (August 1927): 1–3; F. Edward Wright, Maryland Eastern Shore Newspaper Abstracts, I, p. 58; photocopy, Somerset County Library, Princess Anne, Maryland. ボルティモアの船が19世紀の初めに南アメリカの西岸を航行していた，という証拠を見つけることができなかったが，スペイン貿易に従事していた人々がいたことは確かである。次を見よ。Stuart Weems Bruchey, *Robert Oliver, Merchant of Baltimore, 1783–1819* (Baltimore: Johns Hopkins University Press, 1956), pp. 261–263. 旅行文学はペルーのことを，冒険好きな女性たちにとって魅力的な言葉で描いている（リマでは，黒人女性でさえフランダースレースを身につけていると言われている）。次を見よ。Don George Juan and Don Antonio de Ulloa, *A Voyage to South America*, 4th ed., trans. John Adams (London, 1806), vol. I, pp. 455–456, Vol. II, pp. 29–66.

422

29. マーサはフォスターの在任中，さらにストーンが着任してからの時期，年に18–19回教会へ行っている。彼女はついぞイーフレムほど規則的に教会へ行くことはなかった。

30. MMB, May 3, 7, 15, 1791.

31. MMB, May 18, 19, 1791. しかしながら，ハワード農場でのはじめてのキャベツの収穫は残念な結果に終わった。「キャベツを収穫したが，わずか20個しか採れなかった」と彼女は10月14日に書いている。水車小屋ではその前の年に200個以上もの収穫があったのだった。

32. ここでの日記の引用はすべて1791年の日記による。MMB, May 28, 31, June 1, 24, August 9, 10, 11, 12, 15, 18, 19, 30, 1791（畑作り）; June 3, 4, 18, 21, 25, 29, 30, July 1, 2, 5, 6–10, September 3, 6, 7, November 9–22, December 20, 1791（測量）; July 12–13, 1791（筏）; May 30, June 15, 16, 22, 23, August 5, 6, 7, 29, September 13, 15, 1791（訪問，隣人たちとの仕事）.

33. MMB, October 6, 8, 13, 15, 17, 1791, November 6, 1791.

34. MMB, April 5, 30, June 1, 2, 18, 30, August 15, 22, September 2, 11, 1791.

35. MMB, June 2, 12, 24, 26, 1791; July 11, 21, 25, 1791.

36. その前年，彼は「令状をもって身柄を拘束され」，「ウェストン家の古い棚を引きずり倒した」かどで罰金を科せられたのだった。

37. MMB, October 15, 17, 1792.

38. MMB, November 10, 1794, January 7, 1791. また，次を見よ。MMB, January 9, 1790, December 6, 1790, November 10, 1794, February 15, 24, 1796, November 1, 3, 4, 5, 1796. はぎれで作ったベッドカバーについて書かれたものを，ニューイングランドの織物に関する2次資料の中では見つけることはできなかった。しかし，ボグドノフによると，はぎれの敷物は「とても一般的なもので，特別のデザインや熟練を必要とせず，簡単に作ることができた」という。Nancy Dick Bogdonoff, *Handwoven Textiles of Early New England: The Legacy of Rural People, 1640–1880* (Harrisburg, Pa.: Stackpole Books, 1975), p. 177 を見よ。初期のケベックにおいて，はぎれを並べた織物をベッドカバーとして用いていたことを示す証拠がある。次を見よ。Harold B. Burnham and Dorothy K. Burnham, *"Keep me warm one night": Early Handweaving in Eastern Canada* (Toronto: University of Toronto Press, 1972), pp. 97–99. はぎれを使った織物の一般的方法については，次を参照。Dorothy K. Burnham, *The Comfortable Arts: Traditional Spinning and Weaving in Canada* (Ottawa: National Gallery of Canada, 1981), p. 125, and Geraldine Niva Johnson, *Weaving Rag Rugs: A Women's Craft in Western Maryland* (Knoxville: University of Tennessee Press, 1985).

39. ウェルチ夫人の縦糸整経，MMB, July 15, September 3, November 29, 1791; ウィクソン夫人の梳毛，MMB, September 10, 1791; チェンバレン家から機のおさを借りる，MMB, October 15, 1791; リヴァモア夫人がハンカチを織る，MMB, July 4, 1791.

40. MMB, August 29, 31, 1792, July 14, 1791.

41. KD, 5:288.

42. MMB, June 1, 21, 28, 1791, July 25, 1791.

43. MMB, May 3, 1792, October 10, 1792.

44. MMB, June 1, 4, 1791, September 10, 1791, December 13, 1791, March 8, 1794. バラー

注　　　*423*

ド一家は 1790 年 12 月 8 日に羊を 4 頭買い入れた，「この 14 年間ではじめて羊を飼った」。

第 4 章

1. Lawrence Stone, *The Family, Sex and Marriage in England, 1500–1800* (New York: Harper & Row, 1977) は，イギリスについて，著者が「愛情のこもった核家族」と呼ぶ家族のありようが形成される様子を描いている。Alan MacMarlane, *Marriage and Love in England, 1300–1840* (Oxford, Eng.: Basil Blackwell, 1986) は「マルサス流の結婚」が 14 世紀以来存在していたことを強調している。ノートンはローレンス・ストーンに従って 18 世紀半ばの若い女性にはいろいろな制約があったこと，そして結婚が成立するためには両親の関与が必要だったという一般的認識を強調しているが，アメリカ独立後には女性にはより大きな自由が認められるようになったと考えている。Norton, Liberty's Daughters, pp. 51–60, 229–231. ニューイングランドに関しては，結婚が愛情を前提とする個人主義的なものへと変質したというスミスの議論が最も大きな影響力を持っている。Daniel Scott Smith, "Parental Power and Marriage Patterns: An Analysis of Historical Trends in Hingham, Massachusetts," *Journal of Marriage and the Family* 35 (1973). 家族法においては 19 世紀初頭に，父と義理の息子との間の資産契約としての結婚の概念が，男女間のロマンティックな個人の契約に変化したものと思われる。Michael Grossberg, *Governing the Hearth: Law and Family in Nineteenth-Century America* (Chapel Hill: University of North Carolina Press, 1985), pp. 35–38.

2. 牧師も治安判事もいない町に住んでいる人々は，最寄りの町へ行けばよかった。*The Prepared Laws of the Commonwealth of Massachusetts, from the Establishment of its Constitution to the First Session of the General Court, A.D. 1788* (Worcester, 1788), pp. 253–256.

3. MMB, December 16, 1792. マーサの日付はスウォールと合致しない。彼は結婚承認書は 12 月 12 日に発行され，ジョセフ・ノースはこのカップルを 12 月 16 日に結婚させたとしている。結婚式は出産に先立って行われたのではなく，出産の後だったのかもしれない。

4. これら結婚の記録は HTR, I による。また，Nash, p. 582 を見よ。

5. 詩篇にふれている点を別にすると，自分自身の結婚についてのヘンリー・スウォールの記述はほとんど同じである。「タビー・スウォール嬢と結ばれた」と彼は書いている。「エゼキエル・エマーソン氏が式を執り行ってくれた。家族を除くと彼女の姉妹とそれぞれの夫，およびトーマスだけが式の参列者であった。讃美歌集第 2 集 48 番を歌った」。HS, February 9, 1786.

6. MMB, November 8, 10〔原書ママ。11 ？〕, 19, 1792.

7. MMB, March 14, 1795. チャールス・ギルとベッツィ・バートンは 3 月 1 日に結婚し，明らかに「ポラードの息子，娘」とともにウィンズローへ短い旅行をし，3 月 7 日に戻っている。新婦は 4 月 12 日までバラード家で暮らし，その間ギル氏は他のケースと同じように花嫁の家を出たり入ったりしていた。MMB, March 15, 16, 18, 22, 1795, April 8, 11, 12, 1795. マサチューセッツ州ニューベリーポートのサラ・パーソンズは次のように書いている。彼女はハドリーのチャールス・ポーター・フェルプスと 1800 年 1 月 1 日に結婚したあとも，ニューベリーにとどまっていた。その間彼はハドリーへ

戻っていた。「3月末」に彼は彼女を迎えに来て，2人はその年の春と夏をあるときは2人で，あるときは別々にあちこち訪ねてまわった。「そして9月1日に世帯を持った」。Sarah Parson Phelps Journal, Phelps Papers, Amherst College Library, Amherst, Mass.

8. Ellen Rothman, *Hands & Hearts: A History of Courtship in America* (New York: Basic Books, 1980), pp. 175–176.

9. MMB, October 26, 1792.

10. この記述は，オーガスタのメイン州立博物館所蔵のリンカーン郡遺品目録の写しを用いて，1790–1796年のハロウェルにおける10世帯の詳細な家財道具の調査記録を私が分析した結果に基づいている。10世帯のうち6世帯の家財にはフライパン，スキレットが含まれており，9世帯にはやかんあるいは深鍋が含まれていた。2世帯のみが料理道具を4つ以上持っていた。ほとんどの世帯では料理道具の数は1つないし3つであった。当時の日常生活の便利さについてのより広い観点からの研究としては，次を見よ。Gloria L. Main and Jackson T. Main, "Economic Growth and the Standard of Living in Southern New England, 1640–1774," *The Journal of Economic History* 48 (1988): 27–46. 生活水準という概念はもちろん相対的なものである。著者たちは18世紀の第3四半期には家計における消費水準が急上昇したことをつきとめているが，それでも一般家庭が持っていた家財道具はきわめて限られたものであった。たとえば，所得階層上位1/3の世帯でフォークを持っていたのは60%以下であった。また，陶器の器を持っていたのは1/4以下だった。

11. 赤ん坊が生まれる直前にウィンズローのルーシー・タウンの家で行われたキルト作りについて，マーサはキルトにつめるために「羊毛をほぐすのを手伝った」。また，隣近所の人々がやってきて，キルトに刺繍をするときの下絵を「チョークで描いた」あるいはマークしたと書いている。MMB, September 23, 24, 25, 26, 1795. マーサの日記においては，キルトに関する記載は秋に集中しているようである。他の記載については次を見よ。MMB, September 5, 9, 13, 23, 1791; and November 17, 1790.

12. Anna Tuels Coverlet, Maine, c. 1785, Wadsworth Athenaeum, Hartford, Conn. キルトは次の資料に図示され，記述されている。Patsy and Myron Orlofsky, *Quilts in America* (New York: McGraw-Hill, 1974), Pl. 76, p. 216; Carleton L. Safford and Robert Bishop, *America's Quilts and Coverlets* (New York: Dutton, 1972), Fig. 148, p. 112. 現在，ウォズワース文庫ではこの作品を「婚礼用キルト」ではなく「ベッドカバー」としている。その理由は前者の名称を付すには文書による裏づけが得られないためである。

13. MMB, May 8, 1795, December 23, 1794.

14. MMB, February 27, 1786, March 1, 5, 6, 14, 24, 1786, October 6, 17, 1786, March 26, 1790.

15. MMB, July 23, 1792, October 3, 15, 1788.

16. MMB, October 7, 1794, February 25, 1788.

17. MMB, August 25, 1793.

18. William E. Nelson, *Americanization of the Common Law: The Impact of Legal Change on Massachusetts Society, 1760–1830* (Cambridge, Mass.: Harvard University Press, 1975), pp. 110–111; LCCGSP, Books 1–2.

19. Nelson, *Americanization of the Common Law*, pp. 110, 251–253 はこれらの3つの視点を

検討している。Daniel Scott Smith and Michael Hindus, "Premarital Pregnancy in America, 1640–1971: An Overview and an Interpretation," *Journal of Interdisciplinary History* 5 (1975): 537–570; and Davidson, *Revolution and the Word*, pp. 106–109. 18 世紀における性をめ ぐる文献に関するすばらしい概要は次を見よ。John D'Emilio and Estelle B. Freedman, *Intimate Matters: A History of Sexuality in America* (New York: Harper & Row, 1988), pp. 42–52.

20. *Province and Court Records of Maine*, IV, ed. Neal W. Allen, Jr. (Portland: Maine Historical Society, 1958), pp. 47–50; VI (1975), pp. 150–153. メザレルは罰金を科されたのではな く，鞭打たれた。彼女のケースが特異なものだったからである。

21. Mary Beth Norton, "Gender and Defamation in Seventeenth-Century Maryland," WMQ 44 (1987): 3–39, and "Gender, Crime, and Community in Seventeenth-Century Maryland," revision of paper prepared for the Conference in Honor of Barnard Baily, Harvard University, October 30–31, 1987, pp. 28–36.

22. Cornelia Hughes Dayton, *Women Before the Bar: Gender, Law, and Society in Connecticut, 1710–1790*, Ph.D. dissertation, Princeton University, 1986. デイトンの研究は，必要とさ れる研究のモデルである。法律および法手続きの面でニュー・ヘヴンは異なっている が，全般的にはマサチューセッツに類似している。裁判所そのものの歴史を理解するの に有用な文献としては，次を見よ。Hendrik Hartog, "The Public Law of a County Court: Judicial Government in Eighteenth-century Massachusetts," *The American Journal of Legal History* 20 (1976): 283–329.

23. *The Perpetual Laws of the Commonwealth of Massachusetts, from the Establishment of its Constitution to the First Session of the General Court A.D. 1788* (Worcester, 1788), pp. 245–247.

24. MMB, March 1804. 用いられた動詞は，14 回の記載のうち 13 回は「宣言した」で あったが，唯一の例外で，マーサは「彼女はウィリアム・サンズが父親ですと言った」 と書いている。

25. MMB, June 20, 1789.

26. エリファレット・ギレット牧師が結婚式を執り行った。MMB, September 20, 1794; HTR, I:n.p.

27. Rice, *Vital Records of Oxford*, pp. 14–15, 112–113; Daniels, *Oxford*, pp. 379–380, 618–619; *Ballard Genealogy*, pp. 82–83; Porter-Barton Notes copied by J. J. Haskell and Notes on Barton Genealogy by Edith Riccius King, Mosher and Barton Family Records, MeSL. ステファンと ドロシー・バートンがリチャードソンの小説をどのように解釈したかを正確に知るのは 難しい。小説の中のクラリッサの人柄は，彼女の不幸な顛末に比べてはるかに印象的で ある。19 世紀はじめまでに，ドロシーとステファンの子孫の中に，少なくとも 4 人の クラリッサ・ハーローがいた。これらクラリッサという同名の女性のうち最もよく知ら れた人は，南北戦争中にある既婚の男性と親密な関係にあったものと思われる。Pryor, *Clara Barton: Professional Angel*, pp. 112–115.

28. 少女の誘惑をテーマとするアメリカの小説には次のような作品が含まれる。[Sally S. B. K. Wood], *Julia and the Illuminated Baron* (Portsmouth, N.H., 1800); Susanna Rowson, *Charlotte Temple*, ed. Cathy N. Davidson (New York: Oxford University Press, 1986 [1794]); and Hannah Foster, *The Coquette: or, The History of Eliza Wharton*, Intro. Herbert Ross Brown

(New York: Columbia University Press, 1939 [1797]).

29. Susan Staves, "British Seduced Maidens," *Eighteenth Century Studies* 14 (1980–1981): 109, 120.

30. Mary Gillpatrick, Sheepscott Great Pond, single woman v. Elisha Parkhurst, New Milford, Brick maker: LCCCP Records, 8:216.

31. 彼女は 1 月 11 日の日記の余白に「ジョナサンはサリー・ピアースと結婚した」と書いている。スウォールが，彼らの結婚の意思公示を行ったのが 2 月 11 日としているのが正しければ，マーサの記載は間違っていることになる。ジョナサンは実際に結婚する前に，母親に結婚したと告げたのだろうか？ 町の記録簿に見えるヘンリー・スウォールの筆跡は申し分なく明瞭である。しかし，彼は結婚が実際に行われた日付は記録していない。

32. 「新郎を豚代官の職に選ぶというユーモラスな慣習」は 18 世紀の終わり頃に広まったとエドワード・クックは考えている。Edward Cook, The Fathers of the Towns, p. 218, n. 14.〔第 2 章注 4 を参照〕ハロウェルでは 1785 年から 1797 年までに豚代官に選ばれた 124 人の新郎のうち，85 人はその年かそれに先立つ 2 年間の結婚の意思公示リストに記載されている。モーゼス・ポラードとシューベール・ピッツはともに 1794 年に豚代官に任命されている。ロイス・K. ステイブラーはこの慣習がニューハンプシャー州キーンでより厳密なパターンとなっていることを見出した。次を見よ。Laurel Thatcher Ulrich and Lois K. Stabler, " 'Girling of It' in Eighteenth-century New Hampshire," *Families and Children*, ed. Peter Benes, Proceedings of the Dublin Seminar on New England Folklife, 1987, pp. 24–36.

33. ピッツの船に加えて川向こうの砦の船着場でブリグ型帆船〔2 本マストで横帆を装備した船〕が建造中であった。MMB and HS, October 30, 1793, November 6, 1793.

34. MMB, October 14, 1793, March 4, 1795. 稀に彼女は 1793 年 4 月にしたように，筆をすべらせることがあった。マーサは「ハンナとパルテニアが来訪」と書いている。

第 5 章

1. 「ブラー」という人物は，たぶんビューラー・イーフレムであろう。彼女に赤ん坊が生まれて間もない 1793 年の 6 月に，ラバーン・プリンスと結婚した。町の記録においてヘンリー・スウォールは，ブラーと彼女の夫を「2 人ともハロウェルのムラート〔白人と黒人の第 1 代混血〕」としている。「黒人ヒッティ」という人物は ニコラス・ウィルソンとともに日記に現れるヒッティ・スローカム（「ともにニグロ」）ではなかったか。彼らはマーサが彼女の 2 人目の男の子を取り上げた 6 ヶ月後の結婚リストに記載されている。HTR, I. これら非白人についての記述は，1782 年 9 月 2 日の町役員会について記録したページの一番下の余白に斜めに書かれている。マーサは生まれた子の父親を「ハッシー夫人がナンタケットから連れてきたポルトガル人」としている。MMB, August 2, 1793, February 2, 1795.

2. 1792 年ハロウェルの課税評価リストの一部は North, pp. 240–242 に見ることができる。

3. MMB, March 31–April 1, 1793, August 13, 1791〔原書ママ。1793 ？〕.

4. 町の人口は 1790 年の連邦センサスによる 1199 人から，その後ハロウェルとオーガスタに分かれた 2 つの町を合計して 1800 年には 2575 人へと増加した。

注 *427*

5. MMB, January 7–14, 1795, February 11, 1795.

6. MMB, April 24, 1794, July 29, 1808, March 31, 1800.

7. Charles White, *A Treatise on the Management of Pregnant and Lying-in Women* (London, 1772; rpt. Worcester, Mass., 1793), p. 76. 18世紀の「自然」分娩に関する文献について大きく意見を異にする2つの評価については次を参照せよ。Adrian Wilson, "William Hunter and the varieties of man-midwifery," and Edward Shorter, "The management of normal deliveries and the generation of William Hunter," in *William Hunter and the eighteenth-century medical world*, ed. W. F. Bynum and Roy Porter (Cambridge, Engl.: Cambridge University Press, 1985).

8. メイン地区エッジコムの陪審は，ある新生児の死について調べるよう要求し，次のように報告した。その母親は自宅でひとりきりにされ，生みの苦しみの中でなんの助けもなかったために，子どもは死産だった。そして母親は（発見されたときには）瀕死の状態だった。LCSJC Files, 923:109.

9. たとえば MMB, March 17, 1789, December 30, 1789, January 2, 1790, December 30, 1790, February 12, 1791.

10. Estes and Goodman, *The Changing Humors of Portsmouth*, p. 298. この点についての詳細は次を見よ。Laurel Thatcher Ulrich, "The Living Mother of a Living Child: Midwifery and Mortality in Eighteenth-Century New England," WMQ 46 (1989): 27–48.

11. B. M. Willmott Dobbie, "An Attempt to Estimate the True Rate of Maternal Mortality, Sixteenth to Eighteenth Centuries," *Medical History* 26 (1982): 79–90; White, *Treatise*, pp. 236–240.

12. "A Copy of Records from an Original Memorandum kept by Mrs. Lydia (Peters) Baldwin ...," typescript, Special Collections, Dartmouth College Library; Worth Estes, *Hall Jackson and the Purple Foxglove*, p. 120.

13. Edmund Chapman, *A Treatise on the Improvement of Midwifery* (London, 1759, 1st ed., 1733), p. xx.

14. MMB, October 23, 1796, March 21, 1795.

15. Sarah Stone, *A Complete Practice of Midwifery* (London, 1737), p. 67; Chapman, *Midwifery*, p. 132; Henry Bracken, *The Midwife's Companion; or a Treatise of Midwifery* (London, 1737), pp. 124–125. ウィリアム・ハンターは，チャップマンとブラッケンがその著書で推奨した，手を用いて胎児を引き出す方法を痛烈に非難している。私はハンターの「子宮外妊娠についての講義」(Hunter, "Lectures on the Gravid uterus") の，ウィリアム・アップルトン医師による手書きの複製を使用した。Appleton Papers, Waterville [Maine] Historical Society, pp. 57–58. また，White, *Treatise*, pp. 47, 87–88 も見よ。

16. Hunter, "Lectures," Appleton in pp. 59–60.

17. Bracken, *Midwife's Companion*, pp. 175–178; Chapman, *Midwifery*, p. 159.

18. MMB, May 3, 1792.

19. エイドリアン・ウィルソンは17–18世紀のイギリスにおける男性助産士について，次のように結論づけている。すなわち，男性助産士は「難しいケースを取り扱うことが多かった。正常の分娩が男性助産士のところへ来るのは，予約あるいは緊急呼び出しの場合に限られていた。これらの場合でも，通常難産が予想されるときに限られていた」。

階層による差異も重要であった。予約や緊急呼び出しなどは貴族階級ではよくあることであった。Adrian Wilson, "Man-midwifery," pp. 357, 362.

20. MMB, November 17, 1793.

21. MMB, July 8, 1796, August 14, 1796, June 14, 1798, July 15, 1798; HS, October 4, 1799.

22. Bracken, *Midwife's Companion*, p. 194.

23. North, p. 93, 814; HS, August 28, 1798. Benjamin Vaughan Papers, MeHS はウィリアム・マシューズに関する請求書の明細を含んでいる。「ベンジャミン・ページ医師に対して借り」として、診察料115.76ドル、これには「出産と介護」の名目で3回分の請求、1回は6ドル、もう1回は4ドル、が含まれている。このケースには何か特別の事情があったのかもしれないが、医師の料金は助産婦の2倍から3倍であったようである。

24. 1800年の連邦センサスにおけるハロウェルとオーガスタを合わせた全世帯の世帯主の53%は、彼女の出産リストに登場する。1790年から1796年までの期間に町の理事、町の議員あるいは郡の役人であった人々の47%はマーサの出産リストに名を連ねている。

25. George Thornton Edwards, *Music and Musicians of Maine* (Portland: The Southworth Press, 1928), pp. 22–23. 1790年2月23日、マーガレット・ベルチャーは夫の不在中に「彼女がハイラムと名づけた立派な男の子」を出産した。この子は日記中で唯一、出産の時点で名前を持っていた子どもとして特記される。偶然ながらサラ・シェパードも音楽家で、ピアノと声楽の教師であった。

26. MMB, October 21, 1794.

27. Chapman, *Midwifery*, pp. xvi–xviii; Stone, *Complete Practice*, p. 36.

28. キトレッジ医師の鉗子と彼が持っていた William Smellie, *A Treatise on the Improvement of Midwifery*, 3rd ed. (London, 1759) の文献は North Andover Historical Society に所蔵されている。

29. MMB, November 11, 1785.

30. MMB, May 19, 1792. ニューハンプシャーのハバード医師は、オーガスタのある歴史家によって、イーストリードフィールドの「医師にして農民」と記述されている。彼の息子でハロウェルの医師ジョン・ハバードは 1850–1853 年の間、メイン州知事を務めた人物である。Nash, *Augusta*, p. 403.

31. MMB, August 29, 1797, February 28, 1799, July 19, 1794.

32. MMB, March 29, 1789, June 20, 1798. また、MMB, April 15, 1797, October 20, 1810 も見よ。後者のケースについて彼女は、この女性は「3人の医師を頼んでいた」と記している。Worth Estes, *Hall Jackson and the Purple Foxglove*, p. 120 は、ホール・ジャクソンは不自然なほど多くの双生児の出産に呼ばれたのかもしれないと考えている（511回の妊娠に8組の双子）。リディア・ボールドウィンは926回の出産に10組の双生児を取り上げている。マーサ・バラードはボールドウィンあるいはジャクソンに比べて相対的に少ない数の双生児を取り上げているのだが、ハロウェルの女性たちは双生児だと分かると、はじめから医師を呼んだのかもしれない。もっともマーサの実績からするとそんなことはなかったと思われる。

33. MMB, October 12, 1788.

34. MMB, November 26, 1796.

35. MMB, December 23–27, 1791.

注   *429*

36. MMB, December 24, 1796, March 11, 1790, April 3, 1795, May 27, 1795, July 31, 1795.

37. MMB, April 7, 11, 1796. Nicholas Culpeper, *A Directory for Midwives* (London, 1651) は容易に想像できることだが，陣痛の間に処方するハーブのレシピで満ちあふれている。チャールス・ホワイトは，助産婦が熱い飲み物とアルコールを陣痛の続く間と分娩後に処方したと考えている。

38. MMB, April 25, 1798, June 4, 1794, November 13, 1790.

39. Bracken, *Midwife's Companion*, pp. 117–118.

40. MMB, March 12, 1789,「私は自分の時計できっかり 12 時［夜中］に帰宅した」。ストンは「立った姿勢」での分娩について「田舎であまりにも広く行われている」として賛同していない。Sarah Stone, *Complete Practice*, p. 55.

41. MMB, April 1, 1798.

42. MMB, March 5, 1801, October 8, 1790.

43. MMB, june 17, 1792. タビサ・スウォールの第 3 回目のお産のとき (1790 年 11 月 23 日) にはブルックス夫人，ベルチャー夫人，コールマン夫人，ポラード夫人，ヴォース夫人が手伝った。

44. MMB, May 4–7, 1793.

45. MMB, March 22, 1797, March 9, 1796, March 16, 1810. トーマス・デンスモアはこの赤ん坊の祖父であった。この出産はおそらく彼の家で行われたのであろう。

46. MMB, February 2, 1812, March 18, 1801, February 27, 1797.

47. MMB, June 21, 1798, January 2 – February 4, 1801. もっともなことだが，町の記録はデイヴィスがヒッティ・ピアースと関係を持った事実にはまったくふれていない。彼女はその後別の人と結婚した。ピアースとデイヴィスのことについては第 7 章を参照のこと。

48. HS, April, 10, 26, 1974〔原書ママ。1794 ？〕，May 10, 1794, January 28, 31, 1795.

49. シャーロットはハンナ・クールの姉妹だったのではなかろうか。ハンナ・クール は 1787 年（第 1 章参照）にマーサの手伝いをしている。この日記にはクールという姓を持つ，少なくとも 4 人の女性が出てくる。すなわち，ペギー，ポリー，ハンナ，それにキャサリン（つまり，第 1 章・第 2 章のウィリアムズ夫人）である。モーゼス・アップルトン文書の雑項目の中にハンナ・クールとジェーン・クールについてふれた部分がある。ジェーン・クールが子どもを持っていたことは確かである。Moses Appleton Day Book, 1796, Waterville Historical Society, pp. 4, 8, 9, 10, 38, 45, 144, 146.

50. MMB, November 26, 1790, October 20, 1795, June 15, 1796, April 14, 1800, December 31, 1795, March 6, 1798.

51. MMB, November 27, 1795.

52. MMB, January 27–28, 1794, February 1, 1794.

53. MMB, May 31, 1799, November 28, 1787, August 24, 30, 1797.

54. John Rynier to Henry Knox, Feburary 19, 1789, quoted in Alan Taylor, "Liberty-Men and White Indians: Frontier Migration, Popular Protest, and the Pursuit of Property in the Wake of the American Revolution," (Ph.D. diss., Brandeis University, 1985), p. 209; MMB, March 11, 1795; Bracken, *Midwife's Companion*, p. 176; White, *Treatise*, p. 93.

55. MMB, April 17, 1800, February 15, 1790, July 23–24, 1796.

56. MMB, October 21, 1787; HS, October 23, 1799.

57. たとえば，MMB, March 26, 1789, October 20, 1789, June 8, 1793, May 22, 1788.

58. Leavitt, *Brought to Bed*, p. 165 は出産後 3 日目と 4 日目に夫が妻と性交したケースについて論じている。

59. MMB, October 18–19, 1802, February 26, 27, 1789, March 1, 2, 4, 1789; Siegel and Van Blarcom, *Obstetrical Nursing*, pp. 208–213, 522–526; Wertz and Wertz, *Lying-In*, pp. 119–128; Leavitt, *Brought to Bed*, pp. 154–155. また次を見よ。Dorothy I. Lansing, W. Robert Penman, and Dorland J. Davis, "Puerperal Fever and the Group B Beta Hemolytic Streptococcus," *Bulletin of the History of Medicine* 57 (Spring 1983): 70–80; and a comment by Leavitte, *Brought to Bed*, p. 166.

60. MMB, March 31, 1790, April 4, 5, 10, 11, 12, 13, 15, 16, 1790.

61. MMB, November 26, 1790. 仮にこれがホッジス夫人の 5 回目の出産だったとすると，誰か別の人が 3 回目を手伝ったことになる。日記にはこれ以前に 3 回の出産しか記されていない。すなわち，1785 年 9 月，1786 年 9 月，1789 年 10 月（そしてさらに 2 回，1792 年 11 月，1794 年 6 月）である。

62. MMB, February 18, 1791, September 1, 1791.

63. MMB, May 18, 1790.

64. MMB, October 1, & 5, 1794, November 14, 19, 22, 23, 24, 30, 1794, December 3, 4, 1794.

65. North, p. 954; HTR, Marriage Intentions, January 31, 1791.

66. MMB, November 16, 1791.

67. MMB, December 12, 1791.

68. この病気は見たところ母子に長期にわたる影響を残すことはなかった。ウェストン夫人は 1831 年に 85 歳で亡くなっている。また，彼女の一番下の息子は 1870 年に 89 歳で亡くなっている。

69. MMB, May1–June 2, 1789.

70. MMB, August 1, 4, 1788, February 11, 14, 15, 17, 23, 26, 1801.

71. 1793 年にはまったく謝金の記録がない出産はわずか 4 件であった。そのひとつは「娘タウン」で，10 月 3 日に第 9 子を産んでいる。他のケースは見落としによるものと思われる。53 件中 27 件で，彼女は謝金は 6 シリングと明記している。他の 10 件では 6 シリングを超える謝金を記録している。一部のケースでは「薬代と馬の賃借料」の名目で追加料金が加わっている。他の 8 件においては，ただ XX と記されているのみである。これはたぶん「謝金支払い済み」を意味しているのであろう。2 件においては，現金価値を示さずに品物を受け取ったと記録されている。謝金の水準は 1800 年まで若干高くなっているものの，1793 年の記述は，全体としてこの日記の典型的なものと言えよう。お産の謝金に関して現金価値が示されている合計 385 件のうち 374 件は，謝金が 10 シリング未満である。ほとんどのケースは 6 シリングから 9 シリングの間である。現物だけで謝礼を受け取ったのは 75 件のみである。

72. MMB, December 15, 1791, March 17, 1795.

73. MMB, September 5, 1792, December 3, 1789.

74. MMB, February 3, 5, 6, 8, 1791, March 20, 1796, May 3, 1797.

75. MMB, December 30, 1789, December 17, 1793, November 15, 1795, May 5, 1799,

注 *431*

October 21, 1794, August 22, 1796, March 15, 1797, October 22–23, 1799, HS, October 4, 22, 23, 1799.

76. MMB, January 24, 1794, April 2, 1794, December 19, 1794, July 13, 1794, February 20, 1794, April 5, 1794.

77. 支払いは夫がするのが一般的であったことは，1793 年 6 月の記述で示唆されている。「私はブラウン夫人の出産で 6/ を受け取る。彼女の夫は川を下っていて留守だ」。

78. KCSJC Files, Box 68.

79. 私は 1785–1797 年のリンカーン郡の文書綴りやファイル文書に目を通し，さらにサフォーク郡裁判所の最高裁書記官室の文書も調べた。その結果，1785 年から 1797 年の間にリンカーン郡で 12 件の離婚の「名誉棄損罪」が見つかった。そのうち 6 件では妻が夫の不貞を告発しており，別の 2 件では夫が妻を同じ理由で訴えている。また，別の 4 件では妻が夫の虐待，また 2 件では夫が妻を遺棄したとして告発している。大酒のみとか放縦といった船乗りに特徴的な問題は，終始一貫して顕著である。North, p. 834 はジョン・モロイは「死んだ」，その後彼の妻はニューシャロンのサミュエル・プレスコットと再婚したと伝えている。この時代のメインへの移民を研究しているエドワード・マカロンは，モロイはアイルランド人だったと考えている。もっとも記録に出てくるジョン・モロイは何人もいるので，確実に個人を特定することは困難である。マカロンによれば，ハロウェルのジョン・モロイは 1790 年に小売商人として認められているが，1796 年に負債のために監獄に収監された。そして 1797 年には負債を清算するために所有地を失った（イーフレム・バラードがその件に測量士として関係している）。そして同じく 1797 年には何か詳細不明の犯罪の嫌疑で大陪審にかけられたが，無罪になっている。

80. MMB, April 24, 1794.

81. MMB, March 31, 1785.

82. MMB, January 19–25, 1792.

83. MMB, April 27, 1791, April 18, 1795, September 17, 1789, July 10, 1797. また，April 21, 1786, March 6, 1792 も見よ。

84. MMB, July 13, 1791. 婦人用片鞍については MMB, July 22, 1786, February 25, 1791 を見よ。

85. MMB, April 12, 1785, June 20, 1799.

86. MMB, October 26, 1797.

第 6 章

1. MMB, January 27, 1795, February 4, 13, 27, 1795, April 21–May 4, 1795, June 8–12, 1795; Plan of Hallowell, March 1795, Maps, 1794 Series, 13; 1361, p. 20; Plan of Vassalboro, January 1795, Maps, 1794 Series, Vol. 3, 1385, p. 19, MSA.

2. MMB, January 29–February 7, 1795.

3. この日記にはサラ・ニール のことが 7 月 29 日から 12 月 15 日までの間に，少なくとも 11 回出てくる。12 月 15 日に次のように書いている。「私は 3/ を現金で彼女に支払った。前回清算して以来，彼女は 4 週間分の仕事をしてくれた」。彼女は 5 月に再び戻ってきて，それから「ブラント大尉方に住み込むために行った」。MMB, July 29, 1795,

August 17, 1795, September 9, 15, 16, 21, 1795, October 10, 17, 1795, November 26, 30, 1795, December 15, 1795, May 16, 1797, May 12, 1797.

4. "Journal of Thomas Fish," pp. 132–139. フィッシュはマーサの従兄弟エベネザー・ラーニドとは縁続きであった。Daniels, *Oxford*, p. 500.

5. Daniel Cony to Ephraim Ballard, August 14, 1790. Eastern Lands Papers, 13:18; Ephraim Ballard to Daniel Cony, June 5, 1792, Eastern Lands Papers, 18:21, MSA.

6. MMB, January 12, 1795; Ephraim Ballard to Gentleman, Eastern Lands Papers 17:35, MSA.

7. Ephraim Ballard Deposition, November 20, 1795, Kennebec Proprietors Papers, MEHS; KD, 8:461; Instructions to Ephraim Ballard, June 24, 1795, Eastern Lands Papers, 13:31B, MSA.

8. MMB, November 30, 1795.

9. Alan Taylor, "The Disciples of Samuel Ely: Settler Resistance Against Henry Knox on the Waldo Patent, 1785–1801," *Maine Historical Society Quarterly* 26 (1986): 80–82.

10. MMB, January 9, 12, 13, 1796.

11. MMB, November 17, 1794.

12. MMB, January 4, 1793.

13. MMB, January 22, 1790, April 28, 1795.

14. MMB, September 30, 1794, December 25, 1794, January 6, 1794, December 22, 1793.

15. MMB, January 26–27, 1796.

16. KD, 9:400; Instructions to Ephraim Ballard, Eastern Lands Papers, 13:33, MSA.

17. MMB, September 1, 3, 4, 5, 1796, October 15, 17, 18, 19, 1796.

18. MMB, July 2, 1799.

19. *The Book of Abigail and John: Selected Letters of the Adams Family, 1762–1784*. ed. L. H. Butterfield, Marc Friedlaender, and Mary-Jo Kline (Cambridge, Mass.: Harvard University Press, 1975), p. 123.

20. Charles William Janson, "Stranger in America," in Gordon S. Wood, *The Rising Glory of America, 1760–1820* (New York: Braziller, 1791), p. 123.

21. MMB, July 18, 24, 1798.

22. North, pp. 278, 312–313, 315–316.

23. MMB, May 12–13, 1800.

24. Stephen Barton Account Book, MeSL, December 1769, MMB, October 1, 1801; *The English Dialect Dictionary*, ed. Joseph Wright (New York: Putnam, 1900), vol. II, p. 264: *The Scottish National Dictionary*, ed. William Grant and David D. Murison (Edinburgh: Scottish National Dictionary Association, 1952), vol. III, p. 252.

25. MMB, May 19, 1800.

26. MMB, August 28, 1801.

27. Taylor, *Liberty Men*, pp. 586–587, n. 10. イーフレムはこの仕事を辞任した。この測量を完成させるためにその後行われた3回の試みも，ことごとく撃退された。

28. MMB, August 28–29, 1802.

29. Luke, 10:38–42.

第7章

1. Anonymous letter to Governor Increase Sumner, January 7, 1799, MeHS.

2. Anonymous letter to Governor Sumner, January 7, 1799.

3. North, pp. 674–677.

4. North, pp. 674–675; Clifford K. Shipton, *Bibliographical Sketches of Graduates of Harvard University*, vol. IX, pp. 229–234. 死後の資産調査によると, エリファレット・ピアースは「ヨーマン〔自作農〕」とされている。彼は 50 エーカーの土地, 家と納屋, および広く一般的に見られる一揃いの農機具と家財道具を所有していた。Transcript of Lincoln County Probate Records, VIII:64, MeSM. メイン州ガーディナーのダニー D. スミスには, ピアース家の系譜調査で力を貸してもらったことに感謝する。

5. *Female Friendship; Or the Innocent Sufferer. A Moral Novel* (Hallowell, Me.: printed by Howard S. Robinson, for Nathaniel Cogswell, 1797), pp. 10–13. 『警鐘』の 1797 年 2 月 4 日号は, ナサニエル・コグスウェルの広告を掲載している。この人物は「最近までジョン・モロイ船長が所有していた店舗を引き継いだ」のであった。様々な布地のほか, 各種荒物, 台所用品, 茶, コーヒーなどに加えて, コグスウェルはおよそ想像のつく一揃いの書籍類を扱っていた。すなわち, 綴りの教本, 歌の本, 聖書, ワット, バニヤン, ゴールドスミスなどの作品,「エドワーズの愛情」,「ブルラマキの法律」,「ボイルの航海」さらに『クラリッサ・ハーロー』や『ロビンソン・クルーソー』を含むイギリスの小説類などである。

6. Jan Lewis, "The Republican Wife," 689–721; Davidson, *Revolution and the Word*, pp. 140–150.

7. MMB, June 26, 1798.

8. たとえば, ノース判事の娘, ハンナは時にハンナ・ノース夫人と呼ばれている。これとは別の訪問のあと, マーサはさりげなく記している。「ヒッティと彼女の息子がうちに泊まる」。MMB, February 3, 1800.

9. 仮に教会の会員であることがひとつの判断基準であるとするなら, 新任の判事のうち 2 人だけが「模範的クリスチャン」であった。そしてこの 2 人は町の信仰論争においては, 互いに反対の立場に立っていた。ヘンリー・スウォールは, 我々がすでに知っているとおり, 独自の主張を掲げるチェスター教会につながる人物であった。ダニエル・コニーは最近一般の組合派教会に入会を認められたのであった。Church Records of the First Church in Augusta, Vol. 1, South Parish Congregational Church, Augusta, Maine. これは見たところダニエル・ストーンによって保管され, のちにベンジャミン・タッパンが補足した初期の記録の簿冊である。1827 年 3 月 3 日付の書簡は, この記録の遺稿があるローマ・カトリック教会の信者によってごみの中から発見され, ユニタリアン派の信者によって製本され,「(関心を持つ) 中立的立場の一傍観者」によって教会に寄贈されたとしている。

10. 日記はしばしば事故となった出来事について示唆している。MMB, January 28, 1791.「私はバース大尉の幼い息子を診るようにと 8 時に呼ばれた。この子は昨日の朝左腕に火傷を負った。私は腕を包帯で手当てした」。MMB, August 21, 22, 1795. マーサは「昨日火傷したバータン〔バートン〕氏の幼児を診る」ために呼ばれた。1799 年 1 月 5 日には彼女は「息子ジョナサン宅に至急呼ばれた。彼の長男ジャック〔7 歳〕が強い酒を

飲んで，一見したところ死んだようになった。私たちはこの子をぬるま湯につけ，油を飲ませた。コニー医師が呼ばれ，どうにか神のお慈悲でこの子はよみがえった。私は一晩中付き添った」。

11. これは 1801 年 1 月 2 日の出来事であった。

12. MMB, January 6, 1797. バラード家と同様，バータン家では母親は「もうすぐ陣痛が始まろう」としていた。お産が近づいている時期の事故は一般的なことだったのかもしれない。1791 年 3 月 9 日，「ベンジャミン夫人の娘が，自分の右手の中指を切り落としてしまった。私が呼ばれた。今日の午後 2 度様子を見るためにこの家を訪ねた」。2 日後に彼女はサヴェージ氏宅に出かけた。「そしてこの幼い女の子の手を手当てした」。彼女は翌日も同じことを繰り返し，また 3 月 15 日の朝同じことをして，その日の夜，その子の母親に「元気な息子」を出産させている。

13. MMB, January 4, 1801.

14. Ethel Colby Conanti, ed. *Vital Records of Augusta* (Portland: Maine Historical Society), I, pp. 14, 177. メイン州ガーディナーのダニー・D. スミスはエリファレット・ピアースの子どもたちの生年月日をマサチューセッツ州ストートンの教区記録から調べてくれた。この記録は，現在は［マサチューセッツ州］カントンの歴史協会に保管されている。また，メイン州ウィンザーのアイリーン・ギルバートも有用な情報をもたらしてくれた。

15. Benjamin D. Cabrera, "Ascaris: most 'popular' worm," *World Health* (March 1984): 8–9. ハーヴァード大学の公衆衛生大学院のエリ・チャーニン医師はこの病を診断し，上に記した文献を教示してくれた。記して感謝する。

16. Benjamin Page account with William Matthews, 1804–1819, Vaughan Papers, MeHS.

17. Albert Matthews, "Notes on Early Autopsies and Anatomical Lectures," *Publications of the Colonial Society of Massachusetts* 19 (1916–1917): 280. 初期の検屍解剖の記述には，印象に基づく漠然として焦点がはっきりしないものもある。E. B. Krumbhaar, "History of the Autopsy and Its Relation to the Development by Modern Medicine," *Hospitals* 12 (1938): 68–74 はエジプト人やアッシリア人から始め，植民地時代には検屍解剖の件数はきわめて少なかったとしている。このテーマに関して文献整理を行っているウォース・エステスは，検屍解剖はこれまで考えられていたよりもはるかに一般的なことだったとしている。新聞記事のひとつの例としては以下。*Essex Gazette*, December 13–20 and 20–27, 1768.

18. K. F. Russell, *British Anatomy, 1525–1800: A Bibliography of Works Published in Britain, America and on the Continent* (Winchester, U.K.: St. Paul's Bibliographies, 1987), p. xxxii and Introduction. ミシェル・フーコーは，19 世紀初頭に検屍解剖——したがって疾病や死——の見方が根本的に変化したと主張している。解剖はこのような知的な変化が起こるはるか以前から当然のこととして行われていた。人体を見る医学的観点を変化させたのは検屍解剖ではなく，検屍解剖を見る特定の見方であった。それにより今日，科学的断片について多くの評論家が議論できるようになったのである。Michel Foucault, *The Birth of the Clinic: An Archaeology of Medical Perception*, trans. A. M. Sheridan Smith (New York: Pantheon, 1973), pp. 124–148. キャロライン・マーチャントはハーヴェーの解剖学的研究を自然の資本主義的利用と男性の女性支配とに関連づけている。Carolyn Merchant, *The Death of Nature*, pp. 149–163. イギリスの地方レベルにおける科学的好奇心

注　　　　　　　　　　　　　　　　　　　435

の興味深い記述が次に見られる。Robert G. Frank, Jr., "The John Ward Diaries: Mirror of Seventeenth Century Science and Medicine," *Journal of the History of Medicine & Allied Sciences* 29 (1974): 147–179.

19. MMB, September 16, 1800, March 13, 1808.

20. Matthews, "Early Autopsies," p. 277.

21. Albertus Haller, *First Lines of Physiology ... Printed under the inspection of William Cullen, M.D.* (Edinburgh, 1786; repr. New York: Johnson Reprint, 1966), pp. 134–135.

22. 彼は「大腸は腸の一部であって，全体が連続的につながっている」と書き加えている。Haller, pp. 125, 138.

23. Sarah Stone, *The Complete Practice of Midwifery* (London, 1737), p. xiv.

24. [Walter Channing], *Remarks on the Employment of Females as Practitioners in Midwifery* (Boston, 1820), p. 7. この著者不詳のパンフレットはこれまで様々な人の著作とされてきたが，フィラデルフィアの内科外科大学の図書館にはチャニングがサイン入りで同僚に贈ったものが所蔵されている。実習を含む実用解剖学を教えていた医学校は，アメリカでは 1848 年に至ってもごく少数に限られていた。しかし，初期の女子医学校ではカリキュラムに含んでいることを特徴とするところもあった。William G. Rothstein, *American Medical Schools and the Practice of Medicine: A History* (New York: Oxford University Press, 1987), pp. 32–35; Regina Markell Morantz-Sanchez, *Sympathy & Science: Women Physicians in American Medicine* (New York: Oxford University Press, 1985), p. 80.

25. この点について，20 世紀の看護婦の視点から最近なされている議論のうち，最も強い主張は次に見られる。Sallie Tisdale, *The Sorcerer's Apprentice: Tales of the Modern Hospital* (New York: McGraw-Hill, 1986).

26. たとえば，Lawrence Stone, *Family, Sex and Marriage in England, 1500–1800* (New York: Harper and Row, 1977), pp. 113–114. これに対立する議論は次を見よ。Linda Pollock, *Forgotten Children: Parent-Child Relations from 1500–1900* (Cambridge, Eng.: Cambridge University Press, 1983), pp. 124–140.

27. MMB, September 6, 15, 16, 1800.

28. MMB, July 21, 1794.

29. Paul Starr, *The Social Transformation of America Medicine* (New York: Basic Books, 1982) は一般的見方を提示している。John Harley Warner, *The Therapeutic Perspective: Medical Practice, Knowledge, and Identity in America, 1820–1885* (Cambridge, Mass. and London, Eng.: Harvard University Press, 1986) はボストンを含む 3 つの地方についての詳細な研究を示してくれる。

30. "Memoir of Benjamin Page," *The Boston Medical and Surgical Journal* 33 (October 1, 1845): 173, 177; Leavitt, *Brought to Bed*, pp. 100–101.

31. Benjamin Vaughan to Benjamin Page, September 26, 1800, MeHS.

32. Benjamin Vaughan to Moses Appleton, April 22, 1812, Moses Appleton Letters, Waterville Historical Society, Waterville, Maine.

33. Benjamin Vaughan to Benjamin Page, March 14, 1802, MeHS.

34. Moses Appleton Commonplace Book, Waterville Historical Society, Waterville, Maine. これにはページ番号がなく日付もない。妊娠中の瀉血を最も強力に弁護したのはデウィー

436

ズである。William Dewees, *An Essay on the Means of Lessening Pain, and Facilitating Certain Cases of Difficult Parturition* (Philadelphia, 1806). 成功したケースについての彼の覚書は，40 オンスもの血液を抜くことをすすめている。これは患者の気分が悪くなる，あるいは「気分がむかつく」，そして「ほとんど失神しそうになるまで瀉血する」(pp. 63–89) ことを意味している。この本はヴォーガンと音信のあったベンジャミン・ラッシュを含む，多くの有名な医師に献呈されている。ニューイングランドにおける出生率は 18 世紀の末頃に低下しはじめる。しかし，それがどのようにして起きたか，またどのグループで起きたのか，ほとんど分からない。堕胎効果をほのめかす特許薬剤の広告は，オーガスタではマーサの生涯の終わり頃に現れ始める。1810 年 10 月 9 日号の『ヘラルド・オブ・リバティ』は「ロルフ医師のアロマティック女性用錠剤」の広告を掲載している。この広告は「女性の健康維持向上に効果があります。ただし妊娠中は絶対に服用しないでください。服用するとほとんど確実に流産を引き起こします」（強調は原文ママ）。

35. William Matthews account with Benjamin Page, February 29, 1804, to March 18, 1819, MeHS.

36. HS, June 19–10〔原書ママ。9–10 ？〕, 1801; August 25–27, September 16–23, October 20, November 5, December 5, 20, 1824; January 10, February 18, 26, March 13–15, 1825.

37. Benjamin Vaughan to Benjamin Page, Feburary 7, 1803. MeHS.

38. North, pp. 317, 422–423; Proprietors of the Kennebec Purchase, Feb. 13, 1805, Kennebec Proprietors Papers, Box 5, MeHS.

第 8 章

1. MMB, November 17–18, 1802（カボチャの皮むき），September 12, 1808（トウモロコシの茎の染料），March 2, 1802（スープのだし）。1803 年 3 月 25 日の石鹸 3 樽は何日にもわたる労働の成果であった。March 15, 16, 17, 18, 23, 24. 1802 年に彼女が石鹸作りにふれているのは 3 月 2, 3, 5, 6, 8, 9, 10 日である。

2. 毛羽立て「機械（masheen）」へ羊毛を運ぶ，MMB, August 15, 24, 1803; August 12, September 30, 1806; August 4, 10, 1810. 仕事がしやすくなったことで実際に羊への投資が増加したかもしれない。マーサは羊の世話に大いに関わっていた。たとえば 1800 年 2 月 14 日，イーフレムは凍えた子羊を家の中に連れてきた。2 月 17 日にはマーサは羊の面倒をみるために納屋へ行っている。1806 年 5 月 30 日にはサイラスが羊の毛を刈った。6 月 3 日には 2 人の雇い人が「羊毛 20 フリース〔羊 1 頭 1 刈り分の羊毛〕を洗った」。6 月 6 日にマーサは「残りの羊毛を自分で洗った」。女性たちは織物を織るのに，自家製の糸に加えて，工場で作られた糸をも混ぜて用いていた。1805 年 11 月 9 日，「サイラスは工場の木綿糸 3 ポンドを織ってもらうために娘ランバードへ届けた」。1806 年 7 月 6 日，「オリーヴ・フレッチャーは…工場製の横糸 1 3/4 を娘ポラードのところへ運んだ」。

3. MMB, April 4, 1802.

4. *Perpetual Laws*, 1788, pp. 112–114; "Confession Books" of Moses Appleton, Waterville Historical Society and Ephraim Towne, Maine State Museum はこの手続きを示している。Maine Valuation List, 1800, microfilm, Massachusetts State Library, Boston.

注   *437*

5. ATR, pp. 50, 51, 71, 108; Treasurer's Report, Town of Augusta, MeSL, p. 5.

6. MMB, February 1803, 28, March 4, 15, 1803, July 13, 1803, October 10, 13, 1803, November 15, 17, 22, 26, 1803, January 2, 1804.

7. *The Civil Officer; Or the Whole Duty of Sheriffs, Coroners, Constables and Collectors of Taxes*, 2nd ed. (Boston, 1814), pp. 26, 30. イーフレムを拘留した手続きの性格上，この出来事については なんらの記録も存在しない（ただし，翌年春の町の記録に簡略かつあいまいな記載 が見られる）。1804 年 3 月のオーガスタの町役員会記録には「イーフレム・バラードの 保証人に対し，負債を弁済するにどれほどの時間を与えるべきか」についての記事が見 える。1804 年 2 月，町当局は彼と 2 人の保証人，ベンジャミン・ペッティンギルおよ びデイヴィッド・トーマスに対し，さらにもうひとつの民事裁判を開始した。保安官は 本人が法廷に出廷しない代償として「1 つの椅子と帽子 2 つ」を差し押さえたことを報 告している（おそらく保安官はイーフレムが監獄にいることを知ったのであろう）。こ の事件は「負債に関する嘆願」と記載されている。被告は（彼らの弁護士であるブリッ ジとウィリアムズを通じて）「被告は原告が非難するように故意に不適切なやり方をし たわけではない」と主張し，法廷は被告に有利な判断を示した。町当局は 8 月に敗訴 し，さらに最高裁に提訴したが（そして敗訴した），この件は 1806 年まで再び審理さ れることはなかった。したがってこれは補助的な裁判であったに違いない。というのは， イーフレムはこの裁判が始まるまでに 1 ヶ月以上も監獄に拘留されており，下級審で裁 判が行われたのち，9 ヶ月も監獄にとどまっていたからである。KCCCP, Records 3:497, Files, Box 4 (1804); KCSJC, Files, Box 72 (1806).

8. それまでのマサチューセッツ法では，債権者が監獄費用を負担すれば，負債を払えな い債務者を拘禁しておくことができたが，この 1787 年法はその点を変えた。Peter J. Coleman, *Debtors and Creditors in America: Insolvency, Imprisonment for Debt, and Bankruptcy, 1607–1900* (Madison: State Historical Society of Wisconsin, 1974), pp. 40–41.

9. William E. Nelson, *Americanization of the Common Law: The Impact of Legal Change in Massachusetts Society, 1760–1830* (Cambridge, Mass.: Harvard University Press, 1975), pp. 149–150.

10. MMB, February 2, 1804.

11. Coleman, *Debtors and Creditors*, p. 5; Ronald P. Formisano, *The Transformation of Political Culture: Massachusetts Parties, 1700–1840* (New York: Oxford University Press, 1983), pp. 187–190.

12. MMB, October 4, 1800.

13. 1809 年の嘆願書は，45 人もの債務者が同時に監獄に拘禁されていると訴えている。 この割合でも 400 人の人々を収容すると平均拘禁期間は 40 日ほどになる。Petition from Asa Emerson and others, Unenacted House Legislation, 6217, MSA.

14. KCCCP, Files, Box 261 (1804).

15. KD, 4:485; 6:132, 402; 6:260; 8:378.

16. North, pp. 248, 322–323; petition from Asa Emerson and others.

17. North, pp. 248, 323, 493–494; HS, August 10, 1803; KCSJC Files, Box 70 (June 1804) に はエイモス・パートリッジが署名した拘禁者名簿が含まれている。ヘンリー・マッコー ズランドは殺人，ティモシー・ヒルは窃盗，モーゼス・シリーは文書偽造および詐欺，

438

債務者としてアーサ・フィリップス，エドムンド・ウォレン，イーフレム・バラード，アーサ・エマーソン，ジョージ・ローウェル，ジョン・ロビンソン，エドワード・サヴェージ。このリストに含まれる債務者のうち，1800 年のオーガスタのセンサスに記載されているのはサヴェージとバラードのみである。

18. *Kennebec Gazette*, July 12, 1804.

19. North, pp. 345–346. 1809 年のいわゆるマルタ戦争（第 10 章参照）のとき，もうひとりのオーガスタの作詩者が近くの町から 2 個中隊の民兵を集めるために作った詩の中で監獄のことを "jug" という言い方でふざけている。

> 彼らがここへやってくるわけは
> オーガスタを居心地よい場所にしておくためさ，
> そしてマルタインディアンたちが石の監獄 (jug) を壊すのを防ぐためさ，
>
> ケネベックのこの立派は石の監獄 (jug) は
> 我々にずいぶんと散財させたものさ，
> それなのにマルタインディアンたちは
> それを引きずり倒そうというではないか
>
> それに中にいる連中を引っ張り出して
> 彼らの仲間を自由にするのだと
> だがやってみりゃおれたちがめっぽう強いことが分かるはず，
> 彼らが目的を達することはないのさ

この詩ははじめ『ケネベック・ガゼット』に掲載され，North, p. 383 に再録されたものである。オックスフォード英語辞典は，冒頭の「jug」は，1830 年代の監獄の俗語だとしている。初期の監獄と飲酒の関連は，その使用の源の可能性を示唆する〔jug にはジョッキという意味もある〕。ノースによれば，ジョセフ・ノースの妻や後には彼女の娘，ハンナ・ブリッジが感謝祭のごちそうを監獄の住人たちに運んだという。North, p. 510.

20. Anonymous, *An Address to the Inhabitants of Maine, Showing a Safe and Easy Method of Extracting Good from Evil* (Augusta, 1805), pp. 4–8.

21. Petition from Asa Emerson and others.

22. Petition from Asa Emerson and others.

23. Coleman, *Debtors and Creditors*, p. 42 は「負債取り立てのシステムは 19 世紀初めにはより酷なものになった」と考えている。監獄の境界が論争のひとつのポイントであった。

24. MMB, November 6, 1803, January 19, 1804, February 2, 18, 1804, May 5, 29, 1804, July 1, 1804.

25. MMB, May 8–9, 31, 1804, July 3, 1804; Ephraim Ballard to Peleg Coffin, Kennebec Purchase Papers, Box 5, MeHS.

26. MMB, April 12, 1804.

27. MMB, February 8, 18, 1804, April 13, 22, 1804, May 5, 1804, July 15, 23, 1804, August 25, 1804, September 18, 22, 1804.

28. MMB, January 19, 22, 26, 27, 29, 1805, February 2, 1805.

注 439

29. *An Address to the Inhabitants of Maine*, pp. 4–5, 10.

30. たとえば，MMB, October 19, 1804, February 9, 1805, March 10, 1805, April 13, 1805.

31. MMB, October 8–12, 1804, September 2–8, 1804.

32. MMB, May 4, 1804.

33. MMB, February 21, 1804, March 10, 1804, October 17, 19, 1804.

34. MMB, March 8, 1804.

35. MMB, August 16, 1804.

36. Massachusetts Tax Evaluation, 1800, Augusta, Maine, Massachusetts State Library, Boston.

37. KCSJC, Record, September 13, 1806, and KCSJC Files, Box 71.

38. KD, 4:56, 9:497; 6:64, 9:21. 1800 年のオーガスタ課税評価によると，イーフレム・バラードの課税可能資産は 684 ドルであった。ジョナサンは 1170 ドルに加えてダニエル・サヴェージ農場の持分 340 ドルであった（5 株として課税）。

39. William Whately, *A Care-Cloth or a Treatise of the Cumbers and Troubles of Marriage*, 1624. この文献は次の書籍に引用されている。Alan Macfarlane, *Marriage and Love in England, 1300–1840* (Oxford, Eng.: Basil Blackwell, 1986), pp. 94–95.

40. Jonathan Ballard Will, 1754, Worcestor County Probate Records A:3181, Worcester Court House, Worcester, Massachusetts.

41. Edward Augustus Kendall, *Travels Through the Northern Part of the United States* (New York, 1809), vol. III, p. 112. ケンドールはウィンズローで宿屋を見つけて泊まった。「個人住宅と変わらぬくらい静かだった…ここの商売の季節は地上に雪のあるときだ」。

第 9 章

1. KD, 9:250, 9:497; MMB, December 31, 1805.

2. MMB, April 13, 1803, May 6, 16, 21, 1803, June 25, 1803, August 25, 1803, September 5, 8, 10, 14, 15, 1803, October 4, 1803. パリントンは 1804 年に南教区の課税台帳にはじめて登場する。1805 年の課税評価によると，最初の 1 マイルのところに，彼は家，納屋，未開墾の土地 100 エーカーを所有していた。彼が死んだときの資産調べでは，彼の土地は 17 番区画と特定されている。Augusta Tax Valuation, South Parish, 1804, 1805, MeSA; Inventory of the Estate of James Purrinton, Deceased, July 11, 1806, KCPR Files.

3. MMB, June 16, 1804. Augusta Tax Valuation, South Parish, 1805, 1806, MeSA.

4. *Horrid Murder* [Augusta, Maine, 1806], broadside.

5. *Horrid Murder*.

6. Stephen A. Marini, "Religious Revolution in the District of Maine, 1780–1820," in Charles E. Clark, James S. Leamon, and Karen Bowden, *Maine in the Early Republic: From Revolution to Statehood* (Hanover: University Press of New England, 1988), pp. 120, 136, 137.

7. MMB, June 23, 25, 1804.

8. *Horrid Massacre!! Sketches of the Life of Captain James Purrinton* (Augusta, 1806), p. 18.

9. Stephen A. Marini, *Radical Sects of Revolutionary New England* (Cambridge, Mass.: Harvard University Press, 1982), pp. 46, 88, 136–137.

10. Timothy Merritt, *Discourse on the Horrid Murder of Capt. James Purrinton's Family* (Augusta, Me.: Peter Edes, 1806), pp. 9–10.

11. Merritt, *Discourse*, pp. 16–18.

12. Marini, *Radical Sects*, p. 145.

13. Eddy, *Universalism in America*, p. 519; Merritt, *Discourse*, p. 5.

14. Elizabeth Pleck, *Domestic Tyranny: The Making of Social Policy Against Family Violence from Colonial Times to the Present* (New York: Oxford University Press, 1987), pp. 7–9.

15. *Horrid Massacre*, p. 10.

16. *Horrid Massacre*, pp. 8–9.

17. 自著の脚注 2 で聖書の一節を引用したイーズは，次のようにコメントするのが精一杯であった。「この章に立ち返ってみると，その真の意味がいかに異様に曲解されてパリントンの行動に影響したか分かるだろう」。*Horrid Murder,* p. 10. 彼は聖書の文言を引用してもいないし，聖句を検討してもいない。ケンドールはオーガスタについての記述で，マッコーズランドとパリントンの殺人にふれている。彼にとってこの 2 つの事件は，宗教的狂気の一例にほかならなかった。彼はパリントンについて，特定の宗派をあげずに，「運命予定説信奉者」であるとしている。Edward August Kendall, *Travels Through the Northern Part of the United States*, vol. III, pp. 115–117.

18. *Horrid Massacre*, p. 6.

19. *Horrid Massacre*, pp. 7–8.

20. Inventory of the Estate of James Purrinton, Purrington File, KPR. 調査担当者はセス・ウィリアムズ，ベリアー・イングラハム，およびルイス・ハムリンであった。

21. 「老クリフォード氏」は 7 月 15 日にジョナサン宅を訪れた。翌日，夫人は水を求めてマーサ宅にやってきた。

22. MMB, July 24, 1806.

23. MMB, October 13, 1806.

24. 自殺についての認識の変化に関する一般的議論は，次を見よ。Michael McDonald, "The Secularization of Suicide in England, 1660–1800," *Past & Present* III (1986): 50–97. 自殺者を教会の墓地の外に埋葬する慣習は，自殺が悪魔的なものだという古くからの認識から来ている。18 世紀の新古典主義や人道主義は，次第に伝統的な宗教的認識を変化させていった。検視陪審は遺族を守る以外に，その土地の一般的考え方に逆らわないように配慮した。ギルの義理の兄弟，イーフレム・タウンは破産した彼の農場の整理に関わった。Towne Papers, MeSM.

第 10 章

1. MMB, August 7, 1788, February 29, 1812. この日記に出てくる 800 件以上の出産のうち，8 件はジョン・ショーの名前あるいはその変形で出てくる。ジョン・ショーに関するその他の誕生の記録では，「ジョン・ショー中尉」，あるいは「ショー氏」の出産は 1787 年 8 月 23 日，1789 年 9 月 28 日，1790 年 2 月 16 日，1792 年 1 月 28 日，そして 1798 年 3 月 27 日である。

2. North, pp. 883–884; William Howard Estate, KPR.

3. *Vital Records of Winslow, Maine to the year 1892*, ed. Sarah Drummond Lang (Portland: Maine Historical Society, 1937), p. 103; Edwin Eugene Towne, *The Descendants of William Towne* (Newtonville, Mass., 1901), p. 74.

注 *441*

4. ノースは彼自身の歴史を年代記の形式で書いている。ほとんどの年は 1 年分に 4–5 ページをさいている。1809 年は 21 ページに及んでいる。また，1827 年は 23 ページ，そして 1865 年は 22 ページである。

5. バートン家はメイン地区内だけでもあちこち移り住んでいる。ステファン・バートンの帳簿の記述によると，オックスフォード（1769–1773 年），ヴァッサルボロ（1775–1778 年），ウィンズロー（1786–1787 年），ヴァッサルボロ（1787–1788 年），そしてオックスフォード（1788–1796 年）という具合である。マーサの 1786 年 5 月 24 日の日記では次のように確認できる。「バートン医師はウィンズローへ引っ越した」。

6. この手紙の筆写は 1932 年 8 月 8 日付のハーマン・ポーター・リシンからバートン・ラント宛書簡に含まれている。その写しはメイン州ウィンザーのアイリーン・ギルバートが所有している。彼女は親切にもこの手紙の複写およびその他のバートン家の資料を私に提供してくれた。

7. "A Lonely Mound in the Woods and the Story of a Maine Doctor," *Kennebec Journal*, no date. アイリーン・ギルバートはその複写を提供してくれた。

8. To the Proprietors of the Kennebec Purchase, March 20, 1806, Ruel Williams Papers, MeHS.

9. Taylor, "Liberty-Men," pp. 610–611.

10. HS, August 6, 1798.

11. North, pp. 339–340. メインにおけるこの種の儀式についての詳細は，私の次の論文を参照されたい。"'From the Fair to the Brave': Spheres of Womanhood in Federal Maine," in Laura Felych Sprague, ed., *Agreeable Situations: Society, Commerce, and Art in Southern Maine, 1780–1830* (Kennebunk, Me.: Brick Store Museum, 1987), pp. 215–225.

12. North, p. 344.

13. Taylor, "Liberty-Men," pp. 609–614. 引用の出典は Dillingham's report.

14. Copy of a vote of the magistrates in regard to the burning of the jail, March 17, 1808, House, Unenacted Legislation, MSA 6316.

15. Taylor, "Liberty-Men," pp. 609–610; "Nathan Barlow's Journey:" Mysticism and Popular Protest on the Northeastern Frontier," in *Maine in the Early Republic*, pp. 100–117; North, pp. 344–369.

16. North, pp. 364–369.

17. 18 世紀から 19 世紀初頭にかけての全体的変化に関しては次を見よ。Sarah McMahon, "A Comfortable Subsistence: The Changing Composition of Diet in Rural New England, 1620–1840," WMQ 42 (1985): 26–65. ニューイングランドの農業部門における性別分業については，さらに研究が望まれる。チェサピークと大西洋岸中部地方についての 2 つの模範的研究として次を参照せよ。Lois Green Carr and Lorena Walsh, "Economic Diversification and Labor Organization in the Chesapeake," in Innes, *Work and Labor in Early America*, pp. 144–188, and Joan M. Jensen, *Loosening the Bonds: Mid-Atlantic Farm Women, 1750–1850* (New Haven, Conn.: Yale University Press, 1986).

18. MMB, July 11, 1791, October 4, 1789, December 27, 1800, March 13, 1791.

19. MMB, May 10, 1809.

20. たとえば，*Kennebec Intelligencer*, May 10, 1799; *The Kennebec Gazette*, May 7, 1804.

21. North, p. 179.

442

22. 1809 Account Book, MeSL, n.p. 彼のより広範な取引についてなんらのヒントもなかったので，この帳簿は長年「作者不詳」とされてきた。私は教会の指定席利用料と証書類の受取確認書を対応するケネベック郡裁判所の記録と照合した結果，この帳簿はまぎれもなくノースのものと判明した。マーサのものも含めて当時の多くの帳簿と同様，彼の事業のごく一部を示すものにすぎない。種子商人やセイヨウハコヤナギについては次を見よ。Ann Leighton, *American Gardens in the Eighteenth Century: "For Use or for Delight"* (1976, repr. Amherst: University of Massachusetts Press, 1986), pp. 293–294, 468.

23. MMB, June 9, 1808,「5 月 10 日に種をまいたキュウリを移植した」。

24. MMB, June 17, 1807, June 21, 1809.

25. "Daniel Cony's Diary," 1808–1810. これは Nash, pp. 465–471 に採録されている。診療に関してはわずか 2 つの記述が見られるのみである。すなわち，1 つは 1 月 18 日，「町のあちこちの病人を訪ねるために私のサルキー〔1 人乗り 1 頭立て馬車〕で出かけた」。もうひとつは 3 月 20 日，「午後 6 時，キャサリン・M. ウェストン嬢誕生」。この子は彼の孫娘である。

26. MMB, May 26, 1809, May 24, 1811, June 15, 1811.

27. MMB, May 28, 1808.

28. MMB,〔日付なし。原書ママ〕

29. マーサがある手伝いの少女にふれている不思議な記述（普通彼女は隣近所の「女の子たち」の名前はみな知っていた）は，たぶんこのサミュエルの妻と思われるハワード夫人とは，付き合いの点で若干距離があったことをうかがわせるものだ。たぶん彼女がボストンの育ちであり，マーサがこの農場に越してきてからは町の中心部に出てゆくことが少なくなっていたことの結果であったのだろう。North, p. 884.

30. ある歴史家が装飾的農園（fermes ornée）と呼んだ素晴らしい屋敷がメイン州に存在することについては次を見よ。Carolyn S. Parsons, " 'Bordering on Magnificence': Urban Domestic Planning in the Maine Woods," in *Maine in the Early Republic*, ed. Clark, Leamon, and Bowden, pp. 62–81.

31. Paul Coffin, "Missionary Tour in Maine, 1776," *Collections of the Maine Historical Society* 4 (1856): 308, 312. ここに記述されているのはサンディー川に面した町スタークスである。

32. *Vaughan Family*, p. 14.

33. Dwight, *Travels*, vol. II, pp. 238–239. また次を見よ。Kendall, *Travels*, p. 121.

34. "Daniel Cony's Diary," in Nash, pp. 465–471; 1809 Account Book.

35. *Truth and Falsehood: With Other Original and Fugitive Pieces* (Hallowell, Me.: N. Cheever, 1810), pp. 35–36. メイン州立図書館が所蔵するその文献の内側には次のような書き込みがある。「サリー・ルイーザ・ウィリアムズ嬢，ボストン。そして私たちは 2 度と会うことがないでしょう／死が私たちの悲運を封印してくれるまで／ああ，あの友情が続きますように／〔判読不能〕墓の上に，エミリー」。

36. Kendall, *Travels*, pp. 122–123. [Hans Kasper Kirzel], *The Rural Socrates* (Hallowell, Me., 1800) というスイスの田園哲学者についての本をピーター・イーズが出版できたのも，おそらくヴォーガンのおかげだろう。

37. MMB, December 17, 1791, November 22, 1791.

注 443

38. John Merrick, *The Trial of David Lynn, Jabez Meigs, Elijah Barton, Prince Cain, Nathaniel Lynn, Ansel Meigs, Adam Pitts for the Murder of Paul Chadwick* (Hallowell, Me., 1810), p. 10, and (an abridged version) *The Trial of David Lynn, et al* . (Augusta, 1809), p. 9.

39. *The Trial of David Lynn* (1810), p. 93.

40. *The Trial of David Lynn* (1809), p. 36.

41. Depositions by John Morrill, George Marson, and Abner Weeks in Papers Regarding Troops at Augusta, 1809, House unenacted Legislation, #6795–6814, MA.

42. イライジャ・バートンは，裁判の前にバラード家を時々訪れている。そしてその後も時折やってきた。たとえば，1806 年 3 月 11 日，彼は 1/2 ブッシェルの小麦とライ麦を「私たちへの贈り物」として持ってきた。

43. 私は女性がすべて政治とは無縁であったと言っているのではない。この問題について争いのあった町々で，多くの女性が大土地所有者に対する戦いを積極的に支持したという例は枚挙に暇がないくらいである。次を見よ。Taylor, *Liberty-Men*, pp. 619–622.

44. Mildred Chamberlain and Laura Clarenbach, *Desendants of Hugh Mosher and Rebecca Maxson Through Seven Generations* (published by the authors, 1980), pp. 20, 63. 1790 年のハロウェルのセンサスではモシアー姓を名乗る一族はいない。しかし，エリシャはウィンズローに記載があり，別の 2 人はワシントンに記載がある。エリシャ・モシアーは 1800 年と 1810 年にオーガスタで記載されている。

45. MMB, May 30, 1799.

46. Nash, *Augusta*, p. 451.

47. Jared Eliot, *The Blessings Bestow'd on them that Fear God* (New London, Conn., 1739), pp. 24–26.

48. *Oxford Vital Records*, p. 82.

49. Church Records of the First Church in Augusta, South Parish Congregational Church, Augusta, pp. 100–101.

50. North, pp. 296, 804.

51. たとえば，メアリー・ダットンからイーフレム・バラードへの水車小屋の権利を含む複雑な証書。Mary Dutton to Ephraim Ballard, November 10, 1830, KD, 71:114–115.

結び

1. 「ドドナ，ニーダムハイツ，マサチューセッツ」と型押しされた個人便箋にメアリー・ホバートがタイプしたこの日記の歴史から。Correspondence of Dr. Mary Forrester Hobart ... concerning presentation of the diary, MeSL.

2. Regina Markell Morantz-Sanchez, *Sympathy & Science: Women Physicians in American Medicine* (New York: Oxford U. Press, 1985), pp. 47–49.

3. Virginia G. Drachman, *Hospital with a Heart: Women Doctors and the Paradox of Separatism at the New England Hospital, 1862–1969* (Ithaca and London: Cornell University Press, 1984); and Morantz-Sanchez, pp. 73, 81–84, 174–176. この 2 人の著者はともにメアリー・ホバートがこの病院で医療の現場訓練を強化しようと努力したことにふれている。

4. Drachman, pp. 129–131.

5. Charles Green to Francis Goss, June 16, 1884, Francis A. Countway Library of Medicine,

Boston. ホバートがボストンの市内案内にはじめて現れるのは 1889 年で，住所はユニオンパーク 16 番地となっている。彼女は診療室をマルボロ通り 320 番地に 1892 年まで持っており，住居は 1895 年時点でニューベリー通り 157 番地に所有していた。その後ボイルストン通り 657 番地に 1902 年まで居住した。*The Boston Directory* (Boston: Sampson, Murdock, and Co., 1885–1913).

6. Elizabeth Brown Pryor, *Clara Barton: Professional Angel* (Philadelphia: University of Pennsylvania Press, 1987), pp. 4–5.

7. Pryor, pp. 77–99, 368.

8. ホバートは親族とは強い絆を持ち続けたが，住居は終始ひとり住まいであった。彼女が 1915 年以前のある時点でニーダムに建てた家は，今日もそのままある。この家は最近ある夫婦が買い取って改修したが，彼らはこの家を建てたのはある「女性医師」とだけしか聞いていないという。彼らは，表玄関を入ったところのすぐ脇にある小さな部屋が診察室だったのではないかと考えている。この家はアン女王朝時代の様式で，2 階の寝室の外側にロマンティックなポーチがついている。家の改修過程で，現在の持ち主は，車椅子のぶつかった傷と彼らが考えている痕跡をドアに発見した。そのことから，彼らは最初の持ち主は身体に障がいがあったか，大変高齢だったと考えている。1938 年時点で，ホバートはまだこの家の所有者と記録されている。そして彼女はこの家で 1940 年 3 月 21 日，88 歳で亡くなったと思われる。*Annual Report of the Officers of the Town of Needham, 1915* (Brookline, Mass.: Riverdale Press, 1916), p. 357. *Town of Needham and Dover, Massachusetts Directory* (Boston: Harold Howard, 1934–1938); *Town of Needham, Annual Report, 1940* (Newton: Garden City Print, 1941), p. 68; Mary Forrester Hobart Will, 96297, Norfolk County Probate Registry, Norfolk County Court House, Dedham, Massachusetts.

9. Mary Hobart to H. E. Dunnack, September 27, 1931, MeSL.

10. Preface by Edith Hary to Nash, p. vi.

謝　辞

　この本が生まれるまでには，大勢の助産婦が関わってくれた。私が最もお世話になったのはマーサ・バラード日記を保管しているメイン州立図書館である。ボニー・コリンズおよびその他の図書館職員の方々は，私の一般的な頼みだけではなく，特殊な要請にも専門的技量をもって懇切丁寧に応えてくれた。図書館に隣接するメイン州立公文書館の能率的で高い専門性を備えたスタッフの方々のおかげで，私はオーガスタへ出かけることが愉しかった。バラード日記をすばらしい腕前でマイクロフィルム化し，その他の文書のフィルムも含めて私の用に供してくれたことで，見つけ出した文書を持ち帰って調べることができた。

　ウェスタン砦博物館のジェフリー・ジンマーマンは，貴重な時間と文献を惜しみなく私に提供してくれた。現在この博物館の館長になっているジェイ・アダムスは，復元された砦を案内してくれて，さらに第 2 章について貴重なコメントをしてくれた。メイン州立博物館のエドウィン・チャーチルは，ケネベック地方史のあまり知られていない側面に私を導いてくれた。メイン州立博物館の館長ポール・リヴァードと，オールド・スターブリッジ村のジャック・ラーキンは，18–19 世紀の製材所に関する知識を分かち与えてくれた。ニューハンプシャー州ポーツマスのストロベリー・バンク博物館の主事，ジェイン・ナイランダーは，昔の葬衣から七面鳥の羽根についてまで，なんでも質問に答えてくれた。ストロベリー・バンクのアン・マズリーとキャロライン・スローは，畑の作り方について教えてくれた。

　ケネベック家系学の権威ダニー・D. スミスは多くの質問に情報量たっぷりの回答を寄せてくれたし，また州立図書館にある記録の山に関しても多く

のことを教えてくれた。マサチューセッツ州オックスフォードのジャニス・モーアは，モーア家の歴史について貴重な情報を提供してくれた。そしてオックスフォード教会の初期の記録を閲覧できるように取り計らってくれた。メイン州ウィンザーのアイリーン・ギルバートは，バートン家のことを教えてくれた。オーガスタで会った忘れがたい機会に，彼女は長らくマーサ・バラードの写真だと思われていた1葉の写真を見せてくれた。いろいろ考証した結果，私はこの「バラードおばあさん」の写真の人物はマーサではないと結論するに至ったが（この人物は1858年に90歳で亡くなったサリーだと思う），それでも彼女が写真を見せてくれたことにとても感謝している。いつの日にか，写真にせよ，肖像画にせよ，マーサの姿が発見されるのではないだろうか。

　メイン州立法律図書館を定年退職していたイーディス・ハリーは一夜の宿を提供してくれ，彼女の経験を通してマーサの物語を語り続ける力を与えてくれた。ウィリアムとマーサ・ヴォーガンは，ベンジャミンとチャールス・ヴォーガンに関する文書類を私に見せてくれた。これらの文書はその後ボーディン・カレッジに収蔵されることとなった。私はアン・トーマスとケネベックの証書類の研究について語り合った。ジャネット・C. オブライエンは，彼女の両親の18世紀に建てられた家で私と会うために，ニューハンプシャーから車を運転して出てきてくれた。ジェームスとパトリシア・アルピンはある土曜日の午後，マサチューセッツ州ニーダムハイツにあるメアリー・ホバートの家を見せてくれた。また，ラルフ・G. クロウェルは多くの家系図を見せてくれた。

　ウォース・エステスは，辛抱強く18世紀の医学史の領域についてあれこれと教示してくれた。彼の助力がなければ，私は日記に出てくる多くの事柄に意味を見出すことができなかったであろう。また，本書の第1章をわざわざ読んでくれたジュディス・ウォルツァー・リーヴィットとナンシー・トムスと話し合うことで，いろいろなことを学ぶことができた。マサチューセッツ助産婦友の会の会員であり，歴史家であるアン・ウェインラウブは多くの有用なコメントをしてくれ，私自身が持っている20世紀の偏見を取り去ってくれた。ニューハンプシャー州ポーツマスで開業している現役の助産

謝 辞

婦マリ・パットケリーは，完成間近であった私の原稿を，並外れた敏感さと洞察をもって読んでくれた。ヘザー・スタムラーは，メイン州への研究旅行のひとつで宿を提供してくれ，助産婦としての彼女自身の経験を語り，メイン州の他の助産婦たちに私を引き合わせてくれた。この人たちの質問，コメント，熱意が本書をしっかり支えてくれたと思う。

アラン・テイラーは，イーフレム・バラードの仕事の重要性を理解することを助けてくれただけでなく，多くの援助を惜しまなかった。本書の草稿に対する彼のコメントは，本の輪郭をはっきりさせるのに決定的な影響力を持った。そしてこの研究の全過程を通じて，我々2人が研究する初期の経済の考え方について，彼はリサーチノートやアイディア，熱意を惜しみなく分かち合ってくれた。バラードの資料を本書より早く用いた私のいくつかの研究論文の編集者であったジェームス・リーモン，チャールス・クラーク，スティーブン・イネス，そしてマイケル・マックギファートは，対象を明瞭に把握することに力を貸してくれただけでなく，表現を改善してくれた。私はこのことに感謝したい。また，私はメアリー・ベス・ノートン，ジェームス・ヘンレッタ，アルフレッド・ヤング，エレイン・クレーン，ナンシー・グレイ・オスタラッド，サラ・マクマホン，そしてマルセラ・ソーグにも感謝している。彼らは論文を読んでコメントしてくれた。ロス・ビールス，ハワード・クシュナー，ランドルフ・ロス，リチャード・ブラウン，そしてパトリシア・クラインには，彼らの進行中の研究を分かち合ってくれたことに感謝する。

チャールス・クラークのほか，ニューハンプシャー大学の何人かの同僚がこの研究計画が成熟するのを支援し，見守ってくれた。デイヴィッド・ワッタースは，私が本書の第2章と第10章で用いたジャレッド・エリオットの説教を見つけ出してくれた。ウィリアム・ハリスとロバート・メンネルは，初めの何章かについて，行き届いた批判をしてくれた。メロディー・グローリックとマラ・ウィッツリングは，彼女たち自身が行っていた女性の文学や美術の研究を通じて私の想像力を拡大しつづけてくれた。またマーサについての私の考えに耳を傾けてくれた。ジャネット・ポラスキーは目先のきいたコメント，それにアイスクリームと変わらぬ友情を私に与えてくれた。

エドワード・マカロンは酷暑のなか，ケネベック郡裁判所で証書類の筆写という作業をやってくれた。それ以来彼は，18世紀から19世紀初頭にかけてのメインの歴史についての自分自身の研究によって，私の仕事を豊かなものにしてくれた。カレン・ハンセンは，エドの仕事と私の走り書きのメモをもとに，優雅なタッチでそれらを地図にしてくれた。エディス・マーフィーは脚注の意味を解き明かすのを手伝ってくれた。しかし我々すべてがぐっすり寝込んでいる間にこっそり入り込んできた誤りについては，彼女もそのほか私を手伝ってくれたよき助手の方々にも責任はない。

デラウェア大学，ウィンターサール博物館，ボストン大学，ブランダイス大学，コルビー大学，ハーヴァード大学，そしてペンシルヴァニア大学のセミナーや研究会の参加者の方々は，辛抱強く私の話を聞いてくれて，有益な質問をたくさんしてくれた。学部と大学院の私の学生の皆さんは，マーサの日記や彼女の生涯の物語に対する彼らの反応を通じて，私の考えをいわばなぞってくれた。また，本書は地方の歴史協会における講演会や女性史の研究会などでの参加者からのコメントのおかげを多々こうむっている。そうした集会で最も答えるのが難しかった質問は「本はいつ完成するのですか？」という問いだった。これには編集者ジェーン・ガレットが助け舟を出してくれた。まさに有能な助産婦のように，彼女は私を自由にさせてよいときと指図すべきときとをちゃんと心得ていたのである。

収蔵文書の利用許可と実際の利用を支援してくれたことに対し，私はメイン歴史協会，マサチューセッツ歴史協会，カウントウェイ医学図書館，ノースアンドーヴァー歴史協会，ウォーターヴィル歴史協会，全米古物研究協会，そしてメイン州ハロウェルのハバード無料図書館に感謝する。私はマサチューセッツ州立公文書館，マサチューセッツ州ウースター郡およびノーフォーク郡，さらにメイン州ケネベック郡およびリンカーン郡の遺言・証書登記所の所蔵文書をも利用させてもらった。

この研究は夏季ファカルティー・フェローシップおよび全米人文科学基金からの独立研究プロジェクトに対する通年のフェローシップなどに支えられた。また，ニューハンプシャー大学の全学研究費基金からの研究助成を得た。また，この研究は私の家族によっても支えられ，遅らせられもした。

謝　辞

サッチャー・ウルリッヒはコンピューターの面倒をみてくれ，加えて第 1 章の批判的検討をしてくれた。エイミー・ウルリッヒは証書類の調査を手伝ってくれた。メリンダ・チューは図版について助言してくれた。ヘンリー・チューはプリンターの微妙な調整をやってくれた。カール・ウルリッヒとナンシー・ベントレーは，ボストンの近くにねぐらを提供してくれた。また，ネイサン・ウルリッヒは本書のよりよい書名を考えてくれた。ゲール・ウルリッヒはいつまでも 18 世紀に魅了されている私に辛抱強く付き合ってくれ，20 世紀においてはマーサが「切り離しがたい状態」と表現した状況に新しい意味を与えてくれた。

ニューハンプシャー州ダーラムにて
1989 年 6 月 1 日

ローレル・サッチャー・ウルリッヒ

訳者あとがき

　本書の原書である *A Midwife's Tale: The Life of Martha Ballard, Based on Her Diary, 1785–1812* (Alfred A. Knopf, 1990) の著者について紹介しておきたい。著者ローレル・サッチャー・ウルリッヒ（Laurel Thatcher Ulrich）はアメリカ，アイダホ州シュガーシティに 1938 年に生まれた。1960 年にユタ大学より学士号を，1971 年にシモンズ大学より修士号を，1980 年にニューハンプシャー大学より歴史学の博士号を取得した。その後ニューハンプシャー大学，ハーヴァード大学の歴史学の教授を歴任し，現在はハーヴァード大学の名誉教授である。同氏はアメリカ植民地時代／開拓時代の歴史，女性史の専門家であり，市井の人々の声なき働きを緻密に描くことを得意としている。

　この本は彼女の代表作で，1990 年にアメリカで出版され，同年にバンクロフト賞，アメリカ歴史学会のジョン・H. ダニング賞，その年の最もすぐれた女性史研究に贈られるジョーン・ケリー賞を受賞したほか，翌 1991 年にすぐれたアメリカ史の書籍に与えられるピューリッツァー賞も受賞した。ウルリッヒには他にも以下のような著作があり，高い評価を受けている。しかし管見の限り，彼女の著書で日本語に訳されたものはないようである。

Good Wives: Image and Reality in the Lives of Women in Northern New England, 1650–1750 (Alfred A. Knopf, 1982)

The Age of Homespun: Objects and Stories in the Creation of an American Myth (Alfred A. Knopf, 2001)

A House Full of Females: Plural Marriage and Women's Rights in Early Mormonism, 1835–1870 (Alfred A. Knopf, 2017)

マーサの家族はアメリカの開拓史，医療史においても重要で，彼らは，ニューイングランド・ハロウェルの開祖の一角をなしている。土地所有の境界を定めるための測量に従事した夫のイーフレムによる多くの地図は，現在インターネット上（Digital Commonwealth, Massachusetts Collections Online, https://www.digitalcommonwealth.org/search?search_field=all_fields&q=ephraim+ballard）で閲覧することができる。また本書の序と結びで述べられているように，アメリカ赤十字設立者で看護師の先駆けでもあるクララ・バートン (1821–1912) は，マーサの妹の孫にあたる。また女性医師の先駆者で，ニューイングランド女性・子ども病院で産科医として働いたメアリー・ホバート (1851–1930) は，マーサの玄孫にあたり，彼女がマーサの日記を受け継ぎ保管していたのであった。

ところで本書では，Midwife に「助産婦」という訳語をあてている。日本の歴史的文脈に照らせば，近代国家として政府が女性の妊娠・出産，中絶（堕胎）等を管理しはじめた明治初期以前には，まだ「産婆」という言葉が用いられていた。その後，1899（明治 32）年の産婆規則により，試験に合格し登録しなければ，産婆も産婆業を営むことができなくなる（いわゆる「新産婆」）。一方「助産婦」という資格が設けられたのは，戦後の 1948 年のことである。よって，時代的に考えると，マーサの仕事は「助産婦」よりも「産婆」と訳したほうが適当であったかもしれない。しかし現代の若い人々にとって「産婆」はなじみがない。一方で，2002 年から日本で使用されている「助産師」では新しきにすぎ，女性の仕事を表現できる「助産婦」を採用したことをお断りしておく。

日本における産婆や助産婦，その周辺をめぐる研究書はすでにいくつか出版されており，以下のようなものがある。

大林道子『助産婦の戦後』（勁草書房，1989）

松岡悦子『出産の文化人類学——儀礼と産婆』（海鳴社，1991）

中山まき子『身体をめぐる政策と個人——母子健康センター事業の研究』（勁草書房，2001）

白井千晶『産み育てと助産の歴史——近代化の 200 年をふり返る』（医学書院，2016）

訳者あとがき　　453

　　大出春江『産婆と産院の日本近代』（青弓社，2018）
　　中山まき子『子産みを支えた政策と助産者のケアする力──「母子健康セ
　　　ンター」全58年の盛衰から』（日本評論社，2022）

　ただ，日本以外の産婆や助産婦の状況を提示した日本語の書籍は少なく，
ヨーロッパとアメリカ，中国，イギリス，フランスにおける以下のものが確
認できる程度である。

　　バーバラ・エーレンライク他，長瀬久子訳『魔女・産婆・看護婦──女性
　　　医療家の歴史』（法政大学出版局，1996）
　　姚毅『近代中国の出産と国家・社会──医師・助産士・接生婆』（研文出
　　　版，2011）
　　ジェニファー・ワース，土屋さやか他訳『来て！ 助産婦さん』（クオリ
　　　ティケア，2016）
　　長谷川まゆ帆『近世フランスの法と身体──教区の女たちが産婆を選ぶ』
　　　（東京大学出版会，2018）

　このうちエーレンライクは，マーサの生きた時代と重なるアメリカの状況
について述べている。それによれば，アメリカにおいて男性が医療家の役割
を独占したのは，イギリスやフランスよりも遅かったが，最終的にはより徹
底していたという。1800年代初頭には男性で，白人で，中産階級出身の医
療家がこれまでの民間医療家，産婆（本書では助産婦），その他の施療家を
追い払った（エーレンライク 1996, pp. 30–35，原著は 1973）。こうしてみるとマー
サの晩年は，アメリカが独立国家として立ち上がっていくなかで，出産が正
規の教育を受けた男性医師の管轄に組み込まれ，産婆が排除されていく時代
だったのかもしれない。

　原書には女性史，地域史，経済史，家族史，医療史，個人史の要素が含
まれている。日記は子孫のメアリー・ホバートの手に渡った 1884 年当時も
人々の関心の的であったにもかかわらず，他の研究者によってあまり重要で
ないとみなされ，十分に分析されてこなかった。ウルリッヒは，この大きな
課題に果敢に挑戦した。多様な資料を用いて詳細に記述をしているウルリッ
ヒの手法は，後学の研究者がその研究過程をたどることができるという点で
非常にありがたく，また模範となりうるものである。原書は出版されて久し

いが，今なお学術的な価値は高い。日本の読者にもぜひ読んでいただきたいと思う。最後に，マーサの日記をもとにした DVD, *American Experience: A Midwife's Tale*（監督 Richard P. Rogers, PBS, 2006）も制作されていることを付け加えておく。

原著者のウルリッヒ氏には日本語版を出版することについてご快諾いただき，また私たちのいくつかの質問に対して驚くほどの速さで回答をくださったことにお礼申し上げたい。

本書の出版に際し，九州大学出版会には出版事情が厳しいなか，大部の本書の刊行をお引き受けいただいた。本当にありがたいことである。査読をお引き受けくださった先生方には懇切丁寧なコメントを賜り，お蔭様で本書はよりよいものになったと思う。

またアメリカ側との契約や編集では，奥野有希さん，尾石理恵さんに一方ならぬお手数をおかけした。奥野さんは，アメリカの原書を翻訳する際の手続きについて経験がなく何も分からない私たちに代わり，先方との交渉や手続きを短期間のうちに迅速に進めてくださった。また尾石さんは，固有名詞や引用文献も多く，マーサの「気ままな」表記も加わって，原書の扱いに右往左往している私たちに，鷹の目のような注意深さでアドバイスをくださり，また周到なサポートと根気強い励ましをいただいた。

これらの方々のご尽力がなければ，本書は誕生しなかったであろう。記して厚くお礼申し上げる。ただし本書で何か誤りがあるとしたら，それは編訳者である私たちの責任である。

なお，本書の出版には，福岡女子大学 2024 年度研究奨励交付金による出版助成を受けた。

2025 年 1 月 30 日

宮崎聖子

人名索引

* ［ ］内には日記内でのマーサによる綴りや，主な表記を示した。

ア行
アップルトン，モーゼス　61, 62, 67, 68, 292, 412
イーズ，ピーター　332, 334, 337, 338, 342–344, 347, 440, 442
イースティ，パティ　252–254
イングラハム，ベリアー［インガーハム］　80, 111, 201, 336
イングラハム老夫人　55, 201, 285
ウィザム，レミュエル　297, 298, 300, 301, 311, 324, 376
ウィッテイカー，ナサニエル　124, 138, 139
ウィリアムズ，オバディア　55, 61, 67, 70, 135, 203
ウィリアムズ，キャサリン・クール　41–44, 70, 81, 82, 84, 89, 95, 429
ウェストン，ナサニエル　94, 95, 100
ウェルチ，ジェーン　84, 92, 95, 148, 223, 422
ヴォーガン，チャールス［ヴァーン］　105, 107, 146, 202, 240, 294, 419, 436, 442, 446
ヴォーガン，ベンジャミン　55, 107, 291–294, 371, 373, 378, 446
ヴォース夫人　55, 95, 106, 107, 209, 215, 429
ウォルコット，ハンナ・ランバード（マーサの孫）　393
オニール，ジョン　81, 111

カ行
カルペパー，ニコラス　56, 57, 59, 60, 410
ギル，チャールス（マーサの姪ベッツィの夫）　163, 232, 233, 290, 291, 349, 350, 423, 440
ギル，ベッツィ・バートン（マーサの姪）　159, 163, 181, 232, 233, 261, 267, 349, 350, 423
クール，シャーロット　211, 269, 429
クール，ハンナ　41, 42, 55, 70–72, 80, 84, 89, 429
クール，ペギー　66, 70, 429
クレイグ，ハンナ［クラッグ］　106, 216, 217
クレイトン，スザンナ［クラトン］　43, 49–51, 66, 192, 408, 409
ケネディー，メアリー（ポリー）［ケニーデイ，ケニーダ，ケナデイ］　42, 43, 51, 60
コーウェン，イーフレム　43–45, 50, 51, 409
コールマン，サミュエル　55, 56, 63, 65, 67, 68, 75, 77, 81, 100, 102, 104, 106, 107, 111,

127, 183, 203, 221, 223, 265, 266, 273, 275, 276, 278, 280, 289
コックス，サリー　→ピッツ，サリー・コックス参照
コニー，スザンナ　→ブルックス，スザンナ・コニー・ハワード参照
コニー，ダニエル　30–32, 34, 39, 44, 45, 51, 55, 61, 64–68, 70, 110, 116, 149, 151, 157,
　　184, 200, 201, 204, 240, 243, 256, 265, 267, 273, 275, 278, 288–291, 294, 303, 305, 308,
　　363, 369, 371–374, 384, 386, 387, 412, 433, 434
コンリー夫人　152, 205, 214, 276, 277

サ行
サヴェージ，ダニエル　176, 306, 318, 439
サヴェージ，レイチェル　176, 281, 282
サヴェージ夫人　55, 78, 81–84, 86, 87, 89, 93, 95–97, 101, 103, 104, 148, 170, 209, 224, 227
ザクルシェフスカ，マリー　394
サンダース夫人　265, 266, 278
ジュエット，サラ・オーネ　54
ショー，エリアブ　83, 84, 100, 227
ジョーンズ，ジョン（「ブラック・ジョーンズ」）　18–21, 79, 95, 144, 146, 152, 153, 250,
　　253, 303, 405
スウィング，ナサニエル　173, 174, 206
スウォール，タビサ　35, 39, 47, 71, 103, 106, 107, 112, 126, 159, 184, 190, 209, 213, 218,
　　223, 224, 293, 369, 418, 429
スウォール，トーマス　123, 124, 126, 423
スウォール，ヘンリー　30, 34, 35, 38, 39, 42, 47, 48, 70, 71, 76, 78, 103, 105–107, 112,
　　118–126, 128, 129, 134, 137, 144, 151, 156, 157, 180, 183, 200, 211, 213–215, 224, 250,
　　272, 273, 294, 334, 336, 349, 350, 362, 363, 369, 388, 391, 407, 420, 423, 426, 433
ストーン，ウィリアム　299, 317, 318, 353, 368
ストーン，サラ　200, 282
スローカム，メヒタブル［黒人ヒッティ］　170, 171, 187, 426

タ行
タウン，イーフレム（マーサの娘ルーシーの夫）［息子タウン］　19, 20, 22, 82, 83, 117,
　　151, 152, 186, 316, 354, 405, 440
タウン，ルーシー・バラード（マーサの娘）　19, 20, 22, 91, 123, 187, 221, 236, 424, 430
デイヴィス，イライジャ　134, 139, 143
デイヴィス，ジョン・ヴァッサール（殿）　210, 211, 266, 268, 269, 273, 274, 279, 302,
　　321, 363, 366
デイヴィス，ジョン・ヴァッサール・ジュニア　265, 268, 270, 273–279, 281, 282, 284
ディケンズ，チャールズ　53
デラーノ，ベッツィ［デリーノ］　7, 27
デンスモア，サラ　151, 237
デンスモア，メアリー（ポリー）　233, 234, 237

人名索引　　　　　　457

デンスモア，リディア　101, 137, 148, 149, 189, 209

ナ行
ナイチンゲール，フローレンス　69
ナッシュ，チャールス・エルヴェントン　9, 38, 397–399, 402, 419
ノークロス，ナンシー　7, 26, 27, 29, 30, 224
ノース，ジェームス　9, 269, 270, 359, 391, 393, 438, 441
ノース，ジョセフ（大佐）　81, 107, 110, 111, 115, 118, 124, 125, 129–135, 137–142, 157,
　201, 211, 240, 266, 269, 270, 273, 278, 280, 282, 349, 363, 368, 371–373, 385, 388, 391,
　398, 418, 423, 433, 438, 442

ハ行
ハーヴェー，ウィリアム　52, 280, 434
パーカー，ピーター　104, 183–186, 189, 211, 212, 224
ハーシー，ナサニエル　96, 97, 104, 111
ハートウェル，ベッツィ　325–327, 331, 347, 348
バートン，イライジャ（マーサの甥）　246, 359, 360, 374–376, 379, 380, 443
バートン，ギデオン（マーサの甥）　60, 360, 380
バートン，クララ（クラリッサ・ハーロー）（マーサの妹ドロシーの孫）　12, 395, 396
バートン，クラリッサ・ハーロー（マーサの姪）　11, 82, 91, 177, 359, 417
バートン，ステファン（マーサの妹ドロシーの夫）［兄弟バートン］　12, 55, 83, 91, 177,
　261, 359, 360, 403, 425, 441
バートン，ステファン・ジュニア（マーサの甥）　359, 380
バートン，ドロシー・モーア（マーサの妹）［妹バートン］　11, 12, 14, 90, 91, 177, 208,
　218, 261, 359, 379, 380, 395, 396, 425
バートン，パメラ（マーサの姪）　11, 12, 84, 91, 97, 98, 177, 214, 417, 418
バートン，パルテニア（マーサの姪）　→ピッツ，パルテニア・バートン参照
バートン，ハンナ（マーサの姪）　177
バートン，ベッツィ（マーサの姪）　→ギル，ベッツィ・バートン参照
ハッシー，オービド　29, 30, 95, 115, 406
ハッチンソン，アン　52
パッテン，サリー［パティン］　43, 48, 70–73
ハバード，ジョン　55, 203, 260, 428
ハムリン，テオフィラス　41, 56, 92, 93, 104, 116, 187, 222, 223, 267, 318, 352
ハムリン，ハンナ・ロックウッド　57, 82, 84, 86, 93, 95, 104, 148, 352
バラード，イーフレム（マーサの夫）［バラード氏］　16, 33, 42, 43, 47, 57, 63, 81, 83–86,
　90, 94, 96, 97, 100, 105, 107, 111, 115–117, 119, 122–124, 126, 129, 130, 133, 138, 142,
　144, 146, 149, 151–154, 177, 181, 183–186, 205, 223, 224, 232–237, 239, 240, 242–246,
　250–253, 255, 257, 259, 260, 263, 266, 267, 279, 288, 301–303, 305–308, 310–316,
　318–320, 322, 325–327, 329, 345, 346, 349, 351–356, 358, 364, 368–370, 374, 380–382,
　385, 387, 388, 391, 392, 404, 405, 416–419, 422, 431, 432, 436–438, 443, 447

バラード, イーフレム・ジュニア（マーサの息子）　144, 148, 159, 160, 175, 250, 266, 267, 275, 297–299, 301, 306, 310, 311, 313, 316, 318, 320, 352, 355, 379, 380, 385

バラード, サイラス（マーサの息子）　14, 21, 22, 82, 84, 87, 89, 93, 94, 112, 116, 122, 142, 144, 146, 148, 151, 153, 154, 157, 181, 232, 233, 237, 250, 251, 256, 267, 315, 316, 326, 327, 350, 351, 354, 357, 364, 419, 436

バラード, サミュエル・アダムス（マーサの孫）　35, 335

バラード, サリー・ピアース（マーサの息子ジョナサンの妻）［娘バラード］　155, 166, 167, 170, 175, 176, 179–181, 187, 210, 218, 228, 236, 250, 260, 267, 268, 273–278, 290, 305, 313, 316–323, 328, 329, 345, 346, 381–383, 386, 392, 426

バラード, ジョナサン（ジャック, ジョーナス）（マーサの息子）　3, 14, 21, 23, 79, 81, 83, 101, 104, 105, 116, 146, 147, 151, 153–155, 157, 159, 165, 166, 170, 175, 176, 179, 180, 187, 210, 228, 232, 236, 251, 252, 257, 259, 266, 267, 274–277, 280, 282, 285, 298–302, 305, 306, 311, 313, 316–320, 322, 323, 325, 326, 328–332, 336, 345–347, 352–356, 358, 374, 376, 380–383, 392, 411, 426, 433, 439, 440

バラード, ジョナサン（マーサの孫）　347, 356, 358

バラード, デラフィエット（マーサの孫）［ルフェット, ラファエット］　35, 187, 321, 356, 374, 392

バラード, ドリー（ドロシー）（マーサの娘）　→ランバード, ドリー（ドロシー）・バラード参照

バラード, トリフィーネ（マーサの娘）　11, 14

バラード, ハンナ（マーサの娘）　→ポラード, ハンナ・バラード参照

バラード, メアリー・ファーウェル（マーサの息子イーフレム・ジュニアの妻）［フェアウェル］　315

バラード, ルーシー（マーサの娘）　→タウン, ルーシー・バラード参照

パリントン, ジェームス　37, 311, 329–332, 334–349, 377, 381, 398, 439, 440

パリントン, ポリー　327, 344

ハワード, イサベラ（イビー）　76, 78

ハワード, ウィリアム（大佐）　7, 30, 32–34, 39, 41, 75–78, 96, 103, 104, 106, 107, 116, 142, 211, 266, 269, 272, 317, 357, 361, 407, 418, 419

ハワード, サミュエル（ウィリアムの兄弟）　32, 104, 110, 418, 419

ハワード, サミュエル（ウィリアムの息子）　351, 357, 363, 404

ハワード, ジェームス（殿）　75–78, 226

ハワード, ジェームス（ハワード殿の後妻の息子）　39, 41–44, 48, 49, 51, 76, 78, 79, 96

ハワード, ジェームス（ハワード殿の孫）　76, 77, 408

ハワード, スザンナ・コニー　→ブルックス, スザンナ・コニー・ハワード参照

ピアース, サリー（マーサの息子ジョナサンの妻）　→バラード, サリー・ピアース参照

ピアース, メヒタブル［ヒッティ］　176, 210, 211, 268, 270, 272–274, 276–279, 321, 429, 433

ピッツ, サリー・コックス　151, 161, 163, 181, 183, 232, 248–250, 253, 254, 290, 310

ピッツ, シューベール（マーサの姪の夫）［シューボール・ピット］　153, 155, 157–159, 181, 228, 261, 285, 286, 297, 311, 426

ピッツ，パルテニア・バートン（マーサの姪）［パルテーナ，ピッツ夫人］ 12, 80, 82, 91, 93, 97, 148, 149, 151, 155, 157–159, 161–163, 180, 181, 214, 221, 248, 249, 254, 285, 286, 310, 359, 417, 426

ヒンクレー，ジェームス［ヒンクリー］ 44, 45, 50, 218, 297

ヒンクレー，ステファン 187, 234, 235

ファーウェル，メアリー（マーサの息子イーフレム・ジュニアの妻） →バラード，メアリー・ファーウェル参照

ファーウェル未亡人（マーサの息子イーフレムの妻メアリーの母）［姉妹フェアウェル］ 316, 318, 352

プアー夫人 183, 185, 197

フォスター，アイザック（III） 47, 82, 83, 86, 115, 117, 118, 120–132, 134, 140–143, 215, 416, 420–422

フォスター，レベッカ 80, 115, 117, 118, 123, 124, 129–135, 137–143

ブラウン，ヘプシー 255, 257, 259, 314

ブリッジ，ハンナ・ノース 200, 201, 218

プリンス，ビューラー・イーフレムス［ブラー］ 92, 187, 233, 246, 251, 254, 426

ブルックス，ウィリアム 107, 163, 232

ブルックス，スザンナ・コニー・ハワード 39, 41–43, 67, 70, 71, 75–79, 96, 97, 104, 107, 209, 218

フレッチャー，オリーヴ 266, 276, 278, 436

フレッチャー，サリー 55, 253, 254

ヘイデン，チャールズ 365, 372

ヘイル，サラ・ジョセファ 53, 54, 102

ヘウィンズ，エベネザーとジルファ［ヘウィン］ 5, 26, 27, 29, 406

ページ，ベンジャミン 55, 63, 64, 67, 68, 85, 183, 190, 197–202, 266, 276, 278, 280, 288, 291–293, 384, 413, 428

ペッティンギル，ベンジャミン［ペティンゲール］ 119, 120, 122, 185, 385, 437

ホバート，メアリー（マーサの玄孫） 393–395, 397–399, 443

ポラード，エイモス 71, 73, 95, 107, 111, 112, 128, 130, 181

ポラード，ハンナ・バラード（マーサの娘）［娘ポラード］ 14, 21, 41, 43, 49, 60, 80–82, 84, 87, 89–91, 105, 116, 147–149, 151, 153, 156–164, 180, 181, 185, 237, 248–250, 256, 265, 267, 275, 281, 289, 297, 298, 301, 305, 321, 356, 436

ポラード，ポリー 151, 161, 185, 290

ポラード，メリアム 42, 55, 70–73, 77, 82, 84, 89, 95, 102, 104, 106, 112, 123, 130, 138, 148, 209

ポラード，モーゼス（マーサの娘ハンナの夫）［息子ポラード］ 151, 153, 155–159, 163, 165, 180, 181, 185, 232, 233, 267, 275, 290, 297, 298, 305, 306, 356, 385, 426

ボルトン，サヴェージ 154, 160, 222, 257, 317, 318

ホワイト，サラ 170, 171, 176

マ行

マッコーズランド，ヘンリー［マッコーズラン］ 307, 340, 372, 437, 440
モーア，アビジャー（マーサのおじ） 10, 12
モーア，イライジャ（マーサの父） 391
モーア，エベネザー（マーサの弟） 15, 235, 252
モーア，コリンズ（マーサの弟） 83, 121, 405
モーア，ジョナサン（マーサの弟）［兄弟モーア］ 10, 59, 119, 121, 128, 403, 411
モーア，ドロシー（マーサの妹） →バートン，ドロシー・モーア参照
モーア一家 11, 14, 18, 19, 446
モシアー，アン 351, 352, 354, 355, 357, 383–386, 443
モロイ，ジョン［メロイ］ 183, 184, 186, 187, 209, 225, 226, 431, 433

ラ行

ラーニド，エベネザー（マーサの従兄弟） 15, 16, 405, 432
ラーニド，ジェレマイア（マーサの従兄弟） 405
ラーニド，ハインズ（マーサの従兄弟） 83, 84, 100, 101, 318
ラーニド，ハンナ（マーサの祖母） 10, 13
ランバード，サラ（マーサの孫） 393
ランバード，ドリー（ドロシー）・バラード（マーサの娘）［娘ランバード］ 14, 21, 43,
　47, 56, 62, 80–86, 89–91, 93, 94, 101, 149, 151–154, 158, 159, 161, 163, 164, 181, 183–185,
　218, 234, 236, 239, 248–250, 256, 266, 267, 275, 298, 301, 306, 311, 315, 336, 351–354,
　358, 379, 382, 385–387, 393, 436
ランバード，ドロシー（マーサの孫） 352, 353, 358
ランバード，バーナバス（マーサの娘ドロシーの夫）［息子ランバード］ 163, 232–234,
　236, 266, 267, 275, 276, 298, 306, 311, 314, 320, 321, 325, 380, 382, 385, 388
ランバード，ハンナ（マーサの孫） →ウォルコット，ハンナ・ランバード参照
リヴァモア夫人 151, 161, 246, 422
リチャードソン，サミュエル 11, 53, 177, 425
ローソン，スザンナ 272
ローランソン，メアリー 7

ワ行

ワイマン夫人 325, 326, 348

編訳者紹介

梅谷俊一郎（うめたに　しゅんいちろう）

東京学芸大学名誉教授。慶應義塾大学経済学部卒業後，ウィスコンシン大学労使関係研究所在学兼助手，修士。博士（Ph.D. in Industrial Relations，1977，ウィスコンシン大学）。東京学芸大学教授，旭川大学経済学部教授等を歴任。専門は労働経済学。著書に『あなたの隣人外国人労働者』（東洋経済新報社，1993，共著）など。

宮崎聖子（みやざき　せいこ）

福岡女子大学国際文理学部教授。博士（人文科学，2004，お茶の水女子大学大学院）。専門は文化人類学，ジェンダー研究，台湾研究。著書に『植民地期台湾における青年団と地域の変容』（御茶の水書房，2008），『植民地帝国日本における知と権力』（思文閣出版，2019，共著）など。

ある助産婦の物語
―マーサ・バラードの日記（1785–1812）から

2025 年 4 月 30 日初版発行

著　者　ローレル・サッチャー・ウルリッヒ

編訳者　梅谷俊一郎・宮崎聖子

発行者　清水和裕

発行所　一般財団法人　九州大学出版会

〒 819-0385 福岡市西区元岡 744
九州大学パブリック 4 号館 302 号室
電話　092-836-8256
URL　https://kup.or.jp/
印刷・製本／シナノ書籍印刷（株）

© Shunichiro Umetani, Seiko Miyazaki　Kyushu University Press　2025
Printed in Japan　ISBN 978-4-7985-0386-8